中国研究生教育年度报告
Annual Report on China Graduate Education
(2020)

中国研究生院院长联席会　编著

本卷主编　周傲英　龚旗煌

副 主 编　吴　健　杨立华

执行主编　阎光才　李海生　廖晓玲

中国教育出版传媒集团

高等教育出版社·北京

内容提要

本书回顾分析了 2020 年我国研究生教育改革的重大进展。在专题报告中，围绕当前研究生教育实践中的热点问题如我国交叉学科建设现状、导师跨学科研究及学生胜任力、跨学科博士生学业发展、博士生学位论文答辩状况，以及硕士生导师指导方式等专题作了较为深入的调研分析。

本书可作为研究生教育战线管理工作者和相关理论研究人员的参考读物。

图书在版编目（CIP）数据

中国研究生教育年度报告.2020 / 中国研究生院院长联席会编著. -- 北京：高等教育出版社，2022.11
ISBN 978-7-04-058699-2

Ⅰ.①中… Ⅱ.①中… Ⅲ.①研究生教育 – 研究报告 – 中国 –2020 Ⅳ.① G643

中国版本图书馆 CIP 数据核字（2022）第 091972 号

Zhongguo Yanjiusheng Jiaoyu Niandu Baogao（2020）

策划编辑	徐　可	责任编辑	徐　可	封面设计	张　楠	责任绘图	于　博
版式设计	王艳红	责任校对	马鑫蕊	责任印制	耿　轩		

出版发行	高等教育出版社	网　　址	http://www.hep.edu.cn
社　　址	北京市西城区德外大街 4 号		http://www.hep.com.cn
邮政编码	100120	网上订购	http://www.hepmall.com.cn
印　　刷	三河市吉祥印务有限公司		http://www.hepmall.com
开　　本	787mm×1092mm　1/16		http://www.hepmall.cn
本册印张	19.25		
本册字数	470 千字	版　　次	2022 年 11 月第 1 版
购书热线	010-58581118	印　　次	2022 年 11 月第 1 次印刷
咨询电话	400-810-0598	总 定 价	50.00 元

序

2020 年是极不平凡的一年。从年初的国内疫情肆虐，到下半年海外疫情加剧，输入风险大增，这些都给我们的研究生教育带来很大困难。重重困难面前，党中央、国务院带领全国人民果断应对，疫情迅速得到控制，研究生教育工作得以恢复正常。在共克时艰的这一年，我国全面建成小康社会取得伟大历史性成就，决战脱贫攻坚取得决定性胜利。这一年，"十三五"圆满收官，党中央、国务院全面擘画了"十四五"乃至更长时期我国经济社会发展的行动蓝图。这既为新时代研究生教育发展指明了方向，提供了重大机遇，也提出了新的任务和要求。

2020 年对中国研究生教育而言，是具有标志性意义的一年。7 月，习近平总书记对研究生教育作出重要指示，李克强总理作出重要批示。习近平总书记就研究生教育工作的重要指示指出，中国特色社会主义进入新时代，即将在决胜全面建成小康社会、决战脱贫攻坚的基础上迈向建设社会主义现代化国家新征程，党和国家事业发展迫切需要培养造就大批德才兼备的高层次人才。习近平总书记关于研究生教育工作的重要指示，深刻把握了我国研究生教育发展的大方向、大趋势、大格局，为做好研究生教育工作提供了根本遵循和行动指南。中国研究生院院长联席会（下称"联席会"各成员单位要深刻领会习近平总书记重要指示的重大意义和精神实质，全面贯彻党的教育方针，落实立德树人根本任务，以提升研究生教育质量为核心，深化改革创新，推动内涵发展。

2020 年是我国研究生教育发展历程中具有里程碑意义的一年。研究生在学人数实现历史性跨越，突破了 300 万，我国已成为研究生教育规模位居世界前列的大国。2020 年 7 月 29 日，我国召开了新中国成立以来首次全国研究生教育会议，孙春兰副总理出席会议并发表重要讲话。此次会议进一步明确了新时代我国研究生教育的使命和任务，指明了我国研究生教育未来改革与发展的方向。会后，教育部等管理部门印发了《关于加快新时代研究生教育改革发展的意见》等系列政策文件，启动了"加快高层次人才培养十大专项行动"。我国研究生教育迈进新时代，踏上新征程。

2020 年，面对突如其来的新冠疫情和百年变局交织叠加的复杂形势，研究生教育战线能够更加深切地感受到高层次人才培养的紧迫性和必要性，吹响深化新时代研究生教育改革的号角可谓正当其时。研究生教育作为经济社会发展主要驱动力、实施创新驱动发展战略和建设创新型国家重要基石的地位和作用更加凸显，高质量内涵式发展已成为当前中国研究生教育战线的基本共识和一致行动。联席会各成员单位作为我国研究生教育重要主体力量，是我国研究生教育发展的"领头雁"，肩负打造具有中国特色、国际影响的研究生教育重大历史使命。希望院长联席会全体成员单位继续发挥引领作用，凝心聚力，不忘初心，努力提升我国研究生教育质量，为把我国建设成为研究生教育强国再立新功。

2020 年，院长联席会在各成员单位共同努力下，统筹疫情防控和改革发展，顺利完成了各项工作任务，交出了一份满意答卷。在继续引领研究生教育实践创新的同时，高度重视研究

生教育理论探索。我们的《中国研究生教育年度报告》（下面简称《年度报告》）已连续出版了
11 册。《年度报告》聚焦实践问题，用数据说话，将理念探讨与研究生教育实践问题有机结
合已成为《年度报告》的鲜明特色。新冠疫情虽对《中国研究生教育年度报告（2020）》（下面
简称《年度报告（2020）》的编撰工作带来了一定影响，但在院长联席会各成员单位和院长们
的鼎力支持下，《年度报告（2020）》仍如期出版。《年度报告（2020）》对 2020 年我国研究生
教育重大历史事件、重要发展成果做了总结分析，同时对我国研究生教育实践领域中的重大主
题如交叉学科问题等做了专题探讨。我们希望《年度报告（2020）》能成为广大研究生院院长、
研究生教育管理人员和理论研究者的一份重要参考读物，希望相关研究专题能激发大家进行深
入思考并付诸更多实践探索。

中国研究生院院长联席会秘书长

龚旗煌

2021 年 10 月 30 日

Preface

The year 2020 had been an extraordinary year. From the domestic COVID-19 outbreak at the beginning of the year, to the intensification of overseas outbreaks in the second half of the year, the import risk of COVID-19 increased significantly, which had brought great difficulties to our graduate education. In the face of difficulties, the CPC Central Committee and the State Council responded decisively, therefore the epidemic was quickly brought under control, and graduate education restored to normal. In this difficult year, China had made great historical achievements in building a well-off society in an all-round way, and had achieved decisive victory in the fight against poverty. This year, the 13th Five-Year-Plan (2016—2020) was successfully completed. The CPC Central Committee and the State Council comprehensively drew the 14th Five-Year-Plan (2021—2025) and even longer period of economic and social development action blueprints. This not only points out the direction for the development of graduate education in the new era, but also provides a great opportunity as well as new tasks and requirements to graduate education.

The year 2020 was a significant landmark for China's graduate education. In July, General Secretary Xi Jinping made the requirement in an instruction on the country's graduate education, and Premier Li Keqiang also gave important comments. General Secretary Xi Jinping pointed out that high-level talent are urgently needed, as socialism with Chinese characteristics has entered a new era, and a new course of building a modern socialist country is unfolding on the basis of securing a decisive victory in building a moderately prosperous society in all respects and winning the battle against poverty. Xi's important instructions deeply identified the general direction, trend and pattern of the development of graduate education in China, providing a basic follow-up action guideline for successfully implementing it. The member units of the Association of Chinese Graduate Schools (ACGS) should deeply understand the significance and essence of Xi's important instructions. Thus, the members should fully implement the Party's education policy and carry out the fundamental tasks of moral education, taking quality improvement of graduate education as the core task, deepening reform and innovation and promoting the essential development.

The year 2020 was a milestone in the development of graduate education in China. The number of graduate student enrollment had achieved a historical leap, breaking 3 million. China has become the world's leading graduate education country in term of enrollment. On July 29, China held its first national graduate education conference since the founding of the People's Republic of China. Vice Premier Sun Chunlan attended the meeting and delivered an important speech. The meeting further clarified the mission and task of China's graduate education in the new era and pointed out the future reform and development perspectives. After the meeting, the Ministry of Education and other management departments issued a series of policy documents, such as "Opinions on Accelerating the Reform and Development of Graduate Education in the New Era". Besides, "Ten Special Actions to Accelerate the Training of High–Level Talents" was launched. China's graduate education has entered a new era and embarked on a new journey.

In 2020, in the face of the sudden COVID–19 and the complex situation interwoven with a century's changes, the graduate education front can deeply feel the urgency and necessity of high–level personnel training demands. It is time to sound the horn of deepening the reform of graduate education in the new era. As the main driving force of economic and social development, graduate education plays a more prominent role in implementing innovation–driven development strategies and building an innovative country. The high–quality and essential development have become the basic consensus and concerted action of China's graduate education front. As the main force of China's graduate education, the member units of ACGS are the "leaders" in the development of China's graduate education, shouldering the important historical mission of building graduate education with Chinese characteristics and international influence. It is hoped that all the members of ACGS should continue to play a leading role in colleges and universities, concentrating their efforts and not forgetting their initial intentions. All the members should strive to improve the quality of China's graduate education to make it more powerful and achieve new accomplishments.

In 2020, with the joint efforts of all member units, ACGS coordinated the prevention and control of the epidemic as well as reform and development, successfully completing various tasks and presenting a satisfactory result. While continuing to lead the innovation of graduate education practice, we attach great importance to the theoretical exploration of graduate education. Our Annual Report on Graduate Education in China has published 11 volumes in a row. Focusing on practical issues, discussing with data and combining ideas with the practice of graduate education have become a distinctive feature of the annual report. Although the COVID–19 outbreak has had a certain impact on the compilation of the Annual Report on Graduate Education in China 2020, the report is still published as scheduled with the full support of the member units and ACGS. This report summarizes and analyzes the major historical events and important development achievements of China's graduate education in 2020, and discusses the major topics in the field of graduate education practice in China, such as interdisciplinary issues. We hope that this annual report will become an important reference for graduate deans, graduate education managers and theoretical researchers. We hope that the relevant research topics will inspire further reflection and more practical exploration.

目　录

总　报　告

年 度 专 题

附　录

Contents

General Report

Specail Topics

Appendix

全面深化改革创新，
高质量发展新时代研究生教育

2020 年，抗疫成为全体国人最深刻的集体记忆。面对突如其来的新冠肺炎疫情，各研究生培养单位积极响应党中央、国务院号召，充分发挥高校和科研院所的学科专业优势，积极开展疫苗和药物研制科研攻关，广大导师和研究生积极参与医疗救助，以实际行动彰显了研究生教育战线的责任使命。新冠肺炎疫情期间，各研究生培养单位广泛运用多种信息化手段，采用线上授课、远程指导、网络答辩等方式，保障了疫情防控期间研究生教育各项工作的有序推进。在这极不平凡的一年，面对突如其来的新冠疫情和百年变局交织叠加的复杂形势，研究生教育系统坚持以习近平新时代中国特色社会主义思想为指导，在党中央、国务院坚强领导下，统筹疫情防控和教育改革发展，完成了研究生教育一系列重要改革，推动中国研究生教育站上新起点，踏上新征程。

一、2020 年我国研究生教育的重大进展

2020 年，我国学位与研究生教育在发展规模、学科结构、国际化、管理体系及支撑服务社会经济发展的能力等指标上都有了长足进展，研究生教育实力进一步增强。一是自主培养高层次人才能力得到了进一步提升。2020 年我国硕士研究生同比 2019 年扩招约 18.9 万人，我国研究生年招生人数首次突破 100 万人，录取人数达到 110 万人，研究生在学人数达到 300 万人，成为世界研究生教育大国。[①] 二是研究生学位授予学科门类更趋完善。2020 年 12 月，国务院学位委员会与教育部共同发文，决定设置第 14 个学科门类即"交叉学科"门类，同时在该门类下设置"集成电路科学与工程"和"国家安全学"两个一级学科。至此，研究生教育学科专业体系共有 14 个学科门类、113 个一级学科、47 种专业学位类别，基本覆盖了科学进步和经济社会发展的主要领域。三是我国已成为亚洲最大留学目的地国和亚太区域研究生教育中心，2019 年，来自全球 203 个国家和地区的 9.1 万名研究生在我国攻读硕士、博士学位，比

---

① 赵婀娜，张烁，吴月. 我国自主培养研究生突破 1 000 万人［N］. 人民日报，2020-07-29.

2015 年增长 68.5%，我国研究生教育国际影响力显著提升。① 四是支撑引领国家科技创新的能力明显增强。国家科技三大奖项中，高校获奖率稳定在 60% 以上，研究生导师已经成为高校科技创新的重要骨干力量。在学研究生的作用和贡献日渐凸显，目前重点项目、面上项目人员中研究生占比超过 50%。五是研究生教育管理体系进一步完善。国家主导、省级统筹、培养单位自主办学的三级体系日臻成熟，由学位授予单位、教育行政部门、学术组织、行业部门和社会机构共同参与的"五位一体"研究生教育质量保障体系进一步形成和完善。

2020 年，我国研究生教育改革和实践的一系列成果，可具体概括为六个方面：一是召开了新中国成立以来首次全国研究生教育会议，出台了一系列重要的文件，进一步明确了研究生教育改革发展新方向；二是落实全国研究生教育会议精神，实施高层次人才培养十大专项行动；三是完善学位授权审核相关管理制度，启动新一轮学位授权审核及相关工作；四是完善学位点评估体系，开展新一轮学位授权点合格评估及专业学位水平评估；五是创新学科评估方法，实施第五轮学科评估；六是采取新的举措，进一步加强研究生学术规范与学术道德建设。

（一）召开会议，发布系列文件，规划研究生教育改革发展新蓝图

1.　召开新中国成立以来首次全国研究生教育会议

2020 年 7 月 29 日，全国研究生教育会议在京召开，这是新中国成立以来的首次全国研究生教育会议，中共中央政治局委员、国务院副总理孙春兰出席会议。孙春兰传达了习近平总书记关于研究生教育工作的重要指示和李克强总理的重要批示。

习近平指出，中国特色社会主义进入新时代，即将在决胜全面建成小康社会、决战脱贫攻坚的基础上迈向建设社会主义现代化国家新征程，党和国家事业发展迫切需要培养造就大批德才兼备的高层次人才。习近平强调，研究生教育在培养创新人才、提高创新能力、服务经济社会发展、推进国家治理体系和治理能力现代化方面具有重要作用。各级党委和政府要高度重视研究生教育，推动研究生教育适应党和国家事业发展需要，坚持"四为"方针，瞄准科技前沿和关键领域，深入推进学科专业调整，提升导师队伍水平，完善人才培养体系，加快培养国家急需的高层次人才，为坚持和发展中国特色社会主义、实现中华民族伟大复兴的中国梦作出贡献。

李克强指出，研究生教育肩负着高层次人才培养和创新创造的重要使命，是国家发展、社会进步的重要基石。改革开放以来，我国研究生教育实现了历史性跨越，培养了一批又一批优秀人才，为党和国家事业发展作出了突出贡献。要坚持以习近平新时代中国特色社会主义思想为指导，认真贯彻党中央、国务院决策部署，面向国家经济社会发展主战场、人民群众需求和世界科技发展等最前沿，培养适应多领域需要的人才。深化研究生培养模式改革，进一步优化考试招生制度、学科课程设置，促进科教融合和产教融合，加强国际合作，着力增强研究生实践能力、创新能力，为建设社会主义现代化强国提供更坚实的人才支撑。

孙春兰表示，要深入学习贯彻习近平总书记关于研究生教育的重要指示精神，全面贯彻党的教育方针，落实立德树人根本任务，以提升研究生教育质量为核心，深化改革创新，推动内涵发展。把研究作为衡量研究生素质的基本指标，优化学科专业布局，注重分类培养、开放合作，培养具有研究和创新能力的高层次人才。加强导师队伍建设，针对不同学位类型完善教育

---

① 赵婀娜，张烁，吴月 . 为高质量发展提供智慧引擎［N］. 人民日报，2020-07-29.

评价体系，严格质量管理、校风学风，引导研究生教育高质量发展。北京大学、清华大学、华中科技大学、西安电子科技大学和江苏省负责人也就此主题在会上进行交流发言。随后各省（自治区、直辖市）、各研究生培养单位相继召开研究生教育会议。新一轮研究生教育改革发展号角正式吹响。

全国研究生教育会议的召开是教育领域的一件大事，是我国研究生教育史上的重要里程碑。习近平总书记等中央领导同志的重要指示批示，高度肯定了研究生教育在建设社会主义现代化国家新征程中的重要地位，强调党和国家事业发展迫切需要培养造就大批德才兼备的高层次人才，深刻揭示了我国研究生教育发展的大方向、大趋势，为广大研究生教育战线工作者赋予了新的使命，也为我们落实好立德树人根本任务、全力办好研究生教育提出了新的更高要求。

2. 教育部等部门出台新时代研究生教育改革发展系列重要文件

2020 年 9 月，教育部、国家发展改革委、财政部联合印发《关于加快新时代研究生教育改革发展的意见》（以下简称《意见》）。《意见》提出，到 2035 年要初步建成具有中国特色的研究生教育强国，明确"立德树人、服务需求、提高质量、追求卓越"的工作主线，从六个方面提出研究生教育改革发展的关键举措：一是加强思想政治教育。《意见》强调发挥导师言传身教作用，做研究生成长成才的引路人，既做学业导师，又做人生导师；不断完善思想政治教育体系，健全"三全育人"机制，将思想政治教育评价结果作为"双一流"建设成效评价、学位授权点合格评估的重要内容，把政治标准、政治要求落实到研究生教育工作的方方面面。二是深入推进学科专业调整。《意见》提出建立基础学科、应用学科、交叉学科分类发展和动态调整新机制。设置新兴交叉学科门类，着力推动新兴交叉学科发展。按照高校自主调、国家引导调、市场调节调的工作思路，不断优化学科专业结构。三是完善人才培养体系。《意见》指出要更加注重分类培养，进一步深化科教融合，加强学术学位研究生知识创新能力培养；强化产教融合，加强专业学位研究生实践创新能力培养。瞄准科技前沿和关键领域，增强研究生招生计划等资源调控的精准度，实施国家关键领域急需高层次人才培养专项计划。四是提升导师队伍水平。《意见》提出强化导师岗位管理，明晰职责边界，将政治表现、师德师风、学术水平、指导精力投入、育人实效等纳入导师评价考核体系。五是严格质量管理。研究生教育培养的是高层次创新人才，在管理上更要高标准、严要求，把提升质量作为核心，把工作重心真正回归到人才培养的根本任务上来。《意见》提出严把入口关，深化考试招生制度改革，精准选拔人才，把愿意读书、忠诚可靠、德才兼备的好苗子选拔出来。严把过程关，抓住课程学习、实习实践、学位论文开题、中期考核、论文评阅和答辩、学位评定等关键环节，落实全过程管理责任。严把出口关，合理制定与学位授予相关的科研成果要求，加大分流力度，加强学风建设。六是加强条件资源保障。《意见》提出要全面加强党的领导，确保正确办学方向。完善差异化投入机制，加大博士生教育投入，加大对基础研究、关键核心技术领域的支持，鼓励培养单位使用科研项目资金支持研究生培养。改革完善资助体系，激发研究生学习积极性。

在《关于加快新时代研究生教育改革发展的意见》主文件外，教育部、国务院学位委员会围绕研究生教育关键问题、重点环节，相继出台了四个配套文件，分别是《关于进一步严格规范学位与研究生教育质量管理的若干意见》《专业学位研究生教育发展方案（2020—2025）》《关于加强博士生导师岗位管理的若干意见》《研究生导师指导行为准则》。这些文件分别聚焦规范学位与研究生教育质量管理、专业学位研究生教育发展、博士研究生导师岗位管理及行为规范等主题，为培养单位创新研究生教育体制机制、提升研究生教育治理效能提供了指引。《意见》等系列政策文件的出台，为新时代研究生教育改革发展目标、路径、任务等做出重大战略部署，开启了新时代研究生教育发展新篇章，标志着中国研究生教育发展迈上新台阶、进入快车道。

（二）落实全国研究生教育会议精神，启动人才培养十大专项行动

为落实全国研究生教育会议精神和《关于加快新时代研究生教育改革发展的意见》等系列文件精神，教育部启动了"加快高层次人才培养十大专项行动"（简称"十大专项行动"），包括学科专业建设改革行动、交叉学科高质量发展行动、一流学科培优行动、基础学科深化建设行动等。

一是着眼于服务经济社会发展需求，实施优化学科设置的行动，包括四项。第一，学科专业建设改革行动。构建设置规范、动态调整的学科专业目录管理新机制，开展学科专业目录修订工作；提升专业学位培养能力和培养规模；建立国家重点支持的学科专业清单，健全国家急需学科专业的引导机制，提升学科专业体系与现代化强国建设的匹配度。第二，交叉学科高质量发展行动。完善交叉学科门类发展机制，研究制定《交叉学科设置与管理办法》，探索建立交叉学科发展特区，设立一批交叉学科中心，搭建交叉学科发展的国家级平台，构建放管结合、规范有序、相互衔接的交叉学科发展体系，为交叉学科发展创造更好环境。第三，基础学科深化建设行动。支持一批事关原始创新支撑的自然科学和哲学社会科学领域基础学科，以及具有极高保护传承价值的"绝学"、冷门学科，改善相关学科发展生态，加大人才队伍建设力度，深化科研组织和评价体系改革，健全投入和激励机制，为科技创新和社会进步夯实长远基础。第四，一流学科培优行动。进一步支持和促进"双一流"建设高校，在已经具有一定国际影响力、对服务国家重大战略需求发挥重要作用的国际可比学科和方向上，尽快取得突破，进入并保持在世界一流学科前列，发挥引领示范作用；在传承弘扬中华优秀文化的学科，以及服务治国理政新领域新方向上，取得创新性特色性成果，在理论和实践方面作出贡献，打造国际一流、中国特色学术标杆。

二是着眼于固本培元，深化研究生培养体系建设和人才培养的相关行动，包括四项。第一，导师指导能力提升行动。强化育人导向，发挥导师言传身教作用，做研究生成长成才的引路人；建立国家典型示范、省级重点保障、培养单位全覆盖的三级导师培训体系；规范导师指导行为，明确指导行为"十不得"；加强博士生导师岗位管理；推动评选优秀导师和导师团队，激发研究生导师的积极性、主动性、创造性，提升导师队伍水平。第二，课程教材建设质量提升行动。发布《研究生核心课程指南》，构建研究生课程知识体系；推进研究生课程思政，推动"四个一批"建设（即：建成一批课程思政示范高校，推出一批课程思政示范课程，选树一批课程思政教学名师和团队，建设一批课程思政教学研究示范中心）；规范教材建设，评选优秀研究生教材，提升研究生课程教材建设质量；试点打造研究生精品示范课程，推动优质资源共享。第三，产教融合建设行动。与国家发改委联合打造国家产教融合研究生联合培养基地，带动国家、地方、学校三级基地建设；推进专业学位研究生培养模式改革，鼓励各地各培养单位设立"产业（行业）导师"，推动行业企业全方位参与人才培养；完善产教融合联合培养质量评价机制，加强人才培养与行业企业用人需求对接，提升研究生实践创新能力。第四，关键

领域核心技术高层次人才培养行动。聚焦关键领域核心技术，组织"双一流"建设高校和一流企业（院所），统筹一流学科、一流师资、一流平台等资源，以超常规方式加快培养一批紧缺人才，为国家解决"卡脖子"问题和推进科技创新做出贡献。

三是着眼于夯实基础，培育核心竞争力的相关行动，包括两项。一项是博士生教育提质行动。超前布局博士生教育，差异化扩大博士生规模；探索建立招生计划管理负面清单制度，对问题突出的培养单位予以必要限制；优化布局结构，服务国家区域发展战略；健全博士研究生招生选拔机制，扩大直博生招生比例；加大投入力度，改革完善资助体系，优化资源配置机制，为博士生教育持续发展营造更好的支撑环境。另一项是质量提升和管理行动。印发相关文件，强化全过程培养质量管理；开展研究生教育质量专项巡查，检查结果与资源投入形成联动；完善学位论文抽检制度，强化抽检结果反馈使用；开展就业状况跟踪调查，为学位授权点评估、"双一流"建设成效评价等提供参考；完善监督惩戒机制，提高学位授予单位质量保证的底线思维和自觉意识。

（三）完善学位授权审核制度，开展学位授权审核、学科评议组换届工作

1. 启动 2020 年学位授权审核工作

2020 年，国务院学位委员会根据《博士硕士学位授权审核办法》，开展了新一批次的审核工作。本次审核重申以习近平新时代中国特色社会主义思想为指导，以申请基本条件为"门槛"，以服务经济社会发展需求为导向，保证新增博士硕士学位授权点的质量，大力提升研究生教育服务经济社会发展的能力，为建设研究生教育强国奠定坚实基础。重申授权审核坚持服务需求、坚持质量标准、坚持特色引导、坚持分类发展等原则。

2020 年审核工作与 2017 年审核工作在审核范围、审核内容、审核程序、申请基本条件等方面基本相同，仅做个别微调。如新增博士硕士学位授予单位的基本条件与 2017 年完全一致。西部地区和民族高校仍然执行申请基本条件降低 20% 的倾斜政策。对服务国家重大需求、落实中央重大决策、保证国家安全具有特殊意义或属于填补全国学科领域空白的新型普通高等学校，适当放宽申请基本条件。新增博士硕士学位授权点申请基本条件与 2017 年基本一致，仅对原文件中有关"帽子"人才和 SCI 来源期刊论文等条件规定作了调整。同时，为突出专业学位自身发展规律和特色，把申请条件中与学术学位授权挂钩的情况进行了调整。新增范围也与 2017 年基本一致。本次新增博士硕士学位授予单位，原则上只在普通本科高校范围内进行。新增博士硕士学位授权点，只在具有相应学位授权的学位授予单位内进行，原则上不包括已转制为企业的学位授予单位。

本次审核的明显变化有如下几点：一是强调加大对应用型人才的培养。规定新增硕士学位授予单位原则上只开展专业学位研究生教育，新增硕士学位授权点原则上为专业学位授权点；新增博士学位授权点向专业学位授权点倾斜，重点新增临床医学博士专业学位、工程类博士专业学位和教育博士专业学位。对国家急需的学科及专业学位类别予以倾斜支持。二是加强马克思主义理论学科建设。填补区域空白，支持内蒙古、宁夏、青海、西藏等尚无马克思主义理论一级学科博士学位授权点的四省区，所属博士、硕士学位授权高校以联合申请的方式，申请增列马克思主义理论一级学科博士学位授权点。三是本次授予审核要求限额申报学位点数量。为促进申报新增博士硕士学位授予单位集中力量加强内涵建设，办出特色水平，要求新增博士或硕士学位授予单位申报新增相应层次的学位授权点不得超过 3 个。此外，为突出分类指导，特色发展，本次审核明确提出倾斜性政策和限制性政策。倾斜性政策即对于办学特色、不可替代性突出的新增单位和新增点，"三区三州"等深度贫困地区和原中央苏区地区推荐的新增单位，艺术类院校申请新增博士学位授予单位，应用型高校申请硕士单位和专业学位授权点，在同等条件下优先支持。限制性政策则规定把在学位授权点专项评估、合格评估中不合格情况较多的高校名单、博士学位论文抽检连续 3 年检出不合格且总体问题率较高的高校名单、出现学风重大问题的高校名单、申请单位的生师比及各省对研究生教育的财政支持情况提交复审专家参考。

学位授权在政府部门规划与高校需求间始终存在一定张力。从各方需求和培养条件看，2020 年新增博士学位授权高校数量仍不宜过快增长，而对新增硕士单位则可以适度放开，以满足我国社会经济发展以及个体对接受高层次学历教育的需求。

2. 加快推进学科专业调整

设置交叉学科门类。为进一步健全高等教育学科专业体系，提升交叉学科对科技创新重大突破和重大理论创新的支撑能力，2020 年 12 月，国务院学位委员会与教育部共同发文，决定设置第 14 个学科门类即"交叉学科"门类，同时在该门类下设置"集成电路科学与工程"和"国家安全学"两个一级学科。设置交叉学科门类及相应的一级学科，可有效解决当前学科专业设置老化问题，为培育新学科提供重要生长点。交叉学科作为培养创新型人才的重要途径，其设立可更好地服务当前我国经济社会发展重大需求。在学科专业目录上直接体现，增强了学术界、行业企业、社会公众对交叉学科的认同度，为交叉学科发展提供更好的发展通道和平台。同时，需要注意的是，管理部门与培养单位需要细化有关实施细则，进一步完善交叉学科设立、发展及退出机制，以促进交叉学科科学有序健康发展。交叉学科门类设立，以及因应形势开展交叉学科或人才培养项目，都表明我国学位授予和研究生培养的学科专业调整机制的弹性增强，服务国家经济社会发展的能力更趋成熟。

2020 年，国家学位授予主管部门根据疫情防控需要，完善应急管理学科专业体系，支持部分高校在公共管理一级学科下自主设置应急管理二级学科；实施高层次应用型公共卫生人才培养项目，加大重症、感染、公共卫生等紧缺人才培养学科建设力度。为解决"卡脖子"问题，教育主管部门会同有关部门实施了"关键领域核心技术紧缺博士人才自主培养专项"试点行动。

3. 完成国务院学位委员会第八届学科评议组组建

2019 年 7 月 17 日，国务院学位委员会印发《关于推荐国务院学位委员会第八届学科评议组成员人选的通知》（学位办〔2019〕15 号），通知教育部各直属高校等单位，推荐第八届学科评议组成员人选。2020 年 7 月，国务院学位委员会第 36 次会议审议通过了《国务院学位委员会第八届学科评议组成员名单》，第八届学科评议组分为 97 个组，成员 1097 人。

与以往相比，第八届学科评议组成员遴选标准有如下新变化：一是更加突出强调人选的政治素质和学术水平，要求在思想政治上，拥护中国共产党的领导，拥护中国特色社会主义制度；师德师风上，品德高尚，作风正派，处事公道；学术水平上，造诣精深，具有较强学术影响力；业务工作上，人才培养经验丰富，熟悉学位、研究生教育和学科建设等工作。二是本次推选对年龄和连任届时提出明确要求，人选年龄原则上在 60 岁以下，已连续聘任两届的成员一般不再推荐。三是学科评议组成员和专业学位研究生教育指导委员会委员一般不兼任，已受聘担任专业学位研究生教育指导委员会委员的人员不推荐为学科评议组成员人选。四是人选向教学科研一线教师倾斜，从严控制现任校级党政领导人选。

国务院学位委员会学科评议组作为专家组织，主要从事学位授权评议、研究生培养指导质量监督、学科建设咨询、研究生教育发展和改革重大问题研究等工作，发挥着重要的战略思想支撑和发展方向指导作用。学科组人选推荐条件的进一步改进，有利于学科评议组结构优化，提升学术和工作活力，更好地履行职责。

（四）完善学位点评估体系，开展新一轮学位授权点合格评估和专业学位水平评估

1. 开展新一轮学位授权点合格评估

2014 年，国务院学位委员会、教育部启动了首轮学位授权点合格评估。2020 年，国家和省级学位主管部门在学位授予单位自我评估基础上，对 2392 个学位授权点进行抽评。其中，8 个学位授权点被评定为"不合格"，39 个学位授权点被要求"限期整改"。首轮学位授权点合格评估对现有学位授权点进行了全面"体检"，推动了学位授予单位建立自我评估制度，保证了学位与研究生教育基本质量。2020 年，国务院学位委员会、教育部启动了第二轮学位授权点合格评估，此次评估到 2025 年结束。同时，对 2014 年印发的《学位授权点合格评估办法》做了较大修订。本次评估与上一轮相比，具有如下新的变化。一是强化学位授予单位质量保证主体责任，要求学位授予单位细化自我评估程序要求，增强可操作性，对自我评估实施方案制订、报告编写、信息监测、专家评议、结果认定、材料上传、信息上报等做出细化规定。二是明确将当期评估时正在执行的学位授权点申请基本条件作为周期性合格评估的基本条件，学位授权点自我评估以及抽评阶段专家评议的标准和要求，均不得低于学位授权点合格评估的基本条件。三是提高抽评比例，将各一级学科和专业学位类别的最低抽评比例从原 20% 增加到 30%；同时明确对"发生过严重学术不端问题的学位授予单位""存在人才培养和学位授予质量等其他问题的学位授予单位"加大抽评比例；"抽评当期评估轮次内学位论文抽检存在问题较多的学位授权点"必抽。四是突出专家组在学位授权点评议中的作用，详细规定了学科评议组、专业学位教指委和省级学位委员会成立的评议专家组在专家组成、评议方案制定、评议意见反馈、异议处理等方面的权利和责任。五是细化学位授权点评估结果认定办法，对专家人数、表决比例做出更加明确的规定。六是在教育行政部门抽评阶段增加异议处理程序。要求对提出异议的学位授权点采取实地考察的方式进行评估。七是加强评估结果在与学位授权点质量密切相关的学科建设、资源配置等方面的使用。要求"教育行政部门将各学位授予单位学位授权点合格评估结果作为教育行政部门监测'双一流'建设和地方高水平大学及学科建设项目的重要内容，作为研究生招生计划安排、学位授权点增列的重要依据"。八是对合格评估中不得申请撤销学位授权点的情况做出规定。

新一轮学位授权点合格评估，解决了上一轮评估中出现的一些程序性和操作性问题，完善了评估程序，进一步理顺了不同主体的权责关系，强化了结果运用，增强了合格评估的约束力和引导力。

2. 全面启动全国专业学位水平评估工作

我国从 1991 年开展专业学位研究生教育，经过 30 年的发展，目前已设置专业学位类别 47 个，硕士专业学位授权点 5996 个，博士专业学位授权点 278 个。专业学位研究生教育已经成为我国研究生教育体系的重要组成部分。专业学位在完善人才培养体系，适应经济社会发展需求，服务教育强国战略等方面发挥着越来越重要的作用。

对专业学位教育质量，国家教育主管部门始终保持高度关注。2016年，国务院教育督导委员会办公室曾委托教育部学位与研究生教育发展中心（简称"学位中心"）以第三方评估的方式，对法律、教育、临床医学（不含中医）、口腔医学、工商管理、公共管理、会计、艺术（音乐）等8个专业学位类别启动了专业学位水平试点评估工作，全国符合条件的293个单位的650个专业学位授权点参评。2020年11月，国务院教育督导委员会办公室发布了《全国专业学位水平评估实施方案》，决定全面启动全国专业学位水平评估工作。本次评估是在国家明确提出要大力发展专业学位研究生教育，专业学位研究生教育进入更高质量、更大规模、更高层次、更多类别、更优布局的大发展时期这一背景下开展的一项重要工作。

2020年12月1日，学位中心发布了《关于组织实施全国专业学位水平评估工作的通知》，正式启动全国专业学位水平评估工作。本次评估范围为金融等30个专业学位类别符合条件的专业学位授权点。评估程序共包括参评确认、信息采集、信息核查、专家评价、问卷调查、权重确定、结果形成与发布、持续改进八个环节。本次评估加强了评审信息公开程度，同时特别强调加大对违规行为的查处力度。本次评估在指导思想、评估内容及评价指标体系设置方面都显现出明显特色。

在评估指导思想方面，本次评估旗帜鲜明地强调，以习近平新时代中国特色社会主义思想为指导，紧紧围绕立德树人根本任务，坚持"四为"方针，坚决破除"五唯"顽瘴痼疾，以"质量、成效、特色、贡献"为导向，以人才培养质量为核心，以评估"体检""诊断"为目标[1]，本次评估在内容方面形成明显特色。首先，评估方案中重点考核高校在落实立德树人根本任务方面的措施与成效。重点考察"三全育人"综合改革情况、思政课程体系和课程内容建设；检验导师作为立德树人第一责任人的职责落实情况，重点考察师德师风建设；强化体现专业学位培养要求的职业道德与职业伦理教育，重点考察高校对学生个人品德、职业价值观、职业操守、行业规范等方面培养的主要做法及成效。其次，评估内容方面突出协同育人机制建设、突出实践教学支撑能力、突出培养成效应用导向。重视从培养机制、培养能力及培养导向等三个方面考察专业学位人才实践能力培养。此外，在促进多元主体参与专业学位人才培养方面，全国专业学位水平评估通过开展大规模的在校生、毕业生、用人单位、行业专家等多元主体问卷调查，从四个维度评价人才培养实绩。

本次评估指标体系更为完备、科学，特色更加明显。评价体系以人才培养质量为核心，围绕"教、学、做"三个层面，从教学质量、学习质量、职业发展质量三个维度来构建。重点考察各学位类别思政教育特色与成效、课程与实践教学质量、学生满意度、培养方案与特色、在学成果、学生获得感、毕业生质量、用人单位满意度，以及服务贡献与社会声誉。指标体系共包括3项一级指标、9项二级指标、15~16项三级指标。在统一指标体系框架下，根据每个专业学位类别或领域的培养特点，分类设置指标体系，分别设置36套指标体系，如艺术专业学位类别按照舞蹈、电影等领域分设7套指标体系。本次评估表中，还通过采用代表性成果、典型案例和开放性"留白"的方式，由高校自选、自述，充分体现特色与贡献，最大程度展现不同高校的办学优势与亮点。本次评估另一个改进，是"全程无纸化"报送，所有材料均通过评

① 叶雨婷.教育部启动全国专业学位水平评估工作［N］.中国青年报，2020-11-27.

估系统提交电子文件，不再报送纸质材料。

本次评估从指导思想、方案设计、指标构建到具体实施操作上，较好地贯彻了习近平总书记关于教育的重要论述和全国研究生教育会议精神，是对《深化新时代教育评价改革总体方案》《关于深化新时代教育督导体制机制改革的意见》《加快推进教育现代化实施方案（2018—2022年）》《专业学位研究生教育发展方案（2020—2025）》等一系列文件要求的落实。本次评估是对我国专业学位研究生教育进行全面的水平性整体考察和诊断，对于推进专业学位研究生培养模式改革，健全专业学位评价体系，提升专业学位研究生教育水平和质量将产生深远影响。

（五）创新学科评估体系，启动新一轮学科评估

2002年，学位中心按照国务院学位委员会和教育部颁布的《学位授予和人才培养学科目录》，首次对全国具有博士或硕士学位授予权的一级学科进行整体水平评估。学科评估目前已经完成了四轮，在高教界产生了重要反响，受到了高校的高度重视。2020年11月，学位中心公布了经教育部党组审议通过的《第五轮学科评估工作方案》，正式启动了第五轮学科评估工作。本轮学科评估以习近平新时代中国特色社会主义思想为指导，立足我国高等教育实际，着力反映我国高校学科建设总体水平和阶段性进展。

第五轮学科评估在评估理念和具体指标设计方面，较以往均有明显变化。在评估理念上，坚持以"立德树人成效"为根本标准，以"质量、成效、特色、贡献"为价值导向，以"定量与定性评价相结合"为基本方法，以破除"五唯"顽疾为突破口，在保持一级学科整体水平评估基本定位和评估体系框架基本稳定的基础上，进一步强化人才培养中心地位，坚决破除"五唯"顽疾，改革教师队伍评价，突出质量、贡献和特色。在具体指标设计方面，第五轮学科评估将"聚焦立德树人"作为首要原则，指标体系以"立德树人成效"为根本标准。如强化教师以教书育人为首要职责的评价导向，将教授为本科生上课和指导研究生情况作为重要观测点，引导教师潜心教学、全心育人。评价教师不唯学历和职称，不再设置人才"帽子"指标，不统计人才"帽子"数量，有利于扭转过度看重"帽子"的不良倾向。教师成果严格按产权单位认定、不随人走，有利于抑制人才无序流动。评价科研水平不唯论文和奖项，设置"代表性学术著作""专利转化""新药研发"等指标，进行多维度科研成效评价；评价学术论文聚焦标志性学术成果，采用"计量评价与专家评价相结合""中国期刊与国外期刊相结合"的"代表作评价"方法，不"以刊评文"，淡化论文收录数和引用率，不再将SCI、ESI相关指标作为直接判断依据，突出标志性学术成果的创新质量和学术贡献，有利于扭转"SCI至上"局面。在评价方法上，坚持代表性成果专家评价与高水平成果定量评价相结合，充分运用基于定量数据和证据的"融合评价"方法。

此外，本轮评估对哲学社会科学学科建设采取了新的措施，重点考察哲学社会科学学科在立足中国实际、解决中国问题、讲好中国故事、传播中国声音等方面的特色和贡献，如将"三报一刊"文章作为重要研究成果，规定代表性论文必须包含一定比例的中国期刊论文，淡化实验室、基地等条件资源类指标，强化对学术著作、艺术实践成果等进行"代表作评价"，突出服务社会功能，加大社会服务"案例"权重。强调同行评价，加强国际评价，首次在教育学、心理学、考古学、工商管理、音乐与舞蹈学、设计学等哲学社会科学学科设置学科"国际声誉"指标。

第五轮学科评估是深入贯彻落实中共中央、国务院《深化新时代教育评价改革总体方案》

的重要举措，有利于推进我国学科建设整体水平，提升研究生培养质量。这次评估按照"改革结果评价、强化过程评价、探索增值评价、健全综合评价"要求，在落实立德树人根本任务、破除"五唯"顽瘴痼疾、强化师德与师能相统一、突出贡献和特色、强化分类评价、完善中国特色哲学社会科学学科评价体系、提升评估信息可靠性、提高评价科学性等方面均有较大突破和完善。

（六）采取新举措，强化学术规范与学风建设

2020年8月，教育部教育督导局下发《关于几起高校学位论文作假行为查处情况的通报》，通报了3起学位论文作假行为查处情况，并指出当前我国研究生学术道德状况总体较好，但学位论文抄袭、买卖、代写等学术不端行为时有发生。有关高校对学位论文作假行为查处存在防控手段有限、问题发现不及时、主体责任未落实等突出问题。要求全面排查学位论文作假行为，要求各高校立即采取行动，由校内研究生教育管理部门牵头，会同各级学位评定委员会和研究生指导教师，复核、排查2015年8月至2020年7月五年间授予博士、硕士学位的论文。要求重点复核学位论文开题、中期考核、评阅、答辩和学位评定等过程规范性，重点关注没有科研项目支撑的学位论文，充分利用学术不端行为检测等信息技术手段进行全面排查，形成每篇论文的复核、排查结论，经学位评定委员会、研究生指导教师和分管研究生教育的校领导签字后存档备查。对发现存在抄袭、买卖、代写等作假行为的学位论文，要按照有关规定及时调查、严肃处理。教育部教育督导局还要求各高校认真开展警示教育。要求各高校收集分析新闻媒体曝光的学位论文抄袭、买卖、代写等作假行为处理案例，面向所有研究生反复开展警示教育，告诫学生自觉恪守学术道德和学术规范，警示学生学校对学位论文抄袭、买卖、代写等作假行为将依法终身追责。教育部教育督导局要求各高校提醒研究生导师切实履职尽责、坚守学术底线，告知指导教师，如指导的学位论文出现抄袭、买卖、代写等作假行为，将受到限招、停招、取消导师资格等严厉处罚。

2020年9月25日，国务院学位委员会、教育部发布的《关于进一步严格规范学位与研究生教育质量管理的若干意见》，也着重强调加强学位论文和学位授予管理问题。要求学位授予单位要进一步细分压实导师、学位论文答辩委员会、学位评定分委员会等责任。明确导师是研究生培养第一责任人，要严格把关学位论文研究工作、写作发表、学术水平和学术规范性。学位论文答辩委员会要客观公正评价学位论文学术水平，切实承担学术评价、学风监督责任，杜绝人情干扰。学位评定分委员会要对申请人培养计划执行情况、论文评阅情况、答辩组织及其结果等进行认真审议，承担学术监督和学位评定责任。论文重复率检测等仅作为检查学术不端行为的辅助手段，不得以重复率检测结果代替导师、学位论文答辩委员会、学位评定分委员会对学术水平和学术规范性的把关。意见还提出国务院教育督导委员会办公室、省级教育行政部门将进一步加大学位论文抽检工作力度，适当扩大抽检比例。对连续或多次出现"存在问题学位论文"的学位授予单位，加大约谈力度，严控招生规模。国务院学位委员会、教育部在学位授权点合格评估中对"存在问题学位论文"较多的学位授权点进行重点抽评，根据评估结果责令研究生培养质量存在严重问题的学位授权点限期整改，经整改仍无法达到要求的，依法依规撤销有关学位授权。教育主管部门的相关行动和措施，进一步明确了各主体应承担的责任、处理的重点方面及违规产生的后果。

总体而言，我国研究生学术规范教育、学术道德建设、学术不端严格查处方面仍存在不足。严格管理的常态化、长效化机制还未形成。加强研究生学术道德和学风建设，既要坚持以教育和预防为主，加强研究生科学精神和科研诚信教育，还要进一步夯实导师指导和质量把关责任，更需要建立严格的学术不端惩戒机制，对学术不端行为零容忍。

二、年度主要热点问题分析

围绕 2020 年重大热点问题，本年度报告聚焦交叉学科发展这一主题，对联席会各成员单位交叉学科设立状况、导师跨学科研究及学生胜任力、跨学科博士生学业发展等专题进行了深入分析。同时课题组对博士生学位论文答辩状况及硕士生导师指导方式等专题做了调查分析。相关调查研究的主要成果如下。

（一）高校交叉学科设立与发展调查分析

当下高校的交叉学科建设不论是在规模还是数量上，均处于方兴未艾阶段。本专题立足宏观角度，全方位展现我国"双一流"高校交叉学科建设图景。为此，本调研从高校教师角度出发，调查高校交叉学科建设取得的成效、交叉学科发展过程面临的障碍及瓶颈，并就深化交叉学科内涵式发展提出相应的建议。

1. 高校交叉学科设立与发展现状

（1）受政策供给效应驱动，高校交叉学科建设整体规模效益显著，学科交叉主要集中于一级学科交叉、二级学科交叉。从"双一流"建设到推动"交叉学科"发展，学科建设政策的积极正面效应激发了大学进行自下而上规制学科发展路径的调整。调查结果表明，88.5% 的院校设置交叉学科，交叉学科学术带头人占 74.1%，交叉学科已经在高校落地生根，未来将会有更多院校设立交叉学科。在学科交叉跨度上，一级学科交叉占比 34.84%，二级学科交叉占比 34.91%，一级与二级学科交叉占比 11.61%，非交叉学科占比 18.63%。高校学科交叉主要集中于学科大类融合。学科大类交叉融合，推动知识、理论、范式之间的整合、继承、创新，打破学科壁垒，在遵循学科发展规律基础上，探索交叉学科人才培养、社会服务、科学研究等可持续发展机制。

（2）根据大学学术组织特性及高等教育内涵发展趋势，院校为满足多样化功能需要，设置了多元形式的交叉学科组织体系。大学不论是设置实体型交叉学院，还是虚体型交叉科研中心，归根结底是培养高素质应用型、复合型、创新型人才，追踪前沿科学研究，契合经济社会发展，提升大学知识生产效益。在被调查的 46 所高校中，交叉学科学院（系）728 个，占比 25.2%；交叉学科研究中心 407 个，占比 14.1%；交叉学科实验室 165 个，占比 5.7%；交叉学科工程研究中心 106 个，占比 3.7%；科学园（产业园）121 个，占比 4.2%；交叉学科研究项目组 378 个，占比 13.1%；非交叉学科组织 988 个，占比 34.2%。卡方分析结果表明，随着院校层次提升，交叉学科在高校学科群中所占比重也逐渐提升，这反映出高水平综合性大学及研究型大学更加重视交叉学科建设。

（3）高校对交叉学科的认同度较高，交叉学科发展趋势符合当前知识生产模式转型。在看待交叉学科发展前景上，超过六成受访者看好交叉学科发展前景。在性别上，女性教师比男性教师更看好交叉学科未来发展。在学术身份上，硕士生导师兼博士生导师比硕士生导师、博士生导师、非导师对交叉学科未来发展充满信心。在院校层次上，一流大学 B 类高校教师比一流大学 A 类高校教师更看好交叉学科未来发展。在院校所属区域上，东北部与西部高校教师比东部高校、中部高校教师更认同交叉学科发展。在学科门类上，理工科类教师比人文社科类教师对交叉学科未来发展前景更认可。交叉学科打破传统学科边界藩篱，将高度分化的专业朝向综合化发展，促使基于交叉学科的知识生产满足全球化、社会化、本土化及市场化发展逻辑。

（4）高校设立交叉学科目的主要是服务社会发展与创新型人才培养。通过卡方检验，高校设置交叉学科目的因院校层次、区域、类型的不同，存在显著差异。具体而言，在院校层次上，一流学科高校设置交叉学科服务国家战略发展、解决社会复杂问题、优化教学质量、培养复合型人才、提升高校竞争力，满足学科发展上的均值均显著高于一流大学 A 类与一流大学 B 类的均值。在院校区域上，东部地区高校交叉学科设置目的均值显著高于东北部、中部、西部地区高校均值。在院校类型上，农林类高校交叉学科设置目的各项均值显著高于理工类、师范类、综合类高校的均值。作为创新体系一翼，大学通过科研智力成果，公共价值引导，担负对社会的道义与责任。交叉学科作为大学基层学术组织要件，凭借产教融合与创新发展，服务国家治理能力、治理体系现代化建设。为建设世界一流大学，交叉学科人才培养必须在思维、能力、素养、价值观、技能及知识方面，体现拔尖创新性。

（5）高校交叉科研项目主要来自政府机构资助，交叉科研国际化合作有待提升。调查数据表明，在 46 所高校中，教师从事过的交叉科研国家级项目占比 44.5%，省部级项目占比 19.3%，校级项目占比 9.2%，企事业单位项目占比 16.2%，国际合作项目占比 3.9%，自筹项目占比 6.8%。在高等教育战略发展布局、学科结构调整方面，国家科研资助具有绝对主导权与话语权，这体现了中央集权管理模式特色。在全球化背景下，科研与学术合作具有普遍意义上的国际精神。在齐曼"后学院"模式中，大学交叉科研必须超越政治范畴意义上的地域限制，充分发挥科研国际合作知识共享、人才流动、跨区域协作优势。我国高校教师交叉科研项目来源主要还是以国家政府部门资助为主，国际合作项目与企事业单位横向项目比重偏低。今后我国大学交叉科研需注重国际合作，积极融入国际学术体系之中，贡献中国交叉科研的学术成就。

（6）交叉科研倾向于采用团队合作方式，合作主体遍及多个领域。普莱斯认为"大科学"时代，科研投资强度较大，持续性较长，需要昂贵且复杂的实验仪器设备，研究目标具有多维性，研究过程需要跨学科交叉进行。交叉科研不论是微观领域探究，还是宏观世界分析均离不开多界别科学共同体协同。在交叉合作中，学者独自完成占比 16.5%，与同行合作占比 28.3%，与团队合作占比 41.0%，与机构合作占比 5.4%，与集群学科合作占比 2.5%，与行业合作占比 5.1%，与政府部门合作占比 1.2%。调查结果表明，高校教师在选择交叉科研合作主体上具有显著差异（p=0.000<0.001），教师在交叉科研过程中与团队、同行合作的比例显著高于与其他主体合作。但是，教师在交叉科研中仍存在"单兵作战"的现象，这不利于交叉科研长远发展。

（7）交叉科研过程中核心参与者居多，科研人员多来自国内高水平院校。调查结果显示，教师在交叉科研课题中所承担角色上，首席专家占比 16.3%，核心参与者占比 55.9%，一般参与者占比 24.5%，咨询辅助参与者占比 3.2%。在交叉科研合作人员来源上，国外高水平院校科研人员占比 4.2%，国外同等水平院校科研人员占比 3.5%，国内高水平院校科研人员占比

24.5%，国内同等水平院校科研人员占比 16.9%，本校科研人员占比 51.1%。卡方检验表明，教师在交叉科研中所承担的角色，因学校层次及类型不同而存在显著差异。具体而言，一流大学建设高校 A 类校中，教师担任首席专家、核心参与者、一般参与者的比例显著高于一流大学建设高校 B 类校和一流学科建设高校。在院校类型上，教师在综合类院校担任首席专家、核心参与者、一般参与者的比例显著高于师范类、农林类、理工类院校。

（8）科研交叉性主要体现在研究方法技术与研究选题方面，科研产出以学术论文为主，能够产生相应经济效益的专利技术有待提升。调查结果显示，在科研交叉性体现上，研究方法技术交叉占比 36.1%，研究选题交叉占比 29.5%。两者所占比重远超出文献述评交叉、研究理论基础交叉、文献资料运用交叉、研究成果交叉应用所占比重。在交叉学科研究产出方面，高水平科研论文占比 80.7%，专利技术占比 7%，获得高额研究资金占比 4.7%，高级别荣誉奖励占比 3.4%，高影响力学术专著占比 4.2%。交叉科研成果产出成果形式多样，但是能够转化为相应经济效应的专利技术比重偏低。

2. 高校交叉学科发展面临的问题

（1）交叉学科名称不规范，内涵发展模糊，目标定位笼统，存在跟风现象。调查结果显示，超过五成受访者认为交叉学科建设存在命名不规范的问题，缺乏明确的发展路径，学科定位模糊。交叉学科名称不规范，说明各个高校对交叉学科建设尚未取得共识，这不仅会影响交叉学科人才培养方案的设置、课程体系的安排，也会影响交叉学科人才未来对工作岗位的适应性。超过六成受访者认为交叉学科建设过程中形式大于内容，发展方向不聚焦，并且存在盲目跟风建设的现象。高校受政策驱动，蜂拥设置交叉学科，交叉学科盲目发展，缺乏比较优势与特色，不仅会打乱原有学科生态，也会造成交叉学科重复设置，办学资源浪费的现象。

（2）交叉学科组织体系不完善，发展政策灵活性不足，学科建设资源缺乏，学科地位有待提升。调查结果显示，六成受访者认为交叉学科组织体系不完善，发展平台机制不健全。交叉学科组织体系不完整主要在于：其一，已建立的交叉学科依附于强势学科与优势学科；其二，交叉学科在组织结构层面没有明晰自身与其他学科之间横向与纵向关系，交叉学科也未形成有效运行机制；其三，交叉学科在人才培养上具有传统专业教育痕迹，尚未形成独具特色的人才专业培养方案，属于"穿新鞋走老路"。交叉学科发展平台机制不健全在于：交叉学科发展离不开物质资源、制度资源、文化资源支撑。超过五成认为交叉学科发展政策过于刚性，缺乏灵活性，在一定程度上不能适应交叉学科发展需要。交叉学科发展过程面临资源不足窘境，在院校处于边缘地位。

（3）交叉学科全方位融合浮于表层，与人才培养脱节，学科建设成效未达到预期。调查结果显示，超过六成受访者认为当前交叉学科融合有待深入。交叉学科涉及多个领域知识，受传统学科边界影响，不同学科之间的文化、价值偏好尚未充分融合，形成新学科范式。交叉学科人才培养主要集中于硕士、博士阶段。在本科阶段的交叉学科人才培养相对较少，本科、硕士、博士阶段的交叉学科尚未建立贯通式人才培养体系。超过五成受访者认为交叉学科建设成效不理想。衡量交叉学科建设成效，涉及学科评估，以往学科评估制度适合单一学科认证评估，但是交叉学科关联着多个学科，传统学科评估指标体系不适宜交叉学科。

（4）高校对交叉科研激励机制缺位，教师学科背景同质，职前交叉研究训练不足，参与交叉学科动机匮乏。调查结果显示，超过五成受访者认为院校对交叉学科科研绩效奖励不足。高校缺乏对交叉科研激励制度，致使交叉科研成果认定、绩效分配存在"搭便车"风险。高校对交叉科研激励不足主要体现在以下几方面：其一，交叉学科管理不规范，教师专业发展缺乏长久稳定规划，支撑条件不足，顶层设计缺乏完整性与统筹性；其二，未制定合理规范的交叉学科教师职称评审、科研成果认定及同行评审机制；其三，交叉学科发展软环境缺失，资助扶持力度不够。大学教师受专业教育影响，职前跨专业学习不足，教师学科背景单一同质，定势原有所学专业，参与交叉科研积极性不高。

（5）交叉学科处于成长阶段，发展过程面临不确定性。调查结果显示，超过六成的高校教师认为交叉学科发展周期长，发展过程具有不确定性，面临较大风险，在发展过程中遭受诸多质疑与挑战。利用单因素 ANOVA 进行分析，结果表明，在研究类型上，应用型研究的周期、面临的风险、遭受的质疑均显著高于基础类、开发类研究。在学科门类上，农学在交叉研究中的周期显著高于工学、经济学，经济学在交叉研究中面临的风险显著高于管理学、历史学。

3. 促进高校交叉学科发展的建议

（1）凝聚交叉学科发展方向，重视内涵发展，聚焦前沿学术发展动态，服务社会需要及创新型人才培养。交叉学科发展必须回应社会发展之中遇到的各种难题，对接国家整体战略布局与区域协调发展，服务知识经济转型及"双循环"变革需求，探索交叉学科创新型高素质人才成长规律，利用"揭榜挂帅"机制，瞄准前沿科学发展趋势，化解制约社会、经济、文化、可持续发展的关键问题。通过交叉科研"包干制""项目制"，推动原创性、颠覆性科研创新。根据智造社会发展需要，重构专业培养方案，探索创新型高素质交叉学科人才培养模式。

（2）制定交叉学科长远发展战略规划，建立交叉学科准入、退出、调整机制，实施交叉学科教师兼聘互聘制度，完善科研成果共享机制，提升教师参与交叉科研积极性。制定完善的交叉学科发展规划可以有效防范其发展过程之中面临的风险，减少不确定性，有效呵护交叉学科长远发展。为有效达成交叉学科建设目标，高校必须从上至下，层层分解交叉学科建设任务，落实交叉学科带头人职责。交叉学科动态调整机制与监测评估体系能够及时矫正学科发展过程出现的偏差，及时调整交叉学科战略布局及资源配置。为了营造交叉学科良好的成长环境，院校要给予交叉学科充足的发展时间，打造容错宽容的机制。大学需要打破院系对教师身份的束缚，建立交叉学科教师兼聘与互聘制度。教师互聘能够让教师在基层院系自由流动，不仅可以拓展高校教师职业发展通道，更能促进交叉科研跨院系、跨行业合作。

（3）完善交叉学科组织平台建设，促进学科交叉深度融合，强化对交叉学科发展保障性资源的持续性投入，建立多元激励制度扶持交叉学科发展。完善的组织平台建设为交叉学科发展提供了载体，扁平化院系结构有助于破解学科藩篱，推进学科深度融合。多样化学科人才及团队引进，资金稳定投入，信息资源共享，为教师申报交叉课题提供咨询服务，持续开展交叉科研学术论坛、讲座及学术会议，吸引行业、企业参与交叉学科发展。对交叉学科的激励，院校须坚持物质激励与精神激励相结合，学术激励与行政激励相结合，制度激励与文化激励相结合。

（二）跨学科博士生学业发展及其表现研究

为了深入了解我国跨学科博士生的学业发展与表现，本研究通过对跨学科博士生的以往学科学习经历、跨学科学习的动机、学业表现、科研能力、学术志趣、跨学科研究核心能力的发展及其所在学科的跨学科培养情况的调查，以期发现当前我国跨学科博士生培养的成效及其培养过程中存在的问题与不足，进而找到跨学科博士生培养的更优路径，为我国博士生的考试招生与培养过程提供有益参考。具体研究结论如下。

1. **跨学科博士生与非跨学科博士生比例相当，但在入学方式和学科分布上存在差异**

具有跨学科学习经历的博士生以 25~29 岁的男生为主，主要通过申请考核方式入学且大多进入了原"985 工程"学校的重点学科或实验室，以从事基础研究为主，学科门类集中分布在理工类。通过与非跨学科博士生分布特征对比发现，跨学科博士生中以申请考核方式入学的多，而非跨学科博士生以硕博连读的入学方式为主。学科门类分布上，哲学、经济学、法学、教育学、理学、管理学门类的跨学科博士生人数较多，文学、历史学、工学、农学和医学门类的非跨学科博士生数量较多。按跨学科门类级别分，跨学科博士生中以跨学科门类（46.6%）为主，同一学科门类下跨一级学科的博士生和同一级学科下跨二级学科的学生比例相当。按跨学科时间阶段划分，跨学科博士生在完成本科阶段学习后，进入硕士阶段选择跨学科的学生较多（24.05%）。

2. **跨学科导师以教授、研究员为主，且跨学科导师获得各级荣誉称号的比例更高**

具有跨学科背景和非跨学科背景的导师比例相当，分别占总样本的 44.1% 和 42.4%。在具有跨学科背景的博士生导师中，教师职称以教授 / 研究员为主（96.3%）；导师队伍中以省级及以上（包括国家级）重要人才称号获得者（59.5%）为主，且跨学科背景的导师获得两院院士荣誉称号的数量略多于非跨学科背景的博士生导师。

3. **高校开展博士生跨学科培养的较少，已经开展跨学科培养的高校跨学科培养质量不高**

当前我国"双一流 / 一流学科"高校的博士生跨学科培养较少（21.1%），超过一半的学生不清楚自己所处学科的培养方式。从博士生的评价来看，高校针对博士生的跨学科培养在"培养目标""跨学科研究项目""跨学科学术交流机会"及"跨学科研究所需的资源设备配置"等方面表现尚可，大部分学校具备较清晰的培养目标，并通过科研项目的形式为学生提供了跨学科交流的机会，同时配备了跨学科研究所需的资源设备，但仍存在跨学科课程体系不够完善，缺乏跨学科专业实践和跨学科导师指导等问题。高校在跨学科管理制度、考核评价制度的规范化程度上还有待提高。

4. **跨学科博士生的学业表现比非跨学科博士生的学业表现得分低**

在学业表现上，与非跨学科博士生相比，跨学科博士生在学业表现各个维度上的得分均值相对较低。跨学科博士生和非跨学科博士生在"公开做学术报告""以第一作者身份发表论文""出国交流次数"和"参加学术会议"上存在显著差异，在"国家奖学金"和"科研产出"上没有显著差异。且跨学科博士生在"公开做学术报告""以第一作者身份发表论文"维度上表现略低于非跨学科博士生。这一结果可能是本次调查样本分布的年级偏差导致的。本次调查中跨学科博士生群体中一年级学生的数据较多，而高年级的博士生数据较少，博士生科研成果产出是渐进累积的过程，一般说来年级越高科研成果产出数量越多，获得国家奖学金的次数也就越多。

5. **跨学科博士生整体的科研能力表现略低于非跨学科博士生**

博士生科研能力的培养是博士阶段教育的核心和关键。通过调查所获数据的独立样本 t 检验显示，跨学科博士生和非跨学科博士生在"学科知识与方法技能""科学思维与研究能力""合作与管理能力""学术志趣与品德"维度的各个指标上存在显著差异。跨学科博士生在科研能力各个维度上的得分均值都显著低于非跨学科博士生。将跨学科博士生和非跨学科博士生的科研能力得分均值做比较可以看出，跨学科博士生与非跨学科博士生的科研能力在各个题项上的均值分布趋势特征一致，其中"英语学术研究能力"和"构建学术人脉关系"两个题目上两个群体的得分均值都较低（M<3.3），而在"研究原创性"（M>3.4）和"学术规范"（M>3.5）上两个群体的得分均值较高。读博动机可能是造成跨学科博士生科研能力水平低于非跨学科博士生的原因之一。非跨学科博士生得分均值较高的读博动机（"满足研究兴趣""弥补自身学习不足""实现科研理想""发挥自己以往优势""获得更多就业机会"及"进高水平大学"）与博士生科研能力呈高度或中度正相关关系，跨学科博士生读博动机选择较多的"随大流、从众""机缘巧合"与博士生科研能力呈中度负相关或不相关关系。非跨学科博士生在与科研能力呈高度或中度正相关的读博动机中的得分均值普遍高于跨学科博士生。

6. 跨学科博士生的跨学科研究能力与非跨学科博士生有显著差异

相比于非跨学科的博士生，具有跨学科学习经历的博士生的跨学科研究能力相对较弱。在"学科基础理论知识""向其他学科研究者介绍研究成果""向普通大众介绍研究成果""与跨学科团队成员合作"及"运用多学科方法解决问题"题项上，非跨学科博士生跨学科研究能力得分均值都高于跨学科博士生。造成这一结果的原因可能是跨学科研究能力与科研能力具有一定程度上的内部一致性，在非跨学科博士生科研能力相对较高的前提下，跨学科博士生的跨学科研究能力也会相对较弱。本研究中的跨学科博士生是指具备两个及以上专业学习经历的博士生，研究结果也证实了具备跨学科学习经历的博士生不一定具备整合多学科知识并开展跨学科研究的能力，博士生跨学科研究能力的培养还亟待高校跨学科培养体制机制的建立。

7. 相关对策建议

第一，高校及导师对跨学科博士生的招生应当慎重。调查显示，跨学科学习对我国博士生学业表现的提升与科研能力的提高并没有明显的积极影响。因此，博士生招生单位与导师在招收博士生时，对跨学科学习的博士生候选人一定要慎之又慎，否则既不利于博士生本人的科研能力提升，也浪费我国有限的博士生教育资源。

第二，博士阶段培养目标是培养特定学科乃至某个方向具有高深造诣的专业人才。跨学科人才的培养应该建立在某一学科"专才"的基础上，首先依托某一学科，培养提升博士生从事学术研究的专业能力，而后再以跨学科研究项目为依托，训练学生从多学科视角研究复杂问题的能力。值得注意的是，其他学科知识的掌握不必过于精深，而应成为其看待问题的方法和视角，因为学生个体学习时间和精力有限，各个学科间知识体系的差异性过大可能会给学生带来更大的学习负担，过分强调多学科知识甚至可能影响其原本的专业学习，不利于专业科研人才的培养。

第三，高校针对博士生开展的跨学科培养应该确立明确的培养目标，并重点构建以科研项目为依托的跨学科人才培养模式。跨学科博士生科研能力与跨学科培养目标、研究项目和导师指导、跨学科学术交流机会和专业实践呈显著正相关关系。由此，建议高校对跨学科博士生科研能力的培养，可以从确立明确的培养目标入手，以科研项目为依托，加强跨学科导师指导。高校应尽可能地为博士生提供跨学科能力的培养所需要的学术交流机会和平台，同时还可以适当地安排跨学科专业的社会实践，为博士生创设以多学科知识与方法解决问题的情境，通过实践运用进一步提升学生的跨学科研究能力。

（三）导师跨学科研究与学生胜任力的研究

在科学发展的内驱力和解决复杂、综合现实问题的外驱力的共同作用下，科学研究突破了单一学科的研究模式而转向跨学科的研究模式。大学作为知识生产的主要阵地，也是开展跨学科研究的主要组织。本研究调查了高校导师的课题研究取向和跨学科特征，更好地帮助高校和学者了解高校导师开展跨学科研究的情况。

1. 自然科学、社会科学和人文科学在跨学科研究中存在显著差异

98% 的自然科学领域的导师进行自然科学内部的近邻跨学科研究，而人文社会科学领域的导师较多进行远缘跨学科研究（社会科学的比例为 87%，人文科学的比例为 78%）。其中人文科学与自然科学交叉最多（61%），与社会科学交叉最少（17%）；社会科学与自然科学交叉也是最多（85%），与人文科学交叉最少（2%）。从跨学科研究成果数量上来看，属于自然科学领域的导师发表在国外的成果量更多（平均 6.04 篇），而人文社会科学领域的导师发表在国内的跨学科研究成果量更多（人文科学 4.35 篇，社会科学 4.06 篇）。

学者在研究过程中跨学科特征将可能体现在不同方面，如研究背景跨学科、理论或模型跨学科、文献综述跨学科、方法交叉、数据收集跨学科和研究结论与应用跨学科。在跨自然科学和跨社会科学领域的研究中，研究结论与应用跨学科的比例较高（36.2% 和 29.9%），其次为方法的跨学科（30.2% 和 28.7%），然后是理论或模型跨学科（13.8% 和 16.1%）；而在人文科学领域的研究中，方法跨学科的比例较高（30.8%），研究结论与应用跨学科的比例其次（26.9%），文献综述跨学科和研究背景跨学科的比例比其他科学领域要高（17.3% 和 7.7%）。就跨学科研究的开展形式而言，跨自然科学研究半数以上通过共享思路的形式完成交叉学科合作，共享合作完成的国际发表成果较多（5.29 篇）；跨人文科学和社会科学的研究通过独立研究完成最多，且比例在三成以上，相应的国内发表量最高（3.62 篇）。

2. 自主导向的相关因素（跨学科背景、持续研究积累、学术共同体的交流）有助于激发导师跨学科研究的创造性和跨学科研究意愿

较大比例的导师都曾经或正在参与跨学科研究（65%），参与导师与未参与导师的比约为 8∶5。"双一流"高校的导师参与过跨学科研究的比例较高，说明跨学科研究是高校学者进行科学研究的一种比较常见的科研模式。其中部分导师具有跨学科的学历背景，其中隶属社会科学并具有跨学科背景的导师超过半数（54%），其次为人文科学研究导师（37%），自然科学研究导师具有跨学科背景的比例较小（24%）。逻辑斯谛回归分析发现，导师参加或承担跨学科研究的意愿受到导师跨学科背景的影响，研究课题所承担的角色越重要，参与跨学科研究的意愿越强；在各种学术活动中，文献阅读和个人前期研究等持续性研究积累对导师跨学科研究创造性的发挥具有重要的意义；学术共同体之间的交流中对激发跨学科创造性的作用按照大小可排序为：校外学术共同体交流、校内其他院系同事交流、校内同院系同事交流。来自跨校或跨院系的学术共同体的交流是主要的跨学科创新活动来源，同时有助于跨学科研究的开展。但同院系学者因具有竞争关系，彼此交流对科研产出具有负向影响。

3. 跨院系和跨校合作有助于促进跨学科研究的开展，但跨学科组织建立和跨学科课题设立等支持没有直接显著效果

合作网络会显著提高参加或承担跨学科研究的意愿。按对研究意愿影响的大小，导师的合作网络类型的排序为：国外科研人员的合作、国内校外科研人员的合作和本校其他院系科研人员的合作。在跨学科科研合作中导师的主要合作者来自国内外校外的科研人员，跨校合作比例大于校内合作比例。具体来看，跨人文科学和跨自然科学的相关学科交叉研究的合作者更多来自国内外校，并贡献了较高的科研成果数量。来自境外的合作者比例不高，但贡献了较高的国际发表数量。跨社会科学的相关交叉研究半数以上的合作者来自本院系同事或本校其他院校同事，其贡献的跨学科国内发表数量较高。

高校支持跨学科研究的主要形式为跨学科组织的建立、跨学科项目的设立、科研绩效的激励及职称评价中的认可。总体来看，四种高校支持政策的渗透力度都较低，大比例的学者进行跨学科课题研究的动机并不来自高校政策的支持。从国际发表成果来看，获跨学科组织组建支持的课题平均科研发表数量高于通过项目获得支持的课题。相关支持方式对国内跨学科成果发表上暂未发现显著的直接作用。

4. "教学相长"与跨学科研究存在矛盾

总体来看，八成教师的教学时间占总时间的21%~60%，教学时间占比在41%~60%的导师也较多，教学时间占比在81%及以上的导师为极少数。从跨学科研究意愿的角度来看，教学投入时间越多的导师，参与或承担跨学科研究的意愿越低；从跨学科创造性来源来看，教学过程对跨学科研究创造所发挥作用的评分较低（M=3.32）。从科研产出的角度来看，教学活动越多的导师，参与或承担跨学科研究意愿和相应的国际科研产出反而较低。

5. 学生在跨学科知识和方法的研究胜任力上存在欠缺，选修或阅读完成跨学科知识的补充具有显著效果

在完成跨学科课题研究的过程中，研究生各方面的胜任力均低于课题能力要求，其胜任力表现及与课题能力要求的差距依次排序保持一致：科研能力、研究主动性、跨学科知识和方法、语数外基础。跨学科知识和方法虽然不是最为重要的胜任力，但却是唯一对国际发表具有推动作用。

在研究生跨学科知识的学习和补充方面，多数研究生选择通过导师指导或自主阅读的形式完成跨学科类书籍的阅读，近半数曾选修或旁听本校或校外的跨学科课程；在跨学科导研合作上与导师的交流或指导频率仍然欠缺。每月就跨学科课题研究交流次数低于4次的导师比例高达77%。研究生跨学科知识的学习和补充，与导师的交流频率具有正相关关系，选修跨学科课程或跨学科类书籍阅读较多的研究生与导师交流的频率普遍更高；此外，研究生进行校内或校外的选课或自主或导师指导下进行跨学科数据的阅读，能够显著促进学生在跨学科专业和知识上面胜任力的提高。与单一导师组和双导师组相比，导师组制对跨学科研究胜任力的提升具有更为显著的作用。

6. 相关对策建议

（1）受到国际评价和国内评价标准的影响，自然科学、社会科学和人文科学的跨学科研究存在较大的差异，应采取不同的标准进行分类管理。研究表明，跨自然科学、跨社会科学和跨人文科学在跨学科特征、跨学科创造来源、合作网络和科研成果发表上都存在显著差异。从研究对象的特征来看，自然科学的研究对象是自然，是对客观事物的观察和探究，其形成的知识是普遍的、简化的、价值无涉的知识。[1]因此，跨学科国际发表中大比例的发表来自跨自然

---

[1] 王赟.自然科学与社会科学：历史方法的必要性［J］.广东社会科学，2021（01）：195–205.

科学的相关成果。由于国际评价中既认可第一作者也认可通讯作者的相对灵活的评价机制，采用国际发表的跨学科科研合作得以实现。而人文社会科学的研究对象是人与自然、社会、文化产生的关系。其知识牵涉到人主观的价值判断，并致力于了解人与自然、社会、文化等方面相互联系过程中的特殊性。因此，人文社会科学类的研究需要更多扎根于本土文化中，国内发表居多，且发表质量通常见仁见智，难以采用统一通用的标准进行评价。而国内仅认可"第一作者"的评价机制，将直接导致跨学科合作之间的贡献难以得到认定。因此，面对不同形式的跨学科研究，高校管理中应做好分类管理，切实通过对跨学科合作贡献的充分认可等评价机制的改善，从根本上为跨学科学术研究提供培育的土壤。

（2）激发学者自主导向的驱动力，鼓励学者对研究领域长期持续性的深度挖掘。跨学科的创新需要个体通过知识联想、迁移与整合、思维的发散与收敛等方式打破原有的思维，借鉴或结合其他学科的相关知识或理论，形成原创、新颖且有价值的解决方案。[①]研究发现，学者的跨学科背景及前期研究和文献综述等个人长期持续性研究积累有助于激发其跨学科研究的创造性，可见，学者自主导向的驱动力是激发跨学科研究的创新活动根本动因。从组织管理的角度，探索激发学者内在驱动力的激励措施，鼓励学者在研究领域中进行深耕将为跨学科创新提供可能性。

（3）在已设立的跨研究支持形式的基础上，应做好"托底"工作，帮助学者降低交叉研究风险的不确定性。与一般的科研活动相比，交叉科学的研究更具实验性和挑战性，从事相关研究的学者也将面临更大的风险不确定性。研究充分表明学术共同体的交流和合作的积极作用。有趣的是，高校目前所设立的交叉学科支持，如跨学科组织组建和课题的设立等并没有有效地促进科研产出的增加。可能性原因在于高校管理中对交叉研究支持更多地是以科研结果为导向，将教师科研成果的完成作为支持的前置条件。这种"控制导向"的管理方式，不仅不利于学者成就动机和自主性的激发，也将导致学者对研究风险的不确定性产生排斥和恐惧，倾向于采取保守的策略，而放弃对跨学科研究的尝试，从而形成跨学科科研成果的挤出。[②]目前交叉学科资源分配的机制和学术支持体系难以得到政府的项目经费支持。尤其是开展初期申报难以通过审批，到后期也难以获得持续稳定的资助；学术支撑体系上我国学科长期分化的特征对跨学科研究的发展造成阻碍。目前高校支持的政策仅有助于少数学者开展跨学科研究，渗透力度有限，且激励效果也不明显。事实上，高校管理角度上，在鼓励交叉学科发展方面应更多探寻"托底"保障措施，帮助学者降低对交叉学科研究风险的不确定性。

（4）正确处理学者教学工作和科研工作的关系，将有助于促进学者跨学科研究创造性的激发、参与跨学科意愿的提高。研究发现，对于跨学科研究来说，"教学相长"是不存在的，教学过程将阻碍跨学科研究创造性的激发，教师投入教学时间越长，完成跨学科意愿就越低。人才培养是高校的首要任务，随着高校对人才培养的高度重视，教师的教学特别是本科教学工作将导致科研时间的挤出。由于教师教学价值和科研价值存在相互替代的关系，那么如何正确处

---

① 马君，VAN DIJK DINA. 绩效工资的非线性影响效应及其结构优化：基于前景理论的视角［J］. 财经研究，2013，39（4）：111—122.

② DECI E L, RYAN R M. The general causality orientations scale: Self-determination in personality-Science Direct［J］. Journal of Research in Personality, 1985, 19(2): 109—134.

理学者教学工作和科研工作的关系将成为促进跨学科科研活动开展的重要因素。

（5）增加导研交流频率、设置跨专业选修课程乃至跨校选修课程的相关机制将有助于提高研究生跨学科知识和方法方面胜任力的不足。研究发现，导师指导研究生在跨学科知识和方法上存在胜任力的不足，但参与选修校内外课程、"导师指导"阅读跨学科书籍及较高的导研交流频率将有助于研究生在这方面胜任力的提升，并间接促进导师跨学科课题研究开展和成果发表。从研究生管理的角度，研究生院应更多关注导师对研究生学习过程的指导，同时建立健全跨专业选修或跨校选修课程的相关机制，为研究生跨学科学习提供机会。

（四）博士研究生学位论文答辩状况调查

作为保证博士生培养质量的关键程序，学位论文答辩活动不仅是对论文质量的最终检验，也是学位申请人学术能力、学术道德及导师指导质量的试金石。基于对国内 45 所高校 2932 名博士研究生导师的问卷调查，本研究试图从博士生导师的角度出发，全面了解现行博士研究生答辩活动实施现状，并对学位论文答辩质量评价的差异及其影响因素进行探析，为优化博士研究生学位论文答辩活动提供借鉴。具体研究结论如下。

1. 答辩内容检验效度存在专业差异

博士研究生论文答辩的考察核心是其论文创新点和学术贡献，但不同的学科生态要求会影响答辩考察内容的倾向，具体而言，从学科来看，人文社科类的博士生导师对学位论文答辩可以在专业知识水平考察、候选人口头表达水平考察、导师指导能力和水平检验、论文创新性检验方面发挥效用的认可程度总体高于理工农医学科的博士生导师。在答辩中，理工学科博士生导师相比人文学科博士生导师更认可"论文整体规范性"维度的检验效果。

2. 答辩评价标准区分度有待增强

统计数据显示，答辩环节设置科学合理性、答辩评价标准明确性和一致性、对博士研究生学位论文答辩活动质量评价结果具有显著的正向影响（$p<0.01$），说明答辩评价标准的专业化和准确度是影响总体答辩活动质量的一项重要指标。就答辩评分标准来说，答辩委员主要针对论文质量等级设置标准，合格以上即为通过答辩，这样的评分标准不易把握，区分度较低。此外，调查结果显示，在博士研究生学位论文答辩活动相关制度中，评价制度的完善性与科学公正性对学位论文答辩活动整体质量的提升有着显著的促进作用。

3. 答辩各环节开展有待深入

本质上，答辩是一场辩论活动，但是由于其在各环节时间量上分布不均，对各环节的重视程度不一，导致无论是从申请人"答"的角度还是双方互"辩"的角度，开展都不够深入。数据显示，在答辩时长控制方面，各高校对答辩人自我陈述环节的把控性最强（M=4.19，SD=0.703），对答辩委员提问环节的控制性最低（M=4.01，SD=0.607）。在答辩各环节时长设置方面，"委员提问时间充裕"的满意度最高（M=4.38，SD=0.676），而对申请人回应问题时长和申请人自我陈述时长环节设置的满意度略低，供答辩委员提问的时间较为充裕，而答辩人自我陈述和回应提问时间则受到较强的限制，甚至存在答辩时间未能充分展示答辩人学术成果和不足以让申请人完整回应问题的情况。

4. 答辩委员推荐渠道和决议过程有待公开透明

总体上看，答辩委员资格的获得渠道呈现多样化的特征，但推荐路径有待透明化、规范化。在调查中，63.7% 的博士研究生学位论文答辩委员资格是经由博士学位候选人的导师推荐获得，7.3% 的委员资格是由申请人所在院系行政领导推荐获得。就答辩决议情况来看，有 6.6% 的博士研究生学位论文答辩会出现以答辩主席意见为主的情况，还有 1.7% 的答辩会发生以该学科负责人意见为主的情况，答辩决议过程应是一个较为公平的集体讨论过程，但当前决议过程的科学性和公平性仍有待进一步探析。

5. 答辩质量受博士生导师背景及申请人参与要素影响

（1）有跨校、跨境访学或评审经历的博士生导师对答辩质量要求较其他导师高

答辩委员在博士研究生学位论文答辩中是否投出过反对 / 弃权票在一定程度上可以反映其是否可以在答辩中良好履职、表达独立意见。调查显示，答辩委员境外访学经历对其作出答辩异议决议有显著影响。无相关境外访学经历的答辩委员在答辩中作出异议决议的可能性较有境外访学经历的答辩委员高。此外，最高学历院校类型为境（海）外高校的导师更容易投出答辩异议票，最高学历院校为非"双一流"建设高校的导师投出答辩异议票的可能性较小。担任过答辩校外评审专家或答辩国际评审专家的答辩委员在答辩中作出异议决议的可能性明显较无任职经历的答辩委员高。

（2）研究方向与学位申请人研究领域相关度高的博士生导师对答辩质量要求较高

答辩委员会的专家构成是博士研究生学位论文答辩必不可少的考察维度之一。调查结果显示，研究方向与答辩人专业领域相关度高的博士生导师更易作出答辩质量较低的评价。从论文撰写到论文答辩，导师自身学术水平与申请人活动完成质量有极大的关系，有些导师受一定的专业限制，或对其他领域的选题不熟悉，或在自身领域相关研究较为滞后，都将影响学位论文的质量及答辩质量，这就要求导师具备丰富的专业实践经验和较强的指导能力。此外，调查结果表明，答辩委员对申请人论文的感兴趣程度、对答辩议程的熟悉程度、能够结合预答辩情况针对性提问的能力，同样显著影响着答辩质量评价。

（3）答辩准备充分度、导师指导针对性、申请人论文质量对答辩质量提升有正向影响

学位申请人是答辩活动的完成主体。论文答辩是考核博士研究生对论文相关工作深入了解、掌握及融会贯通的能力，同时还可以反映其现场表达能力。调查显示，充足的答辩准备时间、高质量的论文及针对性强的导师指导可以影响申请人水平发挥，从而对答辩质量产生影响。这说明，对于博士研究生来说，充足的前期个人准备及导师指导有利于其在答辩现场有效发挥个人学术水平和能力。

6. 答辩活动把关作用有待强调，学位论文评阅的评价效度仍有待提升

博士生学位论文答辩是对博士候选人论文质量和学术能力的最终检验，但近来愈来愈多学者认为其已演变为一种"走过场"的形式，难以发挥其处于把关环节的效力。答辩活动本身存在的程序化问题及相关前置后置机制缺乏规范性等问题，在一定程度上都影响了整体答辩活动的效用发挥。总体上，本次调查结果显示，近 49% 的答辩委员对答辩走过场现象呈中立或同意的看法，20% 的答辩委员在答辩季有过短时间参与多场答辩的情形，且仅有 11.7% 的博士生导师认为当前博士研究生的学位论文质量很高。

7. 对策建议

第一，明确答辩是保障博士生培养质量的关键环节。

对答辩的质量把关属性达成共识为发挥答辩的作用提供了前提条件，而答辩作用的真正落实还有赖于答辩委员对答辩内容及答辩方式的选择。使整体答辩活动发挥其应有的正向检验效

能，既要考察申请人学位论文相关内容，还要考查学生答辩过程中的语言表达、思辨能力与论文的结合程度，以检验申请人是否可以将论文核心内容阐释清楚，是否可以灵活回应答辩委员提问并展现自己所掌握专业知识的深度和广度。在答辩方式上，宜倡导多方参与讨论和辩论。通过营造学术自由、学术民主的氛围，鼓励答辩各主体客观理性解决学术争议，答辩委员应秉持学术领路人的素养严谨认真提出问题，同时也要保持与学位申请人相互探讨、自由交流的态度，理性面对质疑。学位申请人则应正确行使个人陈述权利，自由表达，不盲目服从教授权威。此外，应鼓励教师和学生作为第三方旁听者参与其中，设置旁听人员提问环节，增加答辩灵活性及难度。

第二，建立完善与答辩相关的系列规章制度。

（1）完善答辩委员的选拔机制，明确规定答辩委员的具体职责。本次调查结果显示，当前答辩中，答辩委员资格多由本学科原有的答辩委员或相关行政管理人员直接推荐获得，高校仅对答辩委员的专业、职称、学术水平作出简要要求。完善答辩委员选拔机制可以考虑以学科专业或研究领域建立学位论文答辩委员专家库，建立专家的专业信息档案及其参加答辩会的表现情况记录，为专家遴选提供准确有效的帮助和依据。

（2）依据各学科需求制定科学有效的答辩评价标准。调查结果显示，不同学科背景的答辩委员对答辩评价指标的认识存在较大差异，在制订答辩评价标准时，应充分考虑学科特性，合理划分学位论文创新性、论文写作规范性等指标在不同学科论文答辩评价标准中的比重。在评价方式上，应采取定量与定性评价相结合的方式，增强答辩评价标准的可操作性和区分度。

（3）灵活分散安排答辩活动。针对目前国内高校答辩活动时间相对集中，答辩委员精力难继、答辩空间时间排布紧张等情况，各高校可通过制度安排，分散规划博士研究生答辩活动，一年之内可安排多次博士研究生答辩，从而有效疏解"答辩季"答辩过于集中不利于质量把关等弊端。

第三，确保答辩活动各环节科学发挥实效。

（1）规范制定并执行答辩实施细则。各高校的院系培养单位需要结合各自学科专业特点，就博士研究生学位论文答辩制定详细的实施细则。尤其要以成文形式对答辩活动中各个具体环节做出明确规定，如对答辩人自我陈述需要涵盖的关键要点、回应问题的规范性、个人态度、演示文稿具备要素乃至着装要求等做出规定，以体现答辩的规范性及仪式性特征。

（2）借鉴完善预答辩制度。可借鉴并完善国内一些培养单位施行的论文预答辩制度，将预答辩作为答辩活动的前置环节。预答辩可采用跟正式答辩一致的评价标准，聘请相关领域的专家学者对学位申请人的论文质量及学术能力做出综合的研判。专家在预答辩中提出的问题和改进意见既可作为申请人修改论文的重要参考，也可作为正式答辩时答辩委员提问和检验论文质量的有益线索。

第四，建立健全答辩监督与申诉制度。

（1）研究生院和院系培养单位应切实履行学位论文答辩公开制度，通过加强论文答辩信息平台建设，在组织论文答辩前将博士学位论文答辩安排予以发布。该平台应及时公开各院系答辩活动的时间安排及参与者情况，接受外部旁听与监督。

（2）建立答辩委员会委员自我监督和外部监督机制。校内的学位评定委员会及其他上级主管单位应建立答辩活动巡视制度，巡视不是针对论文答辩的具体内容发表看法，而是采用统一的督导评价体系对答辩过程中的各个环节评价打分[①]，科学考评答辩。

（3）完善答辩申诉机制及相关校规建设。调查结果显示，高校答辩申诉机制的完善对答辩活动整体质量评价具有显著影响。应保障每一位对答辩结果异议的学生或教师的申诉得到合理的回应和解决。在高校章程或校规条例中，应明确答辩申诉机制的具体责任人及申诉流程，同时还应畅通申诉解决的外部渠道，在确保学位授予质量的同时保护学位申请人的基本权利。

（五）硕士研究生导师分配与指导方式效果的调查研究

1. 问卷调查的基本情况

问卷通过纸质调查问卷和网络问卷相结合的方式进行，以纸质问卷为主，收回纸质问卷 4559 份，网络问卷 2284 份，剔除部分填答不符合要求的无效问卷后，最终得到有效问卷 6839 份。

2. 主要研究结论

（1）单一导师指导在各种指导方式中居绝对主导地位，约八成研究生接受这种指导方式；约 10% 研究生采用大小导师指导方式，主要存在于理工农医类学科中，拥有正高职称、担任行政职务、更为年长的理工农医类导师更多采用大小导师指导方式。人文社科类研究生超过九成采用单一导师指导。校内外双导师指导主要存在于专业学位研究生中，该类研究生有 13% 采用这种指导方式，尽管远高于学术学位研究生，但与教育部相关规定仍有巨大差距。

（2）在相互了解基础上的双向选择是最主流的导师分配方式，占比接近八成，根据报考志愿确定也占比约 15%，另有 5% 左右采用随机分配方式。多数研究生在入学前和入学一个月内分配导师，在入学后一个月以上确定导师的占比约 10%。

（3）研究生对导师指导投入度和指导宽泛度满意度较高，导师指导的频率与研究生的期望比较一致，达到平均每星期一次的水平，多数研究生每次接受指导的时间为半小时至两小时之间。研究生对指导宽泛度总体满意，既关注学业发展同时也关注学生心理发展的全面关注型导师占比约六成，另有三成多的导师侧重于关注学业。

（4）导师指导行为中，研究生对指导自由度和指导积极性满意度较低，这表明多数导师在指导过程中没有充分注意研究生的学习需求和学习状态，在指导过程中以导师的意见、想法、规划为主，较少考虑研究生的特殊需求和自由探索。

（5）在三种主要的指导方式中，单一导师指导在指导行为、指导满意度和指导效果方面均存在明显优势，单一导师指导下的研究生对导师指导投入度、指导宽泛度和指导自由度方面的评价均显著优于大小导师指导方式，其指导满意度和指导效果也显著优于大小导师指导方式。校内外双导师指导在操作层面，由校内导师主要负责研究生培养工作，实际上更接近于单一导师指导，因而其指导行为、指导满意度和指导效果与单一导师指导接近，也明显优于大小导师指导方式。

（6）大小导师指导方式存在一定的不足，在充分考虑控制变量、导师指导方式和导师分配方式后，学生对大导师的指导行为、指导满意度的评价显著低于其他指导方式，但其指导效果与其他两种主要指导方式差异不显著，可能的原因在于小导师在其中起着替代作用。调查发

① 王岚，陈帝昂，谢春光，郭静. 研究生学位论文质量控制体系构建［J］. 中国中医药图书情报志，2019，43（03）：70-74.

现，小导师在研究生培养过程中承担了主要角色，有关研究方向确定、毕业论文选题、研究方法训练及研究过程中各种事务的协调与沟通等方面，小导师均起着主要作用，研究生与小导师的关系亲密度也显著强于大导师，因而在一定程度上可以弥补大导师培养责任的缺位。

（7）在导师的分配方式中，相对于随机分配方式，按志愿确定和双向选择具有明显的优势，在这两种分配方式下研究生对导师的指导行为、指导满意度和指导效果均明显优于随机分配方式。

（8）导师指导方式和分配方式对指导满意度的影响很微弱，影响指导满意度的主要因素是导师的良好指导行为，包括适当的指导频率、较高的指导积极性、指导自由度和指导宽泛度。

（9）师生关系、指导质量、指导频率和指导宽泛度是决定指导效果的重要因素。指导方式、导师分配方式、指导宽泛度等指标最终都与师生关系有着密切联系。在单一导师指导下，导师与研究生之间建立了一种类似于师徒制的亲密关系，而大小导师指导方式下，研究生实际上是被整合进导师的科研团队中成为团队成员，在很多情况下大导师采用团队成员管理的方式在管理研究生，这使得师生关系在某种程度上发生异化。在调查中也发现，在大小导师指导方式中，有 21.6% 的研究生将导师描述为"老板"，相比之下，这种描述方式在单一导师指导和校内外导师指导中分别只有 12.7% 和 9.9%。在导师分配方式中，按志愿确定导师和双向选择也具有明显优势，其共同特点是这两种分配方式充分考虑和尊重了研究生本人的意愿和选择权，有利于研究生选择自己心仪的导师，也有利于在未来培养过程中建立良好的师生关系。指导宽泛度也与良好的师生关系有密切关系，二者相关系数达 0.75（p<0.001），指导宽泛度涉及导师指导的内容，相对于单一关注型指导，既关注学业发展又关注学生心理状态的全面关注型指导师生关系明显更优。因此，良好的师生关系是高指导满意度和指导效果的"终极密码"。

3. 对策建议

针对以上研究发现，本研究提出如下建议：

第一，无论何种指导方式，在导师分配过程中应充分考虑研究生的需求，尊重研究生的意愿，给予研究生选择的机会。应慎重采用随机分配的方式，这既不利于营造良好的师生关系，对研究生的就读体验和最终的指导效果也有一定程度的负面影响。

第二，如若采用大小导师指导方式，应注重大导师与研究生之间的交流与沟通，建立更加紧密的师生关系，应尽量避免在研究生培养中采用"类企业"的关系模式，而应充分汲取传统师徒制中师生联系紧密、关系亲近、师生之间具有较强情感联结的优点。大导师需要更加关注研究生的学业、生活与思想心理变化，应明确小导师在这种指导方式中的地位和作用，把小导师的作用定位为技术性、辅助性的作用，而不是全程替代大导师。

第三，导师良好的指导行为对于研究生指导满意度和指导效果有非常重要的影响。所谓良好指导行为，是指指导师的指导频率适当（以一星期一次为宜）；具有较高的指导积极性，如能够积极了解学生的学习需求、学习动态，对研究生的学习计划、研究计划和未来发展有一定规划，并能够进行有针对性的安排和指导；具有较高的指导自由度，在指导过程中充分尊重研究生，给予研究生自由探索的空间，避免专制性指导行为、强迫性科研任务和非学术性事务干扰；具有较高的指导宽泛度，在研究生培养过程中不仅关心研究生的学业发展，同时也应对研究生的心理状态、个人生活、职业规划等给予一定程度的关注。导师通过较频密地互动，主动地了解，有针对性地排忧解惑，辅以宽松的氛围，民主的作风，形成良好的师生关系，是提升研究生指导效果，提高研究生培养质量的重要抓手。

三、年　度　小　结

2020年度，在研究生教育领域最为重要的两个事件就是学科评估方案的调整与交叉学科门类的设立。学科评估是多年来人们持续关注的老问题，历来争议颇多，因此其新方案的出台既是对各方吁求的一种回应，也是对时下教育评价全面改革形势的一种顺应。有关新方案的解读、分析和评价文献很多，更何况有关它在高校如何得到落实，它对研究生教育实践的效果如何，尚需留有足够的时间去观察，故在此不做展开。但值得关注的为另一个重要事件，就是交叉学科门类的设立，它也是本次年度报告调查的重点选题。

本次调查发现，对于交叉学科究竟如何理解，总体上人们的认识比较模糊。其实，莫说在实践领域，就是在理论界，对于交叉学科的内涵与外延，至今也没有清晰和明确的定义。因为学科本身就是一种社会建制，它是人类基于探索外在世界与社会的需要所形成的一种分工，也是一种专业人士获得认可并赢得有形资源的组织架构。不同学科之间的交流并非是当代科学发展出现的新趋势，它自学科开始出现分化之初就初现端倪，甚至当下众多学科本身就是历史中不同领域交叉的结果。只是由于今天的科学与社会需求之间关系愈加密切，围绕众多社会、工程和技术问题的研究，对不同学科领域之间的合作与交融提出了更为强烈的诉求。是故，严格而言，现实中从来不存在纯净、完全独立的学科理论、知识和方法，基础理科如此，工程科学与技术、人文科学、社会科学就更自不待言。

换言之，今天人们重视学科交叉与融合，其实主要反映为一种它在现实中的迫切性及组织化要求程度，而不意味着它在现实中的缺位。这也是为何本次调查中问及导师研究项目是否为跨学科时，调查对象大比例予以肯定的原因所在。学科之间的跨界，实在是一个无法厘清的话题，譬如按我国现有学科建制，可以是领域、门类、一级学科，也可以是二级学科之间的交叉；在内容上可以是思想、理论、方法乃至工具上的相互借用；在主体上，可以是独立个体、小范围乃至大规模的集体合作。正因为存在这种复杂性，有些国家有关学科的目录设计极少会严格遵从刚性的知识内在逻辑，而毋宁说是一个立足经验观察而形成的大致框架。美国国家教育统计中心的 CIP 目录便是如此，它所建构的框架其实就是方便于统计的经验概括和归类，高校及其院系可以根据自我理解来认领标签，许多学科如信息技术与社会学之间的交叉——计算社会学，既可以纳入计算机科学，也可以归为社会学，并没有任何严格和明晰的标准。至于其有关"跨学科与多学科"类属，仅仅是为那些实在无法找到自己归属的类别，提供一个开放性的安置空间。

由此，就涉及另外一个话题，独立设置一个交叉学科门类，是否就能以组织化的方式更有效地推动学科之间的交叉？本次调查显示，跨院校与跨院系之间的合作在学科交叉上有积极效应，而高校内部设置的跨学科组织和平台效果却并不显著。大致推断该现象背后的原因，应该主要有两个方面：第一，已有众多研究表明，以学术为业的人们大都期待拥有一种学科归属感，无论学者的研究领域跨学科的程度如何，中外皆然，这不仅是因为学术界存在的一种基于学科的学术认可机制，而且也是学科文化与人们的习性使然；第二，日常中跨学科行为更多来自于学者的自觉与自然交往中的互惠互利，即使它带有组织化与制度化特征，其成功的运行也主要源于人们的心甘情愿，而未必是制度强制的结果。

由上述分析与推断，我们认为，要真正推动学科之间的交叉与融合，较为合理的路径选择为：第一，在当前学科框架下，可以在各门类或者一级学科内部，根据不同学科需求，增设一个"交叉学科"或"跨学科与多学科"类型，如此不仅为各学科发展开放了空间，而且兼顾到学者的意向与习性；第二，为应对国家重大问题研究而提出的跨学科需求，或者以项目方式（近期需求），或者以常设机构或平台（长期需求）方式，根据不同任务要求组建由不同高校、科研机构和高校内部不同院系人员构成的跨学科团队，建立灵活人员聘用和任务分工机制，推动围绕问题、项目和工程等的学科交叉与融合。

当然，如果考虑到让学科交叉成为一种意识与常态，这就是一个更为复杂的问题，需要从整个教育体系关于人的综合素质培养、跨学科意识的养成、高校内部教师交流和交往的文化营造等多个角度予以全面考虑。

（执笔：李海生、阎光才等）

中国研究生教育基本数据

表 1　2019 年中国研究生教育基本数据统计表

单位：人

学位类型	招生数	毕业生数	在校学生数
总计	916 503	639 666	2 863 712
博士	105 169	62 578	424 182
硕士	811 334	577 088	2 439 530

数据来源：教育部 2019 年教育统计数据。

表 2　2019 年全国研究生分部门、分计划基本数据统计表

单位：人

	学校（机构）数/所	毕业生数			招生数			在校生数		
		合计	博士	硕士	合计	博士	硕士	合计	博士	硕士
总计	828	639 666	62 578	577 088	916 503	105 169	811 334	2 863 712	424 182	2 439 530
一、中央	303	311 873	49 540	262 333	439 664	79 031	360 633	1 481 763	327 299	1 154 464
1. 教育部	76	250 892	36 779	214 113	351 903	59 484	292 419	1 204 308	249 434	954 874
2. 其他部门	227	60 981	12 761	48 220	87 761	19 547	68 214	277 455	77 865	199 590
二、地方	525	327 793	13 038	314 755	476 839	26 138	450 701	1 381 949	96 883	1 285 066
1. 教育部门	454	321 039	12 897	308 142	466 353	25 875	440 478	1 354 358	95 865	1 258 493
2. 其他部门	64	6 165	141	6 024	9 469	263	9 206	25 367	1 018	24 349
3. 地方企业	1	3	0	3	0	0	0	7	0	7
4. 民办	5	483	0	483	876	0	876	1 865	0	1 865
5. 具有独立法人资格的中外合作办	1	103	0	103	141	0	141	352	0	352

数据来源：教育部 2019 年教育统计数据。

表3　2019年全国普通高校分部门、分计划研究生基本数据统计表

单位：人

	学校（机构）数/所	毕业生数			招生数			在校生数		
		合计	博士	硕士	合计	博士	硕士	合计	博士	硕士
总计	593	632 399	61 317	571 082	907 270	103 448	803 822	2 834 792	416 856	2 417 936
一、中央	111	305 948	48 336	257 612	432 241	77 380	354 861	1 457 846	320 275	1 137 571
1. 教育部	76	250 892	36 779	214 113	351 903	59 484	292 419	1 204 308	249 434	954 874
2. 其他部门	35	55 056	11 557	43 499	80 338	17 896	62 442	253 538	70 841	182 697
二、地方	482	326 451	12 981	313 470	475 029	26 068	448 961	1 376 946	96 581	1 280 365
1. 教育部门	454	321 039	12 897	308 142	466 353	25 875	440 478	1 354 358	95 865	1 258 493
2. 其他部门	23	4 929	84	4 845	7 800	193	7 607	20 723	716	20 007
3. 地方企业	0	0	0	0	0	0	0	0	0	0
4. 民办	5	483	0	483	876	0	876	1 865	0	1 865
5. 具有独立法人资格的中外合作办	0	0	0	0	0	0	0	0	0	0

数据来源：教育部2019年教育统计数据。

表4　2019年全国科研机构分部门、分计划研究生基本数据统计表

单位：人

	学校（机构）数/所	毕业生数			招生数			在校生数		
		合计	博士	硕士	合计	博士	硕士	合计	博士	硕士
总计	235	7 267	1 261	6 006	9 233	1 721	7 512	28 920	7 326	21 594
一、中央	192	5 925	1 204	4 721	7 423	1 651	5 772	23 917	7 024	16 893
1. 教育部	0	0	0	0	0	0	0	0	0	0
2. 其他部门	192	5 925	1 204	4 721	7 423	1 651	5 772	23 917	7 024	16 893
二、地方	43	1 342	57	1 285	1 810	70	1 740	5 003	302	4 701
1. 教育部门	0	0	0	0	0	0	0	0	0	0
2. 其他部门	41	1 236	57	1 179	1 669	70	1 599	4 644	302	4 342

续表

学校（机构）	毕业生数			招生数			在校生数		
数/所	合计	博士	硕士	合计	博士	硕士	合计	博士	硕士
3. 地方企业	1	3	0	3	0	0	0	7	0	7
4. 民办	0	0	0	0	0	0	0	0	0	0
5. 具有独立法人资格的中外合作办	1	103	0	103	141	0	141	352	0	352

数据来源：教育部 2019 年教育统计数据。

表 5　2019 年全国分学科研究生基本数据统计表

单位：人

	毕业生数			招生数			在校生数		
	合计	博士	硕士	合计	博士	硕士	合计	博士	硕士
总计	639 666	62 578	577 088	916 503	105 169	811 334	2 863 712	424 182	2 439 530
其中：女	344 063	25 037	319 026	492 362	45 719	446 643	1 447 939	175 259	1 272 680
学术学位	346 922	60 436	286 486	431 844	94 783	337 061	1 366 951	401 425	965 526
专业学位	292 744	2 142	290 602	484 659	10 386	474 273	1 496 761	22 757	1 474 004
哲　学	3 912	652	3 260	4 264	971	3 293	14 845	4 622	10 223
经济学	31 625	2 060	29 565	41 766	3 288	38 478	103 054	15 445	87 609
法　学	42 524	2 731	39 793	57 356	5 048	52 308	168 334	22 066	146 268
教育学	40 189	1 040	39 149	63 924	2 362	61 562	199 404	8 946	190 458
文　学	33 405	1 986	31 419	39 184	2 985	36 199	109 020	13 551	95 469
历史学	5 496	781	4 715	6 502	1 154	5 348	21 035	5 600	15 435
理　学	57 273	13 562	43 711	77 385	20 090	57 295	237 570	78 174	159 396
工　学	217 590	23 384	194 206	323 173	42 674	280 499	1 086 378	176 828	909 550
农　学	26 238	2 884	23 354	42 452	4 595	37 857	131 897	18 076	113 821
医　学	74 371	9 668	64 703	101 347	15 775	855 72	290 132	49 751	240 381
军事学	93	24	69	34	8	26	223	76	147
管理学	85 999	3 197	82 802	130 058	5 084	124 974	417 845	27 094	390 751
艺术学	20 951	609	20 342	29 058	1 135	27 923	83 975	3 953	80 022

数据来源：教育部 2019 年教育统计数据。

表 6　2019 年全国普通高校分学科研究生基本数据统计表

单位：人

	毕业生数			招生数			在校生数		
	合计	博士	硕士	合计	博士	硕士	合计	博士	硕士
总计	632 399	61 317	571 082	907 270	103 448	803 822	2 834 792	416 856	2 417 936
其中：女	340 774	24 572	316 202	487 920	44 984	442 936	1 435 116	172 665	1 262 451
学术学位	341 247	59 180	282 067	425 228	93 132	332 096	1 345 077	394 201	950 876
专业学位	291 152	2 137	289 015	482 042	10 316	471 726	1 489 715	22 655	1 467 060
哲　学	3 800	628	3 172	4 168	951	3 217	14 506	4 520	9 986
经济学	31 152	1 994	29 158	41 045	3 201	37 844	101 183	14 906	86 277
法　学	41 895	2 631	39 264	56 688	4 950	51 738	166 100	21 629	144 471
教育学	40 189	1 040	39 149	63 924	2 362	61 562	199 404	8 946	190 458
文　学	33 374	1 986	31 388	39 111	2 985	36 126	108 869	13 551	95 318
历史学	5 447	781	4 666	6 449	1 154	5 295	20 881	5 600	15 281
理　学	56 652	13 377	43 275	76 620	19 861	56 759	234 976	77 120	157 856
工　学	214 964	22 946	192 018	320 038	42 075	277 963	1 076 273	173 927	902 346
农　学	25 421	2 676	22 745	41 095	4 312	36 783	127 487	17 080	110 407
医　学	73 676	9 530	64 146	100 312	15 526	84 786	287 389	49 116	238 273
军事学	92	24	68	30	8	22	217	76	141
管理学	84 979	3 146	81 833	129 021	5 017	124 004	414 429	26 699	387 730
艺术学	20 758	558	20 200	28 769	1 046	27 723	83 078	3 686	79 392

数据来源：教育部 2019 年教育统计数据。

表 7　2019 年全国科研机构分学科研究生基本数据统计表

单位：人

	毕业生数			招生数			在校生数		
	合计	博士	硕士	合计	博士	硕士	合计	博士	硕士
总计	7 267	1 261	6 006	9 233	1 721	7 512	28 920	7 326	21 594
其中：女	3 289	465	2 824	4 442	735	3 707	12 823	2 594	10 229
学术学位	5 675	1 256	4 419	6 616	1 651	4 965	21 874	7 224	14 650
专业学位	1 592	5	1 587	2 617	70	2 547	7 046	102	6 944

续表

	毕业生数			招生数			在校生数		
	合计	博士	硕士	合计	博士	硕士	合计	博士	硕士
哲　学	112	24	88	96	20	76	339	102	237
经济学	473	66	407	721	87	634	1 871	539	1 332
法　学	629	100	529	668	98	570	2 234	437	1 797
教育学	0	0	0	0	0	0	0	0	0
文　学	31	0	31	73	0	73	151	0	151
历史学	49	0	49	53	0	53	154	0	154
理　学	621	185	436	765	229	536	2 594	1 054	1 540
工　学	2 626	438	2 188	3 135	599	2 536	10 105	2 901	7 204
农　学	817	208	609	1 357	283	1 074	4 410	996	3 414
医　学	695	138	557	1 035	249	786	2 743	635	2 108
军事学	1	0	1	4	0	4	6	0	6
管理学	1 020	51	969	1 037	67	970	3 416	395	3 021
艺术学	193	51	142	289	89	200	897	267	630

数据来源：教育部 2019 年教育统计数据。

表 8　2010—2019 年研究生指导教师数据统计表

单位：人

导师	年份									
	2010 年	2011 年	2012 年	2013 年	2014 年	2015 年	2016 年	2017 年	2018 年	2019 年
博士导师 其中：女	16 204 2 072	17 548 2 496	16 598 2 419	18 280 2 675	16 028 2 365	14 844 2 360	18 677 3 093	20 040 3 299	19 238 3 152	19 341 3 076
硕士导师 其中：女	201 174 60 250	210 197 65 787	229 453 73 067	241 200 78 448	256 790 84 468	276 629 93 658	289 127 100 200	307 271 108 542	324 357 116 083	346 686 126 156
博士、硕士 导师 其中：女	43 087 6 343	44 742 6 722	52 387 8 455	56 335 9 479	64 321 11 234	71 745 12 790	71 143 13 088	75 824 14 629	86 638 17 328	96 072 19 432
总计 其中：女	260 465 68 665	272 487 75 005	298 438 83 941	315 815 90 872	337 139 98 067	363 218 108 808	378 947 116 381	403 135 126 470	430 233 136 563	462 099 148 664

数据来源：教育部历年教育统计数据。

表 9   2019 年全国研究生指导教师基本情况统计表

单位：人

导师		年龄									
		合计	29 岁及以下	30~34岁	35~39岁	40~44岁	45~49岁	50~54岁	55~59岁	60~64岁	65 岁及以上
专业技术职务	正高级	216 545	218	2 137	12 386	28 090	42 882	54 895	54 926	15 126	5 885
	副高级	204 797	618	14 299	51 231	58 643	41 555	23 133	13 409	1 508	401
	中级	40 757	1 411	15 366	14 030	6 081	2 447	842	454	92	34
指导关系	博士导师	19 341	90	429	1 424	2 242	2 844	3 933	4 491	2 088	1 800
	硕士导师	346 686	2 045	28 458	65 003	74 930	67 069	55 774	43 932	7 542	1 933
	博士、硕士导师	96 072	112	2 915	11 220	15 642	16 971	19 163	20 366	7 096	2 587

数据来源：教育部 2019 年教育统计数据。

表10　2019年全国各地区高等学校（机构）研究生基本数据统计表

单位：人

地区	毕（结）业生数				授予学位数	招生数				在校生数			
	合计	其中：女	博士	硕士		合计	其中：女	博士	硕士	合计	其中：女	博士	硕士
总计	639 666	344 063	62 578	577 088	715 537	916 503	492 362	105 169	811 334	2 863 712	1 447 939	424 182	2 439 530
北京	97 895	50 590	18 653	79 242	108 932	132 582	68 386	27 439	105 143	410 822	197 676	113 302	297 520
天津	18 520	10 891	1 734	16 786	19 584	25 494	14 546	3 126	22 368	79 414	42 119	11 646	67 768
河北	13 874	8 041	461	13 413	15 442	20 131	11 506	985	19 146	58 420	32 105	3 760	54 660
山西	9 978	6 219	461	9 517	11 858	14 128	8 370	743	13 385	40 811	23 486	3 112	37 699
内蒙古	6 443	4 170	218	6 225	7 559	9 494	5 931	443	9 051	28 581	17 059	1 915	26 666
辽宁	33 111	17 887	2 240	30 871	36 405	44 359	24 474	3 491	40 868	133 493	71 043	16 831	116 662
吉林	19 250	11 832	1 938	17 312	21 656	25 613	15 932	2 900	22 713	77 113	45 868	11 688	65 425
黑龙江	20 749	10 559	1 923	18 826	23 425	28 272	14 245	3 793	24 479	84 849	41 103	15 708	69 141
上海	46 040	24 640	5 752	40 288	52 365	67 488	35 786	10 026	57 462	213 515	105 950	38 055	175 460
江苏	50 109	25 578	4 975	45 134	56 798	73 536	36 647	8 221	65 315	241 599	112 496	34 151	207 448
浙江	20 875	10 881	2 022	18 853	22 603	31 771	16 051	4 032	27 739	100 719	48 099	14 869	85 850
安徽	18 065	8 070	1 609	16 456	17 592	25 699	11 716	2 962	22 737	74 295	32 535	9 969	64 326
福建	13 301	7 325	1 019	12 282	15 016	20 050	11 014	1 818	18 232	62 443	32 300	7 536	54 907
江西	10 621	5 668	239	10 382	12 439	16 029	8 716	720	15 309	45 860	24 165	2 282	43 578
山东	27 640	15 771	1 712	25 928	31 125	40 675	23 112	3 022	37 653	128 601	68 361	11 895	116 706
河南	16 107	9 532	335	15 772	17 592	20 962	12 640	937	20 025	58 403	33 867	3 271	55 132

续表

地区	毕（结）业生数				授予学位数	招生数				在校生数			
	合计	其中：女	博士	硕士		合计	其中：女	博士	硕士	合计	其中：女	博士	硕士
湖　北	39 073	19 740	3 965	35 108	46 483	54 466	28 216	6 480	47 986	191 618	89 874	27 491	164 127
湖　南	21 418	11 607	1 790	19 628	24 991	29 841	16 388	3 127	26 714	106 840	53 474	14 827	92 013
广　东	30 178	16 089	3 085	27 093	33 476	46 576	24 595	5 697	40 879	136 154	68 995	19 430	116 724
广　西	9 867	5 543	199	9 668	10 461	14 329	8 111	619	13 710	40 381	21 750	1 999	38 382
海　南	1 644	1 002	47	1 597	1 948	3 169	1 837	217	2 952	9 693	5 413	562	9 131
重　庆	16 677	9 490	1 110	15 567	19 552	25 267	14 771	1 864	23 403	84 008	47 001	7 368	76 640
四　川	28 504	14 642	2 531	25 973	31 041	41 371	21 552	3 932	37 439	134 753	64 284	17 511	117 242
贵　州	5 559	3 289	112	5 447	6 054	8 483	5 180	365	8 118	25 398	14 722	1 146	24 252
云　南	10 795	6 242	405	10 390	12 114	16 653	9 785	899	15 754	49 982	28 239	3 537	46 445
西　藏	577	342	14	563	569	940	563	54	886	2 445	1 306	164	2 281
陕　西	32 470	16 603	3 043	29 427	36 188	48 195	24 541	5 140	43 055	156 544	75 674	22 818	133 726
甘　肃	10 398	5 605	690	9 708	11 177	15 098	8 247	1 320	13 778	44 855	23 453	4 841	40 014
青　海	1 288	724	15	1 273	1 411	2 444	1 501	107	2 337	6 033	3 724	298	5 735
宁　夏	1 997	1 286	61	1 936	2 323	3 257	2 034	168	3 089	7 777	4 960	400	7 377
新　疆	6 643	4 205	220	6 423	7 358	10 131	5 969	522	9 609	28 293	16 838	1 800	26 493

数据来源：教育部 2019 年教育统计数据。

表 11　2019 年全国各地区普通高校研究生基本数据统计表

单位：人

地区	毕（结）业生数				授予学位数	招生数					在校生数			
	合计	其中：女	博士	硕士		合计	其中：女	博士	硕士	合计	其中：女	博士	硕士
总计	632 399	340 774	61 317	571 082	708 038	907 270	487 920	103 448	803 822	2 834 792	1 435 116	416 856	2 417 936
北　京	93 250	48 444	17 547	75 703	104 111	126 644	65 376	25 940	100 704	391 356	188 737	107 029	284 327
天　津	18 510	10 886	1 734	16 776	19 574	25 483	14 542	3 126	22 357	79 381	42 111	11 646	67 735
河　北	13 846	8 035	461	13 385	15 414	20 091	11 500	985	19 106	58 311	32 082	3 760	54 551
山　西	9 908	6 186	461	9 447	11 788	14 049	8 337	743	13 306	40 582	23 389	3 112	37 470
内蒙古	6 439	4 170	218	6 221	7 555	9 487	5 930	443	9 044	28 570	17 056	1 915	26 655
辽　宁	33 069	17 871	2 237	30 832	36 361	44 307	24 460	3 488	40 819	133 339	70 999	16 811	116 528
吉　林	19 177	11 780	1 938	17 239	21 586	25 556	15 899	2 900	22 656	76 935	45 748	11 688	65 247
黑龙江	20 513	10 442	1 914	18 599	23 190	27 959	14 087	3 769	24 190	83 931	40 694	15 579	68 352
上　海	45 467	24 360	5 702	39 765	51 788	66 751	35 405	9 962	56 789	211 488	104 957	37 780	173 708
江　苏	49 925	25 514	4 952	44 973	56 615	73 294	36 581	8 165	65 129	240 815	112 263	33 899	206 916
浙　江	20 766	10 837	2 020	18 746	22 497	31 635	15 989	4 031	27 604	100 347	47 949	14 863	85 484
安　徽	18 057	8 069	1 609	16 448	17 584	25 694	11 716	2 962	22 732	74 279	32 534	9 969	64 310
福　建	13 155	7 226	1 019	12 136	14 833	19 930	10 934	1 818	18 112	62 152	32 127	7 536	54 616
江　西	10 615	5 666	239	10 376	12 433	16 024	8 714	720	15 304	45 843	24 161	2 282	43 561
山　东	27 593	15 748	1 712	25 881	31 078	40 580	23 066	3 022	37 558	128 339	68 234	11 895	116 444
河　南	16 054	9 519	332	15 722	17 540	20 889	12 624	934	19 955	58 212	33 822	3 260	54 952

续表

地区	毕(结)业生数				授予学位数	招生数				在校生数			
	合计	其中:女	博士	硕士		合计	其中:女	博士	硕士	合计	其中:女	博士	硕士
湖　北	38 790	19 643	3 958	34 832	46 200	54 139	28 113	6 473	47 666	190 651	89 559	27 450	163 201
湖　南	21 357	11 583	1 790	19 567	24 930	29 729	16 334	3 127	26 602	106 543	53 343	14 824	91 719
广　东	30 074	16 045	3 075	26 999	33 351	46 440	24 528	5 689	40 751	135 730	68 812	19 404	116 326
广　西	9 867	5 543	199	9 668	10 461	14 329	8 111	619	13 710	40 381	21 750	1 999	38 382
海　南	1 644	1 002	47	1 597	1 948	3 169	1 837	217	2 952	9 693	5 413	562	9 131
重　庆	16 640	9 472	1 110	15 530	19 515	25 208	14 737	1 864	23 344	83 849	46 916	7 368	76 481
四　川	28 209	14 511	2 502	25 707	30 746	40 987	21 344	3 905	37 082	133 683	63 773	17 385	116 298
贵　州	5 553	3 287	112	5 441	6 048	8 475	5 177	365	8 110	25 374	14 716	1 146	24 228
云　南	10 771	6 235	402	10 369	12 089	16 625	9 780	898	15 727	49 887	28 222	3 522	46 365
西　藏	577	342	14	563	569	940	563	54	886	2 445	1 306	164	2 281
陕　西	32 295	16 550	3 032	29 263	36 013	47 977	24 498	5 119	42 858	155 873	75 508	22 699	133 174
甘　肃	10 350	5 593	685	9 665	11 129	15 047	8 234	1 313	13 734	44 700	23 413	4 811	39 889
青　海	1 288	724	15	1 273	1 411	2 444	1 501	107	2 337	6 033	3 724	298	5 735
宁　夏	1 997	1 286	61	1 936	2 323	3 257	2 034	168	3 089	7 777	4 960	400	7 377
新　疆	6 643	4 205	220	6 423	7 358	10 131	5 969	522	9 609	28 293	16 838	1 800	26 493

数据来源：教育部 2019 年教育统计数据。

表12　2019年全国各地区科研机构研究生基本数据统计表

单位：人

地区	毕（结）业生数				授予学位数	招生数				在校生数			
	合计	其中：女	博士	硕士		合计	其中：女	博士	硕士	合计	其中：女	博士	硕士
总计	7 267	3 289	1 261	6 006	7 499	9 233	4 442	1 721	7 512	28 920	12 823	7 326	21 594
北京	4 645	2 146	1 106	3 539	4 821	5 938	3 010	1 499	4 439	19 466	8 939	6 273	13 193
天津	10	5	0	10	10	11	4	0	11	33	8	0	33
河北	28	6	0	28	28	40	6	0	40	109	23	0	109
山西	70	33	0	70	70	79	33	0	79	229	97	0	229
内蒙古	4	0	0	4	4	7	1	0	7	11	3	0	11
辽宁	42	16	3	39	44	52	14	3	49	154	44	20	134
吉林	73	52	0	73	70	57	33	0	57	178	120	0	178
黑龙江	236	117	9	227	235	313	158	24	289	918	409	129	789
上海	573	280	50	523	577	737	381	64	673	2 027	993	275	1 752
江苏	184	64	23	161	183	242	66	56	186	784	233	252	532
浙江	109	44	2	107	106	136	62	1	135	372	150	6	366
安徽	8	1	0	8	8	5	0	0	5	16	1	0	16
福建	146	99	0	146	183	120	80	0	120	291	173	0	291
江西	6	2	0	6	6	5	2	0	5	17	4	0	17
山东	47	23	0	47	47	95	46	0	95	262	127	0	262
河南	53	13	3	50	52	73	16	3	70	191	45	11	180

续表

地区	毕（结）业生数				授予学位数	招生数				在校生数			
	合计	其中：女	博士	硕士		合计	其中：女	博士	硕士	合计	其中：女	博士	硕士
湖北	283	97	7	276	283	327	103	7	320	967	315	41	926
湖南	61	24	0	61	61	112	54	0	112	297	131	3	294
广东	104	44	10	94	125	136	67	8	128	424	183	26	398
广西	0	0	0	0	0	0	0	0	0	0	0	0	0
海南	0	0	0	0	0	0	0	0	0	0	0	0	0
重庆	37	18	0	37	37	59	34	0	59	159	85	0	159
四川	295	131	29	266	295	384	208	27	357	1 070	511	126	944
贵州	6	2	0	6	6	8	3	0	8	24	6	0	24
云南	24	7	3	21	25	28	5	1	27	95	17	15	80
西藏	0	0	0	0	0	0	0	0	0	0	0	0	0
陕西	175	53	11	164	175	218	43	21	197	671	166	119	552
甘肃	48	12	5	43	48	51	13	7	44	155	40	30	125
青海	0	0	0	0	0	0	0	0	0	0	0	0	0
宁夏	0	0	0	0	0	0	0	0	0	0	0	0	0
新疆	0	0	0	0	0	0	0	0	0	0	0	0	0

数据来源：教育部 2019 年教育统计数据。

高校交叉学科设立与发展调查分析

一、调 查 背 景

2020 年 11 月，国家自然科学基金委员会成立交叉科学部，负责统筹交叉科学领域内的科研资助、项目评审、发展规划及相关资助政策。同年 12 月 30 日，国务院学位委员会、教育部发布《关于设置"交叉学科"门类、"集成电路科学与工程"和"国家安全学"一级学科的通知》，决定在现有学科基础之上增设"交叉学科"门类，这标志着"交叉学科"正式纳入学科目录之中，成为第 14 个学科门类。当前科学技术发展突飞猛进，人工智能兴起，互联网＋、3D 打印技术日益渗透到各行各业之中，设立交叉学科不仅仅是顺应当下新一轮科技革命和产业革命发展趋势，更是在高等教育追求内涵式发展的时代背景下，健全新时代高等教育学科专业体系，探索培养创新型、复合型、应用型高素质人才的必由之路，为相关"卡脖子"技术难题解决提供智力支持与人才保障，进一步提升对科技创新重大突破和重大理论创新的支撑能力。

在"双一流"建设政策驱动下，交叉学科正式纳入学科目录之中，获得合法"身份"。高校借此机遇积极推动交叉学科建设，交叉学科在人才培养，社会服务，学术研究等方面将会获得更多资源投入及政策激励。全球高校都在探索适应本国学术文化基因的交叉学科发展模式。德国大学早在 2006 年就开始"卓越集群"学科发展规划，法国大学更是将同类或者相近学科归为"集群"，建立超越传统学院制的学部组织体系，澳大利亚在 2003 年开启"卓越中心"建设行动计划，集中研究型大学的科研力量，开展跨国、跨界、跨区域研究，解决制约社会福利，经济发展，环境保护等诸多领域发展的棘手问题，提升大学学科的国际声誉。[1] 为改变学科分化越来越细的现状，化解专业主义盛行带来的知识传承编狭、人才培养适应性不足，学术研究相互隔离的局面，美国高校特别是研究型大学设立了专门跨学科组织，研究型大学重塑了学系设置观念，不再局限于单一学科发展，而是组建了围绕问题、项目、学术志趣，具有多学

---

① 刘小强，蒋喜锋. 论世界一流大学建设的"学科模式"和"中心模式"："双一流"首轮建设期满之际的反思 [J]. 中国高教研究，2020（10）：27-33.

科属性的学系。① 不论是交叉学科还是跨学科，在一定程度上改变了学科之间相互封闭、知识碎片化、研究视域单一，科研力量各自为政的态势。

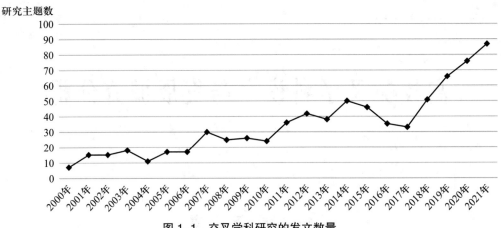

图 1-1　交叉学科研究的发文数量

　　学术界对交叉学科发展越来越重视，关于交叉学科的研究主题从 2000 年开始逐渐增多，并在 2007 年、2014 年、2021 年形成 3 个研究高峰（见图 1-1）。交叉学科研究议题遍及学科建设、学科群、人才培养、课程体系、培养模式、跨学科、研究型大学等不同范畴（见图 1-2）。

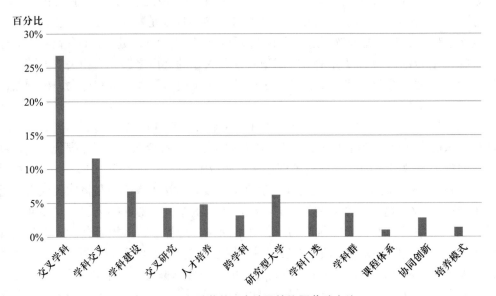

图 1-2　交叉学科研究涉及的议题范畴占比

交叉学科作为"新生儿"，需要在学理与实践层面上解决交叉学科基本问题。这些问题包

① 李鹏虎. 美国研究型大学组建跨学科组织的背景、实践及经验［J］. 清华大学教育研究，2020（6）：99-105.

括：交叉学科的定位是什么？如何理性看待相关交叉学科的科研？交叉学科如何在"双一流"建设背景下，面向"十四五"规划发展需求，提升内涵式发展？如何制定交叉学科动态调整机制？高校推进交叉学科建设的进展如何？面临哪些困境？影响高校交叉学科发展的因素是什么？如何更好地推进交叉学科长远发展？

为了对上述问题能够有全面的认识，本专题对46所"双一流"建设高校、"一流学科"建设高校在校教师进行调查。调查内容主要包括：

（一）高校交叉学科设置现状。包括高校是否设置交叉学科、是否有交叉学科带头人、交叉学科组织形式、交叉学科设置的目的等。

（二）高校交叉学科建设存在的问题。包括交叉学科组织体系是否完善，交叉学科地位是否提升、交叉学科与人才培养是否契合等方面。

（三）影响高校交叉学科发展的因素。包括教师对交叉学科的价值认知、交叉学科管理的组织架构、制度设计、外部环境等方面的分析。

（四）基于交叉学科建设中存在的问题及影响交叉学科发展的因素，提出促进交叉学科发展的建议。

二、研究方法与样本信息

（一）研究方法与工具

本次调查问卷是在借鉴已有问卷的基础之上，自编问卷。问卷主要包括五个部分：

第一部分，人口变量基本信息。包括性别、年龄、职称、岗位类型、荣誉称号、所在学科、研究类型、留学经历、跨学科学习经历、学术身份、高校区域、院校类型、院校层次。

第二部分，高校交叉学科设置现状。包括有无交叉学科、交叉学科带头人、学科交叉跨度、交叉学科组织形式、有无设置交叉学科必要性、院校是否鼓励交叉学科研究、交叉科研项目类型、交叉学科所属领域、交叉性体现、交叉研究合作方式、角色类型、科研合作者来源、交叉科研成果、对交叉学科未来发展前景认知，设置交叉学科的目的等题项。

第三部分，高校交叉学科建设存在的问题。包括学科建设跟风现象、定位清晰与否、是否形式大于内容、组织体系是否完善、学科建设所需资源是否充足、教师多学科知识背景区分是否明显、建设质量是否显著、人才培养是否达到预期、指导政策是否灵活、是否建立平台机制、交叉融合是否深入、学科发展与人才培养是否衔接、内涵发展是否模糊、交叉学科研究是否有利于职称评审、对交叉学科研究奖励是否充分。此部分采用李克特五点度量，1代表"完全不符合"，5代表"完全符合"。

第四部分，影响高校设置交叉学科的因素，主要包括对交叉学科的价值认知、交叉学科管理的组织架构、交叉学科发展的制度设计、资源投入、学科体制、学科文化氛围等。

第五部分，高校学科发展的外部环境，包括交叉学科需要企事业单位支持、学科评价体系、交叉学科人才市场需求、学科与区域优势产业协调、科技进步等题项，采用李克特五刻度。

高校交叉学科发展与设立调查分析结构如表1-1所示。

表 1–1   高校交叉学科设立与发展调查分析结构维度

问卷维度	测量指标
交叉学科建设	学科建设跟风现象
	学科发展定位不清
	学科建设形式大于内容
	学科组织体系不完善
	学科发展资源供给不足
	学科团队知识背景区分不明显
	学科建设成效不显著
	人才培养未达到预期
	发展指导政策不灵活
	缺乏平台机制
	学科融合不深入
	学科建设与人才培养未有效衔接
	学科发展内涵模糊不规范
	交叉研究不利于职称评定
	交叉研究科研激励不足
交叉学科发展的影响因素	对交叉学科的价值认知
	交叉学科管理的组织架构
	交叉学科发展的制度设计
	高校对交叉学科发展的资源投入
	交叉学科发展内在机制
	院校学科管理体制
	学科文化氛围
交叉学科发展的外部环境	政府行业企业支持
	量化指标导向学科评价
	就业市场需求有限
	与区域经济发展不协调
	需要科学技术发展支撑

（二）样本信息说明

本专题调研向高校教师共计发放问卷 12 000 份，剔除无效问卷，回收有效问卷共计 2 893 份，回收率为 24.1%。在学校层次上，一流大学建设高校 A 类（以下简称一流大学 A 类）23 所，占比 50%；一流大学建设高校 B 类（以下简称一流大学 B 类）4 所，占比 8.6%；一流学科建设高校（以下简称一流学科高校）19 所，占比 41.3%。在院校地理位置上，东部院校 26 所，占比 56.5%；东北部院校 4 所，占比 8.6%；中部院校 6 所，占比 13%；西部院校 10 所，占比 21.7%。在学校类型上，以综合类与理工类院校为主，比重分别是 43.6%、45.6%。在性别上，女性教师比重大，占比 69.2%。在年龄上，以中年教师为主。35 岁及以下教师 533 人，占比 18.4%，36~45 岁教师 1 412 人，占比 48.8%。在岗位类型上，以教学科研岗为主，占比 83.5%。在学科门类上，工学与理学专业教师比重大，分别占比 50.7%、18.8%。在留学经历上，有留学经历的教师占比 64.4%。在职称上，教授（研究员）占比 39.6%，副教授（副研究员）占比 50.6%。在学术身份上，硕导共 1 520 人，占比五成（见表 1-2）。

表 1-2　调查样本人口统计

类别		频数 / 所	百分比 /%
学校层次	一流大学 A 类	23	50
	一流大学 B 类	4	8.6
	一流学科高校	19	41.4
学校位置	东部	26	56.5
	东北部	4	8.7
	中部	6	13.1
	西部	10	21.7
学校类型	理工类	20	43.4
	农林类	3	6.6
	师范类	2	4.4
	综合类	21	45.6
性别	男	890	30.8
	女	2 003	69.2
年龄	35 岁及以下	533	18.4
	36~45 岁	1 412	48.8
	46~55 岁	720	24.9
	56 岁及以上	228	7.9

续表

类别		频数 / 所	百分比 /%
岗位类型	教学岗	230	8
	科研岗	248	8.6
	教学科研岗	2 415	83.4
学科门类	哲学	52	1.8
	经济学	108	3.7
	法学	86	3
	教育学	64	2.2
	文学	95	3.3
	历史学	33	1.1
	理学	543	18.8
	工学	1 467	50.7
	农学	84	2.9
	医学	118	4.1
	管理学	208	7.2
	艺术学	21	0.7
	其他	14	0.5
留学经历	是	1 862	64.4
	否	1 031	35.6
职称	教授（研究员）	1 147	39.6
	副教授（副研究员）	1 465	50.6
	讲师（助理研究员）	256	8.9
	助教或其他	25	0.9
学术身份	博士生导师	493	17
	硕士生导师	1 520	52.5
	硕导兼博导	810	28
	非导师	70	2.5
国家级人才荣誉称号	是	305	10.5
	否	2 588	89.5

三、高校交叉学科设立与发展现状

（一）高校交叉学科设置情况

1. 高校交叉学科分布

随着知识生产模式变迁，"以问题情境为导向、开环的组织场域为依托的跨学科知识生产模式成为我们时代的显像"[①]，高校学科也逐渐朝跨学科、交叉学科、集群学科的方向发展。调查数据显示（见图1-3），已经有88.5%的院校设置了交叉学科，交叉学科学术带头人占比74.1%。交叉学科已经在高校落地生根，形成了一定规模，未来可能会有更多院校设立交叉学科。

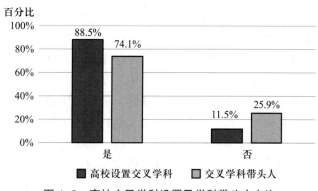

图1-3　高校交叉学科设置及学科带头人占比

交叉学科必然会涉及"跨度"问题，"跨度"从物理概念指向学科，意味着不同学科在进行交叉时，会涉及彼此之间的"学科距离"。不论是对交叉学科进行时间与空间分类，还是进行定名、定序、定距分类，都是刻画交叉学科"跨度"的一种视角与方法。[②] 但是，学科交叉的形态不断变化，并且越来越趋向多门学科理论交融渗透，迈向科学的多维多值联系。[③] 为了更加直观审视学科之间的交叉跨度，以一道"您所在的交叉学科跨度"为题项，提供4个选项，来检视学科交叉跨度（见图1-4）。研究显示，一级学科交叉占比34.84%，二级学科交叉占比34.91%，一级与二级学科交叉占比11.61%，非交叉学科占比18.63%。我国高校学科交叉主要还是集中于一级学科与二级学科融合。学科交叉跨度与高校人才培养制度改革息息相关。跨学科人才培养，主要将专业进行跨学科组合，课程跨学科组合，从而更好地满足不同学生学术兴趣发展需要。[④] 高校逐渐开始大类招生，淡化学科边界，重视通识教育，培养学生综合素养，拓宽人才培养口径，进而扩展学生未来职业选择范围。

① 张庆玲.重审学科分类及其建设［J］.学位与研究生教育，2021（5）：53-60.
② 屠忠俊.传播研究中的学科交叉跨度［J］.华中科技大学学报（社会科学版），2008（1）：35-40.
③ 李喜先.论交叉学科［J］.科学学研究，2001（1）：22-27.
④ 张晓报.独立与组合：美国研究型大学跨学科人才培养的基本模式［J］.外国教育研究，2017（3）：3-13.

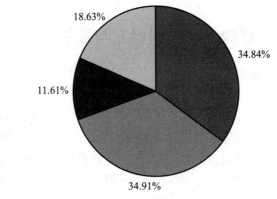

图1-4   交叉学科跨度

2. 高校交叉学科组织形式

从组织行为学角度而言，学科组织架构是为了更好地促进信息、资源、人才流动，减少科学研究过程中的风险与不确定性，形成良好的学科生态文化与持久运行机制。[①] 交叉学科组织模式的分类标准、分类依据不同，分类结果也是多样。从产学研角度分析，交叉学科组织可分为学研并举的交叉学科研究模式、产学研结合的交叉学科模式。[②] 按照交叉学科组织的虚实与存在时间长短，交叉学科可分为"实体—长期型、实体—临时型、虚体—长期型和虚体—临时型；根据其与传统学科组织的关系，可分为依附型和独立型。"[③] 按照交叉学科各类组织机构创建时的审批管理权限及发展资金来源，可分为纵向平台、自建平台和横向平台。[④] 学科组织结构通过制度与程序设计，有效规范学科内部组织人员的形成与分工，资源匹配与使用原则，合理安排学科组织内部权力分配与协调。[⑤] 从制度与组织相结合角度而言，组织是制度取得合法性地位的载体与表征，在制度化建设中，制度的秩序、原则及其关系借组织不断存续。因此从组织制度视角来看，大学形成了包括研究所、研究中心、研究院、实验室、创新平台、创新实践基地、课程组、项目组在内的科研组织形式。[⑥] 调查数据表明，46所高校，交叉学科学院（系）有728个，占比25.2%；交叉学科研究中心有407个，占比14.1%；交叉学科实验室有165个，占比5.7%；交叉学科工程研究中心有106个，占比3.7%；科学园（产业园）有121个，占比4.2%；交叉学科研究项目组有378个，占比13.1%；非交叉学科组织有988个，占比34.2%。并且随着院校层次的提升，交叉学科在整个学科群中所占比重也逐渐提升，这也反映出综合性大学及研究型大学更重视不同学科之间的交叉融合（见图1-5）。

① 陈良雨，汤志伟.群落生态视角下一流学科组织模式分析［J］.高校教育管理，2020（1）：8-15.

② 陶飞，程颖.交叉学科研究模式的组织建设研究［J］.计算机教育，2013（3）：6-10.

③ 胥秋.大学交叉学科组织的类型与特点研究［J］.现代大学教育，2016（1）：86-90.

④ 管晓霞.我国高校多学科交叉项目组织与管理方法研究［D］.华中科技大学，2011:69.

⑤ 邹晓东.研究型大学学科组织创新研究［D］.浙江大学，2003:53.

⑥ 王燕华.大学科研合作制度及其效应［D］.华中科技大学，2011:99.

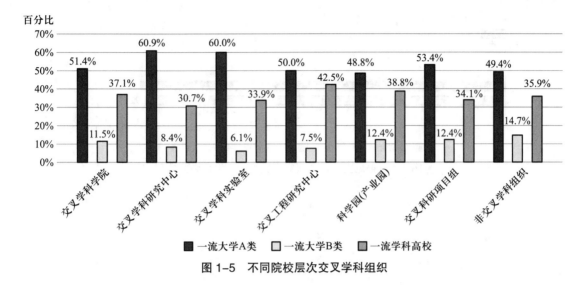

图 1-5　不同院校层次交叉学科组织

3. 高校对交叉学科的认知情况

为分析高校教师对交叉学科的认知与偏好情况，本专题设置三个题项（见表 1-3）。研究数据表明，92.5% 受访者认为有必要设置交叉学科，仅有 7.5% 受访者不赞同设置交叉学科。93.6% 受访者认为基层院系应鼓励开展交叉学科研究，仅有 6.4% 受访者认为院系不鼓励交叉学科研究（见图 1-6）。对交叉学科未来发展前景看法上，14.2% 教师持"很不乐观"态度、4.3% 教师持"不乐观"看法，48.3% 教师对交叉学科未来发展持"乐观"态度，16.4% 教师对交叉学科发展前景持"很乐观"态度（见图 1-7）。为了进一步分析教师是否因为年龄、职称、院校类型、学术身份、院校区域、院校层次不同，对交叉学科未来发展看法存在统计学意义上的显著差异，所以进行方差分析和事后比较。调查数据表明（见表 1-4），在性别上，女性教师比男性教师更看好交叉学科未来发展。在学术身份上，硕士生导师均值是 3.45，博士生导师均值是 3.35，硕士生导师兼博士生导师均值是 3.61，非导师是 3.59，这表明硕士生导师兼博士生导师比硕士生导师、博士生导师、非导师对交叉学科未来发展充满信心。在院校层次上，一流大学 A 类均值是 3.52，一流大学 B 类均值是 3.57，一流学科高校均值是 3.40，这表明一流大学 B 类高校教师比一流大学 A 类、一流学科高校教师更看好交叉学科未来发展。在院校所属区域上，东北部与西部高校教师比东部高校、中部高校教师更看好交叉学科发展。在学科门类上，理工科类教师比人文社科类教师对交叉学科未来发展前景更认可。

表 1-3　高校对交叉学科的认知

题项	测量
设置交叉学科的必要性	是 / 否
鼓励交叉学科研究	是 / 否
对交叉学科的未来发展看法	五刻度（1= 很不乐观、5= 很乐观）

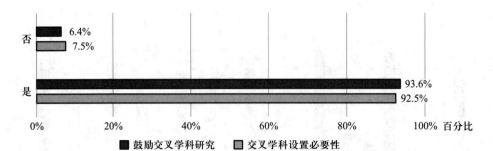

图 1-6 鼓励交叉学科研究及交叉学科设置必要性

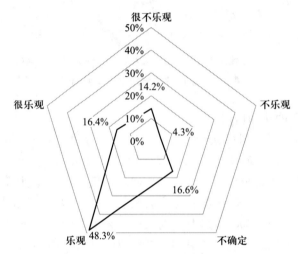

图 1-7 对交叉学科发展前景的看法

表 1-4 不同人口变量对交叉学科发展看法

检验变量	对交叉学科未来发展看法（1= 很不乐观；5= 很乐观）			
	人口变量	均值	标准差	F 值
性别	男	3.48	1.251	4.465*
	女	3.50	1.193	
年龄	35 岁及以下	3.55	1.257	0.894
	36~45 岁	3.49	1.233	
	46~55 岁	3.43	1.240	
	56 岁及以上	3.47	1.155	
职称	教授（研究员）	3.52	1.251	2.500
	副教授（副研究员）	3.46	1.208	
	讲师（助理研究员）	3.41	1.280	
	助教或其他	4.04	1.207	

检验变量	对交叉学科未来发展看法（1= 很不乐观；5= 很乐观）			
	人口变量	均值	标准差	F 值
学术身份	硕士生导师	3.45	1.224	5.198***
	博士生导师	3.35	1.302	
	硕导兼博导	3.61	1.204	
	非导师	3.59	1.148	
留学经历	是	3.51	1.246	0.377
	否	3.44	1.208	
院校层次	一流大学 A 类	3.52	1.242	4.007*
	一流大学 B 类	3.57	1.118	
	一流学科高校	3.40	1.252	
院校类型	理工类	3.47	1.243	3.002*
	农林类	3.22	1.306	
	师范类	3.48	1.216	
	综合类	3.52	1.215	
院校区域	东部	3.41	1.277	3.643*
	东北部	3.57	1.186	
	中部	3.53	1.251	
	西部	3.57	1.135	
学科类型	哲学	3.42	1.161	3.978***
	经济学	3.18	1.331	
	法学	3.13	1.166	
	教育学	3.00	1.309	
	文学	3.28	1.243	
	历史学	3.03	1.334	
	理学	3.60	1.181	
	工学	3.52	1.229	
	农学	3.42	1.301	

续表

检验变量	对交叉学科未来发展看法（1= 很不乐观；5= 很乐观）			
	人口变量	均值	标准差	F 值
学科类型	医学	3.78	1.206	3.978***
	管理学	3.37	1.264	
	艺术学	3.57	0.870	
	其他	3.86	1.027	

注：* 表示 $p<0.05$，** 表示 $p<0.01$，*** 表示 $p<0.001$，下同。

4. 高校设立交叉学科的目的

在服务国家发展战略上，6% 的受访者认为完全不符合，9.8% 认为比较不符合，23.2% 认为符合，32.9% 认为比较符合，28% 认为完全符合。在解决社会复杂问题上，5.5% 的受访者认为完全不符合，12.4% 认为比较不符合，26.1% 认为符合，32.6% 认为比较符合，23.4% 认为完全符合。在优化教学质量上，4.8% 的受访者认为完全不符合，20.7% 认为比较不符合，32.6% 认为符合，26.9% 认为比较符合，15.1% 认为完全符合。在培养复合型人才上，5.1% 的受访者认为完全不符合，13% 认为比较不符合，24.3% 认为符合，32.4% 认为比较符合，25.2% 认为完全符合。在提升院校竞争力上，4.9% 认为完全不符合，11.8% 认为比较不符合，24.6% 认为符合，34.9% 认为比较符合，23.7% 认为完全符合。在获得外部资源支撑上，4.4% 的受访者认为完全不符合，12.8% 认为比较不符合，26.7% 认为符合，35.3% 认为比较符合，20.9% 认为完全符合。在满足学科发展需要上，4.6% 的受访者认为完全不符合，12.7% 认为比较不符合，25.3% 认为符合，33.9% 认为比较符合，23.5% 认为完全符合（见图 1-8）。这说明高校教师认为交叉学科设置的目的主要包括服务国家战略发展需求，解决制约社会经济发展的"卡脖子"问题，优化学科组织体系，培养高素质复合型创新型人才。

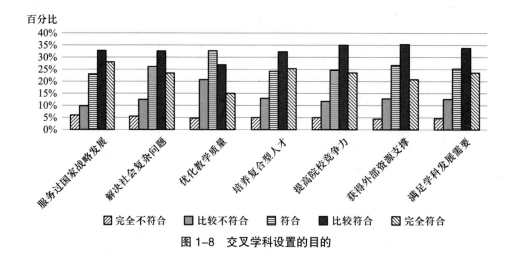

图 1-8　交叉学科设置的目的

　　为进一步分析不同院校层次、院校类型、院校区域在交叉学科设置的目的上是否存在差异，通过方差与事后比较分析。调查数据表明（见表 1-5、表 1-6、表 1-7），在院校层次上，一流学科高校在设置交叉学科服务国家战略发展、解决社会复杂问题、优化教学质量、培养复合型人才、提升高校竞争力、满足学科发展上的均值均显著高于一流大学 A 类与一流大学 B 类的均值。在院校区域上，东部地区高校在交叉学科设置目的均值显著高于东北部、中部、西部地区高校均值。在院校类型上，农林类高校交叉学科设置目的各项均值显著高于理工类、师范类、综合类高校。

表 1-5　不同层次院校设置交叉学科目的的差异

交叉目的	院校层次	均值	标准差	F 值	p
服务国家战略发展	一流大学 A 类	3.64	1.186	84.933	0.000
	一流大学 B 类	3.03	1.335		
	一流学科高校	3.94	0.924		
解决社会复杂问题	一流大学 A 类	3.53	1.173	63.236	0.000
	一流大学 B 类	3.02	1.276		
	一流学科高校	3.79	0.952		
优化教学质量	一流大学 A 类	3.24	1.122	30.033	0.000
	一流大学 B 类	2.91	1.117		
	一流学科高校	3.42	1.013		
培养复合型人才	一流大学 A 类	3.57	1.173	81.419	0.000
	一流大学 B 类	2.96	1.238		
	一流学科高校	3.85	0.976		
提高院校竞争力	一流大学 A 类	3.60	1.142	84.266	0.000
	一流大学 B 类	2.96	1.237		
	一流学科高校	3.84	0.934		
满足学科发展	一流大学 A 类	3.58	1.144	82.496	0.000
	一流大学 B 类	2.96	1.193		
	一流学科高校	3.82	0.944		

表 1-6 不同区域院校设置交叉学科目的的差异

交叉学科目的	院校地区	均值	标准差	F	p
服务国家战略发展	东部	3.85	1.065	29.538	0.000
	东北部	3.57	1.082		
	中部	3.48	1.327		
	西部	3.41	1.232		
解决社会复杂问题	东部	3.72	1.075	22.667	0.000
	东北部	3.44	1.074		
	中部	3.41	1.272		
	西部	3.34	1.178		
优化教学质量	东部	3.37	1.083	9.678	0.000
	东北部	3.17	1.059		
	中部	3.24	1.120		
	西部	3.11	1.105		
培养复合型人才	东部	3.75	1.084	23.354	0.000
	东北部	3.56	1.117		
	中部	3.42	1.246		
	西部	3.35	1.188		
提高院校竞争力	东部	3.76	1.047	23.001	0.000
	东北部	3.53	1.235		
	中部	3.43	1.235		
	西部	3.38	1.148		
满足学科发展	东部	3.77	1.025	28.3	0.000
	东北部	3.49	1.141		
	中部	3.40	1.240		
	西部	3.35	1.157		

表 1-7　不同类型院校设置交叉学科目的的差异

交叉学科目的	院校类型	均值	标准差	F	p
服务国家战略发展	理工类	3.97	0.878	79.586	0.000
	农林类	4.06	0.811		
	师范类	2.89	1.130		
	综合类	3.48	1.281		
解决社会复杂问题	理工类	3.79	0.958	52.087	0.000
	农林类	3.91	0.860		
	师范类	2.92	1.205		
	综合类	3.41	1.232		
优化教学质量	理工类	3.40	1.035	20.779	0.000
	农林类	3.51	1.061		
	师范类	2.85	1.037		
	综合类	3.18	1.138		
培养复合型人才	理工类	3.87	0.944	59.339	0.000
	农林类	3.89	0.890		
	师范类	2.97	1.308		
	综合类	3.42	0.033		
提高院校竞争力	理工类	3.87	0.944	70.987	0.000
	农林类	3.89	0.880		
	师范类	2.97	1.308		
	综合类	3.42	1.235		
满足学科发展	理工类	3.87	0.917	65.061	0.000
	农林类	3.86	0.860		
	师范类	2.85	1.187		
	综合类	3.41	1.206		

（二）高校交叉学科研究

1. 教师所在学科与交叉学科研究归属

为分析教师所学专业与从事的交叉学科研究归属是否具有"同源"关系，将教师所学专业与所进行的交叉学科研究归属进行比较。调查数据表明（见图1-9），教师在交叉学科研究归属方面，归属于哲学占比2.6%，经济学占比5%，法学占比2.3%，教育学占比2.1%，文学占比2%，历史学占比2.5%，理学占比19.1%，工学占比46.2%，农学占比2.9%，医学占比5.6%，管理学占比6.9%，艺术学占比0.8%，其他占比2%。卡方检验表明（见表1-8），高校教师在交叉学科研究所属领域具有显著差异（p=0.000<0.001），从交叉学科数量来看，教师在交叉科研过程中多以理学和工学作为支撑学科。[①] 教师所学学科专业上，哲学占比1.8%，经济学占比3.7%，教育学占比2.2%，文学占比3.3%，历史学占比1.1%，理学占比18.8%，工学占比50.7%，农学占比2.9%，医学占比4.1%，管理学占比7.2%，艺术学占比0.7%，其他学科占比0.5%。教师从事交叉学科研究的领域归属与教师所学学科高度一致（见图1-9），二者高度吻合，这说明高校交叉学科的设置与教师所学专业有着内在关联性。

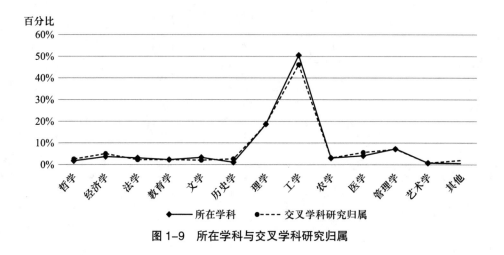

图1-9　所在学科与交叉学科研究归属

表1-8　交叉学科研究归属差异检验

交叉学科研究归属	次数/次	x^2	p
哲学	74		
经济学	145		
法学	66	7 048.378	0.000
教育学	61		
文学	59		

[①] 德吉夫.高校自主设置交叉学科的关联特征研究［J］.中国高教研究，2020（6）：92-97.

交叉学科研究归属	次数 / 次	x^2	p
历史学	71		
理学	554		
工学	1 336		
农学	83		
医学	162	7 048.378	0.000
管理学	201		
艺术学	23		
其他	58		

2. 高校交叉学科研究项目来源

使用"您从事最多的交叉学科研究项目属于哪一类？"为题项，分析高校交叉学科研究项目来源，提供 6 个选项，分别是国家级项目、省部级项目、校级项目、企事业单位横向项目、国际合作项目、自筹项目。数据表明（见图 1–10），在 46 所高校中，教师从事过的交叉科研国家级项目占比 44.5%，省部级项目占比 19.3%，校级项目占比 9.2%，企事业单位项目占比 16.2%，国际合作项目占比 3.9%，自筹项目占比 6.8%。这说明我国高校教师交叉科研项目来源主要还是以国家政府部门资助为主，国际合作项目与企事业单位横向项目比重偏低。交叉学科研究逐渐朝国际化方向发展，特别是开展跨国、跨界、跨行业交叉学科研究是必然发展趋势。为了促进国际科研合作，我国在"十四五"发展规划提出建立全球科研基金，招募世界一流科研团队加入研究项目之中，实施揭榜挂帅科研竞赛。卡方检验显示（见表 1–9），46 所高校中，一流大学 A 类院校教师从事各类交叉研究项目类型所占比重，分别是 24.9%、9.7%、5.2%、7.6%、1.8%、3.4%，显著高于一流大学 B 类和一流学科高校教师。东部地区院校交叉科研项目所占比重均高于东北部、中部、西部院校。这说明我国优势高等教育资源及优势学科多集中于东部地区，高等教育在区域间分布不均衡。[①] 在院校类型上，相比理工类、农林类、师范类高校而言，综合性大学在国家级项目（21.3%）、省部级项目（9.9%）、校级项目（4.9%）和自筹项目（3.2%）上的占比显著高于其他三类院校。理工类院校横向科研项目（8.3%）和国际合作项目（1.9%）比重显著高于综合类院校。这可能是因为理工类院校专业更多倾向于生产应用与技术创新，不仅强调论文发表，而且重视发明专利和技术转让。[②]

---

① 袁占亭. 振兴中西部高等教育：我国高等教育现代化的必由之路［J］. 中国高教研究，2019（11）：5–8.

② 潘健，史静寰. 全球视角下科研产出数量与质量的互变逻辑：以工程学科论文产出为例［J］. 中国高教研究，2021（2）：16–22.

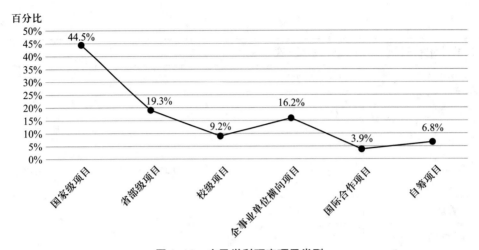

图 1–10   交叉学科研究项目类型

表 1–9   交叉研究项目类差异性检验

院校特征		交叉科研项目类型						Person x^2	p
		国家级项目／%	省部级项目／%	校级项目／%	横向项目／%	国际合作项目／%	自筹项目／%		
学校层次	一流大学 A 类	24.9	9.7	5.2	7.6	1.8	3.4	40.249	0.000
	一流大学 B 类	4.1	3.2	1.3	1.8	0.4	1.0		
	一流学科高校	15.0	6.4	2.7	6.8	1.7	2.4		
学校区域	东部	23.5	9.6	4.7	9.6	2.0	3.4	26.112	0.043
	东北部	5.7	2.1	1.3	1.8	0.5	0.7		
	中部	5.8	2.2	1.1	1.2	0.4	1.0		
	西部	9.6	5.4	2.1	3.7	1.0	1.7		
学校类型	理工类	17.8	6.8	3.1	8.3	1.9	2.6	51.106	0.000
	农林类	2.3	1.3	0.4	0.6	0.4	0.6		
	师范类	3.1	1.3	0.8	0.9	0.2	0.4		
	综合类	21.3	9.9	4.9	6.4	1.5	3.2		

3. 交叉学科研究合作方式

交叉学科研究方式主要以团队合作为主。从全球视角来看，新兴全球模式大学从单一学者的独立探索转向了旨在创新应用知识的跨学科交叉团队合作。因为科研成本呈几何线性增加，且依赖于基础设施与设备，所以科研活动需要依托大学、国家、企业和非营利性机构，组成新复合体。[1] 在交叉虚拟科学共同体中，集体解题首先面临的是团队成员对问题的理解，这种理解由于从自身的知识储备出发的成员具有认知的局限性和知识背景的碎片性，因此人们总是期望从与他人对话中弥补自身知识漏洞。[2] 在交叉学科科研合作过程中，"科研人员往往会倾向于选择与学术影响力较高的科研者合作，之前有过合作或有共同合作者的科研者之间也更容易产生合作。"[3] 调查数据表明（见图 1–11），教师在交叉学科研究采用与政府机构合作方式占比 1.2%，与行业合作占比 5.1%，采用集群学科合作占比 2.5%，与专门研发机构合作占比 5.4%，与团队合作占比 41%，与同行合作占比 28.3%，独自完成交叉研究占比 16.6%。为进一步检验教师选择不同主体进行科研合作是否有显著差异，利用卡方检验。数据表明（见表 1–10），高校教师在选择交叉研究合作主体上具有显著差异（p=0.000<0.001），其中与团队合作、与同行合作的比例显著高于与其他主体合作。但是，教师在交叉学科研究中仍存在"单兵作战"的现象，这不利于交叉学科研究的长远发展。

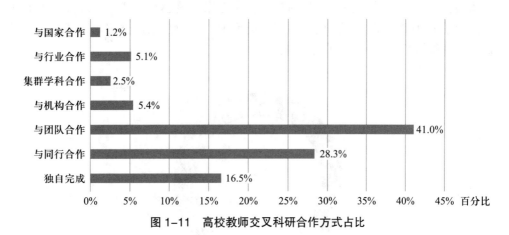

图 1–11　高校教师交叉科研合作方式占比

表 1–10　合作方式差异检验

合作方式	次数	x^2	p
独自完成	477		
与同行合作	819		
与团队合作	1 186		
与机构合作	157	2 188.240	0.000
集群学科合作	71		
与行业合作	147		
与国家合作	36		

①　詹姆斯·H. 米特尔曼. 遥不可及的梦想：世界一流大学与高等教育的重新定位［M］. 马春梅，王琪，译. 上海：上海交通大学出版社，2021：36.

②　黄时进，张怡. 认知互动与代码契约：虚拟科学共同体中科研人员的合作机制［J］. 自然辩证法通讯，2021（8）：21–27.

③　巴志超，李纲，朱世伟. 基于知识超网络的科研合作行为实证研究和建模［J］. 情报科学，2016（6）：630–639.

4. 教师在交叉科研过程中承担的角色及科研合作者的来源

科研团队中的参与者在既定学术分工中扮演着特定角色，角色赋予成员身份认同及组织归属。在知识网络结构互动之中，每个角色既作为产品输出者，同时也是资源消耗者。按照角色分工理论，科研团队中的角色分为组织者、控制者、生产者、联络者、评估者、维护者、创造者、咨询建议者。[①] 在交叉学科研究过程中，任务分配不同，教师承担的工作角色也存在差异。调查数据显示（见图 1-12），46 所院校中，教师在交叉科学研究中承担课题首席专家角色的比重占 16.3%；教师作为课题核心参与者占比 55.9%；教师扮演一般参与角色的比例占比 24.5%，承担咨询辅助性参与的角色占比 3.2%。这说明教师在交叉学科研究中多承担核心角色。交叉科研过程会涉及不同领域和范畴的异质性知识、技术与研究方法。为使交叉科研能够得到其他学科的理论、思想支撑，可让多领域的学者参与到科研过程中，并让其成为核心参与者。卡方检验表明（见表 1-11），教师在交叉科研中所承担的角色，因学校层次及类型不同而存在显著差异。具体而言，一流大学 A 类中，教师担任首席专家、核心参与者、一般参与者的比例显著高于一流大学 B 类和一流学科高校。在院校类型上，教师在综合类院校担任首席专家、核心参与者、一般参与者的比例显著高于其他三类院校。

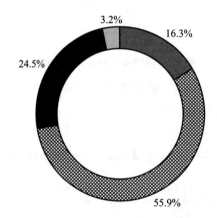

■ 课题首席专家　　☒ 课题核心参与者　　■ 一般参与者　　■ 咨询辅助性参与者

图 1-12　交叉研究中的角色分配

表 1-11　教师承担的角色在不同院校层次、区域及类型的差异性

院校特征		教师在交叉研究中承担的角色				Pearson x^2	p
		首席专家	核心参与者	一般参与者	咨询辅助		
学校层次	一流大学 A 类	268	877	339	38	32.930	0.000
	一流大学 B 类	50	161	119	13		
	一流学科高校	152	580	252	43		

---

① 张崴 . 研究型大学科研团队结构对团队创造力的影响 [D] . 大连理工大学，2013:35.

院校特征		教师在交叉研究中承担的角色				Pearson x²	p
		首席专家	核心参与者	一般参与者	咨询辅助		
学校区域	东部	253	879	348	48	10.802	0.290
	东北部	57	191	87	12		
	中部	43	195	90	12		
	西部	118	353	185	22		
学校类型	理工类	148	682	296	49	44.446	0.000
	农林类	27	81	46	6		
	师范类	56	93	45	1		
	综合类	240	762	323	38		

表 1-12　交叉学科研究合作人员聚类分布

交叉合作院校	外向创新型	边缘拓展型	常规同源型	开放增值型
与国外院校合作	121	100	100	121
与国内院校合作	708	708	488	488

注：表中数据是指与不同院校有过合作的教师人数。

　　在交叉科研合作人员来源上，来自国外高水平院校科研人员占比 4.2%，国外同等水平院校科研人员占比 3.5%，国内高水平院校科研人员占比 24.5%，国内同等水平院校科研人员占比 16.9%，本校科研人员占比 51.1%（见图 1-13）。将交叉学科合作者进行聚类（见图 1-14），归为外向创新型、近缘拓展型、常规同源型和开放增值型四类合作类型。数据表明（见表 1-12），在交叉科研合作者四种类型之中，与国内院校科研同行有合作经历的教师数量远远超过与国外院校科研人员合作的数量。教师开展交叉学科研究具有"内向型"合作方式，合作人员主要是基于地缘关系、科研实力因素，倾向与本土学者进行交往合作。"内向型"合作得益于相同的语言文化背景及学术网络关系的交织，形成学术研究中的本土化"同宗"传统。随着中国本土学术政策和实践的深入发展，中国科学研究开始转向成为世界知识体系的建构者、合作者和对话者，长期目标是成为世界体系的主导者之一。[①] 尽管整个国际学术存在"中心——边缘"差序分布格局，英语世界依旧掌握着前沿学术话语体系，西方大学处于知识

---

① 李梅，丁钢，张民选，杨锐，徐阳. 中国教育研究国际影响力的反思与前瞻［J］. 教育研究，2018（3）：12-19.

网络的中心。[①] 但是，国内学者在与国外同行进行合作，特别是与国外高水平院校科研人员合作机会较少，"外向型"科研合作不足，在一定程度上不利于我国学术成果的国际传播。

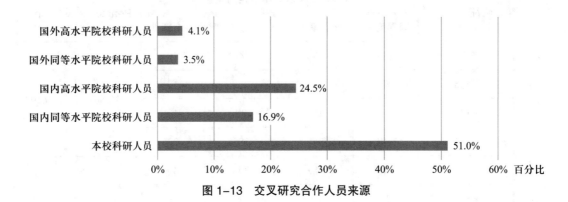

图 1-13　交叉研究合作人员来源

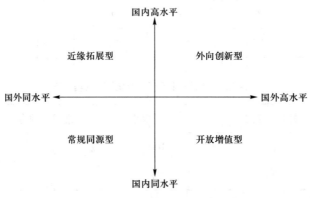

图 1-14　交叉学科研究合作人员聚类

5. 学术研究中的交叉性体现及科研产出

在研究过程中的交叉性体现上，研究选题交叉占比 29.6%，文献述评交叉占比 3.1%，研究理论基础交叉占比 15.5%，研究方法技术交叉占比 36.2%，文献资料运用交叉占比 2.1%，研究成果应用交叉占比 13.6%（见图 1-15）。卡方检验表明（见表 1-13），科研过程中的交叉性在研究选题、文献述评、研究理论基础、研究方法技术、文献资料运用、研究成果应用上具有显著差异。数据表明，学科交叉研究在研究选题与借鉴其他学科研究方法与技术，运用多领域文献资料的比例明显偏低，无形之中限制了交叉研究对其他领域知识、理论的应用与借鉴。除此之外，交叉研究成果的应用范围有待提升。学科交叉的关键在于整合不同知识体系，研究主体为解决实践问题、技术及理论拓展难题，集成多学科门类知识，产出相应论文、专利、专著、项目等。[②]

①　阿特巴赫.比较高等教育：知识、大学与发展［M］.人民教育出版社教育室，译.北京：人民教育出版社，2000:5.

②　张雪，张志强.学科交叉研究综述［J］.图书情报工作，2020（14）：112-125.

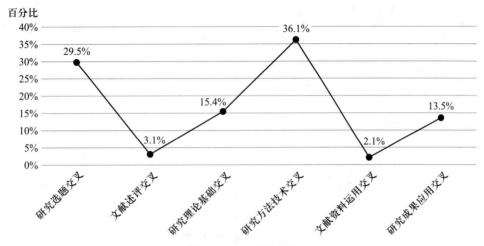

图 1-15　交叉性体现

表 1-13　交叉性差异统计

交叉性体现	数量	百分比 /%	x^2	p
研究选题	855	29.5		
文献述评	91	3.1		
研究理论基础	447	15.4	1 651.904	0.000
研究方法技术	1 066	36.1		
文献资料运用	61	2.1		
研究成果应用	393	13.5		

在交叉科研产出上，高水平科研论文占比 80.7%，专利技术占比 7%，获得高额研究资金占比 4.7%，高级别荣誉奖励占比 3.4%，高影响力学术专著占比 4.2%（见图 1-16）。这说明交叉学科研究成果产出以科研论文为主，而能够产生相应经济效益的专利技术比重偏低。进一步利用卡方检验不同院校层次、类型、区域在交叉研究科研产出的是否差异。数据表明（见表 1-14），在院校层次上，一流大学 A 类与 B 类高校在科研论文产出上显著存在差异，但是两者比重接近。一流学科高校的专利技术产出显著高于一流大学 A 类和 B 类，一流大学 A 类获得的研究资金显著高于一流大学 B 类和一流学科高校，一流学科高校获得荣誉奖励的比重高于一流大学，一流大学 B 类产出的学术专著数量高于一流大学 A 类、一流学科高校。在学校类型上，师范类院校的科研论文产出数量显著高于理工类、农林类、综合类高校；理工类院校的专利技术产出显著高于农林类、师范类、综合类高校；农林类高校获得的研究资金与荣誉奖励比重显著高于理工类、师范类、综合类高校；师范类院校的学术专著产出显著高于理工类、农林类、综合类院校。

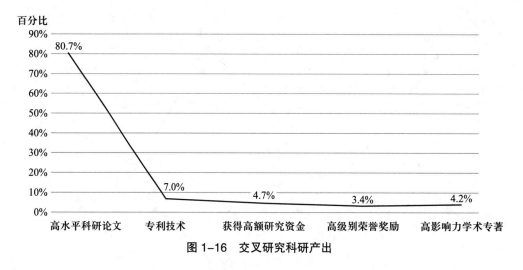

图1-16 交叉研究科研产出

表1-14 不同院校层次、区域、类型交叉研究科研差异

院校特征		科研论文／%	专利技术／%	研究资金／%	荣誉奖励／%	学术专著／%	x^2
学校层次	一流大学A类	82.1	6.1	5.1	2.7	4.1	18.018**
	一流大学B类	83.6	3.9	4.3	2.5	5.7	
	一流学科高校	79.4	8.9	4.3	4.0	3.3	
学校区域	东部	81.1	7.3	3.9	3.3	4.5	14.303
	东北部	78.1	6.9	6.9	4.6	3.5	
	中部	81.2	7.4	5.9	3.2	2.4	
	西部	81.1	6.0	4.7	3.2	4.9	
学校类型	理工类	77.6	9.7	5.0	4.6	3.1	48.297***
	农林类	78.8	6.3	5.6	5.6	3.8	
	师范类	85.6	3.1	3.6	1.0	6.7	
	综合类	83.0	5.3	4.4	2.5	4.8	

四、高校交叉学科发展面临的问题

　　交叉学科设置与发展牵涉基层学院专业组织结构调整、教师流动、资源重置及人才培养方案的厘定与重塑，同时也涉及到如何建构交叉学科长久运行机制的问题。"任何创新工作的开展，都意味着打破常规，而这个过程势必有犯错与失败。"[1] 在国家制度层面上确立交叉学科，

---

[1] 李羽壮.学科交叉不是简单"拉郎配"［N］.中国科学报，2021-05-28.

有利于为其发展提供顶层制度设计，但是如何设置交叉组织机构、建立相应机制、培养交叉科学观念仍然面临着重重挑战，从单独设立交叉学科门类，到交叉学科蓬勃发展并极大提升科研原创力，可以说是任重而道远。[①]

（一）交叉学科名称不规范，内涵发展模糊，形式大于内容

调查数据显示，在交叉学科内涵建设模糊且名称不规范上，均值是 2.94，7.4% 的受访者认为完全不符合，28.1% 认为比较不符合，35% 认为符合，22.4% 认为比较符合，7.2% 认为完全符合。在形式大于内容上，均值是 2.96，8.1% 的受访者认为完全不符合，29.4% 认为比较不符合，29.9% 认为符合，23.6% 认为比较符合，8.9% 认为完全符合。超过五成受访者认为交叉学科建设存在名称不规范，内涵发展不清晰，处于模糊状态的问题。交叉学科并未摆脱传统路径依赖甚至是组织惯性，不乏有些交叉学科"新瓶装旧酒"，有"交叉"之名，无"交叉"之实，甚至刻意追求学科交叉，生搬硬套将学科融合。这不仅会破坏院校学科整体发展环境，也会导致交叉学科低层次建设。"学科交叉本意在于以学科交叉为手段，不同学科领域人员汇聚于同一新知识领域开展探究，以实现某一学科或某些学科在学科领域和学科内涵上的转移。"[②]

但是，院校交叉学科建设目标具有多元化特点，参与交叉的学科之间因为各自偏好与文化传统，致使交叉学科涉及不同知识范畴。即使同一个交叉学科在不同院校，所关联的学科门类也是南辕北辙，交叉学科在名称命名上难免存在不规范、随意的现象。学科名称具有符号表征功能，交叉学科命名随意、不规范，意味着其背后尚未形成约定俗成的研究对象、理论体系及研究技术。[③] 从知识发展谱系来看，知识逐渐从高度分化走向多维综合，交叉学科以"问题情境"作为知识切割与划分的依据。[④] 以现实问题解决为导向的交叉学科，本身具有明确的发展定位。交叉学科作为客观知识的陈述系统，塑造了学者及其学术生活，交叉学科命名混乱无疑会阻挡同行之间的学术对话与思想交流。[⑤]

（二）交叉学科建设定位不清晰，存在跟风现象

调查数据显示，在交叉学科建设存在跟风现象上，均值是 3.01，6.1% 的受访者认为完全不符合，28.5% 认为比较不符合，31.4% 认为符合，26.4% 认为比较符合，7.6% 认为完全符合。在交叉学科建设定位模糊上，均值是 2.96，7.4% 的受访者认为完全不符合，29.8% 认为比较不符合，29.9% 认为符合，25.4% 认为比较符合，7.5% 认为完全符合。交叉学科在"双一流"建设政策驱动下，重点围绕"战略创新、创新能力、科技创新、创新人才、文化创新、创新计划、服务社会经济发展、引领社会文明进步、促进社会公平及核心价值观塑造，以及体现学术标准和实践标准结合"的理念。[⑥] 在"十四五"规划开局之年，供给侧改革、清洁能源开发、新型环保材料研发、碳中和项目、芯片制造，以及深海工程、人工智能、物联网、3D 打

① 王孜丹，杜鹏，马新勇.从交叉学科到学科交叉：美国案例及启示［J］.科学通报，2021（9）：965-973.
② 罗勤，梁传杰.论高校学科交叉的困境与出路［J］.高等工程教育研究，2016（4）：189-194.
③ 马永红，张飞龙.我国研究生学科目录作用机制分析［J］.研究生教育研究，2021（3）：8-14.
④ 宣勇，张鹏.走出学科危机：教育现代化进程中的大学学科建设［J］.华东师范大学学报（教育科学版），2021（3）：48-58.
⑤ 王建华.学科建设新思维［J］.学位与研究生教育，2007（5）：36-41.
⑥ 韩春梅，张玉琢."双一流"建设背景下一流学科的演进逻辑与建设路径［J］.现代教育管理，2020（10）：29-37.

印技术，脑认知科学和深度学习成为前沿研究议题。交叉学科定位不清晰，盲目建设，不仅会弱化大学对社会变革的反应，也会降格大学崇高使命，无疑会给大学声誉传播，质量保障带来一系列不良问题。在知识生产模式Ⅲ中，知识不再被认为是一种普遍意义上的规范，而是被视为工具，知识本身被赋予经济与货币价值。① 大学里的交叉学科可以说本身就有一种推动现实议题解决的实践主义价值取向，需要用高品质与优良的专利技术、论文、产品回应公共机构及私营部门的经济期待。交叉学科建设定位不清，会在一定程度上负有社会期待。

交叉学科并非适合在每个院校落地生根，如果仅仅是受到项目制驱动，盲目跟进交叉学科建设，不仅会在短时间内造成专业设置过多，也会造成学科结构失调。交叉学科布局是基于现实情境，通过引导群体认知形成，以配合领域内科学知识的变化与演进，为科学技术的创新提供一种制度化环境。② 交叉学科定位模糊，面临两种情况：其一，学科交叉过窄，院校只是将学科在临近专业门类进行交叉；其二，学科交叉过于宽泛，涉及学科门类过多，造成交叉学科之间很少发生实质性的关联。最终也会导致学科之间相互疏离，研究领域支离破碎。③ 交叉学科布局建设不能忽略空间因素，其发展能否长久，关键在于是否能够做到与社会需求相互协调。④ 所以，交叉学科为了满足社会需求，必须明确自我定位。

（三）交叉学科组织体系不完善，发展政策灵活性不足

调查数据显示，在交叉学科组织体系不完善上，均值是 3.06，6.9% 认为完全符合，23.5% 认为比较符合，35.7% 认为符合，24.3% 认为比较不符合，9.4% 认为完全不符合。在交叉学科发展缺乏平台机制上，均值是 3.01，超过六成受访者认为交叉学科发展平台机制不健全。在交叉学科政策灵活性上，超过五成受访者认为交叉学科发展政策过于刚性，在一定程度上不能适应交叉学科发展需要。交叉学科需要在大学中以制度化的组织形式存在，制度化的交叉学科建制能够获得招生、研究、教学等学术权力，并且可以建立维护交叉学科发展的组织机制。交叉学科在组织结构上的主要障碍是"大学以学科为基础划分和设置系科的组织模式，这种组织模式使传统院系形成了既定的兴趣，而对交叉学科研究和学习的兴趣支持不足。"⑤ 受苏联专业教育模式影响，我国高校中的专业教育已经形成路径依赖，不论是教学，还是人才培养、学术活动，均在潜意识之中固守学科边界，不敢越雷池一步。专业教育给受教育者带来高度同质化的知识结构及相应专业技能。⑥ 然而，知识生产已经纳入网络化经济系统结构之中，大学专业不再享有独霸知识创新的特权，多元化的知识协同生产系统正在形成。现代大学不愿意进行跨越学科边界的'整体性'思考，尚未形成突破学科知识边界的新型协作关系，这是它的失败。⑦

高校交叉学科组织结构及平台建设不完善，主要有以下三个原因。其一，已建立的交叉学科依附于强势学科与优势学科，草创之际的交叉学科研究中心与平台尚未形成可以与传统学科

① 詹姆斯·H.米特尔曼.遥不可及的梦想：世界一流大学与高等教育的重新定位［M］.上海：上海交通大学出版社，2021:37.

② 王孜丹，孙粒，杜鹏.学科布局的思路与出路［J］.科学与社会，2020（4）：25–34.

③ 王孜丹，杜鹏.学科布局的逻辑内涵及中国实践［J］.科技导报，2021（3）：123–129.

④ 刘国瑞.学科调整须与高教空间布局优化相统筹［N］.中国社会科学，2021–05–25.

⑤ 张晓报.跨学科专业发展的机制障碍与突破：中美比较视角［J］.高校教育管理，2020（2）：62–70.

⑥ 付宇，桂勇.文理分殊：专业教育如何影响社会心态［J］.探索与争鸣，2020（12）：173–180.

⑦ 李海龙.重新定义学科［J］.江苏高教，2018（8）：9–15.

相抗衡的实力与声望。"一些虚体交叉学科研究组织,多是不同院系联合攻关合作的产物,研究团队相对松散,缺乏稳定的经费和资源。"[①] 其二,从组织角度而言,交叉学科面临的主要问题在于如何理顺与基层院系其他学科之间的关系。交叉学科初创之际,在组织结构层面没有明晰交叉学科与其他学科之间横向与纵向关系,交叉学科也未形成有效运行机制。这不利于院校对交叉学科的管理,也会消解教师及科研人员对交叉学科的认同感与归属感,最终导致交叉学科在稀缺资源分配上失去话语权。其三,交叉学科在人才培养上具有传统专业教育的痕迹,尚未形成自身专业培养方案的特色与亮点,属于"穿新鞋走老路"。

(四)交叉学科建设资源缺乏,处于边缘地位

"各学科本身的发展有早晚、先后、快慢、显隐之分,各学科在院校的发展有规模大小、水平高低、实力强弱之别,构成了错落有致的学科群落和生态圈。"[②] 交叉学科作为新生事物,嵌入到大学组织结构之中,必然会对相关学科及临近学科产生竞争效应。高校办学资源相对有限,新设立的交叉学科必然会挤占其他学科资源。交叉学科发展需要充足的资源供给,特别是"在学科治理体系中,学科关联到学术共同体成员价值认同的话语体系的构建和制度规范的确立。学科为学术共同体开展学术交往互动提供了制度支持,凝聚了学科治理合作型权力结构的动力。"[③] 交叉学科发展离不开物质资源、制度资源、文化资源支撑。在物质资源上,交叉学科需要仪器、设备、图文及实验设备同步跟进。在制度资源上,新兴交叉学科更离不开院校战略发展规划支持,获得优先发展权,组建学科研究团队,形成交叉学科成果评审与激励制度、交叉学科资源配置及优化策略,打破学科知识边界,形成交叉学科对话交往机制,推行交叉学科教师专聘与兼聘制度,建立交叉学科准入、退出发展机制,健全交叉学科团队与人才的引进机制。在文化资源上,院校需要培育对交叉学科的文化认同,发展交叉学科学术自治,倡导学科包容、开放的文化格局。

从调查数据来看,在交叉学科发展资源不足上,8.2%的受访者认为完全符合,18.9%认为比较符合,28.6%认为符合,33.8%认为比较不符合,10.5%认为完全不符合。在交叉学科处于边缘地位上,7.2%的受访者认为完全符合,19.2%认为比较符合,29.1%认为符合,33.2%认为比较不符合,11.3%认为完全不符合。数据表明,超过五成受访者认为当前高校交叉学科面临资源不足,处于边缘地位的状态。

(五)交叉学科全方位融合不深入,未与人才培养建立有效衔接

调查数据显示,在交叉学科全方位融合上不深入,均值是3.05,8.7%的受访者认为完全符合,23.8%认为比较符合,37.4%认为符合,24%认为比较不符合,6.2%认为完全不符合。在交叉学科未与人才培养建立有效衔接上,均值是3.06,9.9%的受访者认为完全符合,23.6%认为比较符合,36%认为符合,24.1%认为比较不符合,6.4%认为完全不符合。为了进一步分析不同院校层次、区域类型、职称在交叉学科全方位融合不深入,交叉学科与人才培养未建立有效衔接上是否存在差异,利用交叉表进行数据分析。结果表明,东部地区的高校教师认为

① 艾志强.高校跨学科研究的运行模式和特征[J].燕山大学学报(哲学社会科学版),2011(3):137.

② 刘苗苗.大学学科组织运行与发展战略定位探究:基于两种发展模式观念的分析[J].中国高校科技,2021(5):38-41.

③ 闫涛,曹明福,刘玉靖."双一流"背景下学科治理的困境与思路[J].中国高校科技,2021(6):25-29.

交叉学科融合不深入占比 52.8%，显著高于东北部（12%）、中部（11.8%）、西部（23.4%）的教师。在院校类型上，综合类院校教师认为学科融合不深入占比 47.1%，显著高于理工科类（40.6%），农林类（5.5%），师范类（6.7%）等院校教师。在岗位类型上，教学科研岗的教师认为学科融合不深入占比 83.5%，显著高于教学岗（8.3%），科研岗（8.6%）的教师。在院校区域上，东部高校教师认为交叉学科未与人才培养建立有效衔接上占比 52.8%，显著高于东北部（12%）、中部（11.8%）、西部（23.4%）的高校教师。

交叉学科融合不深入，就会隔离学科、理论之间的相互作用、相互渗透，阻碍新兴研究领域的"生长点"。[①]"我国高校的学科设置按照学科门类、一级学科、二级学科组建起来，设置的交叉学科可能是同一门类或同一级别学科的简单组合，忽略相关学科之间的知识渊源和内在学理联系，无法反映不同学科间的逻辑和互动关系，且学科交叉跨度较窄，大多集中在某一个学科领域或相关学科领域"。[②]学科交叉融合不深入，是社会建构的结果，而非是知识发展的必然结果。学科交叉必然会涉及学者及教师的切身利益，学科交叉推行不下去，其深层原因就在于大学具有双重组织属性，兼有科层制与学术民主制，是典型的"有组织无政府"结构形态，不同的学科代表的利益、话语及偏好是难以协调的。[③]学科带头人、科研团队之间秉持一种"不合作"行为哲学，交叉学科也缺乏具备文理兼通的师资。学科交叉思想并未深入贯彻到人才培养过程中，交叉学科招生主要集中于硕士与博士阶层，专业课程设置还是围绕主干学科，未重视其他关联课程内容，交叉内容过窄。在学位授予上，无法脱离专业目录的限制。

（六）交叉学科建设成效彰显乏力，学科人才培养未达到预期

调查数据显示，在交叉学科建设成效不显著上，均值是 2.86，5.6% 的受访者认为完全符合，20.4% 认为比较符合，36.2% 认为符合，30.1% 认为比较不符合，7.7% 认为完全不符合。在交叉学科人才培养未达到预期上，均值是 2.87，5.6% 的受访者认为完全符合，20.1% 认为比较符合，36.7% 认为符合，30.8% 认为比较不符合，6.8% 认为完全不符合。调查数据表明，超过五成受访者认为交叉学科建设成效不理想，交叉学科人才培养与预期还存在一定差距。

交叉学科建设目的主要是推动大学产出更优质的科研成果，提升教师专业发展水准，提升学生创新创业素养，促进大学发展。在"双一流"建设背景下，交叉学科建设效果不仅关乎大学在市场中的竞争力及国际排名，更涉及产业对人才的需求。衡量交叉学科建设成效是一个高度复杂的议题，牵涉到政策指导、大学经费拨款、科研产出、师生比、生源质量、课程设置等。2020 年 11 月 3 日，教育部发布《第五轮学科评估工作方案》（以下简称《方案》）。《方案》强调评估在整体导向上突出内涵质量、共享与特色，淡化数量，突出原创性、前沿性、突破性成果；特别重视学科要匹配国家、区域重大发展战略需求，凸显科技成果的应用与转化，有效解决经济社会发展过程中面临长期的、结构性的重大核心难题；利用评估，引导高校坚持分类、特色发展，体现学科发展与院校定位相契合，杜绝高校学科专业设置求大求全。

根据第五轮学科评估指标体系，在人才培养质量上，首要突出学生的思想道德教育特色及成效，这是回答"为谁培养人"的重要议题。在培养过程中，由于学生的发展离不开课程建设

① 孙真荣. 积极推进学科交叉融合全面提升高校创新能力［J］. 中国高等教育，2013（1）：27-29.
② 刘立，胡德鑫. 新兴理工科大学交叉学科人才培养机制及特征研究［J］. 中国高校科技，2020（3）：57-61.
③ 熊澄宇. 关于新文科建设及学科融合的相关思考［J］. 上海交通大学学报（哲学社会科学版），2021（2）：22-26.

与教学质量的保障，因此方案强调了科研育人的价值与地位，重视培养具有国际与全球视野的学生，鼓励学生参与国际交流。对在校生，《方案》强调了重视学生代表性成果，建立学生多元化、发展性评价体系。对本科生、硕士生、博士生的学位质量进行全方位监控，重点把关学生开题、中期检查、外审、预答辩、答辩环节，将学生就业与职业发展质量、用人单位满意度一同作为毕业生发展性评价维度。在师资队伍上，方案强调了重视师德师风建设效果，注重院校教师队伍建设质量。在科研上，强调了着重评价论文、著作质量、成果转化、新药研发、科研项目与获奖、艺术（设计）实践项目与获奖。在社会服务与学科声誉上，强调了学科的社会服务贡献，本土声誉影响及国际影响。

由于《方案》涉及的学科评价体系只适合传统单一学科，并且学科评估存在标签效应、身份继承、圈内循环诸多不良现象[1]，而交叉学科涉及不同学科门类以及专业领域，这些评价指标很难说适合交叉学科评价。

（七）高校对交叉科研激励制度建设滞后，教师缺乏参与交叉学科科研的内在积极性

调查数据显示，在院校对交叉学科科研激励不足上，均值是 2.91，9.4% 的受访者认为完全符合，19.4% 认为比较符合，33.5% 认为符合，28% 认为比较不符合，9.6% 认为完全不符合。在教师参与交叉学科科研积极性不高上，均值是 2.76，4.8% 的受访者认为完全符合，19.4% 认为比较符合，32.6% 认为符合，33.3% 认为比较不符合，9.8% 认为完全不符合。调查结果表明，超过一半受访者认为学校对交叉学科激励不足，并且教师参与相关交叉学科研究积极性有待提高。

付晔通过扎根理论构建了高校学科交叉融合激励机制模型。[2] 该模型提出院校交叉学科所需的激励：（一）建立以学术共同认可的精神激励机制，制定交叉学科人员考核聘任机制及交叉学科研究评价机制；（二）制定以增量投入为导向的外部物质激励，包括交叉学科资源分配机制及交叉学科学术支撑体系。林成华通过对亚利桑那州立大学交叉学科教师绩效评估体系的案例分析，介绍了该校制定交叉学科战略规划，建立科学规范的评价指标体系，设立专业的评价组织机构，开发多元评价数据和方法的措施。[3] 李一希指出，院校教师之所以参与交叉学科研究的积极性不足，是因为缺乏交叉合作意识，且以发文数量和发文期刊因子高低作为学术评价的主流方式也消解了教师参与交叉科研的诉求。[4] 已有研究表明，高校对交叉学科科研激励不足主要体现在以下几方面：其一，交叉学科管理不规范，教师专业发展缺乏长久稳定规划，支撑条件不足，顶层设计缺乏完整性与统筹性；其二，未制定合理规范的交叉学科教师职称评审、科研成果认定及同行评审机制；其三，交叉学科发展软环境缺失，资助扶持力度不够。高校教师本身无法摆脱"经济人"内在动机的驱使，在面对不确定性学术政策及资源投入的情况下，出于对自我学术发展惯性、个人聘任期间的科研收益综合考量，绝不轻易冒险涉足交叉学科研究领域。

① 胡钦晓. 教育评估视域下的高等教育发展［J］.苏州大学学报（教育科学版），2021（9）：1-26.
② 付晔. 基于扎根理论的高校学科交叉融合激励机制研究［J］.高教探索，2021（3）：45-51.
③ 魏丽娜，张炜，林成华. 激励学术创新：亚利桑那州立大学交叉学科教师绩效评估体系及其经验［J］.高教探索，2020（7）：54-60.
④ 李一希，方颖，刘宏伟，杨光富. 推动学科交叉建设一流学科的若干思考［J］.国家教育行政学院学报，2016(12)：25-31.

（八）教师学科背景同质，职前缺乏交叉科研训练

调查数据显示，在教师学科背景同质性上，均值是 2.79，5% 的受访者认为完全符合，19.8% 认为比较符合，32.8% 认为符合，34.2% 认为比较不符合，8.3% 认为完全不符合。在教师缺乏交叉科研训练上，均值是 3.14，9.3% 的受访者认为完全符合，28.6% 认为比较符合，34.5% 认为符合，22.2% 认为比较不符合，5.5% 认为完全不符合。数据表明，在 46 所院校中，超过五成受访者认为教师学科背景具有同质性，缺乏交叉学科研究训练。卡方检测显示（见表1-15），随着学校层次逐渐升高，教师学科背景一致性比重同步升高。

表 1-15　学校层次与教师学科学位背景

最高学位与前学位一致		是（百分比）	否（百分比）	x^2	p
学校层次	一流大学 A 类	81.1%	18.9%	13.617	0.001
	一流大学 B 类	72.3%	27.7%		
	一流学科高校	79.7%	20.3%		

（九）交叉学科处于成长阶段，发展过程面临不确定性

调查数据显示（图 1-17），在交叉学科发展周期长上，均值是 3.37，15.5% 的受访者认为完全符合，31.6% 认为比较符合，32.4% 认为符合，15.6% 认为比较不符合，4.9% 认为完全不符合。在交叉学科发展风险大上，均值是 3.21，11.6% 的受访者认为完全符合，27.8% 认为比较符合，34.6% 认为符合，21.6% 认为比较不符合，4.3% 认为完全不符合。在前沿交叉学科面临质疑上，均值是 2.92，9% 的受访者认为完全符合，20.8% 认为比较符合，31.5% 认为符合，30.4% 认为比较不符合，8.3% 认为完全不符合。调查结果显示，超过六成的高校教师认为交叉学科发展周期长，过程具有不确定性，面临较大风险，遭受诸多质疑与挑战。

为进一步分析不同研究类型，所属学科门类的高校教师在交叉学科成长发展中面临的困境是否存在差异，利用单因素 ANOVA 进行数据分析（见表 1-16、表 1-17）。结果表明，在研究类型上，教师从事应用研究面临的发展周期、风险，遭受的质疑均显著高于基础研究类、开发研究类。在学科门类上，农学（3.58）在交叉研究中的周期显著高于工学（3.46）、经济学（3.46）。经济学（3.48）在交叉研究中面临的风险显著高于管理学（3.35）、历史学（3.42）门类。各学科门类在交叉研究中遭受的质疑并无显著差异（p=0.161>0.05）。

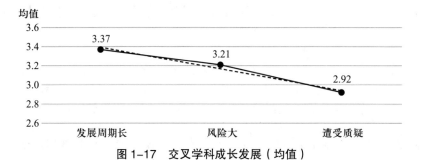

图 1-17　交叉学科成长发展（均值）

表 1-16　不同研究类型面临在交叉中面临障碍差异

交叉学科成长	研究类型	个案数	均值	标准差	F	p
周期长	基础研究	1 470	3.35	1.109	3.608	0.027
	应用研究	1 385	3.41	1.031		
	开发研究	38	3.00	1.065		
风险大	基础研究	1 470	3.17	1.058	6.017	0.002
	应用研究	1 385	3.26	1.022		
	开发研究	38	2.79	1.094		
遭受质疑	基础研究	1 470	2.88	1.101	5.083	0.006
	应用研究	1 385	2.97	1.091		
	开发研究	38	2.50	0.797		

表 1-17　不同学科门类面临在交叉中面临障碍差异

学科门类	交叉学科成长					
	周期长		风险大		遭受质疑	
	均值	标准差	均值	标准差	均值	标准差
哲　学	3.04	1.220	3.02	1.111	2.81	1.189
经济学	3.46	0.951	3.48	0.990	3.03	1.045
法　学	3.23	1.002	3.08	0.961	3.00	1.063
教育学	3.27	1.144	3.22	0.983	3.08	1.088
文　学	3.19	1.188	3.19	1.045	2.79	1.041
历史学	3.36	0.929	3.42	1.062	3.00	1.031
理　学	3.25	1.133	3.03	1.064	2.87	1.102
工　学	3.46	1.014	3.26	1.038	2.93	1.115
农　学	3.58	1.100	3.25	1.107	2.74	1.031
医　学	3.10	1.143	2.99	0.965	2.77	1.033
管理学	3.45	1.133	3.35	1.048	3.06	1.034

续表

学科门类	交叉学科成长					
	周期长		风险大		遭受质疑	
	均值	标准差	均值	标准差	均值	标准差
艺术学	2.76	1.136	2.90	0.768	2.52	0.750
其　他	3.00	1.414	3.43	0.938	3.00	1.414
F	4.048		3.627		1.393	
p	0.000		0.000		0.161	

五、影响高校交叉学科设立与发展的回归分析

为进一步分析影响高校交叉学科设立与发展因素，利用探索性因素分析，得到特征值大于1的因素共计六个，包括高校教师对交叉学科的价值认知、交叉学科管理组织架构、交叉学科发展制度设计、交叉学科发展资源投入、学科文化氛围、学科发展外部环境。为保证分析结果的可靠性，对影响因素进行信度分析（见表1-18），六个维度的克隆巴赫值均在0.7以上，说明影响因素的信度较好。为分析相关人口因素对高校交叉学科设置与发展的影响，本研究将人口等相关变量作为虚拟变量纳入回归模型之中，这些变量包括：

（1）人口信息：性别、职称、年龄、跨学科背景、留学经历、学术身份、研究取向、岗位类型。

（2）院校属性：层次、区域、类型。

表1-18　影响高校交叉学科设立与发展的因素框架

维度	题项	均值	标准差	Cronbach's Alpha	题量
对交叉学科的价值认知	创新型人才的新模式	3.49	1.023	0.93	3
	孕育重大科技创新现实通道	3.49	1.032		
	科学知识系统整合重要基础	3.44	1.028		
管理组织架构	成立交叉学科领导协调机构	3.27	1.033	0.897	4
	调整院系组织结构	3.26	1.060		
	赋予院系开展交叉研究职能	3.26	1.055		

维度	题项	均值	标准差	Cronbach's Alpha	题量
发展制度设计	教师专聘与兼聘制度	3.15	1.085	0.949	7
	设立、评估、退出动态调整机制	3.16	1.075		
	交叉研究成果共享制度	3.20	1.089		
	交叉资源共享机制	3.26	1.092		
	交叉学科发展激励机制	3.30	1.087		
	人才与团队引进与培养制度	3.30	1.074		
	制定发展专项战略计划	3.27	1.062		
发展资源投入	拥有独立办公场所	3.12	1.107	0.920	5
	图文实验器材设备充足	3.13	1.077		
	提供专项发展经费支持	3.27	1.095		
	搭建研究成果转化平台	3.28	1.071		
	提供课题申请支持	3.32	1.076		
学科文化氛围	院校竞争科研环境盛行	3.05	1.092	0.810	3
	学者定势原有学科	3.11	1.094		
	量化指标学科评价体系盛行	3.35	1.160		
学科发展外部环境	需要政府、行业、企业支持	3.47	1.125	0.725	4
	交叉学科得益于科学技术进步	3.56	1.143		
	就业市场对交叉人才需求有限	3.12	1.081		
	学科与产业需求耦合松散	2.97	1.082		

（一）高校交叉学科设立的影响因素

由于因变量高校交叉设置、高校交叉学科带头人设置均为二分变量（是／否），因此采用二元逻辑回归模型。利用 Logistic 回归分析（见表 1-19），结果表明，高校层次、类型，教师跨学科背景、对交叉学科的价值认知，管理组织架构、发展制度设计、发展资源投入、学科文化氛围都会对高校设置交叉学科及学科带头人产生显著正向影响。具体而言，一流大学 A 类设置交叉学科的可能性是一流学科高校的 2.133 倍；一流大学 A 类设置交叉学科带头人的可能性是一流学科高校的 1.855 倍。农林类高校设置交叉学科、学科带头人的可能性是综合类高校的 0.441 倍、0.555 倍。高校教师跨学科背景每增加一个单位，则设置交叉学科带头人的可能性将会增加 0.283 倍。高校教师"将交叉学科视为孕育重大科技创新现实通道"每增加一个单位，则设置交叉学科带头人的可能性将会增加 0.25 个单位。大学越重视交叉学科领导协调机构建设，设置交叉学科的可能性就越大。高校引进交叉学科人才及交叉研究团队每增加一个单位，设置交叉学科带头人的可能性将会增加 0.18 倍。高校交叉学科的设置还受到发展资源投入影响，高校提供办公设备每增加一个单位，设置交叉学科的可能性将会提升 0.806 倍。为交叉学科提供充足的图文仪器设备每增加一个单位，高校设置交叉学科带头人的可能性将会提高 0.868 倍。除此之外，高校科研竞争环境会对交叉学科及学科带头人设立产生积极正向影响。

表 1-19 高校设置交叉学科及学科带头人的影响因素

自变量	因变量	
	高校设置交叉学科与否	高校设置交叉学科带头人与否
一流大学 A 类	2.133***（1.181）	1.855***（0.128）
一流大学 B 类（以"一流学科"高校为参照）	0.768（0.248）	0.940（0.188）
东部高校	1.185（0.190）	1.033（0.133）
东北高校	0.908（0.253）	1.227（0.185）
中部高校（以"西部"高校为参照）	0.941（0.232）	1.045（0.167）
理工类	0.897（0.180）	0.996（0.127）
农林类	0.441**（0.290）	0.555*（0.234）
师范类（以"综合类"高校为参照）	0.923（0.293）	0.993（0.205）
男（以"女"为参照）	1.112（0.134）	1.023（0.099）
36~45 岁	1.080（0.174）	0.958（0.128）
46~55 岁	1.090（0.214）	1.178（0.157）
56 岁以上（以"35 岁及以下"为参照）	0.971（0.293）	1.243（0.217）
教学岗	0.755（0.215）	0.908（0.171）
科研岗（以"教学科研岗"为参照）	0.730（0.208）	0.961（0.164）
教授（研究员）	0.601（0.824）	0.949（0.543）
副教授（副研究员）	0.433（0.811）	0.880（0.535）
讲师（助理教授）（以"助教"为参照）	0.336（0.811）	0.843（0.540）
哲　学	1.571（0.862）	3.000（0.700）
经济学	2.316（0.786）	1.157（0.620）
法　学	1.753（0.792）	1.696（0.634）
教育学	1.080（0.779）	1.573（0.645）

自变量		因变量	
		高校设置交叉学科与否	高校设置交叉学科带头人与否
文　学		0.749（0.754）	1.137（0.625）
历史学		2.020（0.950）	2.350（0.733）
理　学		1.957（0.720）	1.960（0.592）
工　学		1.642（0.713）	1.921（0.589）
农　学		1.387（0.785）	2.642（0.655）
医　学		1.449（0.786）	2.702（0.641）
管理学		1.189（0.737）	1.867（0.607）
艺术学（以"其他"学科为参照）		1.201（0.924）	3.911（0.823）
应用性研究		1.033（0.136）	1.030（0.100）
开发性研究（以"基础性研究"为参照）		1.498（0.634）	0.967（0.402）
获得国家级人才荣誉称号（以"没有获得"为参照）		0.969（0.227）	1.049（0.162）
最高学位与前一个学位一致（以"不一致"为参照）		1.139（0.150）	1.283*（0.109）
留学（以"非留学"参照）		1.186（0.133）	0.929（0.099）
硕导		1.237（0.399）	0.826（0.324）
博导		1.286（0.440）	0.797（0.346）
硕导兼博导（以"非导师"为参照）		0.938（0.426）	0.801（0.341）
对交叉学科的价值认知	创新型人才的新模式	0.894（0.119）	0.932（0.086）
	孕育重大科技创新现实通道	1.229（0.125）	1.250*（0.092）
	科学知识系统整合重要基础	1.095（0.116）	1.024（0.084）
管理组织架构	成立交叉学科领导协调机构	1.324**（0.095）	1.039（0.075）
	调整院系组织结构	0.855（0.095）	1.015（0.070）
	赋予院系开展交叉研究职能	1.200（0.097）	1.113（0.071）
发展制度设计	教师专聘与兼聘制度	0.962（0.100）	1.053（0.073）
	设立、评估、退出动态调整机制	843（0.109）	1.004（0.078）

续表

自变量		因变量	
		高校设置交叉学科与否	高校设置交叉学科带头人与否
发展制度设计	交叉研究成果共享制度	993（0.118）	1.060（0.086）
	交叉科研资源共享机制	989（0.119）	0.976（0.086）
	交叉学科发展激励机制	1.204（0.121）	0.926（0.087）
	人才、团队引进与培养制度	0.937（0.112）	1.180*（0.079）
	制定发展专项战略计划	0.951（0.110）	0.963（0.079）
发展资源投入	拥有独立办公场所	0.806*（0.095）	1.033（0.069）
	图文实验器材设备充足	1.120（0.098）	0.868*（0.073）
	提供专项发展经费支持	0.906（0.107）	0.926（0.078）
	搭建研究成果转化平台	1.064（0.109）	1.047（0.080）
	提供课题申请支持	1.083（0.106）	1.044（0.076）
学科文化氛围	院校竞争科研环境盛行	0.777**（0.088）	0.844**（0.064）
	学者定势原有学科	1.109（0.090）	0.976（0.066）
	量化指标学科评价体系盛行	1.013（0.082）	0.975（0.060）
学科发展外部环境	需要政府、行业、企业支持	1.065（0.080）	1.026（0.059）
	得益于科学技术进步	0.941（0.085）	1.018（0.062）
	就业市场对交叉人才需求有限	0.913（0.082）	0.959（0.061）
	学科发展与产业需求关联松散	1.103（0.077）	0.934（0.062）
常量		3.171（1.116）	0.638（0.827）
NageKerke R^2		0.119	0.113

注：*表示 $p<0.05$，**表示 $p<0.01$，***表示 $p<0.001$，括号内是标准差。

（二）高校交叉学科跨度影响因素

由于交叉学科跨度题项为类别选项，选项包括一级学科交叉、二级学科交叉、一级与二级学科交叉、非交叉学科，所以将选项转化为二分变量，利用二元逻辑回归进行分析。数据表明，教师的年龄、学科门类、留学经历、交叉学科价值认知均对交叉学科跨度产生显著影响。具体而言，在年龄上，46~55 岁教师参与二级学科交叉的可能性会比 35 岁以下教师高 0.765

倍。在学科门类上，艺术学比其他学科实施一级学科交叉的可能性高出 1.192 倍。在留学经历上，有留学经历的教师比没有留学经历的教师参与一级学科交叉的可能性高出 1.399 倍，参与二级学科交叉的可能性高出 0.802 倍。教师将交叉学科视为孕育重大科研成就的通道每增加一个单位，教师参与二级交叉学科的可能性就会提升 1.179 倍。教师将交叉学科作为科学知识整合的基础每增加一个单位，教师参与二级学科交叉的可能性就会提升 0.832 倍（见表 1-20）。

表 1-20　交叉学科跨度影响因素回归分析

自变量	因变量：交叉学科跨度（以"非交叉学科"为参照）		
	一级学科交叉	二级学科交叉	一级与二级学科交叉
一流大学 A 类	1.121（0.114）	0.872（0.113）	0.860（0.171）
一流大学 B 类（以"一流学科"高校为参照）	0.797（0.179）	0.818（0.178）	1.030（0.257）
东部高校	0.808（0.067）	1.074（0.119）	0.912（0.177）
东北高校	0.823（0.161）	1.103（0.161）	1.094（0.235）
中部高校（以"西部"高校为参照）	0.968（0.148）	1.246（0.148）	1.017（0.217）
理工类	0.846（0.113）	1.086（0.113）	0.974（0.171）
农林类	0.646（0.238）	1.373（0.224）	0.929（0.340）
师范类（以"综合类"高校为参照）	0.864（0.188）	1.188（0.187）	0.983（0.270）
男（以"女"为参照）	1.170（0.091）	0.888（0.089）	1.069（0.134）
36~45 岁	0.975（0.117）	0.936（0.114）	1.331（0.183）
46~55 岁	1.217（0.139）	0.765*（0.139）	1.309（0.214）
56 岁以上（以"35 岁及以下"为参照）	1.260（0.189）	0.881（0.190）	0.867（0.302）
教学岗	0.867（0.158）	1.238（0.151）	0.766（0.259）
科研岗（以"教学科研岗"为参照）	0.991（0.149）	1.238（0.151）	1.433（0.196）
教授（研究员）	1.180（0.510）	0.730（0.447）	1.042（0.684）
副教授（副研究员）	1.196（0.504）	0.889（0.439）	0.807（0.675）
讲师（助理教授）（以"助教"为参照）	1.161（0.512）	0.788（0.446）	0.883（0.687）
哲　学	2.778（0.726）	0.717（0.662）	0.440（0.814）
经济学	1.924（0.695）	0.794（0.618）	0.392（0.754）
法　学	1.773（0.706）	0.903（0.626）	0.382（0.772）
教育学	2.091（0.719）	0.440（0.656）	0.445（0.789）

续表

自变量		因变量：交叉学科跨度（以"非交叉学科"为参照）		
		一级学科交叉	二级学科交叉	一级与二级学科交叉
文　学		1.726（0.700）	0.634（0.626）	0.343（0.771）
历史学		2.571（0.758）	1.482（0.681）	0.227（0.999）
理　学		1.902（0.671）	0.988（0.589）	0.486（0.688）
工　学		1.951（0.668）	0.905（0.586）	0.482（0.682）
农　学		2.084（0.722）	0.548（0.648）	0.541（0.786）
医　学		0.889（0.701）	1.625（0.613）	0.708（0.720）
管理学		1.535（0.682）	1.170（0.600）	0.463（0.713）
艺术学（以"其他"学科为参照）		1.192*（0.804）	0.415（0.812）	0.379（1.014）
应用性研究		1.167（0.090）	0.958（0.090）	0.916（0.132）
开发性研究（以"基础性研究"为参照）		1.367（0.352）	0.768（0.369）	1.090（0.513）
获得国家级人才荣誉称号（以"无获得"为参照）		1.095（0.136）	1.171（0.140）	0.858（0.209）
最高学位与前一个学位一致（以"不一致"为参照）		0.940（0.101）	1.111（0.102）	0.859（0.145）
留学（以"非留学"参照）		1.399***（0.091）	0.802*（0.089）	0.873（0.132）
硕导		1.127（0.296）	0.884（0.273）	1.233（0.473）
博导		1.440（0.315）	1.023（0.294）	0.953（0.504）
硕导兼博导（以"非"为参照）		1.398（0.310）	0.817（0.289）	1.753（0.490）
对交叉学科的价值认知	创新型人才的新模式	0.948（0.078）	1.109（0.078）	1.753（0.490）
	孕育重大科技创新现实通道	1.066（0.084）	1.179*（0.084）	0.911（0.118）
	科学知识系统整合重要基础	1.090（0.076）	0.823*（0.076）	1.082（0.113）
管理组织架构	成立交叉学科领导协调机构	0.918（0.067）	1.077（0.067）	1.152（0.103）
	调整院系组织结构	1.016（0.062）	1.006（0.062）	0.981（0.094）
	赋予院系开展交叉研究职能	0.974（0.063）	1.105（0.063）	0.930（0.094）

续表

自变量		因变量：交叉学科跨度（以"非交叉学科"为参照）		
		一级学科交叉	二级学科交叉	一级与二级学科交叉
发展制度设计	教师专聘与兼聘制度	1.048（0.064）	0.888（0.064）	1.130（0.098）
	设立、评估、退出动态调整机制	0.935（0.069）	1.056（0.069）	1.017（0.106）
	交叉研究成果共享制度	0.959（0.077）	0.964（0.077）	1.182（0.117）
	交叉科研资源共享机制	0.922（0.077）	1.056（0.077）	0.874（0.116）
	交叉学科发展激励机制	1.136（0.078）	1.001（0.078）	0.939（0.117）
	人才、团队引进与培养制度	0.929（0.071）	1.013（0.072）	1.122（0.108）
	制定发展专项战略计划	1.027（0.070）	0.921（0.071）	0.999（0.108）
发展资源投入	拥有独立办公场所	0.920（0.060）	1.051（0.060）	0.928（0.090）
	图文实验器材设备充足	1.011（0.064）	1.087（0.064）	1.026（0.097）
	提供专项发展经费支持	1.101（0.070）	0.941（0.070）	0.868（0.105）
	搭建研究成果转化平台	0.966（0.072）	1.076（0.073）	0.951（0.108）
	提供课题申请支持	0.988（0.068）	0.984（0.068）	1.024（0.102）
学科文化氛围	院校竞争科研环境盛行	1.050（0.056）	0.940（0.056）	0.883（0.083）
	学者定势原有学科	0.949（0.058）	1.062（0.058）	1.141（0.087）
	量化指标学科评价体系盛行	0.988（0.052）	0.979（0.053）	1.027（0.078）
学科发展外部环境	需要政府、行业、企业支持	1.053（0.052）	1.021（0.052）	0.961（0.077）
	得益于科学技术进步	0.969（0.054）	0.960（0.055）	0.990（0.082）
	就业市场对交叉人才需求有限	1.022（0.054）	0.966（0.054）	1.011（0.081）
	学科发展与产业需求关联松散	0.976（0.050）	1.066（0.051）	0.944（0.075）
常量		0.123（0.874）	0.518（0.763）	0.490（1.020）
NageKerke R²		4.548	9.930	3.163

注：＊表示 p<0.05，＊＊表示 p<0.01，＊＊＊表示 p<0.001，括号内是标准差。

六、基本结论与对策建议

（一）高校交叉学科建设成效

1. 受政策供给效应驱动，高校交叉学科建设整体规模效益显著，学科交叉跨度主要集中于大类学科交叉

从全面推进新工科、新医科、新农科、新文科建设，到大力发展交叉学科，学科建设政策激发了大学主动调整学科发展路径。调查结果表明，我国大学交叉学科规模效益已初步显现，八成以上的院校设置交叉学科，交叉学科学术带头人纷纷涌现，交叉学科已经在高校落地生根，未来将会有更多院校设立交叉学科。交叉学科跨度集中于大类学科之间的交叉融合，反映出高校学科发展已经朝向综合化、跨学科方向演进。在学术国际化、一体化发展格局中，我国学科建设与国外保持同步。

2. 根据高等教育内涵式发展趋势，院校为满足自身发展需要，设置多样形式交叉学科组织

在"双一流"建设中，大学肩负着知识创新、科技研发、文化传承的历史使命与责任。高等教育追求内涵式发展，这种追求作为一个宏大的、长远的图景，需要微观的学科专业作为支撑。交叉学科作为一种认知理性世界与感性世界的范式，需要参与者在心理及思维上重新构建学术发展理念与组织结构。交叉学科从广义而言，"学科通过各种显性与隐性的控制、监视、评断、审查、奖惩等手段，实现对个人精神、行为、意志的改造或创造。学科支配着对学者的学术训练，而且控制着学者结业后的职业样式和行为表现。"[①] 高校为满足培养高素质应用型、复合型、创新型人才的需求，追踪前沿科学研究，契合经济社会发展，设置形式多样的交叉学科组织，在某种意义上是重置知识的结构安排，对知识序列重新进行调整。

3. 高校对交叉学科的认同度较高，交叉学科发展趋势符合当前知识生产模式转型

在看待交叉学科发展前景上，超过六成受访者看好交叉学科的发展前景，这从侧面反映出高校教师对交叉学科认同度较高。交叉学科打破传统学科边界藩篱，将高度分化专业朝向综合化发展，使基于交叉学科的知识生产满足全球化、社会化、本土化及市场化发展逻辑。"交叉科学研究又名科际整合研究，它代表至少两种方法或两种观点的交叉和集中使用……科际整合的前提是承认不同学科存在的合理性和意义，尊重不同学科的研究理念和成果。"[②] 教师对交叉学科的认同，意味着作为知识的探究者，教师迈出自己熟知的知识边界，有吸纳、学习陌生知识的渴望。

4. 交叉学科目的具有"外向型"与"内向型"相结合的特征，坚持社会进步与人的发展相统一

我国高等教育作为"后发型"崛起模式，大学的发展始终与国家命运休戚与共。布鲁贝克提出从政治论与认识论来审视高等教育的合法性存在。从政治论而言，大学作为创新体系一翼，通过科研智力成果、公共价值引导，担负对社会的道义与责任，体现大学对外部社会的公

---

① 曹永国. 何为学科：一个整体性的考量 [J]. 苏州大学学报（教育科学版），2018（4）：43-51.

② 白苏婷. 认同概念的多学科释义与科级整合 [J]. 学术界，2014（11）：88.

共价值。但是，大学发挥公共价值需要中介因素，向公众传导价值与使命。学科作为大学与社会关联的纽带，在大学内部，学科负载着高素质人才培养的功能，引导学生全面发展。交叉学科作为大学基层学术组织要件，凭借产教融合与创新发展，服务国家治理能力、治理体系现代化建设，这是交叉学科"外向"促进社会进步的表现。在思维、能力、素养、价值观、技能及知识结构上，交叉学科培养的人才优于传统单一学科，这是交叉学科"内向"形塑高素质创新型人才发展的表现。

5. 高校交叉科研项目主要来自政府机构资助，交叉科研资助主体多样化有待提升

国家在高等教育战略发展布局、学科结构调整，科研资助上具有绝对的主导权与话语权，这体现了中央集权教育管理模式特色。在全球化背景下，科研与学术合作具有普遍意义上的国际精神。在齐曼"后学院"模式中，大学科研必须超越政治范畴意义上的地域限制，充分发挥科研国际合作知识共享、人才流动、跨区域协作优势。在创业型大学理念倡导下，智库、企业研发机构、慈善组织积极寻求科研合作伙伴，资助大学开发面向真实应用情境的技能技术。而我国高校交叉科研项目中政府部门资助占比较大，因此，我国大学交叉科研资助的主体应具有多源流性，而非仅仅依靠国家公共科研经费资助。

6. 交叉科研倾向采用团队合作方式，合作主体遍及多领域

普莱斯认为"大科学"时代，科研投资强度大，持续性较长，需要昂贵且复杂的实验仪器设备，研究目标具有多维性，研究过程需要跨学科交叉进行。交叉科研不论涉及对微观领域的探究，还是对宏观世界的分析，均离不开多界别科学共同体协同。在交叉科研合作中，合作主体的多样性可以为交叉科研带来意想不到的创意、方法、思路，减少研发过程中的风险与不确定性。多领域的合作主体背后蕴藏着更为丰富的学术网络关系与社会资本，并且学科交叉越高，科研合作主体来源越广泛，学术影响力就越高。①

7. 交叉科研过程中成员主要是实质性参与，科研人员具有同源本土性

调查结果显示，教师在交叉科研过程中，担任核心参与角色超过五成。"科研合作是由分散在不同地方的科研参与者借助现代信息技术和通信系统，为达成一定的特定目标而形成，科研参与者多具有极高专业知识水平，并相互协作解决问题。"②科研人员在交叉科研中，担任核心参与者，"通过不同学科、不同专业间的沟通和资源共享，突破已有认识，实现创造与再创造，解决实际问题，并且产生新的研究方向，对于科研发展本身就是一种创新"。③在交叉科研合作人员来源上，主要以本校科研人员、国内高水平院校科研人员为主，与国外大学进行合作的比重有待提升。国际合作有利于科研产出，"国内合作对论文产出的促进作用最强，但是随着时间发展，这一影响将逐步消退，取而代之的是国际合作，尤其是国际合作对高质量论文发表有促进作用。"④

① 张雪，刘昊，张志强. 不同合作模式下的学科交叉成都与文献学术影响力关系研究［J］. 情报杂志，2021（8）：164–172.

② 郭洋. 基于 KMRW 声誉模型的虚拟学术社区科研合作［J］. 现代情报，2020（12）：55–63.

③ 许妍，王晓宇. 学科交叉型高校科研创新发展模式研究［J］. 科学管理研究，2016（5）：28–31.

④ 姚源，郭卉. 高校教师科研合作及其回报的变迁：基于 CAP 和 APIKS 调查数据的分析［J］. 复旦教育论坛，2020（6）：71–78.

8. 科研交叉性主要体现在研究方法技术与研究选题上，科研产出以学术论文为主，能够产生相应经济效益的专利技术有待提升

调查结果显示，在科研交叉性体现上，研究方法技术交叉占三成，研究选题交叉接近三成。两者所占比重远超出文献述评交叉、研究理论基础交叉、文献资料运用交叉、研究成果应用交叉占比。在交叉学科研究产出方面，高水平科研论文占比高于专利技术、研究资金、高级别荣誉奖励、高影响力学术专著占比。交叉科研成果产出成果形式多样性，但是能够转化为相应经济效应的专利技术比重偏低。

（二）促进高校交叉学科发展建议

1. 凝聚交叉学科发展方向，重视内涵发展，聚焦前沿学术发展动态，服务国家科研综合实力提升

大学从被动适应社会需求，发展到积极引领、推动社会进步，大学"作为知识的生产者和传播者，须从根本上满足国家与社会对知识和人才的需求"。[①] 交叉学科作为知识载体，必须回应社会发展之中遇到的各种难题，对接国家整体战略布局与区域协调发展，服务知识经济转型及"双循环"变革需求。当前全球国际关系处于云波诡谲之中，中国面临百年未有之变局，中国综合国力与竞争力有着显著提高，但是在诸多领域，尤其是核心科学技术领域，我国科技发展与英美发达国家尚存在一定差距。哈佛大学第 27 任校长萨默斯认为：未来国家发展取决于能否把握三种力量：市场化、全球化与技术。交叉学科为知识创新另辟新路径，"交叉学科以解决社会重大问题为驱动，交叉学科产出与社会服务息息相关"。[②] 交叉学科需要探索创新型高素质人才成长规律，利用"揭榜挂帅"机制，推动原创性、颠覆性科技创新。

2. 制定交叉学科长远发展战略规划，建立交叉学科准入、退出、调整机制

"学科政策主要是以解决学科如何规划、如何实施及如何评价等问题为目的。学科规划政策主要针对学科发展目标、项目、学科成员、学科专业课程与教学改革及学科资源开发等方面的规范和引导。学科规划是学科建设的依据和蓝图，是学科建设的重要环节。"（康翠萍）[③] 交叉学科发展需要理性的制度建设，从顶层强化交叉学科长远战略规划，推进交叉学科发展。"院校要立足国家经济社会发展需要，着眼于前沿学科发展的态势，根据学校的历史传统与现实基础，全方位分析学校的师资、科研、经费、基础设施等方面的优势与不足，对学校发展科学定位，优化学校的学科布局结构，制定学校学科发展的战略，明确学科发展目标、重点、任务、实现路径、保障条件等。"（张德祥）[④] 欧美国家受新公共管理主义影响，重视可监测，指标化的大学战略规划。大学战略规划对学科发展目标、任务分解、目标达成步骤、监控程序有着清晰明确的规定。我国交叉学科发展本身已经嵌入到国家与区域发展网络之中，为了促进交叉学科对社会发展贡献度，院校须制定交叉学科阶段性发展规划。交叉学科发展战略规划并非一成不变，而是需要根据院校招生，学生就业，产业结构调整，建立多样化学科准入、调整、

① 眭依凡."双循环"新发展格局下大学的国家使命与责任［J］.高校教育管理，2021（5）：2.

② 张琳.交叉学科设置与评价探讨［J］.大学与学科，2020（1）：86–101.

③ 康翠萍.高校学科建设的三种形态及其政策建构［J］.高等教育研究，2015（11）：37–41.

④ 张德祥.高校一流学科建设的关系审视［J］.教育研究，2016（8）：33–39.

退出机制。交叉学科监测评估体系能够及时矫正学科发展过程中出现的偏差，及时调整交叉学科战略布局及资源配置。

3. 实施交叉学科教师兼职互聘制度，完善科研成果共享机制，提升教师参与交叉科研积极性

为提升高校教师参与跨院系、跨专业交叉科研积极性，基层学院可以建立教师互聘、兼聘机制，打破学院对教师身份的束缚。兼聘与互聘让教师在校内各个学院自由流动，减少参与交叉科研的制度障碍。"双师互聘"机制，是指地方高校与社会实践机构签订协议，相互聘请对方的人员到本单位来任职，在一定的时间内从事一定专业工作的制度。[①] 推而广之，在大学内部，学院的教师可以根据教学及科研需要，与其他院系签订任务合同，完成契约规定任务以后，教师自动归属原所在院系。教师兼职与互聘能够让教师在院系之间自由流动，有利于拓展高校教师职业发展通道，开展跨院系、跨行业交叉科研合作。交叉科研成果为参与者共同产出，根据参与者在科研过程承担的角色、任务、工作量，配置其分享比重。对于交叉科研成果共享，首先，坚持正确的科学伦理观，消除个体知识私有化观念及知识垄断观念；其次，倡导学术批判和学术宽容，提倡学术交流百家争鸣；最后，推动教学相长，科教互补，消除学术等级意识，学术面前人人平等。[②]

4. 完善交叉学科组织平台建设，促进学科交叉深度融合

完善的组织平台建设为交叉学科发展提供了载体。交叉学科组织平台建设可采用多种路径协同推进：其一，组织开展交叉学科及科研专门学术会议。学术会议作为学者交流、沟通渠道，能够使学者面对面研讨交叉学科领域的实践、理论等问题。除此之外，学术会议还能及时传播最新科研成果及前沿学术研究议题。其二，推动交叉学术讲座制度化及持续化。"讲座制没有固定教材和形式，讲授者既可以根据自己的研究方向自由选择主题展开演讲，激发学生学习兴趣，也可将自己的研究成果当作讲义进行讲授，在讲授中可列举参考书目、文献资料作为延伸。"[③] 其三，利用传统媒介、现代信息技术平台传播交叉科研思想、成果。利用调研报告、报刊、学术期刊、公众号、新媒体及时发布相关交叉科研动态，传播交叉科研思想，营造良好舆论氛围。持续开展交叉科研学术论坛、讲座及学术会议，吸引行业、企业参与交叉学科发展，为交叉学科成长提供多维支持。

5. 强化对交叉学科发展的保障性资源持续性投入，建立多元激励制度扶持交叉学科发展

在高度统一的高等教育管理模式下，学科不仅是招生、课题申报、职称评审、绩效发放等稀缺资源分配的载体，也是学术话语表达的身份依据。交叉学科的发展需要持续性的资源投入，这些稀缺资源包括人、财、物、时间、信息等。在人的投入上，重视跨学科、交叉学科团队的引进、培养。在师资招聘上，淡化学科专业背景一致性，扩大具有跨学科背景人才的招募比例。在经费上，建立交叉学科专项建设经费制度，保障交叉学科发展的经费支持及投入。院校也可以通过产学研一体化，搭建科研平台，与企业或者行业建立合作关系，积极争取企业科研资助。交叉学科亦可通过学术创业获得发展经费。"学术创业可以看作是学科组织扩大业务

① 李晟.地方高校法学教师"双师互聘"机制研究［J］.黑龙江高教研究，2015（12）：106-108.

② 张骏.试析知识共享与高校科研成果转化的关系［J］.求实，2014（S1）：223-225.

③ 陈桂香，赵佳蕊.柏林大学讲座制及其启示［J］.黑龙江高教研究，2020（3）：95-99.

范围或多样化发展的一个策略。学术创业主要是指学者或学术组织参与商业创业活动，以及对学术生涯的创业型管理。"[1] 在基础设施上，鼓励基层院系开放实验仪器设备，共享科研设施。与此同时，院校在研发设备采购上，需要对交叉学科所需的图文仪器给予一定的倾斜。在时间上，制定交叉学科发展规划，给予交叉学科试错空间，适当延缓交叉学科认证、评估。但是，院校需要制定交叉学科发展的阶段性监测程序。在信息上，建立交叉学科信息共享平台。对交叉学科的激励制度，坚持物质激励与精神激励相结合，学术激励与行政激励相结合，制度激励与文化激励相结合。

6. 根据智造社会发展需要，重构专业培养方案，探索创新型高素质交叉学科人才培养模式

智造社会是以智能创造为中心来组织生产并进而影响生活方式的新的社会形态。[2] 在智造社会中，人的创造力是第一位的。创造力意味着劳动者能够善于提出并发现问题，利用多学科、跨学科知识解决真实情境之中出现的难题。智造时代的大学担负着培养创新型交叉人才的重担，为达成大学使命，大学专业培养方案涉及的学分、课程结构、学习模式、教学方法、专业实践必须重新厘定。在学分上，相应减少专业必修学分要求，给予学生更多自主学习时间与空间。在课程结构上，重视跨学科内容组合，提升通识教育成效，鼓励学生跨院系修读其他专业课程。在学习模式上，通过小组合作，让学生开展研究性学习、深度学习。利用在线教学资源，提升学生跨门类自主学习兴趣，引导学生参与导师交叉课题。在教学上，支持"教师学习专业知识，更新专业技能，掌握专业前沿知识，最大限度地融入学科专业前沿领域，实现与时俱进的专业成长。"[3] 鼓励教师开展协作教学，让教师根据学术特长，承担不同教学内容。在专业实践上，大学与产业搭建合作关系，为学生在不同职业岗位实习提供机会。

（执笔：朱华伟）

---

① 邢政权，姜华，李欣欣. 基于资源依赖理论的一流学科发展策略［J］. 中国高校科技，2020（1）：19-23.

② 张继明. 智造社会背景下一流本科教学的课堂重构：大学教学内向型改革的微观视角［J］. 大学教育科学，2020（4）：62-69.

③ 安世遨. 大学"一流课堂"：内涵特质、评价维度与建构生成［J］. 现代教育管理，2021（9）：99-105.

跨学科博士研究生学业发展及表现的现状调查分析

一、问题的缘起

跨学科研究的兴起既符合日益复杂的自然与社会问题解决的迫切需求，也有赖于新技术发展所提供的良好研究环境。[①]21 世纪以来，以人工智能、清洁能源、机器人技术、量子信息技术和生物技术等为代表的第四次工业革命正推动人类进入智能时代[②]，科技领域的重大突破重构着人类的生产形式、生活方式和思维模式[③]。科技变革在推动人类对外在世界的探索不断深入的同时，也使得复杂的自然与社会问题日益浮现。用单一学科的知识与方法去解决复杂性的问题显然已经力不从心，不同学科研究人员之间的交流与合作为复杂性问题的解决提供了新的可能。由于"大多数研究问题存在于学科之间的交叉地带"[④]，在这类问题探索的过程中，研究者需要跨越传统学科的边界，创造性地整合不同学科的知识，促进各领域知识逐渐交叉融合并孕育新领域、新理论和新技术。博士生是未来的研究者，"跨学科研究能力是其获得博士学位的基本素养"。[⑤]美国从 20 世纪末开始注重跨学科研究生培养，1997 年，美国国家科学基金会启动了研究生教育与研究培训一体化的 IGERT 资助项目（Integrative Graduate Education and Research Traineeship），该项目的目标是为美国培养具有博士学位且具备跨学科背景的科学家、工程师、教师，通过创新研究生培养模式，为研究者营造超越学科界限的合作研究氛围，提供以项目为载体的跨学科科研训练。21 世纪以来，美国高校通过设立工程中心、研究生教育中心等跨学科组织来积极推动跨学科博士研究生培养。

20 世纪末期，人类知识生产发生了从科学型知识向文化型知识的转变，知识生产模式表现出知识生产的情境化、集体性和跨学科协同性、知识生产的主体多元性和组织多样性、知识生产的社会责任性和杂合式的质量控制标准等特征。[⑥]随着知识生产模式的变化，大学不再是知识的唯一生产中心，学科知识的交叉和跨学科的组织形式才能满足当今科学技术发展和社会

① National Academy of Sciences. Facilitating Interdisciplinary Research [R]. Washington, DC: National Academies Press, 2004.

② 王浩，吴共庆，胡学钢，等.新工科背景下人工智能通识系列课程建设与实践 [J].计算机教育，2019（2）.

③ 吴朝晖.交叉会聚推动人工智能人才培养和科技创新 [J].中国大学教学，2019（2）.

④ 爱德华·威尔逊，论契合：知识的统合 [M].田洺，译.北京：生活·读书·新知三联书店，2002:10.

⑤ NYQUIST J. The PHD: a tapestry of change for the 21st century [J]. Change: The Magazine of Higher Learning, 2002, 34(6): 12-20.

⑥ 李志峰，高慧，张忠家.知识生产模式的现代转型与大学科学研究的模式创新 [J].教育研究，2014（3）：55-63.

需要，学科范式的转型要求跨学科博士研究生培养势在必行。跨学科博士生培养逐渐演变为当今世界各国博士生培养的发展趋势。

在此国际大背景影响下，近年来我国也开始重视跨学科人才的培养。2015年5月，国务院办公厅印发《关于深化高等学校创新创业教育改革的实施意见》中，明确提出"高校要打通一级学科或专业类下相近学科专业的基础课程，开设跨学科专业的交叉课程，探索建立跨院系、跨学科、跨专业交叉培养创新创业人才的新机制，促进人才培养由学科专业单一型向多学科融合型转变。"2020年12月，国务院学位委员会、教育部发布《关于设置"交叉学科"门类、"集成电路科学与工程"和"国家安全学"一级学科的通知》。经专家论证，国务院学位委员会批准，决定设置"交叉学科"门类（门类代码为"14"）、"集成电路科学与工程"一级学科（学科代码为"1401"）和"国家安全学"一级学科（学科代码为"1402"）。教育部敦促各相关单位结合实际条件，加强"集成电路科学与工程"和"国家安全学"学科建设，做好人才培养工作。交叉课程与交叉学科是我国跨学科人才培养的重要途径，交叉学科门类的设立标志着我国跨学科人才培养开始走向体系化、制度化。

跨学科博士生的培养受到全球各国的高度重视，国内学者对跨学科研究生培养的研究从20世纪90年代后期开始逐渐增多，国内已有的研究主要集中在三个层面：一是对当前跨学科研究生培养的问题现状与对策分析[1][2][3]；二是从不同角度和运用其他学科理论剖析跨学科研究生培养模式和模型[4][5]；三是通过国外开展跨学科研究生培养的案例分析对我国跨学科研究生培养提出相应的建议。[6][7][8]由此可见，在我国有关跨学科研究生培养的模式、机制探讨较多[9]，大多数研究仍基于经验性的描述和总结，用问卷调查的方式开展大范围实证调研的基本没有。[10]为了深入了解我国跨学科博士生的学业发展与表现，本专题对60所一流大学建设高校和一流学科建设高校在读博士研究生开展了问卷调查。通过对跨学科博士生的以往学科学习经历、跨学科学习的动机、学业表现、科研能力、学术志趣、跨学科研究核心能力及其所在学科的跨学科培养情况进行调查，以期揭示当前我国跨学科博士生培养的成效及其培养过程中存在的问题与不足，进而找到跨学科博士生培养的更优路径，为我国博士生的考试招生与培养过程提供有益参考。

① 王雪，何海燕，栗苹，张磊."双一流"建设高校面向新兴交叉领域跨学科培养人才研究：基于定性比较分析法（QCA）的实证分析[J].中国高教研究，2019（12）：21-28.
② 吴立保，茆容英，吴政.跨学科博士研究生培养：缘起、困境与策略[J].学位与研究生教育，2017（04）：36-40.
③ 包水梅.跨学科教育中博士生面临的挑战及其应对[J].高教探索，2016（03）：98-103.
④ 孙维，马永红."双一流"建设背景下拔尖创新人才培养模式：源于跨学科博士生团队培养的思考[J].中国电化教育，2019（04）：63-69.
⑤ 李雪飞，程永波.交叉学科研究生培养的三种模式及其评析[J].学位与研究生教育，2011（08）：10-15.
⑥ 邵珮翔，段世飞."卓越计划"背景下德国高等教育合作的现状、模式与特点[J].高等教育研究学报，2019，42（04）：81-89.
⑦ 熊华军.MIT跨学科博士生的培养及其启示[J].比较教育研究，2006（04）：46-49.
⑧ 沈文钦，王东芳.从欧洲模式到美国模式：欧洲博士生培养模式改革的趋势[J].外国教育研究，2010（08）：69-74.
⑨ 张晓报.跨学科专业发展的机制障碍与突破：中美比较视角[J].高校教育管理，2020，14（02）：62-70.
⑩ 高磊，彭大银，赵文华.学科交叉研究生培养研究综述及思考[J].研究生教育研究，2011（03）：26-30.

二、研究方法与样本信息

（一）研究方法与工具

本次调查采用自编问卷，以被试者自报告的方式采集数据。问卷共分为四个部分，第一部分是被试者的基本信息，共计 10 题，包括：性别、年龄、年级、入学方式、本科硕士及博士阶段就读的学校类型、所在学科或实验室级别、就读形式、导师荣誉称号、导师职称等人口学变量。第二部分调查被试者的跨学科学习经历及其读博动机等相关情况，共计 9 题。其中有 8 题为单项选择题，1 题为量表题。单选题包括：导师跨学科背景、是否参与导师课题、课题研究中多学科知识与方法的应用、学位论文中多学科知识与方法的应用、本科、硕士及博士各个阶段所学专业所属的学科门类、跨学科学习经历类型等变量。读博动机为量表题，选项从"非常符合"到"非常不符合"分为 5 个程度级别，题目包括：内部动机（满足研究兴趣、弥补不足、实现科研理想、发挥以往优势）和外部动机（获得就业机会、进高水平大学、随大流从众或机缘巧合）。第三部分是被试者博士阶段的学业表现情况，一共 8 题。包括：获得国家奖学金的次数、出国交流的次数、每天用于科研工作的时间、参与学术会议的次数、公开做学术报告的次数、科研产出及延期毕业的情况。另外两题为量表题，被试者根据自身情况对其科研能力、跨学科研究能力进行自我评价与报告。最后一部分是考察被试者所在学科的跨学科培养情况，博士生对其培养目标、课程教学体系、跨学科研究项目、学术交流机会、跨学科专业实践、导师指导、制度规范、考核评价制度及跨学科资源设备等变量进行评价。跨学科博士研究生的学业发展及表现调查分析维度如表 2-1 所示。

表 2-1　跨学科博士研究生学业发展及表现调查分析维度

问卷维度	测量指标	具体题项
学业表现	国家奖学金	获得次数
	出国交流	次数
	科研时间	每天投入科学研究的时长
	学术会议	参会次数及其学术报告次数
	科研发表	不同层次类别的论文数量
科研能力	学科知识与方法技能	知识深度
		知识前沿
		知识宽度（跨学科知识）
		知识产权知识
		学术英语交流能力

续表

问卷维度	测量指标	具体题项
科研能力	科学思维与研究能力	批判性思维
		研究原创性
		提出研究问题能力
		问题分析能力
		问题解决能力
		数据收集能力
		仪器操作能力
		学术写作能力
	合作与管理能力	项目管理能力
		共事合作能力
		学术人脉关系构建能力
		沟通交往能力
跨学科研究能力	学科基础知识	本学科基础理论深度认知
	识别学科优势与劣势的能力	清楚不同专业优势和劣势
	整合研究能力	运用多学科方法解决问题
	团队合作能力	与跨学科团队成员合作
	跨学科交流能力	向其他学科研究者介绍研究成果
	实践应用能力	向普通大众介绍研究成果

本报告所用数据是课题组于 2021 年 3—6 月份，对全国 60 所一流大学建设高校和一流学科建设高校在读博士生进行问卷调查所得。此次调查采用分层抽样，通过直接邮寄纸质问卷和在线电子问卷结合的方式发放问卷，纸质问卷共发放 10 500 份。其中 41 所高校返回问卷，回收问卷 5032 份，其中纸质问卷回收 4101 份，电子问卷回收 931 份，问卷回收率为 47.9%。剔除无效问卷，剩余有效样本 3276 份，问卷有效率为 65.1%。

（二）样本基本信息说明

本研究中涉及的人口学变量包括性别、年龄（24 岁及以下、25~29 岁、30~35 岁、36~40 岁、41 岁及以上）、年级（博士一年级、博士二年级、博士三年级、博士四年级、博士五年级、博士六年级及以上）、入学方式（普通考试、申请考核、硕博连读、本科直博）、本科硕士博士阶段所在学校类型（原"985 工程"学校、原"211 工程"学校、其他普通院校、海外或境外高校）、所在的学科或实验室类型（国家级重点学科或实验室、省部级重点学科或实验室、校级重点学科或实验室、普通学科或实验室）、从事的研究类型（基础研究、应用研究、实验与开发、其他）、就读形式（全日制、非全日制）、导师荣誉称号（两院院士、国家级重要人才称号、省级重要人才称号、不清楚）、导师职称（教授或研究员、副教授或副研究员、其他）、本科、硕士、博士阶段所学专业所属的学科门类（哲学、经济学、法学、教育学、文学、历史学、理学、工学、农学、医学、管理学、艺术学、军事学）。需要说明的是，由于各个学科门类的样本数据较分散，若按照 13 个学科门类分类统计，部分学科门类由于样本数据较小而不具备统计学意义上的显著性，因此将学科门类整合为：人文艺术类、社会科学类、理工类及农学及医学类。此外，本次调查中不包含"军事学"门类的数据样本，因此在样本的人口学分布统计中没有对这一门类的数量进行报告。具体样本特征如表 2-2 所示。

表 2-2　研究对象的人口学信息分布（N = 3276）

变量名称	样本信息
性别	男（1 887，57.6%）
	女（1 389，42.4%）
年龄	24 岁及以下（255，7.8%）
	25~29 岁（2 456，74.9%）
	30~35 岁（488，14.9%）
	36~40 岁（62，1.9%）
	41 岁及以上（15，0.5%）
年级	博士一年级（1 191，36.4%）
	博士二年级（907，27.7%）
	博士三年级（622，19.0%）
	博士四年级（338，10.2%）
	博士五年级（146，4.5%）
	六年及以上（72，2.2%）
入学方式	普通考试（632，19.3%）
	申请考核（1 232，37.6%）
	硕博连读（1 208，36.9%）
	本科直博（204，6.2%）

续表

变量名称	样本信息
本科阶段所在学校类型	原"985 工程"学校（733，22.4%）
	原"211 工程"学校（944，28.8%）
	其他普通院校（1 575，48.1%）
	境外/海外高校（24，0.7%）
硕士阶段所在学校类型	原"985 工程"学校（1 433，43.7%）
	原"211 工程"学校（1 216，37.1%）
	其他普通院校（592，18.1%）
	境外/海外高校（35，1.1%）
博士阶段所在学校类型	原"985 工程"学校（1 992，60.8%）
	原"211 工程"学校（1 284，39.2%）
所在的学科或实验室类型	国家级重点学科或实验室（1 367，41.7%）
	省部级重点学科或实验室（873，26.6%）
	校级重点学科或实验室（172，5.3%）
	普通学科或实验室（864，26.4%）
从事的研究类型	基础研究（1 985，60.6%）
	应用研究（1 094，33.4%）
	实验与开发（176，5.4%）
	其他（21，0.6%）
就读形式	全日制（3 248，99.1%）
	非全日制（28，0.9%）
导师荣誉称号	两院院士（76，2.3%）
	国家级重要人才称号（886，27.1%）
	省级重要人才称号（826，25.2%）
	不清楚（1 488，45.4%）

续表

变量名称	样本信息
导师职称	教授或研究员（3 110，94.9%）
	副教授或副研究员（151，4.7%）
	其他（15，0.4%）
本科所学专业所属学科门类	人文艺术类（274，8.4%）
	社会科学类（527，16.1%）
	理工类（2 276，69.5%）
	农学（132.4.0%）
	医学（67，2.0%）
硕士所学专业所属学科门类	人文艺术类（263，8.0%）
	社会科学类（591，18.1%）
	理工类（2 212，67.6%）
	农学（127，3.9%）
	医学（83，2.4%）
博士所学专业所属学科门类	人文艺术类（249，7.6%）
	社会科学类（641，19.6%）
	理工类（2 189，66.8%）
	农学（118，3.6%）
	医学（79，2.4%）

注：括号内数值与比例分别表示该类别博士研究生的人数与其占总体的百分比。

从表1-2可以看出，本次调查样本中男生（57.6%）多于女生（42.4%），但总体差距不大；被试者的年龄主要集中在25~29岁（75%），年级则以一年级（36.4%）和二年级（27.7%）的博士生为主，入学方式则以申请考核（37.6%）和硕博连读（36.9%）为主。参与调查的学生中，本科阶段就读于其他普通院校的学生较多（48.1%），硕士阶段和博士阶段就读于原"985工程"学校）的学生较多（43.7%，60.8%），且目前所在的学科或实验室类型属于省级及以上（包括国家级）重点学科或实验室（68.3%）的学生占大多数。被试者中的大多数学生从事基础研究（60.6%），三分之一的学生从事应用研究（33.4%），绝大多数学生是全日制就读，从本科到博士阶段学生所处学科门类均以理工类为主，占总调查人数的60%以上。

三、博士生及其导师跨学科背景与高校跨学科培养分布现状

　　跨学科（Interdisciplinary）研究缘起于西方，回顾国外已有研究发现，跨学科概念的演变路径复杂。[①②③④⑤]20世纪70年代早期，跨学科的正式定义最早由法国的教育研究和创新中心（Center for Educational Research and Innovation）提出，但已有研究中 Multi disciplinary、Pluri disciplinary、Inter disciplinary、Trans disciplinary 等术语常常交替使用。其中最常用的 Inter disciplinarity 是指：发生在两个或两个以上的不同学科之间的相互作用，这种相互作用的"范围可以从简单的思想交流到复杂的组织概念借用，从认识论、方法论到研究程序、学科术语及研究数据的相互借鉴，跨学科是在一个更大的研究领域开展研究和教育的活动。[⑥]"尼萨尼（Moti Nissanil）认为，在学术界关于跨学科的表述中，其实存在四个不同的指涉，即关于跨学科知识、跨学科研究、跨学科教育与跨学科理论。在他看来，跨学科知识是指两个或两个以上的学科存在相似的构成要素；跨学科研究则是两个或两个以上学科，为了获得一种新的知识、操作或艺术表现而形成的交叉结合；跨学科的教育则是在教学过程中几个学科内容的融合，而跨学科理论则是以上述所有方面为目标的研究。[⑦]

　　近年来，随着跨学科研究的不断深入，为了促进跨学科思维和研究领域的共同理解，Klein 将跨学科的研究定义为"为了回答和解决单一学科无法解决的复杂性问题或增进人们对基础性问题的理解，研究者将来自两个或两个以上学科或专业知识体系的数据、方法、工具、概念和理论进行整合并用于一个问题的研究。跨学科和多学科的区别在于，多学科是多种学科的方法、概念和知识的并列，学科与学科之间是独立的，而跨学科中的多个学科是整合的。[⑧]"尽管在已有研究中，Multi disciplinary、Pluri disciplinary、Inter disciplinary、Trans disciplinary 等术语常常交替使用，但"整合"是跨学科区别于其他概念的核心和关键。[⑨⑩]跨学科研究的问

---

①　KLEIN J T. Interdisciplinarity: history, theory and practice［J］. Poetics Today, 1991, 13(3): 1681–1682.

②　APOSTEL L O. Interdisciplinarity problems of teaching and research in universities［J］. Paris, France: Organization for Economic Cooperation and Development, 1972: 21–26.

③　KLEIN J T. Crossing boundaries: knowledge, disciplinarities, and interdisciplinarities［J］. History of Education Quarterly, 1998:225–227.

④　STARK J S. Creating interdisciplinarity: interdisciplinary research and teaching among college and university faculty［J］. Vanderbilt University Press, 2001.

⑤　KIM–CRAGG H R. Understanding interdisciplinary challenges and opportunities in higher education–by Karri A. Holley［J］. Teaching Theology & Religion, 2011, 14(3): 291–293.

⑥　APOSTEL L, BERGER G, BRIGGS A, et al. Interdisciplinarity: Problems of Teaching and Research in Universities［M］. Paris: OECD, 1972: 23–26.

⑦　NISSANI M. Ten cheers for interdisciplinarity: the case for interdisciplinary knowledge and research［J］. The Social Science Journal, 1997, 34(2): 201–216.

⑧　KLEIN J T, Schneider C G. Creating Interdisciplinary Campus Cultures: a Model for Strength and Sustainability［M］. Jossey–Bass/Association Of American Colleges And Universities, 2010.

⑨　APOSTEL L O. Interdisciplinarity problems of teaching and research in universities［J］. Paris, France: Organization for Economic Cooperation and Development, 1972: 21–26.

⑩　KLEIN J T. Interdisciplinarity: history, theory and practice［J］. Poetics Today, 1991, 13(3): 1681–1682.

题往往是处于多个学科的边缘交叉地带，需要综合多个学科的视角来解决的问题，两个或两个以上学科或专业知识体系的整合是鉴别跨学科研究的重要依据。

国内围绕学生跨学科培养主题的研究大多将跨学科的概念与交叉学科、多学科、超学科等概念混淆使用，并未做细致的区分。目前已有关于学生跨学科的探讨大多是按照我国《学位授予和人才培养学科目录》中的学科门类作为判断学生跨学科学习的依据，将具备两个或两个以上不同学科门类学习经历的学生作为研究的主要对象[①]，而忽略了同一学科门类下不同一级学科、二级学科之间专业知识体系的差异。以我国教育部 2018 年颁布的《学位授予和人才培养学科目录》为标准，已有的 13 个学科门类中包含了 111 个一级学科，且各个一级学科、二级学科之间的知识体系、学习方式与研究范式等差异巨大。例如，工学门类下设有 39 个一级学科，其中包含交通运输、兵器科学与工程、林业工程、纺织科学与工程等。尽管都属于工程门类，但一级学科与二级学科之间知识体系的内部差异性不容忽视。有鉴于此，为更加细致地考察博士生的学业发展及表现与其自身跨学科学习经历之间的关系，本研究将跨学科博士生定义为具有两门及两门以上专业学习经历的博士研究生，且将不具备跨学科学习经历的博士研究作为研究群体的对照组，期望通过将不具备跨学科学习经历的博士生与跨学科博士生进行对比，进一步探究跨学科博士生的学业发展、科研能力表现及其与学生自身多学科学习经历之间的关系。

（一）博士生的跨学科分布特征

1. 跨学科博士生群体分布情况

调查结果显示（表 2-3），本研究中具备跨学科学习经历的博士生（以下简称"跨学科博士生"）有 1675 人，占总调查人数的 51.1%；而非跨学科的博士生有 1601 人，占总调查人数的 48.9%。通过与调查样本的总体分布情况（表 2-2）对比发现，跨学科博士生与非跨学科博士生在性别、年龄、年级、入学方式、学校类型、所在的学科或实验室类型、从事的研究类型、就读形式与学科门类分布特征与总样本的分布特征基本一致。但对比跨学科博士生与非跨学科博士生的数量分布可以发现：跨学科博士生群体中以"申请考核"方式（43.3%）入学的多，而非跨学科博士生以"硕博连读"（42.7%）的入学方式为主。样本具体分布如表 2-3 所示，需要说明的是，表中总人数百分比是该类别博士生的人数占总体的比例，而各类别变量的百分比是其分别与跨学科博士生、非跨学科博士生总人数的比值。

表 2-3　博士生跨学科分布情况（百分比）

类别变量		跨学科		非跨学科	
		N	百分比	N	百分比
总人数分布		1675	51.1%	1601	48.9%
性别	男生	950	56.7%	937	58.5%
	女生	725	43.3%	664	41.5%

---

① 徐国兴. 跨学科学习对博士生科研创新能力影响的研究［J］. 学位与研究生教育，2013（02）：15-18.

类别变量		跨学科		非跨学科	
		N	百分比	N	百分比
年龄	24 岁及以下	103	6.1%	152	9.5%
	25~29 岁	1210	72.2%	1246	77.8%
	30~35 岁	307	18.3%	181	11.3%
	36~40 岁	43	2.6%	19	1.2%
	41 岁及以上	12	0.7%	3	0.2%
年级	博士一年级	625	37.3%	566	35.4%
	博士二年级	444	26.5%	463	28.9%
	博士三年级	320	19.1%	302	18.9%
	博士四年级	175	10.4%	163	10.2%
	博士五年级	75	4.5%	71	4.4%
	博士六年级及以上	36	2.1%	36	2.2%
入学方式	普通考试	350	20.9%	282	17.6%
	申请考核	726	43.3%	506	31.6%
	硕博连读	524	31.3%	684	42.7%
	本科直博	75	4.5%	129	8.1%
学校类型	原"985 工程"学校	1037	61.9%	955	59.7%
	原"211 工程"学校	638	38.1%	646	40.3%
所在的学科或实验室类型	国家级重点学科或实验室	635	37.9%	732	45.7%
	省部级重点学科或实验室	451	26.9%	422	26.4%
	校级重点学科或实验室	101	6.0%	71	4.4%
	普通学科或实验室	488	29.1%	376	23.5%
从事的研究类型	基础研究	1071	63.9%	914	57.1%
	应用研究	520	31.0%	574	35.9%
	实验与开发	74	4.4%	102	6.4%
	其他（综合）	10	0.6%	11	0.7%

类别变量		跨学科		非跨学科	
		N	百分比	N	百分比
就读形式	全日制	1660	99.1%	1588	99.2%
	非全日制	15	0.9%	13	0.8%
学科门类	人文艺术类	104	6.2%	145	9.1%
	社会科学类	439	26.1%	202	12.6%
	理工类	1044	62.3%	1145	71.5%
	农学	44	2.6%	74	4.6%
	医学	44	2.6%	35	2.2%

2. 博士生跨学科学习的类型

博士生跨学科学习有两种基本形式：一种是同时跨学科学习，即同时辅修与主修不同学科专业，可称为横向跨学科学习；另一种是历时跨学科学习，即在高等教育的不同阶段进入不同的学科学习，可称为纵向跨学科学习。本研究关注的是后一种，即学生在本科、硕士和博士阶段有不同学科的学习经历。只有高等学校才具备学科分类，因此跨学科学习只能从本科阶段算起。理论上，除去本科、硕士与博士阶段学科专业均相同类型之外，纵向跨学科学习应该有四个类型：（1）本科阶段与硕士生阶段学科专业相同，而博士阶段不同。（2）硕士与博士阶段学科专业相同，而本科阶段不同。（3）本科、硕士和博士三个阶段学科专业均不同。（4）本科和博士阶段学科专业相同，而硕士阶段不同。

调查结果显示，博士生跨学科学习的类型分布如图 2-1（按跨学科时段划分）、图 2-2（按跨学科级别划分）所示，按跨学科时间阶段划分，本科、硕士和博士阶段专业都相同的学生占53.05%；本科阶段与硕士阶段专业相同，而博士阶段不同的学生有11.42%；硕士与博士阶段专业相同，而本科阶段不同的学生有24.05%；本科和博士阶段学科专业相同，而硕士生阶段不同的学生仅有1.8%；本科、硕士和博士三个阶段学科专业均不同的学生占比9.68%。按跨学科门类级别分，跨学科博士生中以跨学科门类（46.6%）的形式为主。同一学科门类下跨一级学科的学生占比27.2%，同一级学科下跨二级学科的学生占比26.4%。由此可见，学生在完成本科阶段的专业学习之后选择其他专业的人数较多，而在完成本科和硕士阶段的专业训练之后，在博士阶段选择其他专业的人数相对较少。在跨学科级别的选择中，选择跨学科门类学习的学生较多。

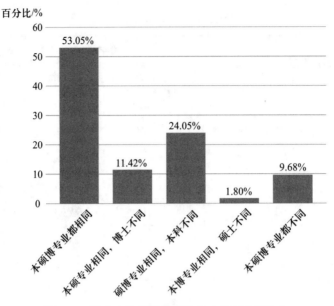

图 2-1   博士生跨学科类型分布（按时段划分）

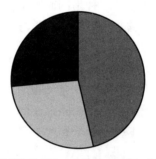

■ 跨学科门类   ■ 同门类下跨一级学科   ■ 同一级学科下跨二级学科

图 2-2   跨学科博士生的类型分布（按学科级别划分）

（二）博士生导师跨学科分布情况

1. 博士生导师跨学科背景情况

研究生跨学科研究能力的培养与发展需要跨学科环境的支持，其中跨学科导师和跨学科同伴的支持尤为重要。[①] 导师的学术水平、综合素质、对学科前沿的洞察力及与同行和其他学科学者交流沟通的能力等都对跨学科的研究生培养有着重要的影响[②]。本研究试图通过学生视角进一步了解博士生导师的跨学科背景情况，一方面可以对我国博士生导师的跨学科背景有一个大致的了解，把握我国大学教师群体中具有跨学科学习背景的师资情况，为跨学科培养工作提供参考；另一方面，这一数据的搜集有助于本研究寻找跨学科博士生跨学科能力养成与跨学科

---

① RYAN M M, YEUNG R S, BASS M, et al. Developing research capacity among graduate students in an interdisciplinary environment［J］. Higher education research & development, 2012, 31(4): 557–569.

② 高虹，孙炘，刘颖，陈皓明. 对交叉学科研究生培养的思考［J］. 学位与研究生教育，2002（04）：12–15.

导师指导之间的关联，为跨学科人才培养提供可能的路径。

　　调查结果如表 2-4 所示，参与本次调查的学生所在高校的师资队伍中具有跨学科背景和非跨学科背景的导师比例相当，分别占总样本的 44.1% 和 42.4%。具有跨学科背景的导师以教授或研究员（96.3%）为主，导师队伍中以省级及以上重要人才称号获得者（59.5%）为主。其中，值得注意的是，跨学科背景的导师获得两院院士荣誉称号的数量略多于非跨学科背景的博士生导师。

表 2-4　博士生导师跨学科背景

博士生导师信息		跨学科		非跨学科	
		N	百分比	N	百分比
总人数分布①		1 446	44.1%	1 389	42.4%
教师职称	教授/研究员	1 392	96.3%	1 307	94.1%
	副教授/副研究员	47	3.3%	79	5.7%
	其他	7	0.5%	3	0.2%
教师荣誉称号	两院院士	42	2.9%	22	1.6%
	国家级重要人才称号	401	27.7%	380	27.4%
	省级重要人才称号	417	28.8%	335	24.1%
	不清楚	586	40.5%	652	46.9%

2. 导师对学生跨学科背景的看重程度

　　导师对学生跨学科背景的看重程度反映了导师自身对跨学科研究的偏好程度，同时也在一定程度上反映了跨学科研究在当前学术研究群体中的受重视程度。本研究拟通过调查进一步获取博士生导师群体的跨学科研究情况，问卷中设计了一道程度选择题考查导师对学生跨学科背景的看重程度，选项从"非常看重"到"非常不看重"共 5 级。调查结果显示（图 2-3），导师对学生跨学科背景的看重程度从"非常看重"到"非常不看重"的比例依次是 10.1%、23.2%、33.6%、22.9%、10.2%。本次调查样本中学生认为有三分之一的导师较看重学生跨学科背景，而同样有三分之一的导师不太看重，另外有三分之一的学生则表示不确定。由此可见，随着科学研究问题的复杂化和交叉性特征凸显，跨学科研究已经在我国学术研究群体中开始逐步受到重视。

---

　　① 教师跨学科背景题项的人数比例总和不足 100%，其中有 13.5% 的学生不清楚导师跨学科背景的情况。

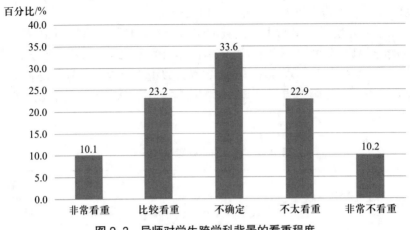

图 2-3　导师对学生跨学科背景的看重程度

（三）高校跨学科培养工作的开展情况

　　跨学科培养研究生不仅满足了科技创新与经济社会发展的迫切需要，也符合了拔尖创新人才成长的规律。[①] 在世界各国纷纷开展跨学科人才培养的新形势下，大力拓展和推进跨学科研究生培养，造就具有复合知识、能力与素质结构的拔尖创新人才，已经成为世界研究生教育改革与发展的重要趋势。目前我国部分研究型大学已经开始设立了形式多样的跨学科研究平台、基地，并开始尝试探索跨学科的研究生培养的有效模式。

　　为深入了解我国一流大学建设高校和一流学科建设高校当前开展跨学科培养的基本情况及高校跨学科培养的基本条件保障，本次调查中设置了一道跳答题，先让被试者填写自己所在学科专业是否开展跨学科培养，选择"是"的被试者则需要继续从跨学科的培养目标、课程教学体系、跨学科研究项目、学术交流机会、跨学科专业实践、导师指导、制度规范、考核评价制度及跨学科资源设备等维度[②]，对其所在学校的跨学科培养情况做一个评价，评价从"非常符合"到"非常不符合"分为 5 个等级。

　　关于高校开展跨学科培养情况的调查结果（图 2-4）显示，参与调查的学校中有 692 名（21.1%）被试者所在学科开展了跨学科培养，而有 896 名（27.4%）学生所在学科没有开展跨学科研究，其余 51.5%（1688 名）的学生表示不清楚其所在学科的跨学科培养情况。整体上看，当前我国"双一流"学科高校中在博士阶段开展跨学科培养的学校较少，准确地说，应是博士阶段接受跨学科培养的学生较少。这与博士阶段学生培养目标相契合，"相较于本科阶段，研究生尤其是博士生阶段，其目标只能是'专'而不是'通'，是培养特定学科乃至某个方向具有高深造诣的专业人才"。[③]

①　周叶中. 关于跨学科培养研究生的思考［J］. 学位与研究生教育，2007（08）：7-11.

②　高磊. 研究型大学学科交叉研究生培养研究［D］. 上海交通大学，2014.

③　阎光才，荀渊，韩映雄，吴寒天. 关于当前博士研究生培养改革的思考［J］. 高校教育管理，2020，14（02）：1-13.

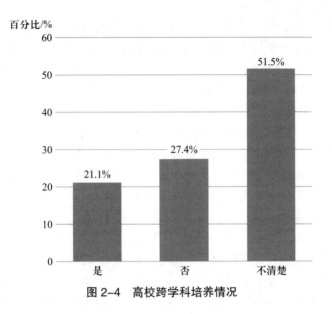

图2-4　高校跨学科培养情况

　　此外，本研究还设计了9个程度题调查了目前高校开展跨学科培养的具体实施情况（图2-5），样本中开展跨学科培养的学科专业在各项指标上得分整体较高。从博士生的角度评价，其所在学校的跨学科培养在"培养目标""跨学科研究项目""学术交流机会"及"跨学科资源设备"方面的得分均值较高，均值分别为：3.47、3.43、3.42、3.42，而在"课程教学体系""跨学科专业实践""导师指导""制度规范"及"考核评价制度"的得分均值较低，分别是3.37、3.34、3.38、3.33和3.36。

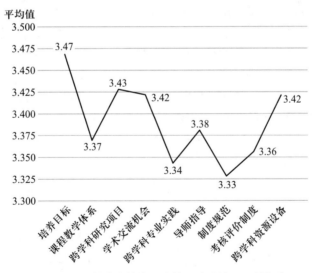

图2-5　跨学科培养的实施情况（均值，五等级）

　　总体看来，博士阶段开展跨学科培养的高校较少，超过一半的学生不清楚自己所在学科的培养方式。已开展跨学科培养的学科及其所在学校，大部分学校具备较清晰的培养目标，并通过跨学科研究项目的形式为学生提供了跨学科交流的机会，同时配备了跨学科研究所需的资源设备，但其在跨学科课程教学体系、跨学科专业实践、导师指导和管理考核制度等方面还有待提高。

（四）跨学科博士生的学业表现现状

1. 学业表现的观测指标及其调查结果

学业表现（Academic Performance）的概念较为复杂，通常与学业成绩、学业成就等概念密切相关。当前国内外高等教育领域关于学业表现的研究主要针对本科生群体，国外研究者们大多将学生学习水平看作学业表现展示的手段，比如一门课程的等级或是某个学科一组课程的平均成绩[1]，又或是以百分制或其他定量方式表示的所有课程的平均分。已有研究认为，本科生的学业表现可以用学生的考试成绩、最终课程等级和平均绩点（GPA）来测量。[2]

国内研究者则普遍认为学业表现是关于学生在校期间学习综合表现的直观反映，主要包括"学生课业考试成绩、作业完成情况、学习行为记录"[3]"课程表现及与学生学习相关的发展性表现[4] 等多种表现形式。国内已有研究大多将大学生学业表现具体操作化为："在校期间学习成绩、在校期间担任学生干部情况、在校期间获得奖励情况、在校期间英语水平[5]"，或是从学生"挂科门次、课程出勤率、校级活动参与率、获奖情况、课堂积极情况等方面进行衡量[6]"。综上，学业表现是学生在校期间学习进展、学习收获、学业成果的综合反映。

已有研究主要以绩点、学业成绩、获奖情况等作为衡量本科生学业表现的主要指标，而少有对博士生学业表现的研究。为此，本研究试图从学业表现维度入手，观测具有跨学科背景的博士生与非跨学科的博士生的在校期间学习综合表现的差异，以验证人们通常认为的跨学科学习的博士生知识素养、观察问题角度、科研创新能力比非跨学科学习的博士研究生更强这一常识。结合已有研究的观测指标并综合考虑博士生培养的总体目标，本研究将从国家奖学金、出国交流、公开做学术报告、科研产出、参加学术会议维度考察博士生的学业表现现状，并将非跨学科博士生的学业表现作为对照。其中，因科研论文存在发表作品形式的多样性，为便于统一，我们根据国内高校对学术评价的重视程度，对不同形式的作品赋予不同权重，折算的公式为产出量 =EI+CSCI+2*SCI+2*SSCI。[7]

调查结果（表 2-5）显示，在学业表现上，跨学科博士生和非跨学科博士生在"公开做学术报告""以第一作者身份发表论文""出国交流"和"参加学术会议"上存在显著差异，在"国家奖学金"和"科研产出"上没有显著差异。其中，从均值比较来看，非跨学科博士生在

①　LAVIN D. The Prediction of Academic Performance: A Theoretical Analysis and Review of Research［M］. New York: Russell Sage Foundation. 1965.

②　PASCARELLA E T, Terenzini P T. How College Affects Students: Vol2. A Third decade of Research［M］. San Francisco. CA: Jossey-Bass. 2005.

③　李俊堂 . 高中文理分科对大学生学业表现影响的研究［D］. 辽宁师范大学，2012.

④　刘进，贾慧卿 . 再论自主招生的科学性：基于对学生入校后学业表现的分析［J］. 上海教育科研，2016（09）：28-31.

⑤　高耀，刘志民，方鹏 . 家庭资本对大学生在校学业表现影响研究：基于江苏省 20 所高校的调研数据［J］. 高教探索，2011（01）：137-143.

⑥　仲小瑾，蒯海章，曾令霞 . 大学生学业表现与家庭背景关系的调查［J］. 南昌工程学院学报，2015，34（05）：108-112.

⑦　阎光才，牛梦虎 . 学术活力与高校教师职业生涯发展的阶段性特征［J］. 高等教育研究，2014，35（10）：29-37.

"公开做学术报告""以第一作者身份发表论文"和"国家奖学金"维度上表现略高于跨学科博士生。导致这一结果的原因可能是本次调查中低年级博士生的数据较多，而高年级的博士生数据较少，而博士生科研产出是渐进累积的过程，一般地，年级越高科研产出数量越多，进而获得国家奖学金的几率也就越大。总体看来，在学业表现上，跨学科博士生的学业表现要比非跨学科博士生差一些。

表 2-5　跨学科博士生与非跨学科博士生的学业表现对比

学业表现	跨学科博士生		非跨学科博士生		F
	平均值	标准差	平均值	标准差	
公开做学术报告	1.596	0.802	1.660	0.815	2.311*
以第一作者身份发表论文	2.055	1.185	2.155	1.181	0.313*
科研产出	2.013	3.452	2.175	3.257	1.608
国家奖学金	1.281	0.611	1.309	0.624	4.422
出国交流	1.212	0.535	1.262	0.599	20.208*
参加学术会议	4.188	7.796	3.710	6.593	2.062*

注：* 表示 $p<0.05$，** 表示 $p<0.01$，*** 表示 $p<0.001$。

2. 博士生读博动机分布情况

动机是引起和维持一个人的行为活动，并使之朝向某一目标的心理倾向。[1] 它是一种立体现象，由个人的执行能力和信念、个人完成任务的原因和目标及执行任务时的情绪反应所组成。[2] 在教育研究领域，入学动机是与满足人的需要密切相关的内在学习动力因素，动机通常转化为个体学习的意向、愿望和兴趣等[3]，影响个体的压力和情绪[4]，进而影响学生个体的学业表现与学业成就。[5] 本研究中设置了 8 个程度题调查博士生的读博动机，包括："满足研究兴趣""弥补不足""实现科研理想""发挥以往优势""获得就业机会""进高水平大学""随大流从众"及"机缘巧合"。

通过独立样本 T 检验（表 2-6）可知，跨学科博士生和非跨学科博士生的读博动机在"满足研究兴趣""弥补不足""实现科研理想""发挥学科优势""获得就业机会""进高水平大学"及"随大流从众"维度上存在显著差异。通过比较均值（图 2-6）可以看出，非跨学科博士生

① 黄希庭.心理学［M］.上海：上海教有出版社，1997：88.

② AMRAL K, MOTLAGH S E, ZALANI H A, et al. The relationship between academic motivation and academic achievement students［J］. Procedia-Social and Behavioral Sciences, 2011, 15: 399–402.

③ 楼成礼，傅志刚，邬小撑，等.论大学生的求学动机及其目标［J］.浙江师范大学学报：哲学社会科学版，1993（3）.

④ REEVE J. Understanding Motivation and Emotion［M］. Hoboken, NJ: John Wiley&Sons, 2014: 14.

⑤ SLAVIN R E. Educational psychology: theory and practice［J］. Educational Psychology Theory & Practice, 2003, 20(4): 513–514.

在"满足研究兴趣""弥补不足""实现科研理想""发挥以往优势""获得就业机会""进高水平大学"上的均值都高于跨学科博士生,而跨学科博士生在"随大流从众"维度上的均值要高于非跨学科博士生,且差异具有显著性。而横向比较跨学科博士生的各项读博动机的均值,可以看出其选择读博以"满足研究兴趣"和"获得就业机会"为主。

表 2-6   博士生读博动机分布

读博动机	跨学科博士生		非跨学科博士生		F
	平均值	标准差	平均值	标准差	
满足研究兴趣	3.47	1.36	3.74	1.25	60.04***
弥补不足	3.32	1.33	3.49	1.24	25.60***
实现科研理想	3.38	1.31	3.63	1.20	41.93***
发挥以往优势	3.35	1.29	3.69	1.22	29.11***
获得就业机会	3.47	1.34	3.66	1.29	13.12***
进高水平大学	3.33	1.35	3.46	1.29	10.77**
随大流从众	2.67	1.35	2.54	1.27	16.74**
机缘巧合	2.82	1.35	2.76	1.34	0.240

注:* 表示 $p < 0.05$,** 表示 $p < 0.01$,*** 表示 $p < 0.001$。

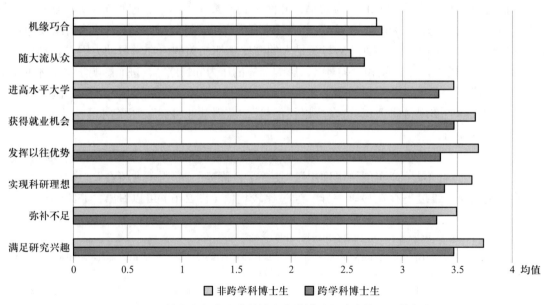

图 2-6   博士生与非跨学科博士生读博动机(均值,五等级)

（五）跨学科博士生科研能力现状

博士生培养质量是我国研究生教育领域的一个核心议题，培养质量提升的关键在于科研能力的发展。而对于博士生科研能力的考查当前主要存在两种做法，一种是科研成果观，许多研究者以博士生的论文发表数量和质量、学术著作、专利申请数量、获奖数量 [①] 及学位论文水平 [②] 等作为衡量指标，尽管这种做法的可操作性更强，但对博士生科研能力的理解存在窄化的嫌疑；另一种是能力要素观，这在博士学位授予的素质要求中体现最为明显，如我国 1981 年颁布的《中华人民共和国学位条例》及 2013 年国务院学位委员会制定的《一级学科博士、硕士学位基本要求》[③]，这两个文件都从学术道德与素养、基本知识及结构和基本学术能力等方面对博士生科研能力做出了具体要求。但其不足之处在于将博士生科研能力的要求局限于博士学位之上，并没有考虑到现代科学研究的发展趋势和变化特征。随着现代科学研究方式的改变及科学家职业能力内涵的变化，博士生教育面临新的挑战，培养什么规格的博士生以及如何培养适应科学职业新特征的博士生，是新时期博士生教育急需反思与改革的问题之一。面对当前知识经济时代发展的新特征，我们有必要从博士生成长内涵和未来科学研究发展趋势出发，重新审视我国博士生科研能力的培养情况，以此来发现博士生能力发展的问题及其影响因素，从而为培养符合未来科学发展需求的博士生提出针对性建议。

本次调查主要借鉴了李永刚构建的博士生研究者能力框架来考察博士生科研能力的现状，该框架是运用 Nvivo 分析技术对英、美和澳大利亚等 6 个国家的 66 项政策文本进行分析而成，文本主要来源于对现代科学职业变革做出响应的政府、专业学会、行业协会及研究型大学等发布的科研能力框架。该框架较好地体现了当代博士生教育发展趋势，具有较强的代表性和科学性。[④] 考虑到实际调查的可行性，本研究选取了其中具有代表性的关键性科研能力指标和未来职业发展需求的能力指标开展调查，具体指标见表 2-1。

1. 跨学科博士生的科研能力表现

博士生科研能力的培养是博士教育阶段的核心和关键。通过调查所获数据的独立样本 t 检验显示，跨学科博士生和非跨学科博士生在"学科知识与方法技能""科学思维与研究能力""合作与管理能力"维度的各个指标上存在显著差异。将跨学科博士生和非跨学科博士生的科研能力得分均值做比较（图 2-7）可以看出，跨学科博士生与非跨学科博士生的科研能力在各个题项上的均值分布趋势特征一致，其中"知识产权知识"和"学术人脉关系构建能力"两个题目上两个群体的得分均值都较低（均低于 3.4），而在"知识深度""研究原创性"和"沟通交往能力"上两个群体的得分均值较高（均高于 3.4）。但跨学科博士生在科研能力各个维度上的得分均值都显著低于非跨学科博士生。

① 彭安臣，沈红 . 博士生资助与博士生培养质量：基于 12 所大学问卷调查数据的实证分析［J］. 学位与研究生教育，2012（7）：53-60.

② 张国栋 . 博士生培养模式各要素与培养质量的关系的实证研究：以上海交通大学为例［J］. 研究生教育研究，2011（2）：21-24.

③ 国务院学位委员会第六届学科评议组 . 一级学科博士、硕士学位基本要求［M］. 北京：高等教育出版社，2014.

④ 李永刚 . 成为研究者：理科博士生素养与能力的形成［D］. 上海：华东师范大学，2018：75-82.

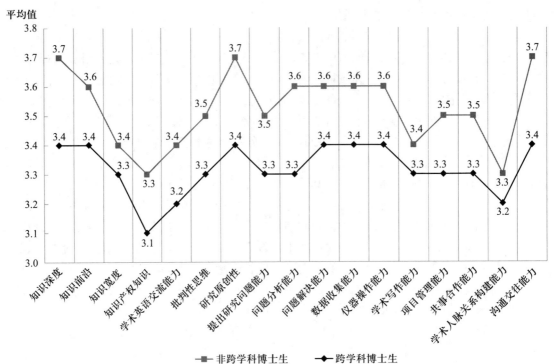

图 2-7　博士生科研能力表现情况（均值，五等级）

2. 博士生科研能力与读博动机的关系

博士生学业表现及发展与个体的学习动机密切相关，通过进一步分析不同读博动机与博士生科研能力的关系发现，读博动机在博士生科研能力上主效应显著（见表 2-7）。总体而言，为"满足研究兴趣"而选择读博的博士生在科研能力的各项指标上表现显著高于出于其他动机读博的学生，读博动机中"满足研究兴趣""弥补不足""实现科研理想""发挥以往优势""获得就业机会"及"进高水平大学"与科研能力的各项指标呈正相关，而与"随大流从众"或"机缘巧合"读博的博士生的科研能力呈负相关。值得注意的是，因"满足研究兴趣"和"实现科研理想"而选择读博的学生，读博动机与其"知识深度""知识前沿""研究原创性""问题解决能力"等呈高度正相关；博士生读博动机与"知识产权知识""学术人脉关系构建能力"及"共事合作能力"呈低度正相关；而在其余大多数维度上，读博动机与科研能力的指标呈中度正相关。

表 2-7　博士生入学动机与科研能力的相关性

科研能力	平均值	标准差	读博动机							
			满足研究兴趣	弥补不足	实现科研理想	发挥以往优势	获得就业机会	进高水平大学	随大流从众	机缘巧合
			皮尔逊相关性							
知识深度	3.566	1.131	.768**	.621**	.722**	.682**	.618**	.539**	−.468**	−.239**
知识前沿	3.518	1.099	.749**	.612**	.711**	.671**	.608**	.545**	−.448**	−.239**

续表

科研能力	平均值	标准差	读博动机							
			满足研究兴趣	弥补不足	实现科研理想	发挥以往优势	获得就业机会	进高水平大学	随大流从众	机缘巧合
			皮尔逊相关性							
知识宽度	3.334	1.026	.552**	.482**	.541**	.515**	.449**	.424**	−.280**	−.152**
知识产权知识	3.184	1.090	.332**	.335**	.348**	.338**	.297**	.307**	−.085*	−.062**
学术英语交流能力	3.300	1.035	.519**	.440**	.507**	.494**	.425**	.380**	−.272**	−.148**
批判性思维	3.394	1.023	.626**	.522**	.592**	.554**	.500*	.433**	−.363**	−.163**
研究原创性	3.554	1.199	.736**	.600**	.686**	.649**	.614**	.529**	−.483**	−.240**
问题分析能力	3.430	1.047	.671**	.553**	.640**	.610**	.537**	.486**	−.398**	−.210**
问题解决能力	3.486	1.083	.712**	.586**	.682**	.626**	.581**	.505**	−.433**	−.213**
提出研究问题能力	3.379	1.027	.655**	.544**	.637**	.595**	.518**	.481**	−.363**	−.182**
仪器操作能力	3.503	1.136	.610**	.508**	.589**	.567**	.540*	.447**	−.363**	−.168**
数据收集能力	3.515	1.075	.669**	.575**	.634**	.595**	.552*	.498**	−.385**	−.206**
学术写作能力	3.345	.971	.554**	.496**	.543**	.527**	.469**	.446**	−.274**	−.172**
项目管理能力	3.352	1.014	.572**	.499**	.560**	.533**	.480**	.440**	−.305**	−.164**
学术人脉关系构建能力	3.215	1.057	.381**	.360**	.388**	.368**	.290**	.331**	−.135**	−.091**
共事合作能力	3.397	1.072	.498**	.441**	.476**	.462**	.413**	.399**	−.249**	−.115**
沟通交往能力	3.552	1.096	.715**	.599**	.674**	.623**	.580**	.522**	−.438**	−.225**

注：* 表示 $p<0.05$，** 表示 $p<0.01$，*** 表示 $p<0.001$。

（六）博士生的跨学科研究能力

通过前文对跨学科概念的辨析可知，跨学科研究是指"为了回答和解决单一学科无法解决的复杂性问题或增进人们对基础性问题的理解，研究者将来自两个或两个以上学科或专业知识体系的数据、方法、工具、概念和理论进行整合并用于一个问题的研究。跨学科和多学科的区别在于，多学科是多种学科的方法、概念和知识的并列，学科与学科之间是独立的，而跨学科中的多个学科内部知识体系、方法论等层面的整合，是一个有机整合的整体。^①"两个或两个以上学科或专业知识体系的整合是鉴别跨学科研究的重要依据，以此类推，跨学科研究能力是指个体所具备的将两个或两个以上学科或专业知识体系的整合起来运用于研究或解决复杂问题的能力。

美国的跨学科研究是与研究生培养紧密结合在一起的，通过跨部门和机构的协作使得研究生在掌握主要领域专业知识的同时从事跨学科研究，以跨学科人才培养推动跨学科研究的发展。美国国家科学基金会（National Science Foundation，NSF）于1998年开始启动研究生教育与科研训练一体化项目（Integrative Graduate Education and Research Traineeship，IGERT），以竞争的方式鼓励高校申报，通过国家经费资助来推进研究生培养模式的转变并促进高校跨学科创新文化氛围的形成。这一项目的目标是"跨越传统的学科边界，创造富足的合作研究环境，催化研究生教育文化的转变""让培养的研究生具备跨学科的背景、深厚的学科知识，拥有个人的和专业的技能，成为科学与工程领域的研究领军人物以及创新变革动力"，同时使跨学科研究成果应用于社会需要，从而有益于全球社会发展。

这一项目实施后，美国研究者对项目实施的效果进行了调研，其中博雷格和纽斯万德对1999—2006年期间获得IGERT资助的117个项目计划书进行了基于内容分析的质性研究，根据分类编码整理出五个跨学科研究生教育的目标：多学科基础训练、跨学科视野和技能整合、团队合作、跨学科交流能力、批判意识。^②但关于批判意识在人文学科和理工科研究生培养中存在分歧，人文学科在跨学科培养研究生上更重视批判思维，而理工科则更看重团队工作。甘姆斯等人对IGERT项目进行了一个基于大范围调查的总结性研究，于2013年发布了《IGERT跨学科研究生应具备的基本能力报告》，将指导教师和学生共同认可的跨学科核心能力概括为以下六项：（1）对某一学科或研究领域形成深度认知的能力；（2）识别多学科优势和劣势的能力；（3）运用多学科的方法和工具解决问题的能力；（4）在由多种学科背景的个人组成的跨学科研究团队中工作的能力；（5）将某一学科或领域的研究传达给其他学科的学术研究者的能力；（6）将跨学科研究传达给非学术研究者（外行人）的能力^③。

在本次调查中，跨学科博士生是指具备两个或两个以上专业学习经历的博士研究生，将博士生划分为跨学科和非跨学科两个群体的依据是其既往的学习经历，而不是个体的研究能力。具有跨学科学习经历的跨学科博士生并不一定具备跨学科研究的能力，为了深入了解博士生跨学科能力的发展情况，本次调查在借鉴美国IGERT项目提出的研究生的跨学科核心能力指标的基础上设置了6个程度选择题，调查结果如表2-8所示。

---

① KLEIN J T, Schneider C G. Creating Interdisciplinary Campus Cultures: A Model For Strength and Sustainability［M］. JOSSEY-BASS/ASSOCIATION OF AMERICAN COLLEGES AND U, 2010: 181.

② BORREGO M, NEWSWANDER L. Definitions of interdisciplinary research: toward graduate-level interdisciplinary learning outcomes［J］. The review of higher education, 2012, 34(1): 61-84.

③ GAMSE B C, ESPINOSA L L, Roy R. Essential competencies for interdisciplinary graduate training in IGERT: final report［J］. Abt Associates, 2013.

表 2-8　博士生跨学科研究能力表现

跨学科能力	跨学科博士生		非跨学科博士生		F 值
	平均值	标准差	平均值	标准差	
学科基础理论深度认知	3.42	1.17	3.72	1.07	63.62***
识别不同学科的优势和劣势	3.37	1.16	3.31	1.14	4.50
向其他学科研究者介绍研究成果	3.39	1.14	3.56	1.03	38.02***
向普通大众介绍研究成果	3.34	1.12	3.50	1.06	12.92***
与跨学科团队成员合作	3.34	1.12	3.46	1.01	26.23**
运用多学科方法解决问题	3.29	1.07	3.45	1.00	13.65***

注：* 表示 $p < 0.05$，** 表示 $p < 0.01$，*** 表示 $p < 0.001$。

　　跨学科博士生和非跨学科博士生在跨学科研究能力的各项指标上存在差异，尤其是在"学科基础理论深度认知""向其他学科研究者介绍研究成果""向普通大众介绍研究成果""与跨学科团队成员合作"及"运用多学科方法解决问题"维度上存在显著差异，但在"识别不同学科的优势与劣势"上不存在显著差异。比较两组均值可以看出，在具有显著性差异的题项上，非跨学科博士生跨学科研究能力得分均值都高于跨学科博士生。出现这一结果可能的原因是：低年级的博士生样本数据较多，高年级的样本数据较少，因此跨学科研究能力的表现不显著。低年级的跨学科博士生在博士阶段的学习过程中，面临不同学科专业之间的巨大差异，因此需要花费更多的时间精力去熟悉新学科的基础知识与研究范式，这一阶段的跨学科博士生往往处在弥补当前学科基础知识不足的阶段，而无法整合多个学科的知识与方法并将其运用于实际问题研究中。而高年级的博士生在掌握了多个学科知识与方法的基础上，经历了新学科研究范式的专业训练之后，面对复杂的问题，在研究过程中自然会借鉴其他学科的概念、方法与数据等，因而其跨学科研究能力表现更好。

四、研究结论与对策

（一）研究结论

1. 跨学科博士生、跨学科导师及其所在学校的跨学科培养情况

　　通过调查数据分析，本研究发现当前我国一流大学建设高校和一流学科建设高校跨学科博士生及其培养情况分布具有如下特征：

　　（1）具有跨学科学习经历的博士生以 25~29 岁的男生为主，主要通过申请考核方式入学且大多进入了原"985 工程"学校的重点学科或实验室，以从事基础研究为主，学科门类集中分布在理工类。但通过与非跨学科博士生分布特征对比发现，跨学科博士生中以申请考核方式入学的多，而非跨学科博士生以硕博连读的入学方式为主；学科门类分布上，哲学、经济学、法学、教育学、理学、管理学门类的跨学科博士生人数较多，文学、历史学、工学、农学和医

学门类的非跨学科博士生数量较多。

（2）按跨学科门类级别分，跨学科博士生中以跨学科门类（46.6%）的形式为主。按跨学科时间阶段划分，跨学科类型以硕士阶段跨学科为主（24.05%）。具体来看，同一学科门类下跨一级学科的学生占比27.2%，同一级学科下跨二级学科的学生占比26.4%。本科与硕士阶段专业相同、而博士阶段专业不同的学生占比11.42%；本科和博士阶段学科专业相同、而硕士阶段不同的学生仅占比1.8%；本科、硕士和博士三个阶段学科专业均不同的学生占比9.68%。

（3）具有跨学科背景和非跨学科背景的导师比例相当，分别占总样本的44.1%和42.4%。具有跨学科背景的博士生导师中，教师职称以教授/研究员为主（96.3%），导师队伍中以省级及以上重要人才称号获得者（59.5%）为主。但值得注意的是，跨学科背景的导师获得两院院士荣誉称号的数量略多于非跨学科背景的博士生导师。

（4）当前我国一流大学建设高校和一流学科建设高校的博士生跨学科培养开展较少（21.1%），且从博士生的评价来看，已经开展跨学科培养的高校跨学科培养质量不高。其中，"培养目标""跨学科研究项目""学术交流机会"及"跨学科资源设备"等方面的得分均值较高，均值分别为：3.47、3.43、3.42、3.42。而在"课程教学体系""跨学科专业实践""导师指导""制度规范"及"考核评价制度"的得分均值较低，分别是3.37、3.34、3.38和3.33、3.36。

2. 跨学科博士生学业表现及其存在的问题

通过与非跨学科博士生的对比，研究发现，具有跨学科学习经历的博士生在学业表现、科研能力、跨学科研究能力上具有以下问题与不足：

（1）与非跨学科博士生的学业表现相比，跨学科博士生的学业表现的得分较低。具体来看，跨学科博士生和非跨学科博士生在"公开做学术报告""以第一作者身份发表论文""出国交流"和"参加学术会议"上存在显著差异，在"国家奖学金"和"科研产出"上没有显著差异。通过均值比较可以看出，非跨学科博士生在"公开做学术报告""以第一作者身份发表论文"和"国家奖学金"维度上表现略高于跨学科博士生。这一结果可能是本次调查样本分布的年级偏差导致的。本次调查中跨学科博士生群体中一年级学生的数据较多，而高年级的博士生数据较少，博士生科研成果产出是渐进累积的过程，一般说来年级越高的博士生科研成果产出数量越多，获得国家奖学金的次数也就越多。

（2）跨学科博士生整体的科研能力表现相对较弱。独立样本t检验显示，跨学科博士生和非跨学科博士生在"学科知识与方法技能""科学思维与研究能力""合作与管理能力"的各个指标上存在显著差异。将跨学科博士生和非跨学科博士生的科研能力得分均值做比较可以看出，跨学科博士生与非跨学科博士生的科研能力在"知识产权知识"和"学术人脉关系构建能力"两个题目上均值较低，在"知识深度""研究原创性"和"沟通交往能力"上均值较高。读博动机可能是造成跨学科博士生科研能力水平低于非跨学科博士生的原因之一。数据显示，读博动机对博士生科研能力有显著影响，非跨学科博士生得分均值较高的读博动机（"满足研究兴趣""弥补不足""实现科研理想""发挥以往优势""获得就业机会"及"进高水平大学"）与博士生科研能力成高度或中度正相关，跨学科博士生读博动机选择较多的"随大流从众""机缘巧合"与博士生科研能力成中度负相关或不相关。非跨学科博士生在与科研能力成高度或中度正相关的读博动机中的得分均值高于跨学科博士生。

（3）跨学科博士生的跨学科研究能力与非跨学科博士生有显著差异。相比于非跨学科的博士生，具有跨学科学习经历的博士生的跨学科研究能力相对较弱。在"学科基础理论深度认知""向其他学科研究者介绍研究成果""向普通大众介绍研究成果""与跨学科团队成员合作"及"运用多学科方法解决问题"题项上，非跨学科博士生跨学科研究能力得分均值都高于跨学科博士生。造成这一结果的原因可能是跨学科研究能力与科研能力具有一定程度上的内部一致性，在非跨学科博士生科研能力相对较高的前提下，跨学科博士生的跨学科研究能力就会相对较弱。本研究中的跨学科博士生是指具备两个及以上专业学习经历的博士生，研究结果也证实了具备跨学科学习经历的博士生不一定具备整合多学科知识并开展跨学科研究的能力，博士生跨学科研究能力的培养还需要高校跨学科培养体制机制的进一步建立健全。

（4）调查显示，目前高校对博士生开展跨学科培养的较少，已经开展跨学科培养的高校仍存在一些问题。从博士生评价得分的均值来看，高校跨学科培养的问题主要表现为：课程教学体系不够完善，缺乏跨学科专业实践和导师指导，考核评价制度与制度规范化程度还有待提高。

（二）对策建议

1. 高校及导师对跨学科博士生的招生应当慎重

本次调查数据显示，跨学科学习经历对我国博士生学业表现的提升与科研能力的提高并没有带来明显的积极影响。由于"跨学科的研究生没有受过对不同学科的知识与方法进行交叉融合使用的正规训练，缺乏跨学科知识与方法的修习，其培养目标的实现将更多地依赖于研究生个体本身对不同学科知识与方法的交叉使用[1]。"因此，学校与导师在跨学科博士生招收时应充分考虑学生的专业基础与特长优势。在跨学科博士生的招收与培养问题上，导师招生时可适当考虑学生原专业与本专业的相关性，针对不同类型的跨学科博士生的培养应采取不同的策略。

2. 高校应当首先明确跨学科博士生的培养目标

博士研究生的培养是以特定领域高深学问的获取、专业知识的掌握及从事相关研究的科研能力培养为主要目标[2]。培养特定研究领域或方向的专业人才是这一阶段的首要任务，我们必须明确，博士研究生教育是高度专门化的学科训练，专、深与精是其前提，即需要培养特定学科乃至某个方向具有高深造诣的专业人才。即使是一定程度的"博"与"通"，其内涵也不同于其他阶段的教育，基础上，首先以学科或专业为主要培养单位，提升博士生从事学术研究的专业能力，而后再以跨学科研究项目为依托，训练学生从多学科视角研究复杂问题的意识和能力，但考虑到博士阶段学生的学习精力有限，因而对本专业以外的其他学科知识的掌握不必达到精深的程度，而应使其成为博士生从事科学研究过程中看待问题的方法和视角。

3. 跨学科人才培养要以跨学科研究项目为主要依托

以跨学科研究项目为依托的人才培养模式突破了传统学科的边界，这种以研究问题为中心的学习训练方式放弃了制度化的诉求，避免了与传统学科制度的冲突[3]，有助于跨学科人才的

① 高磊，赵文华. 学科交叉研究生培养的特性、动力及模式探析［J］.研究生教育研究，2014（03）：32-36.

② 王雪双，王璐. 美国博士生人才培养模式革新—以匹兹堡大学教育学院为个案［J］.高教探索，2021（01）：77-82.

③ 李雪飞，程永波. 交叉学科研究生培养的三种模式及其评析［J］.学位与研究生教育，2011（08）：10-15.

培养。在项目开展的过程中，博士生以参与人或研究助手的身份自然地进入到学习与研究的过程，完成跨学科研究训练，从而提升其跨学科研究能力。为此，我国越来越多的高校尝试打破原有资源配置模式，以科研项目为牵引开展新型工程人才的培养。①

4. 跨学科博士生的培养还需要加强跨学科导师指导

研究表明，跨学科导师的指导和同伴支持为博士生跨学科能力的培养提供了有效的环境支撑。②导师指导是跨学科研究生教育的重要影响因素，导师指导有助于博士研究生建构跨学科身份认同。目前导师对跨学科研究生指导主要有两种形式：第一种以导师现有的跨学科研究项目为基础，维持单一导师。相对来说这种方法比较容易实现资源调配，但导师本人的跨学科视野和指导能力迫切需要提升。另一种是以跨学科研究生培养为中心，以学生提出的跨学科研究计划为基础，寻找不同学科领域对此感兴趣的导师组合在一起对其进行指导，在学生身上产生跨学科整合。导师从各自专长出发对学生的指导可以使其摆脱单一的学科视野和思维方式，有助于学生为从事跨学科研究做好准备。这一方式比较灵活，但需要有专门的跨学科研究基金资助，也有赖于导师组成员之间良好的关系。北美的高校日益倾向采用这种方式，因其相信博士生会成为未来的学者，知识和能力在个人身上的整合才能带来真正的跨学科身份认同，这是人才培养的趋势和方向。③

5. 高校应尽可能地为博士生提供跨学科能力培养所需的学术交流机会和平台

跨学科学术交流活动是科研人员交流互动的有效途径，不仅有助于促成不同学科专家之间的思维碰撞，同时促进了不同学科之间的交流与融合，还为跨学科合作研究奠定了基础。北京大学通过举办生物医学跨学科讲座、跨学科学术研讨会等形式为不同学科的专家、学生搭建学术交流的平台，多种形式的跨学科学术交流促进了科研合作，也有助于跨学科人才的培养。④由此可见，跨学科学术交流活动是科研人员交流互动的有效途径，不仅有助于促成不同学科专家之间的思维碰撞，同时促进了不同学科之间的交流与融合，还为跨学科合作研究奠定了基础。高校可以通过组织跨学科学术交流活动进一步发挥平台优势与多学科优势，增强不同学科领域的研究者与博士生之间的交流互动，将科学研究与人才培养工作紧密结合。

6. 高校应为学生提供更多跨学科的社会实践机会

研究发现，学生亲自动手实践的机会是影响研究生跨学科能力发展的重要因素之一。⑤跨学科社会实践为博士生创设了需要其投入多学科知识与方法解决问题的情境，通过实践运用进一步提升跨学科研究能力。借鉴美国的 IGERT 项目的实施经验可以发现，跨学科的实践活动

① 王雪，何海燕，栗苹，等."双一流"建设高校面向新兴交叉领域跨学科培养人才研究：基于定性比较分析法（QCA）的实证分析［J］.中国高教研究，2019（12）：21-28.

② RYAN M M, YEUNG R S, BASS M, et al. Developing research capacity among graduate students in an interdisciplinary environment［J］. Higher education research development, 2012, 31(4): 557–569.

③ 徐岚，陶涛.跨学科研究生教育培养模式创新：以能力和身份认同为核心［J］.厦门大学学报（哲学社会科学版），2018（02）：65-74.

④ 刘小鹏，魏朋.跨学科学术交流对科研合作及研究生培养的影响初探：以北京大学生物医学跨学科讲座为例［J］.北京大学学报（自然科学版），2015，51（03）：571-576.

⑤ Ryan M M, Yeung R S, Bass M, et al. Developing research capacity among graduate students in an interdisciplinary environment［J］. Higher Education Research Development, 2012, 3(4): 557–569.

主要包括实验室和田野调查、在非学术机构中实习和其他面向社区的拓展活动。[①] 美国高校通过安排跨学科研究生去非学术机构实习，使其走出自己的常态适应区，和来自不同机构背景的专家一起进入一种"问题解决"的环境，提高将跨学科理论知识和技能应用于实践的能力，发展职业能力，拓展就业空间，为突破学术机构的求职奠定基础。例如：宾夕法尼亚州立大学帕克校区的"大数据社会科学——基于社会数据分析的 IGERT 项目"，要求学生在暑期进行校外实习，其中至少一次是在非学术研究机构，如私人企业、政府机构或者非营利机构等，以了解跨学科研究成果如何转化为社会生产效益。

　　此外，美国高校跨学科研究生有时还要在社区开展基于问题解决的田野调查、宣传讲座或科普工作等，这也为研究生提供了教学专业能力发展的机会。例如：加州大学河滨分校的"水资源：社会、工程和自然科学的共同作用"项目让学生作为评委参与当地中小学的科学博览会，加利福尼亚大学戴维斯分校的"气候变化、水和社会研究"项目要求学生参与"环境领袖计划活动"等拓展活动。高校应为博士生提供更多的跨学科实践机会，将博士生置于解决复杂问题的情境下，以此提升其跨学科研究能力。

（执笔：黄玲）

---

　　① 徐岚，陶涛，周笑南. 跨学科研究生核心能力及其培养途径：基于美国 IGERT 项目的分析 [J]. 学位与研究生教育，2018（05）：61-68.

导师跨学科研究与学生胜任力的研究

一、导　　言

在当今科学研究领域，科学发展的内驱力和解决复杂、综合现实问题的外驱力，促使科学研究突破单一学科的研究模式转向跨学科的研究模式，同时也推动科学研究向合作化方向发展。大学是知识生产和跨学科科研合作的主要阵地。2017 年 1 月，教育部等联合印发的《统筹推进世界一流大学和一流学科建设实施办法（暂行）》明确指出，面向国家重大战略需求，面向经济社会主战场，面向世界科技发展前沿，突出建设的质量效益、社会贡献度和国际影响力，突出学科交叉融合和协同创新，突出与产业发展、社会需求、科技前沿紧密衔接。由此可见，我国政府对跨学科研究和科研合作也愈来愈重视。相比于独自研究的形式，科研合作显著有助于提高大学组织声誉和创新能力[①]，发挥协作创新的积极作用，这为大学提升科研实力提供了重要途径。跨学科研究成为科学发展和学术交流的重要途径，也是提升高校科研综合实力和服务国家创新发展战略的关键形式。

本专题研究在跨学科科研政策和相关研究文献梳理的基础上，通过对导师的问卷调查的设计、发放和回收，相关问卷数据的深度分析，了解跨学科研究的特征及课题开展的过程，并结合目前跨学科课题的科研生产水平，分别在导师和高校两个层面上从跨学科开展过程内部，分析影响跨学科研究意愿与科研生产力的因素及其相关机制。此外，研究从导师的视角了解了研究生在参与课题过程中的胜任力水平，通过明确研究生胜任力与课题要求之间的差异，明确在研究生培养过程中应注意的能力培养部分。同时结合研究生导师指导过程和所获得的教学过程，探寻跨学科人才培养过程中的合理机制。

本专题内容分为八个部分。第一部分梳理了跨学科研究的相关政策和已有研究内容，第二和第三部分分别描述了研究问卷与样本，以及参与的研究生导师的基本特征，第四和第五部分关注跨学科研究的主要特征及其开展过程，第六部分详细分析了跨学科研究中研究生的胜任力水平，第七部分集中从跨学科参与意愿与科研生产力、高校政策力度和效果、研究生胜任力的作用及其培养机制三个方面完成相应的回归分析，为解释目前我国跨学科科研开展的问题提供了详细的依据，最后一部分为总结和政策建议。

（一）政策梳理

1. 国家政策

在 20 世纪 90 年代，我国高等教育开展"共建、调整、合作、合并"，以此助推大学学科

---

① 石军伟，付海艳. 激励机制、科研合作网络与大学声誉之间的关系研究［J］. 教育研究，2012，33（01）：81–88.

的结构调整和跨学科研究的深入开展，取得了一定成效。

2001 年 3 月，科技部等五部门联合印发了《关于加强基础研究工作的若干意见》（以下简称《意见》），《意见》指出基础研究的发展有赖于学科的长期积累，要重视学科建设，要破除学科壁垒和学科保护主义，大力推动和加强学科交叉研究，积极鼓励和支持新兴学科和交叉学科的发展，促进自然科学与社会科学的交叉融合，努力在世界科学前沿形成我国的新优势。同时《意见》还指出了科学研究工作与学科建设之间的紧密联系，提升科研能力需要高校优化学科布局，促进学科交叉融合。

2006 年 2 月，国务院发布了《国家中长期科学和技术发展规划纲要（2006—2020 年）》，明确指出对基础学科进行全面布局，突出学科交叉、融合与渗透，培育新的学科生长点；基础学科之间、基础学科与应用学科、科学与技术、自然科学与人文社会科学的交叉与融合，往往催生重大科学发现和新兴学科的产生，是科学研究中最活跃的部分之一，要给予高度关注和重点部署；根据国家重大战略需求，在新兴前沿交叉领域和具有我国特色和优势的领域，主要依托国家科研院所和研究型大学，建设若干队伍强、水平高、学科综合交叉的国家实验室和其他科学研究实验基地。从国家宏观层面，再次强调学科交叉融合有助于新兴学科的产生和科学研究的发展，同时政府提出依托国家科研院所和研究型大学加强科技基础条件平台建设。

2010 年 7 月，国家中长期教育改革和发展规划纲要工作小组办公室发布了《国家中长期教育改革和发展规划纲要（2010—2020 年）》，明确指出提升科学研究水平，需要充分发挥高校在国家创新体系中的重要作用，推动高校创新组织模式，培育跨学科、跨领域的科研与教学相结合的团队。国家充分认可高校科研人员的创新能力，推动高校创新跨学科组织模式，同时支持培育科研与教学相结合的跨学科团队。

2012 年，教育部实施了"2011 协同创新中心计划"，旨在提升高等学校的跨学科协同创新能力，但效果并不显著。2017 年 1 月 24 日，教育部、财政部、国家发展改革委联合印发了《统筹推进世界一流大学和一流学科建设实施办法（暂行）》，明确提出"双一流"大学应加快学科布局与建设，在保持传统优势学科发展基础上，促进学科交叉融合，以带动学科整体水平提升和布局优化。广大高校顺应国家重大战略发展的要求和世界科技发展的需要，突出学科交叉融合和协同创新，高校跨学科建设的地位和作用得到明确和认可。国家的"双一流"建设计划顺应了大学知识生产模式变革的趋势，把加强学科交叉融合发展作为建设"双一流"的重要举措。

2018 年 8 月，教育部等联合印发的《关于高等学校加快"双一流"建设的指导意见》明确提出，"双一流"建设高校要制定跨学科人才培养方案，探索高层次复合型人才培养机制；要优化学科布局，立足学校办学定位和学科发展规律，打破传统学科之间的壁垒，促进基础学科、应用学科交叉融合，在前沿和交叉学科领域培植新的学科生长点；突出一流科研对一流大学建设的支撑作用，促进基础研究和应用研究融通创新、全面发展、重点突破；强化科研育人，促进知识学习与科学研究、能力培养的有机结合，探索跨院系、跨学科、跨专业交叉培养创新创业人才机制；要创新学科组织模式，围绕重大项目和重大研究问题组建学科，瞄准国家重大战略和学科前沿发展方向，依托科技创新平台、研究中心等，整合多学科人才团队资源，组建交叉学科，促进哲学社会科学、自然科学、工程技术之间的交叉融合。该指导意见从人才培养、学科建设、科学研究三大方面指出跨学科研究和跨学科教育的发展方向和地位作用，将学科交叉融合与科研创新、高层次人才培育紧密连接，并强调科研育人的人才培养机制。

至此，高校开展跨学科教育与研究，瞄准科学前沿和国家发展的重点需求，推动国家创新驱动战略，重视复合型创新人才的培养，提升大学科研适应社会发展能力等，上升为国家战略。

2. 高校政策与管理体制

伴随着《国家中长期科学和技术发展规划纲要（2006—2020年）》和《关于高等学校加快"双一流"建设的指导意见》等政策文件的出台，我国研究性大学也相应制定出高校发展规划和"双一流"高校建设方案，可以从学科建设、科学研究、人才培养三大方面反映出高校跨学科研究和教育的发展。

（1）加强学科建设，优化学科布局

高校结合自身学科特点和学科优势，构建一流的学科体系，夯实基础学科的基础，促进学科交叉融合和培育新的学科增长点，发挥新兴交叉学科先锋引领作用，产出一流的学科成果。华东师范大学坚持"分类支持、均衡发展、重点突破、整体推进"，推动学科交叉和协同创新；推进学科内部不同方向领域的交叉与融合，建立健全交叉学科单独立项制度；发挥优势主干学科辐射带动作用、其他学科支撑联动作用，促进优势学科之间、优势学科与支撑学科之间、基础学科与应用学科之间、自然科学与人文社会科学之间的深度交叉融合。华中科技大学设立交叉学科研究基金，强化跨学科研究机制建设；面向国家重大需求，以国家重大科研项目为抓手，有组织开展学科交叉；利用大科学平台，促进新兴交叉学科发展。复旦大学在完成了现代大学制度建设与综合改革的任务后，又在学科融合与交叉上实施了新的战略，近年来又加快了新工科学科布局速度，促进学科融合创新形成新兴学科门类，推动若干学科方向或领域跻身世界一流学科前列，初步建成了具有中国特色的世界一流大学。油气地的学科研究领域作为中国石油大学的特色学科，也通过学科交叉和融合，促进新兴交叉学科的发展，培育新的学科增长点，打造全国领先的一流学科，形成独特的学科特色。

（2）培养复合型拔尖人才，探索跨学科人才培养机制

高校需要培养出复合型拔尖人才以满足跨学科研究的需要，跨学科教育是培养复合型高层次人才的重要途径，我国研究型大学正在不断探索跨学科人才培养机制。中国科学技术大学在该校的"十三五"改革发展总体规划中指出，进一步促进学科交叉及教育与科研的深度融合，形成一批"特色鲜明、优势互补"的科教融合一流学科群，探索符合科教融合特色的体制机制和创新文化，培养拔尖创新英才。浙江大学在一流大学建设方案中提出，组建多元化、交叉型的课程委员会，促进学科交叉和跨界知识融合，推进复合型人才培养模式试点；打破学科壁垒，形成项目导向，推进"多学科交叉人才培养卓越中心"建设试点，搭建交叉复合型拔尖创新人才培养平台。复旦大学则根据"大类招生、通识教育、专业培养、多元发展"原则构筑的厚基础、高质量的多元育人体系设立"2+X"本科培养体系。其中"X"指基于学生个性化成长需求，在学分制下提供专业进阶、跨学科发展、创新创业等多种发展路径，更好地为学生创造专兼结合、互相贯通的多元发展空间。中国石油大学则在博士与硕士学位授予与培养计划上进行了跨学科的建设，以适应国家的人才需要与人才培养平台的发展，中国石油大学设置并调整了授予博士、硕士学位的交叉学科，设置新能源科学与工程、海洋资源与信息工程、应用数学与能源数据科学、能源物理科学与技术等9个交叉学科博士点，集中搭建新能源类、信息

类、能源软科学类学科交叉融合高端发展平台。

（3）科研创新发展，探索跨学科研究创新机制

面对国家战略发展的要求和科学技术发展的需求，高校发挥协同创新的先锋作用。高校探索跨学科研究的组织管理新机制，建立跨学科研究的创新平台和组织机构，支持和设立跨学科研究的项目，完善跨学科研究的评价机制，提升高校创新能力。中国科学技术大学适应不同类型科研活动特点、跨学科层面的科研组织模式，形成以重点科研机构（国家实验室、国家重点实验室、中国科学院重点实验室）为核心，以学院为支撑，以科研活动为导向，以人员互聘流动为纽带的网格化、校院两级管理体系；在鼓励科研人员面向世界科技前沿积极开展以兴趣为导向自由探索的同时，依托重点科研机构加强以国家需求为目标导向的创新团队建设，推动以重大产出为导向的跨学科协同创新。浙江大学加大标志性成果政策引导力度，构建"质量优先导向、分类分层分段、合作成果共享"的新型科研评估体系，加大对承担重大项目、获得国家奖和省部级一等奖、发表高引论文、出版精品力作的奖励力度；完善教师校内兼聘办法，优化教师跨学科的学术评价和成果共享机制；推动建设一批重大科技平台基地，促进学科、人才、科研的融合互动，发挥学校在之江实验室建设中的核心作用，推进相关领域国家实验室筹建工作，打造一批交叉学科导向的国家重点实验室和创新平台。华中科技大学设立专项培育基金，建立科研大团队的引导机制，建立健全跨院（系）人员聘任和评价制度；立足国家需求，瞄准优势领域，建设了 10 个跨学科团队，予以重点支持，形成具有引领性的重大科技成果。复旦大学也在学科前沿领域和科技战略制高点布局，拓展学科前沿。通过理科、工科和医科优势学科，对接国家和上海科技创新驱动战略，整合全球优势资源，形成若干具有全球影响力的科技研究中心，推动国家科技创新发展。

（二）概念界定

跨学科的定义具有狭义和广义之分。狭义的跨学科与多学科相区分，多学科强调多个学科的视角，是多个学科知识的整合和重组，并没有明确学科之间的关系，也没有形成多个学科内容基础上的知识上的增加。而跨学科则使得多个学科之间形成一种协调关系，它强调通过学科之间的交流、沟通、协调与合作，形成学科之间的融合，打破原有学科之间的壁垒，实现理论上的整合。[①] 与之对应地，跨学科研究则强调运用两个或多个学科之间的相互借换和合作解决，形成学科之间的沟通桥梁，从而打破学科界限的整合活动。[②]

从广义上来看，跨学科研究（Inter-disciplinary Research）可以被定义为交叉学科（Cross-disciplinary）、多学科（Multi-disciplinary）、跨学科（Inter-disciplinary）、横断学科（Trans-disciplinary）和复杂学科（Pluri-disciplinary）等研究的统合概念。较多被认可的定义有三个，分别是克莱因和纽维尔（Klein & Newell）的定义、美国科学院协会（the National Academy）的定义、曼斯拉（Veronica Boix Mansilla）的定义。刘小宝和刘仲林对三个定义进行了归纳和总结。总体来看，跨学科研究首先是一项研究活动，受到研究问题的复杂性影响，需要借助不同学科的视角，运用不同学科的信息、工具、数据、技术、观点、概念或理论加以理解和探索，

---

① 刘仲林.现代交叉科学 ［M］.杭州：浙江教育出版社，1998.

② 金吾伦.跨学科研究引论 ［M］.北京：中央编译出版社，1997.

从而实现思想和方法上的整合。① 根据学科交叉的程度，跨学科可分为工具借用型跨学科、学科合成型跨学科和超学科。② 本研究主要选取跨学科的广义定义，只要是借助两个以上学科的知识或方法的研究，均被定义为跨学科研究。

跨学科科研合作是跨学科研究开展的主要形式。国外学者 Frank 提出，跨学科科研合作是来自不同学科的研究人员之间旨在共同创生新知识的合作。③ 国内学者曾粤亮和司莉认为，跨学科科研合作是指不同学科的研究者以研究问题为导向，通过不同形式的合作开展学术研究活动，实现知识共享和融合，并产生有价值的研究成果。④ 在比较科研合作和跨学科科研合作之间的概念后，本研究发现，跨学科科研合作更强调的是不同学科领域的科研人员或组织的合作，这也正体现了科研合作的跨学科性。在跨学科科研合作的研究中，也面临着同样一个问题，跨学科间的论文引用是否属于跨学科科研合作。本研究认为，理想的跨学科科研合作需要科研人员的参与，在合作过程中不同学科科研人员共享知识、思想、方法，以实现解决复杂研究问题的目标，因此跨学科科研合作更注重于不同学科研究人员在课题项目中的合作。

（三）文献综述

1. 我国跨学科研究的特征

随着单学科研究越来越难以解决相对复杂的科学问题，借助相邻学科的跨学科研究逐步得以发展。结合跨学科的定义，学者总结了跨学科研究的特点。

首先，从科学知识的角度，跨学科研究形成以研究问题为导向，以"找寻焦点、建立融合、挖掘共源、扩大境界、灵活应用"的方式⑤，完成科学知识的整合的过程。⑥ 这种整合要求研究者可以个体通过知识联想、迁移与整合、思维的发散与收敛等方式打破原有的思维习惯，依靠综合性的研究能力和处理能力，形成原创、新颖且有价值的解决方案。因此，跨学科研究对研究者科研创新力的要求是较高的。

其次，从研究开展的角度，跨学科研究强调学科之间及学科分支之间的合作。通过打破学科壁垒，实现交流、沟通、协调，实现学科之间的交叉和融合，达成学科间密切作用和共赢的目的。⑦ 这种合作的特点则意味着更多研究者会通过彼此之间相互协作的方式完成跨学科研究。因此，跨学科研究对研究者之间的交流和合作提出了较高的要求。

---

① 刘小宝，刘仲林. 跨学科研究前沿理论动态：学术背景和理论焦点［J］. 浙江大学学报（人文社会科学版），2012，42（06）：16-26.

② Stark J S. Creating Interdisciplinarity: Interdisciplinary Research and Teaching among College and University Faculty［J］. Vanderbilt University Press, VU Station B 351813, Nashville, TN 37235-1813 (paperback: ISBN-0-8265-1383-2, $24. 95; hardback: ISBN-0-8265-1367-0, $49. 95).

③ Rijnsoever F, Hessels L K. Factors Associated with Disciplinary and Interdisciplinary Research Collaboration［J］. Research Policy, 2011, 40(3): 463-472.

④ 曾粤亮，司莉. 组织视角下跨学科科研合作运行机制研究：以斯坦福大学跨学科研究机构为例［J］. 图书与情报，2020（02）：64-75.

⑤ 成中英. 交叉科学研究方法的重要性［M］// 刘仲林. 中国交叉科学（第1卷）. 北京：科学出版社，2006.

⑥ 刘小宝，刘仲林. 跨学科研究前沿理论动态：学术背景和理论焦点［J］. 浙江大学学报（人文社会科学版），2012，42（06）：16-26.

⑦ 汤晓蒙，刘晖. 从"多学科"研究走向"跨学科"研究：高等教育学科的方法论转向［J］. 教育研究，2014，35（12）：24-29.

随着跨学科研究的增多，学者们日益重视和关注跨学科科研合作的特征及其演进变化。因为跨学科科研合作的复杂性，学者们利用文献检索数据库中期刊论文的信息将科研合作的跨学科性以科学计量的方法呈现，探究某一学科或某一研究领域的跨学科科研合作的特征和演进。其中，社会网络分析是一种广泛应用于多学科的社会学分析方法，在高等教育领域研究中，被应用于科研合作模式和知识主客体网络分析[①]，揭示合作主体的特征和科研人员所共同关注的研究主题，进而探讨跨学科科研合作与科研产出数量、质量的关系。运用社会网络分析方法，可以直观地呈现跨学科科研合作者的网络结构图，包括网络密度、节点大小、连接线等，反映了跨学科合作研究的合作密切度、合作者或组织的数量、合作者或组织的网络关系及合作稳定性等。已有研究除从引文或文献出发分析跨学科研究的合作特征外，也会从学者个人的学术背景和作者合作情况调查分析跨学科研究的合作特征。

学者依据学科属性和特征，将跨学科研究细分为近邻学科研究和远缘学科研究，以区分不同类型合作模式的差异。王续琨等学者认为，近邻学科研究是指在哲学科学、社会科学、思维科学、数学科学、自然科学、系统科学各个学科内部进行跨学科研究，远缘学科研究则是指人文社会科学与自然科学两个知识板块之间的跨学科研究。[②] 由此可知，远缘跨学科研究的学科跨度更大，其合作者所属的学科跨距更大，则学术共同体内部的概念、方法、技术、价值观等差异更加明显，尤其是学科文化的不同。陈敏等学者以我国清华大学、北京大学等七所研究型大学为调查对象，发现这七所大学都已经形成了远缘跨学科研究网络，但是社会网络联通性并不畅通，远缘跨学科研究的社会网络稳定性较差；在合作网络中管理学科是开展远缘跨学科研究最集中的学科，而工程的综合性未能充分体现在合作网络中。[③]

在科学发展和社会问题复杂化、综合化的背景下，我国高校顺应时代发展需要，科学研究呈现出远缘跨学科科研合作的特征。与国外高校跨学科科研合作相比，我国远缘跨学科合作基础较弱，明显体现在科研合作论文数量较少和社会网络规模较小；此外，远缘跨学科合作的广泛性较弱且合作密切程度较低，国内大学远缘跨学科合作主要以管理学院为主，合作主体比较单一，其他学院参与较少且合作稳定性较弱。[④] 提升国家创新能力和促进科学发展，依赖于跨学科科研合作的推进，而我国跨学科科研合作还处于探索发展期，可以通过借鉴国外跨学科科研合作模式，促进我国跨学科科研合作的发展。

已有研究展示了某一具体研究领域的跨学科科研合作网络的结构特征和演化模式，这对于理解跨学科科研合作的特征具有重要意义。引文网络关系反映了跨学科合作者之间知识的借鉴和学习，跨学科引文关系可以分为知识互惠型、知识吸收型、知识辐射型，跨学科引文关系越强，则潜在跨学科科研合作的可能性越高。[⑤] 从不同学科间知识学习和交流出发，将科研中的引文行为视为寻找跨学科科研合作者的信号或依据，引文行为属于非实质性的合作行为，其是

① 刘盛博，刘苗苗，姜华．社会网络分析在高等教育领域研究中的应用［J］．教育学术月刊，2018（12）：30-37.

② 王续琨，常东旭．远缘跨学科研究与交叉科学的发展［J］．浙江社会学，2009（01）：16-21+125.

③ 陈敏，熊沂．我国研究型大学远缘跨学科研究的社会网络分析［J］．高等教育研究，2015，36（01）：19-23+61.

④ 王海平，董伟，王杰．协同创新视角下中美研究型大学远缘跨学科学术合作状况研究［J］．高等工程教育研究，2015（04）：49-54.

⑤ 李长玲，冯志刚，刘运梅，刘小慧．基于引文网络的潜在跨学科合作者识别：以图书情报学为例［J］．情报资料工作，2018（03）：93-98.

否能揭示跨学科科研合作有待商榷，但是可以通过分析引文网络挖掘潜在的跨学科合作者。在"复杂网络"这一跨学科研究领域中，跨学科合作网络呈现出"中央－边缘"结构，该结构可能是跨学科科研合作网络发展的普遍模式，即社区内合作紧密而社区间合作较少；同时，跨学科合作网络的建立与研究主题和学科紧密联系，当研究主题和学科汇聚时，跨学科合作发生的可能性增加。[①] 从期刊论文中抽取作者、关键词、学科、主题等信息，不仅揭示了跨学科研究领域中合作者之间的社会网络关系及合作关系的演变特征，而且反映了某一跨学科研究领域中的研究主题和学科发展演变特征，将知识主体和知识客体联结一起，探究了跨学科科研合作的特征。

在探究跨学科科研合作特征的研究中，主要有两条研究路径，一种是依据学科属性和特征分析不同学科的跨学科科研合作特征和演进，另一种是以某一具体研究领域为例分析合作特征和演进。尽管具体研究领域的合作特征具有一定的独特性，但是仍能在一定程度上得出学科发展与跨学科科研合作之间的普遍性规律。此外，跨学科科研合作的主体表现出多层次性，如国家层面的跨学科合作研究、组织层面的高校或研究中心间的跨学科合作研究、个人层面的不同学科教师的跨学科合作研究。跨学科研究中心是跨学科科研合作的形式之一，不同于教师间的跨学科合作研究，在分析时不能简单地以线性叠加的方式把跨学科研究中心所有人员的论文数量和影响因子叠加计算，对跨学科活动的评价必须从整体角度分析。[②]

2. 我国跨学科研究的现状

研究型大学作为国家科技创新和知识拓展的主要载体，在重大科技和知识的整合和突破方面具有得天独厚的优势，因此承担着发展跨学科研究的重要职能。学者对跨学科研究的科研现状进行了相应的分析，从以下几个方面可综合论述相关研究的结论：

第一，自然科学跨学科论文产出较多，多发生相近领域，主要表现为研究方法和应用的交叉，跨国多边合作的研究成果具有较高的影响力。马志云、刘云和白旭采用文献计量的方法对科学基金的创新研究群体的科研产出进行了分析。通过 WOS 学科分类和 UCNIET 软件进行的分析，研究发现，工程与材料科学产出的论文交叉的程度较高，而数理科学和管理科学论文的交叉程度比较低。究其原因，则在于相关学科的边界是否具有一定的相邻领域有关，相关的交叉研究多表现在研究方法和应用的交叉和推广。在国际发表中，很多的交叉学科都具有国际合作的特征。合作对象通常是发达国家，且双方以双边合作的形式实现合作。这些国际合作论文的引用率和影响因子都比全国整体论文的平均水平高，说明国际合作的论文的影响力高于非国际合作。[③]

第二，跨学科科研内部学科文化和知识共享机制将影响跨学科研究的开展，增加协调成本，进而影响科研生产力效率。学者童蕊基于新制度主义视角，认为学科文化的冲突是跨学科学术组织中最易出现也是最难解决的问题，主要表现为学者价值观的异质、学科文化认同度的

---

① 刘鹏，夏昊翔. 跨学科研究领域的合著网络演化分析：以"复杂网络"研究领域为例［J］. 情报杂志，2015，34（09）：85–91.

② 魏巍，刘仲林. 跨学科研究的社会网络分析方法［J］. 科学学与科学技术管理，2009，30（07）：25–28.

③ 马志云，刘云，白旭. 科学基金创新研究群体科研产出特征的文献计量分析［J］. 中国科学基金，2018，32（03）：309–315.

迥异和学科话语权的争夺等。^①在跨学科科研合作过程中，由于合作者拥有不同的学科背景，各学科的术语、概念、方法、学科立场存在差异，不同的观点和独特的视角不是特别容易被其他合作者所认可，而社会互动是帮助合作者充分参与到合作过程和知识整合过程的重要途径。因此，跨学科科研团队在合作过程中也是协同不同学科背景成员间社会资本的过程，成员的社会资本是指在合作中实际的或潜在的资源总和，包括结构资本、关系资本、认知资本三个方面，它们影响跨学科团队合作过程中的团队认同和知识整合。^②资源交换是跨学科科研合作的本质，不同学科背景的成员通过科研项目团结在一起，团队成员间的理解方式、话语系统、目标信念、合作信任、连接关系等成为影响跨学科合作研究的关键点。

除此之外，开展跨学科科研合作需要推动不同学科成员之间建立起内在化和外在化的学科知识共享，通过内部知识网络的优势集聚与能力建构，形成知识管理能力和知识创造能力，其中跨学科的社会网络关系、跨学科的知识转化和有关知识共享利益的激励制度影响大学跨学科知识共享过程。^③朱蔚彤采用数理模型推导的方式从协调成本的角度，关注了跨学科研究生产力的效率。研究发现，学科交叉研究的科研产出受研究团队成员的知识背景、团队规模和协调成本的影响，受到不同学科在学科知识、共同语言、研究范式、思维习惯等方面差异的影响；若不同领域之间存在共同语言并具有相互理解的能力，将有助于协调成本的减小。^④

第三，跨学科科研的外部机制难以从研究人员内部和外部产生激励作用。如何能够激励跨学科研究的开展，并激励相应成果的增加也具有重要的作用。付晔运用扎根理论的方法对高校科研人员开展跨学科的激励机制进行了相应的分析。研究构建出科研人员开展学科交叉融合的"持续制度优化下的内生激励（精神激励）与外部激励（物质激励）相结合的学科交叉融合激励机制"模型。其中内生激励机制以得到学术共同体认可为内在目标，与之直接相关的制度是高校的考核聘任机制和研究的评价机制。在跨学科研究中，"以个人为主"的成果认定模式将影响科研人员的绩效考核和薪酬分配，造成跨学科研究积极性的降低。而评价机制中也往往存在外行评内行的困境，交叉学科的应用型和价值得不到客观的评价，进而影响研究者开展的积极性。现有评价体系重结果轻过程的特点与跨学科相对周期较长阶段性成效不明显的特征相矛盾，因而阻碍了有影响力的跨学科研究成果的产出。从外部激励机制来看，交叉学科资源分配的机制和学术支持体系均有可能对通过外部的激励产生影响。目前的跨学科研究难以得到政府的项目经费支持。尤其是开展初期难以通过申报并得到认可，到后期也难以获得持续稳定的资助；学术支撑体系上我国学科长期分化的特征对跨学科研究的发展可能造成阻碍。^⑤

我国大学长期以来以学科为纽带，采用"院—系—专业"的学术组织结构模式，这种纵向发展的科层制组织结构有利于大学垂直管理，但是不利于横向职能部门或学院间交流合作。随着科学发展和学科综合化，部门综合性大学或研究型大学开始突破单一学科组织结构，构建跨

① 童蕊.大学跨学科学术组织的学科义化冲突分析：基于组织分析的新制度主义视角［J］.教育发展研究，2011，31（Z1）：82-88.

② 王晓红，张雪燕，徐峰.社会资本对跨学科科研团队创造力影响机制研究［J］.科学学与科学技术管理，2021，42（02）：17-29.

③ 杨英杰，黄超.大学跨学科研究合作的动力机制与政策影响［J］.高教探索，2013（02）：16-22.

④ 朱蔚彤.学科交叉研究的协调成本分析［J］.中国软科学，2008（08）：146-152.

⑤ 付晔.基于扎根理论的高校学科交叉融合激励机制研究［J］.高教探索，2021（03）：45-51+71.

学科学术组织机构以满足跨学科合作研究的需求。跨学科科研合作的模式多样，包括个人自发形成的合作、基于项目的合作和跨学科学术组织的合作，其中跨学科研究中心、研究室等跨学科学术组织的合作是其主要形式。因而，学者们从组织视角分析跨学科科研合作的影响因素，以期完善跨学科科研合作的组织管理体制。

跨学科学术组织的管理体制和运行机制方面的弊端成为我国大学开展跨学科科研合作的结构性障碍[①]，如缺乏基于跨学科的评价激励机制和利益保障机制[②]，跨学科科研合作的合作研究成果署名和知识产权一直是高校教师跨学科合作争议的焦点，目前高校在科研评价时以论文发表或著作的作者排名作为评价的重要参考指标，在量化评价考核中过于重视独立作者和第一作者，极易降低高校教师跨学科合作的意愿，同时容易出现利益分配不均的问题。除此之外，管理模式和科研资助形式也是影响跨学科科研合作的重要因素。[③]政府资助、企业资助、校内资助等多种途径的资助方式为跨学科科研项目的开展提供了经费支持和物质保障，而扁平化的管理模式则便于跨学科合作团队之间的学术交流和知识共享。

3. 跨学科教学和人才培养

诺贝尔自然科学奖的获得者中有较大比例的学者具有跨学科知识背景，这说明多学科的知识结构正是创新型人才素质的核心要素和显著特征。当今大学跨学科建设蓬勃发展，各国政府都纷纷通过相关法规和政策来加以引导与推进。在我国，传统单科性的"专才"培养模式越来越不适应日益综合化的科学发展需求和日益复杂化的社会发展需求。《国家中长期教育改革和发展规划纲要（2010—2020年）》为此明确将扩大复合型人才规模作为教育改革发展的重点。我国诸多高水平大学也积极回应这一时代要求，切实致力于实现从学科或专业教育向跨学科教育变革。

世界一流大学均通过独特的跨学科项目、通识课程、系列课程、复合专业设置等方法，对本科生开展跨学科教育。复合专业有两个领域两种类型，一种为两个领域并联，另一种为以一个专业为主嵌套另一个专业内容的类型。美国普林斯顿大学、麻省理工学院等都形成一套跨学科课程培养方式或跨学科组织机构。在研究生跨学科学位方面，学位有两种形式：一是学位点本身是跨学科，由不同学院共同申报、共同参与培养。二是学位点属于某一学院或学科，但培养过程有其他学院或学科参与。更多跨学科学位采用并联式培养，将不同学科课程并行或交替融合、复合学习。专业复合并不复杂，学生学习也只需要实现两个专业的不同要求即可。[④]课程教学方面，学者杨石磊建立跨学科多课程联动教学方法7Ps[⑤]，多课程联动设计的基础源于美国研究型大学20世纪提出的课程整合，提倡整体的知识观，跨学科、跨专业的多课程联动可以结束长期以来知识的分散、零碎状态，从教学方式方法上解决现有的学术研究和学科建设问

① 张炜，邹晓东.我国大学跨学科学术组织发展的演进特征与创新策略［J］.浙江大学学报（人文社会科学版），2011，41（06）：59-66.

② 席酉民，郭菊娥，李怀祖.大学学科交叉与科研合作的矛盾及应对策略［J］.西安交通大学学报（社会科学版），2006（01）：79-83.

③ 曾粤亮，司莉.组织视角下跨学科科研合作运行机制研究：以斯坦福大学跨学科研究机构为例［J］.图书与情报，2020（02）：64-75.

④ 王铭，黄瑶，黄珊.世界一流大学跨学科人才培养路径研究［J］.高教探索，2019（04）：61-67.

⑤ 杨石磊.研究型大学跨学科跨专业7Ps多课程联动教学方法研究［J］.教育现代化，2020，7（06）：174-175.

题，其中就涉及学科之间的跨越与关联。

目前我国大学跨学科总体上尚处在探索和逐步推广阶段。当前，我国越来越多的高水平大学也正采取开设跨院系、跨专业的课程，改革教育教学模式等举措，来解决学科专业壁垒森严、文理互通不够等弊端。[①] 在修读跨学科课程门数方面，大部分高校都有硬性规定，如学生必须至少修读 1 门跨一级学科的课程，且大部分高校基本上都能落实研究生培养计划中规定的跨学科课程的基本要求。[②]

学者高磊认为构建多学科集成与交叉的培养环境与机制，培养未来能够解决综合性重大科技和社会问题的复合型创新人才，已经成为各国研究生教育发展的共识和趋势，也是研究生培养模式改革的重要课题。在知识发展的统合趋势和学科范式向学科交叉范式转型的大背景下，研究生培养模式从学科模式向学科交叉模式转变也将成为主要趋势。并且，提出国家与高校应该加大跨学科经费投入力度，建立跨学科培养平台，对研究生实行特区化培养。[③]

4. 总结和研究展望

在"大科学"时代，跨学科研究成为科学发展和知识生产的重要形式。大学作为知识生产和跨学科研究的主要阵地，在知识创新和服务国家发展战略中发挥着不可替代的作用。因此，有必要对我国大学跨学科科研合作的研究进行梳理。通过梳理跨学科科研的相关政策，厘清跨学科和跨学科研究的概念和定义，总结归纳目前我国跨学科研究的基本特征及目前的现状和相关的影响因素，对我国跨学科研究进行了完整的整理。已有研究为接下来的研究奠定了良好的理论基础，但尚有值得进一步深入研究的空间。

（1）跨学科科研合作的研究对象

已有研究多集中于探讨宏观层面国家或地区之间的跨学科合作研究、中观层面高校组织或研究机构之间的跨学科合作研究，而对微观层面高校教师的跨学科合作研究的探讨较少。跨学科科研合作的成功关键往往取决于合作者的积极参与和投入，从高校教师或科研人员个体角度深入探究和分析跨学科合作的特征和影响因素，有助于高校组织更具针对性地制定相应政策以支持跨学科科研合作。从个人社会网络角度分析高校跨学科科研合作的网络节点、网络规模、网络密度、网络连通性、网络集聚性等，分析和把握高校教师跨学科科研合作的合作密度、合作稳定性、合作数量及合作者间的社会关系。在跨学科科研合作网络中，揭示合作网络中的关键学者和分析占据中心网络节点位置高校教师的特征及其社会网络的关系，以此探究影响高校跨学科科研合作的高校教师特征，为促进高校教师积极参与跨学科科研合作提供支持。

（2）跨学科科研合作的研究路径

已有研究多采用科学计量的方法研究跨学科科研合作，而较少采用社会调查的方法深入探讨跨学科科研开展的具体过程。通过搜集文献检索数据库中某一时间段和某一研究主题的期刊文献数据，提取出作者、学校、学科、关键词、主题等数据，可以比较客观地分析得出高校教师跨学科合作的网络关系，但是也具有一定的局限性。由于数据库提供的信息有限，很难分析

① 王焰新. 跨学科教育：我国大学创建一流本科教学的必由之路：以环境类本科教学为例［J］. 中国高教研究，2016（06）：17-24.

② 于汝霜，牛梦虎，贾斌，牛卓. 研究生跨学科教育现状调查研究［J］. 中国高教研究，2012（04）：61-64.

③ 高磊，赵文华. 美国学科交叉研究生培养的现状及启示：以美国研究生教育与科研训练一体化项目为例［J］. 学位与研究生教育，2014（08）：54-60.

高校教师在跨学科科研合作中如何开展和维系交往，以及在合作中遇到何种冲突和竞争，这都影响跨学科科研合作的持续开展和科研产出。通过搜集研究日志和访谈合作者，获取有关跨学科科研合作的更多数据。以社会网络理论为理论基础，深入分析跨学科科研合作中的社会关系及其网络，有助于解释跨学科科研合作中的现实问题，探索社会资本对高校教师跨学科科研产出的影响。

（3）跨学科科研开展的研究内容

已有研究多集中在探讨跨学科科研合作"是什么"和"具体表现"上，而对"如何影响"跨学科科研合作和研究生胜任力方面的探讨有待深入。通过对某一研究领域或某一学科的跨学科科研合作的网络特征进行分析，有助于研究者了解跨学科合作研究的合作程度和演化特征。学者们究竟是基于何种需求和何种交流方式达成跨学科科研合作的意愿，目前高校所提供的支持是否有意义，目前跨学科科研生产的驱动力究竟是什么，研究生群体在跨学科研究过程中表现出的胜任力水平如何，哪些人才培养机制有助于提高开展跨学科研究的胜任力，这些问题均在此次研究中进行了探索性分析。

二、问卷与样本

（一）调查问卷的设计

本次调查的目的是全面了解高校研究生导师的课题取向及跨学科特征，以及跨学科课题研究对参与课题的研究生的能力要求和研究生的胜任力表现。针对本研究的内容和目的，本次调查主要涉及导师个人基本信息、导研互动、跨学科研究的参与情况、跨学科研究的研究生胜任力四个方面。

具体而言，导师个人基本信息包括隶属高校、所属学科、跨学科知识背景、性别、职称、出生年代、导师身份、聘用类型和行政职务等。导师与研究生的互动过程和互动关系影响研究生自身能力的提升和研究生跨学科课题的参与意愿。导研互动是影响研究生参与跨学科课题的重要因素，主要包括导师对研究生的基本指导和基于课题研究的导研互动，其中导师基本指导涉及导师指导数量、指导模式、开题报告和毕业论文指导情况、师门例会频率等；基于课题研究的导研互动涉及导研合作方式、研究生课题经费支持、研究生参与课题意愿和导研关系等。跨学科研究的参与情况包括跨学科研究的基本特征和跨学科课题研究的导研合作，跨学科研究的基本特征涉及参与跨学科研究的导师比例、课题研究所跨学科、跨学科研究成果发表量、跨学科科研合作、所属高校对跨学科研究的支持、跨学科研究创造来源、科研资助方式和跨学科特征的体现，跨学科课题的导研合作涉及参与跨学科课题研究的研究生数量、研究生在跨学科课题研究中的工作量、跨学科课题研究中导研交流频率、研究生跨学科背景、研究生跨学科学习经历、研究生跨学科知识学习情况等。导研合作是跨学科课题研究开展的主要合作方式之一，参与其中的研究生需要满足跨学科课题的要求，才能更好地胜任此项任务。从研究生导师的视角，本调查采用量表的方式，通过测量 31 个具体指标来评价跨学科课题研究对研究生的能力要求和跨学科课题研究中的研究生胜任力表现。

（二）问卷的发放与回收

本调查以高校研究生导师为对象采用线上和线下相结合的方式，共向高校发放 2962 份问卷，回收有效问卷 2794 份，有效回收率为 94.3%。其中，线下纸质问卷 2717 份，其回收有效问卷 2549 份，其有效回收率为 93.8%；线上电子问卷 245 份，有效回收率为 100%。参与调查的导师分别来自 42 所双一流高校，其中包括 28 所一流大学建设高校和 14 所一流学科建设高校。[①]

（三）样本的基本特征

1. 导师的性别分布情况

图 3-1 给出了参与问卷调查的导师的性别分布情况，总体来看，依照性别分类，有效数据显示有 2769 名导师参与调查，其中男性导师居多，女性导师较少，男性导师与女性导师的比例约为 7∶3。具体而言，男性导师有 1896 名，占总样本的 68.5%；女性导师相对较少，有 873 名，占总样本的 31.5%。

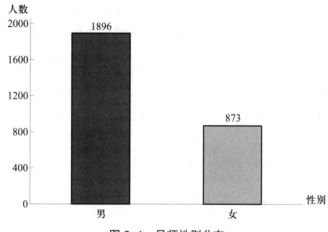

图 3-1　导师性别分布

考虑到参与问卷调查的导师隶属高校的不同情况，本研究进一步分析了各高校参与问卷调查的导师数量及其性别分布。结合导师所在的高校，研究将导师所属的高校类型分为一流大学建设高校（本次研究共涉及 28 所）和一流学科建设高校（本次研究共涉及 14 所）。图 3-2 给出了各高校内部参与问卷调查的导师的数量分布及其性别分布，并以各高校参与问卷调查导师的数量进行排序。

图 3-2 与图 3-3 表明，共有 42 所高校参与本次问卷调查，其中一流大学建设高校有 28 所，一流学科建设高校有 14 所。从各高校参与调查的导师数量来看，样本中来自一流大学建设高校的导师居多，共 1747 人，占总样本的 62.66%，来自一流学科建设高校的导师数量相对较少，共 1041 人，占总样本的 37.34%。个别高校参与导师人数较多，如云南大学共有 134 名

---

① 一流大学建设高校（28 所）：东南大学、中南大学、中国人民大学、中国科学技术大学、中山大学、云南大学、兰州大学、北京理工大学、华东师范大学、华中科技大学、南京大学、南开大学、厦门大学、吉林大学、同济大学、哈尔滨工业大学、复旦大学、大连理工大学、天津大学、山东大学、新疆大学、武汉大学、浙江大学、电子科技大学、西北农林科技大学、西北工业大学、西安交通大学、重庆大学。

学科建设高校（14 所）：东北师范大学、中国地质大学、中国石油大学、中国矿业大学、北京工业大学、北京林业大学、北京科技大学、北京邮电大学、华东理工大学、南京农业大学、南京理工大学、哈尔滨工程大学、河海大学、西安电子科技大学。

导师参与，哈尔滨工业大学共有 96 名导师参与，中南大学共有 92 名导师参与。同时部分高校参与的导师较少，如中国科学技术大学仅有 11 名导师参与，西北工业大学仅有 8 名导师参与。

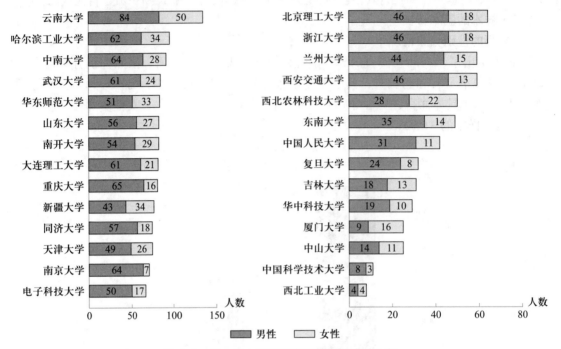

图 3-2　各一流大学建设高校的导师性别分布

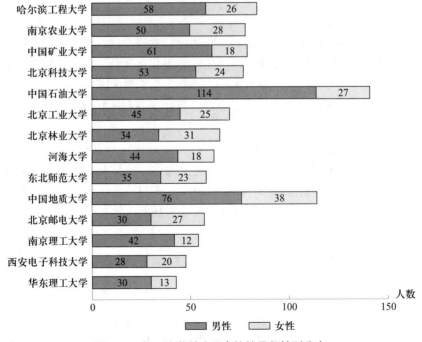

图 3-3　各一流学科建设高校的导师性别分布

在性别分布上，总体上各高校参与问卷调查的男性导师较多，女性导师相对较少。个别高校参与问卷调查的男性导师比例较高，如南京大学参与问卷调查的男性导师与女性导师比例为64：7；华中科技大学参与问卷调查的男性导师与女性导师比例为19：10；同时也有个别高校女性导师参与比例较高，如厦门大学参与问卷调查的男性导师与女性导师比例为9：16；北京林业大学参与问卷调查的男性导师与女性导师比例为34：31；北京邮电大学参与问卷调查的男性导师与女性导师比例为有30：27。

2. 导师的出生年代分布

图3-4给出了参与问卷调查的导师总体的出生年代情况，总的来看，出生于70年代（35.57%）与80年代（44.63%）的导师居多，出生于50年代与90年代的导师为极少数。具体来说，出生于50年代的导师有9人，占总样本的0.65%；出生于60年代的导师有217人，占总样本的15.75%；出生于70年代的导师有497人，占总样本的36.07%；出生于80年代的导师有615人，占总样本的44.63%；出生于90年代的导师有40人，占总样本的2.9%。

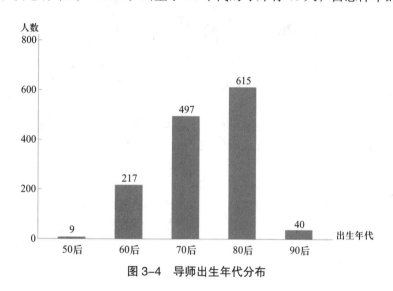

图3-4　导师出生年代分布

（四）本章小结

本研究分析参与问卷调查的研究生导师的基本信息，提取出样本的总体特征。参与调查的导师分别来自42所双一流高校，其中包括28所一流大学建设高校和14所一流学科建设高校。参与本次问卷调查的导师中，男性导师较多，女性导师相对较少，男性导师与女性导师的比例约为7：3。参与问卷调查的导师中出生于70年代（35.57%）与80年代（44.63%）的导师居多；出生于50年代（0.65%）与90年代（2.90%）的导师为极少数。

三、研究生导师的基本特征

1. 导师职称的分布

图3-5给出了参与问卷调查的导师的职称分布情况，总体而言，参与问卷调查的导师以副教授或副研究员（副高）与教授或研究员（正高）的职称为主，职称为讲师或助理研究员的

导师占少数。其中导师职称为讲师或助理研究员的有276人，占总样本的9.90%；职称为副教授或副研究员的有1350人，占总样本的48.44%；职称为教授或研究员的有1161人，占总样本的41.66%。

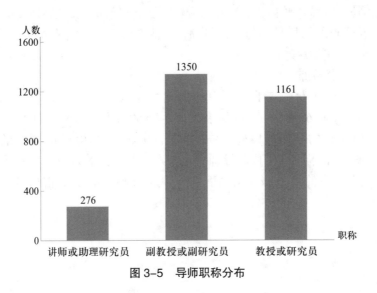

图3-5　导师职称分布

在参与问卷调查的导师职称分布的基础上，本研究进一步对各高校内部参与问卷调查的导师职称分布情况进行分析。图3-6表明了各一流大学建设高校中参与调查导师的职称分布情况。

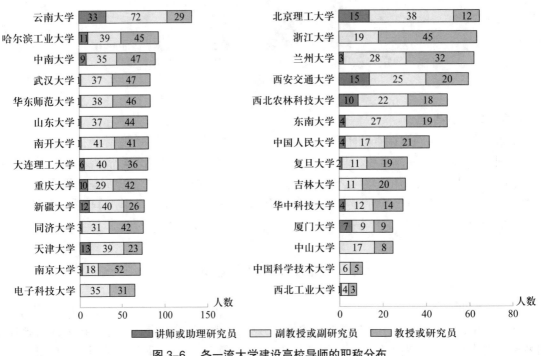

图3-6　各一流大学建设高校导师的职称分布

图 3-6 表明，28 所一流大学建设高校中，参与问卷调查的导师职称以副教授或副研究员与教授或研究员为主，职称为讲师或助理研究员的导师较少。如武汉大学，有 37 名副教授或副研究员参与问卷调查，47 名教授或研究员参与问卷调查，仅有 1 名讲师或助理研究员参与调查；电子科技大学有 35 名副教授或副研究员参与调查，31 名教授或研究员参与问卷调查，无讲师或助理研究员参与本次问卷调查。

同时研究对一流学科建设高校参与问卷调查的导师职称分布情况进行分析，图 3-7 表明，14 所一流学科建设高校中，参与问卷调查的导师职称以副教授或副研究员与教授或研究员为主，职称为讲师或助理研究员的导师较少。如北京科技大学，有 44 名副教授或副研究员参与调查，32 名教授或研究员参与问卷调查，2 名讲师或助理研究员参与本次问卷调查。也有个别高校讲师或助理研究员人数占比相对较多，如哈尔滨工程大学有 16 名讲师或助理研究员参与问卷调查，占较高比例。

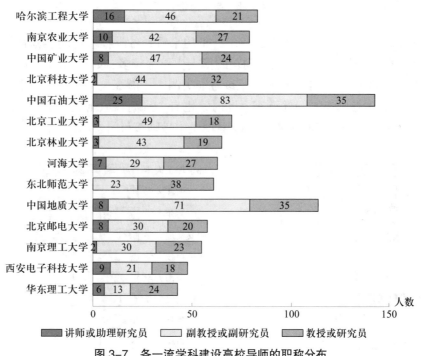

图 3-7　各一流学科建设高校导师的职称分布

2. 导师身份分布

图 3-8 给出了参与问卷调查导师的身份分布情况，总体来看，参与问卷调查的硕士生导师与博士生导师比例近似，参与问卷调查的导师身份为硕士生导师的相对较多。其中参与问卷调查的导师身份为硕士生导师的共有 1486 名，占总样本的 53.57%；身份为博士生导师的共有 1283 名，占总样本的 46.33%。

在参与问卷调查的导师总体身份分布的基础上，本研究进一步对各高校内部参与问卷调查的导师身份分布情况进行分析。图 3-9 则表明各高校内部参与问卷调查的导师的身份分布。

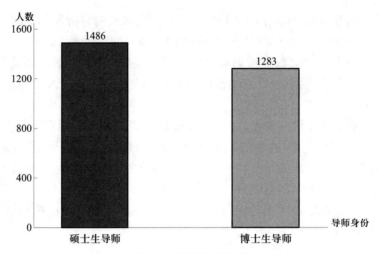

图 3-8　导师身份分布

图 3-9 表明，28 所一流大学建设高校中，平均来看，各学校参与问卷调查的硕士生导师略多于博士生导师。个别高校参与问卷调查的博士生导师较多，如哈尔滨工业大学有 18 名硕士生导师参与问卷调查，78 名博士生导师参与本次调查；浙江大学有 8 名硕士生导师参与问卷调查，55 名博士生导师参与问卷调查。同时，也有个别高校硕士生导师参与较多，如云南大学共 115 名硕士生导师参与问卷调查，19 名博士生导师参与问卷调查。

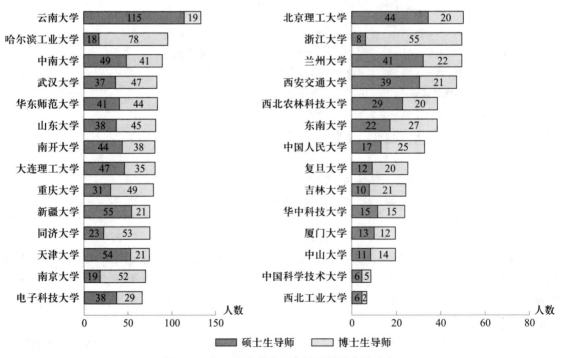

图 3-9　各一流大学建设高校导师的身份分布

　　同时，本研究对一流学科建设高校参与问卷的导师身份分布进行分析，图 3-10 表明 14 所一流学科建设高校中，各学校参与问卷调查的硕士生导师略多于博士生导师。有个别高校参与问卷调查的博士生导师比例较高，如北京工业大学参与问卷调查的博士生导师与硕士生导师比例为 49：21；东北师范大学参与问卷调查的博士生导师与硕士生导师比例为 44：17。同时也有个别高校硕士生导师参与问卷调查的比例较大，如中国矿业大学参与问卷调查的硕士生导师与博士生导师比例为 55：20；北京邮电大学参与问卷调查的硕士生导师与博士生导师比例为 41：17。

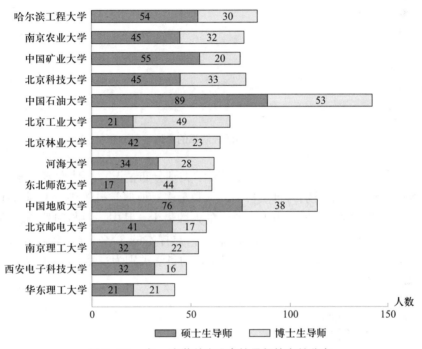

图 3-10　各一流学科建设高校导师的身份分布

3. 学科与科学类别的分布

　　图 3-11 表明参与问卷调查的研究生导师所在院系的隶属学科分布，总体来看，隶属工学的导师人数最多，有 1319 人，占总样本的 47.45%；其次是隶属于理学的导师，有 488 人。而属于军事学的导师最少，仅有 1 名。具体来看，其中隶属于哲学的导师共有 49 人，占总样本的 1.76%；隶属经济学的导师共有 86 人，占总样本的 3.09%；隶属法学的导师共有 95 人，占总样本的 3.42%；隶属教育学的导师共有 75 人，占总样本的 2.7%；隶属文学的导师共有 119 人，占总样本的 4.28%；隶属历史学的导师共有 37 人，占总样本的 1.33%；隶属理学的导师共有 488 人，占总样本的 17.55%；隶属工学的导师共有 1319 人，占总样本的 47.45%；隶属农学的导师共有 104 人，占总样本的 3.74%；隶属医学的导师共有 132 人，占总样本的 4.75%；隶属管理学的导师共有 216 人，占总样本的 7.77%；隶属军事学的导师共有 1 人，占总样本的 0.04%；隶属艺术学的导师共有 39 人，占总样本的 1.40%；其他学科的导师有 20 人，占总样本的 0.72%。

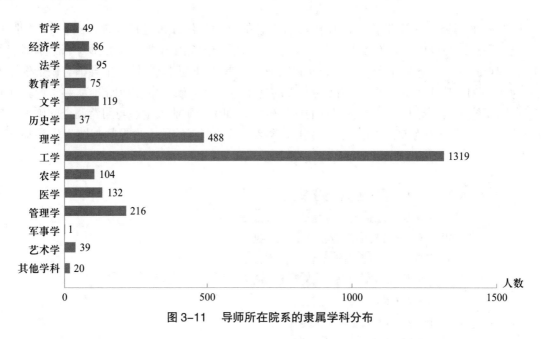

图 3-11   导师所在院系的隶属学科分布

图 3-12 表明参与问卷调查研究生导师的科学类别分布情况，总体而言，参与问卷调查的研究生导师所属学科的科学类别为自然科学的人数最多；所属学科的科学类别为社会科学的人数相对较少，所属学科的科学类别为人文科学的人数最少。其中，参与问卷调查的研究生导师中所属学科的科学类别为人文科学的有 225 人，占总样本的 8.1%；所属学科的科学类别为社会科学的有 484 人，占总样本的 17.4%；所属学科的科学类别为自然科学的占大多数，有 2071人，占总样本的 74.5%。

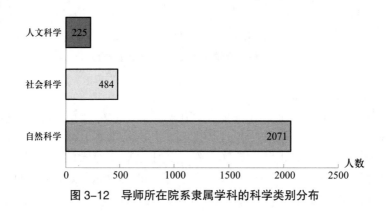

图 3-12   导师所在院系隶属学科的科学类别分布

4. 导师行政职务的分布

图 3-13 给出了参与问卷调查的导师的行政职务分布情况，担任行政职务的导师较少，未担任行政职务的导师居多。其中担任行政职务的导师有 650 名，占总样本的 23.46%；未担任行政职务的导师有 2121 名，占总样本的 76.54%。

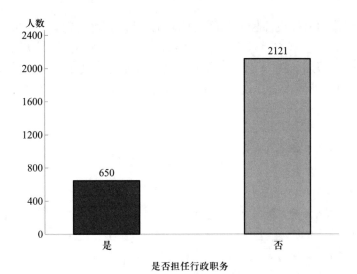

图3-13　导师行政职务分布

　　本研究进一步分析各高校内部导师的行政职务分布，一流大学建设高校参与问卷调查的导师担任行政职务的情况如图3-14所示。结合图3-14可以发现，总体上高校参与问卷调查中未担任行政职务的导师居多。个别高校比例偏高，如云南大学有15名导师在校担任行政职务，而有119名导师未担任行政职务；北京理工大学仅有1名导师担任行政职务，其余64名导师未担任行政职务。

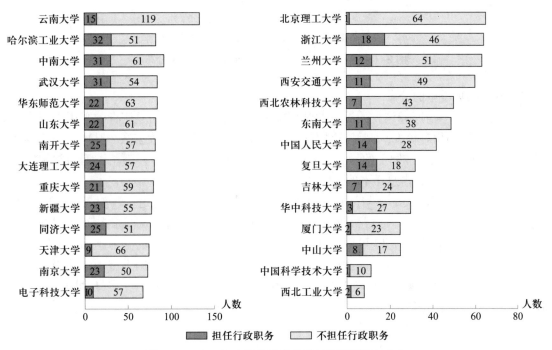

图3-14　各一流大学建设高校的导师行政职务分布

图 3-15 表明一流学科建设高校参与问卷调查的导师行政职务分布情况，从图中可知导师担任行政职务情况与一流大学建设高校相似，未担任行政职务的导师居多。个别高校达到较高的比例，如北京工业大学仅有 4 名导师在校担任行政职务，其余 66 名导师未担任行政职务；北京林业大学也呈现同样的情况，仅有 7 名导师在校担任行政职务，其余 57 名导师未担任行政职务。

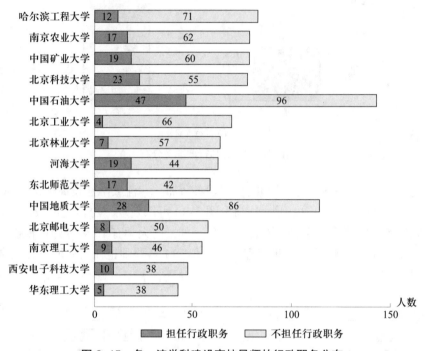

图 3-15   各一流学科建设高校导师的行政职务分布

5. 导师聘用类型的分布

图 3-16 表明参与问卷调查的导师的聘用类型分布情况，参与问卷调查的聘用类型为年薪制（准聘）的导师相对较少，聘用类型为常规轨（长聘）的导师占大多数。其中参与问卷调查的聘用类型为年薪制（准聘）的导师有 470 名，占总样本的 17.06%；聘用类型为常规轨（长聘）的导师有 2285 名，占总样本的 82.94%。

考虑到隶属不同高校的参与问卷调查导师的不同情况，本研究进一步对各高校内部参与问卷调查的导师的聘用类型进行分析，图 3-17 给出了一流大学建设高校参与问卷调查的导师聘用类型分布情况。从图 3-17 可以发现，总体上高校参与问卷调查的导师聘用类型以常规轨（长聘）居多。个别高校达到较高比例，如云南大学仅有 4 名导师聘用类型为年薪制（准聘），其余 130 名导师均为常规轨（长聘）的聘用类型；同样，山东大学仅有 7 名导师聘用类型为年薪制（准聘），其余 76 名导师为常规轨（长聘）的聘用类型。

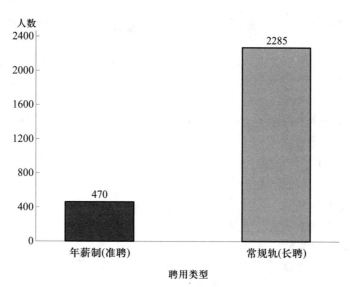

图 3-16　导师聘用类型分布

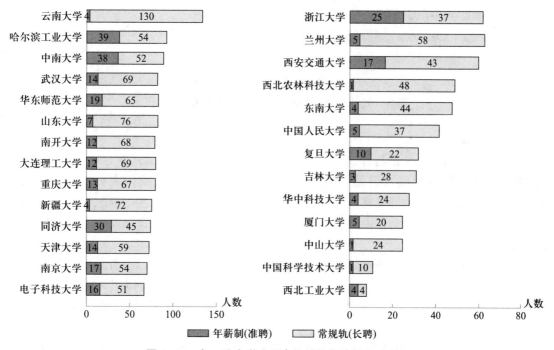

图 3-17　各一流大学建设高校的导师聘用类型分布

　　同时，本研究也对一流学科建设高校参与问卷调查的导师聘用类型的情况进行分析。图 3-18 表明，总体上高校参与问卷调查的导师聘用类型也以常规轨（长聘）居多。个别高校达到较高比例，如东北师范大学仅有 1 名导师聘用类型为年薪制（准聘），其余 59 名导师均为常规轨（长聘）的聘用类型；南京农业大学仅有 7 名导师聘用类型为年薪制（准聘），其余 70 名导师为常规轨（长聘）的聘用类型。一流大学建设高校与一流学科建设高校中参与问卷调查的导师常规轨（长聘）的聘用类型都占有较大的比例，聘用类型为年薪制（准聘）的导师则为较少数。

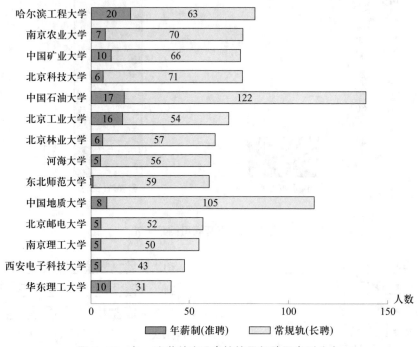

图 3-18　各一流学科建设高校的导师聘用类型分布

6. 本章小结

本研究对研究生导师的特征进行了分析，调查结果显示，在研究生导师的职称分布上，本次参与问卷调查的导师以副教授或副研究员（48.44%）与教授或研究员（41.66%）的职称为主，职称为讲师或助理研究员的导师占少数（9.90%）。参与问卷调查的研究生导师同时也具有不同的指导身份，调查中硕士生导师与博士生导师比例近似，而硕士生导师相对较多（53.67%）。

参与问卷调查的导师来自不同的学科，在对导师的基本信息进行分析之后，对导师所在院系的隶属学科分布的情况也进行了分析。分析发现参与问卷调查的研究生导师隶属工学的最多，占总样本的 47.45%，其次是隶属于理学的研究生导师，而属于军事学的导师最少，仅有1名。

为更好地分析导师所在学科的特征，研究进一步将各学科归类为人文科学、社会科学与自然科学三项科学分类。参与问卷调查研究生导师所在院系隶属学科的科学类别分布情况显示，参与问卷调查的研究生导师所在院系隶属学科的科学类别为自然科学的人数最多，有 2071 人，占总样本的 74.5%；所在院系隶属学科的科学类别为社会科学的人数相对较少，为 484 人，占总样本的 17.4%，所在院系隶属学科的科学类别为人文科学的人数最少，仅有 225 人，占总样本的 8.1%。

本研究对导师的行政职务与聘用类型分布情况进行了分析，在行政职务方面，参与调查的导师中没有担任行政职务的导师为大多数（76.54%），担任行政职务的导师为少数（23.46%）。两种聘用类型中，大多数导师聘用类型为常规轨（长聘）（82.94%），少部分导师聘用类型为年薪制（准聘）（17.06%）。

四、跨学科研究的主要特征

1. 跨学科研究的导师参与情况

图 3-19 表明参与问卷调查的导师参与跨学科课题研究的实际情况。从图中可以看出，样本中参与跨学科课题研究的导师居多。具体而言，参与本次调查的研究生导师共计 2794 人，其中有 1745 名研究生导师曾参与或主持过跨学科研究，占总样本的 62.46%；有 1049 名研究生导师未曾参与或主持过跨学科研究，占总样本的 37.54%。

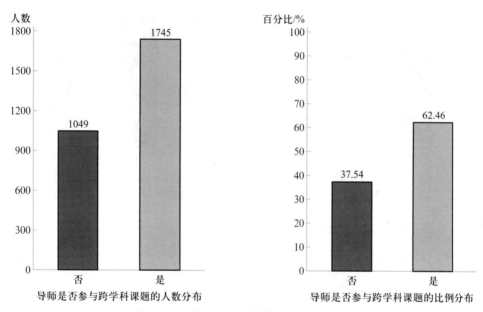

图 3-19　是否参与跨学科研究的导师分布

考虑到我国不同高校的情况后，本研究进一步分析了我国"双一流"高校的导师参与跨学科研究的情况。图 3-20 提供了参与调查的"双一流"高校导师参与跨学科研究的实际情况，从图中可以看出，在参与问卷调查的一流大学建设高校和一流学科建设高校的导师中，参与跨学科研究的导师比例均多于未参与的导师比例；同时，一流大学建设高校的导师参与跨学科研究的比例高于一流学科建设高校的导师参与比例。

具体而言，参与本调查的一流大学建设高校的研究生导师共计 1747 人，其中有 1122 名研究生导师曾参与过跨学科研究，占一流大学建设高校研究生导师人数的 64.22%；有 625 名研究生导师未曾参加过跨学科研究，占一流大学建设高校研究生导师人数的 35.78%。参与本次调查的一流学科建设高校的研究生导师共计 1041 人，其中有 621 名研究生导师曾参与过跨学科研究，占一流学科建设高校研究生导师人数的 59.65%；有 420 名研究生导师未曾参加过，占一流学科建设高校研究生导师人数的40.35%。高校类型和研究生导师参与跨学科研究的情况之间的卡方检验结果显示，卡方值为5.81，双尾检验的相伴概率p<0.05，这说明在0.05显著性水平下高校类型和研究生导师参与跨学科研究之间有相关性。具体而言，相对于一流学科建设高校的研究生导师，一流大学建设高校的研究生导师参与跨学科研究的比例更高。

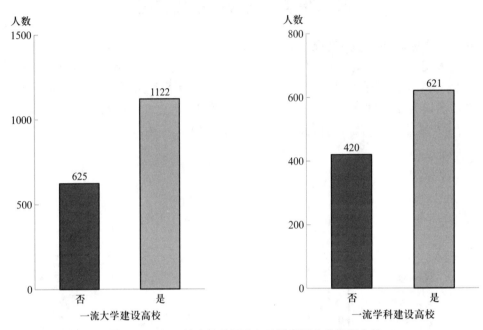

图 3-20　双一流高校是否参与跨学科研究的导师人数

2. 跨学科研究中所跨学科的科学类别

基于跨学科研究的导师参与情况，进一步分析跨学科研究中所跨学科的科学类别情况。图3-21所示，开展跨学科研究最集中的科学类别是自然科学，其次是社会科学，最后是人文科学。具体而言，有1605名研究生导师所参与的跨学科研究属于自然科学领域，占从事跨学科研究总体人数的91.98%；有88名研究生导师所参与的跨学科研究属于社会科学领域，占从事跨学科研究总体人数的5.04%；有52名研究生导师所参与的跨学科研究属于人文科学领域，占从事跨学科研究总体人数的2.98%。

为了解导师所在院系隶属学科的科学类别与导师在跨学科研究中所跨学科的科学类别之间的关系，本研究进一步分析了不同学科背景的导师在跨学科研究中所跨学科的科学类别情况，具体如图3-22所示。图3-22表明，跨学科研究可分为远缘跨学科研究和近邻跨学科研究，远缘跨学科研究是指人文科学、社会科学、自然科学两个或两个以上不同知识板块之间的跨学科研究，近邻跨学科研究是指人文科学、社会科学、自然科学各科学在内部开展跨学科研究。从图中可以看出，不同学科背景的导师参与的跨学科研究皆多属于自然科学领域的研究。有98%的自然科学领域的导师进行近邻跨学科研究；而人文社会科学领域的导师多进行远缘跨学科研究，其中有87%的社会科学领域的导师进行远缘跨学科研究，有78%的人文科学领域的导师开展远缘跨学科研究。具体来说，在具有人文科学知识背景的导师中，有22%的导师参与人文科学领域的跨学科研究，有17%的导师参与社会科学领域的跨学科研究，有61%的导师参与自然科学领域的跨学科研究。可见，具有人文科学知识背景的导师参与的远缘跨学科研究居多。在具有社会科学知识背景的导师中，有2%的导师参与人文科学领域的跨学科研究，有13%的导师参与社会科学领域的跨学科研究，有85%的导师参与自然科学领域的跨学科研究。可见，具有社会科学知识背景的导师参与的远缘跨学科研究居多。在具有自然科学知识背景的导师中，有1%的导师参与人文科学领域的跨学科研究，有1%的导师参与社会科学领域的跨学科研究，有98%的导师参与自然科学领域的跨学科研究。可见，具有自然科学知识背景的导师参与的近邻跨学科研究居多。

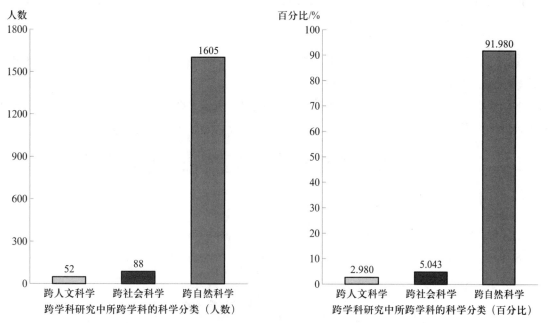

图 3-21　研究生导师在跨学科研究中所跨学科的科学类别

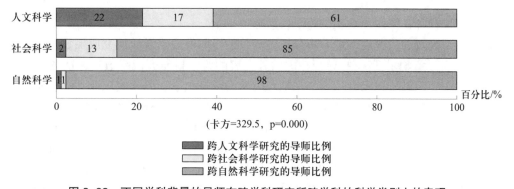

(卡方=329.5，p=0.000)

跨人文科学研究的导师比例
跨社会科学研究的导师比例
跨自然科学研究的导师比例

图 3-22　不同学科背景的导师在跨学科研究所跨学科的科学类别上的表现

　　基于导师跨学科研究所跨学科的科学类别在导师学科背景上的不同情况，本研究进一步检验了导师所属学科的科学类别和跨学科研究所跨学科的科学类别之间的关系。卡方检验结果显示，卡方值为 329.5，双尾检验的相伴概率 p<0.05，这说明在 0.05 显著性水平下导师所属学科的科学类别和跨学科研究所跨学科的科学类别之间有相关性。具体而言，具有人文社会科学知识背景的导师多参与远缘跨学科研究，具有自然科学知识背景的导师多参与近邻跨学科研究。

3. 跨学科研究的科研产出

在国家和院校政策的推动下，跨学科研究在我国高校有了很大的发展。在此背景下，进一步分析导师跨学科研究的科研产出情况。本调查将高校导师为第一作者或通讯作者发表的跨学科研究的成果视为跨学科研究的科研产出，其中又可以具体分为国内学术发表和国外学术发表。在掌握导师跨学科研究的国内外学术发表的基本情况后，本研究又进一步了解和分析不同背景的导师在跨学科研究中国内外学术发表的差异情况，即不同高校、学科、职称的导师在国内外发表跨学科研究成果数量的情况。

（1）跨学科研究的国内外发表量基本情况

图 3-23 反映了导师在国内外发表的跨学科研究成果数量，从图中可知，导师在国外发表的跨学科研究成果数量多于在国内发表的成果数量。具体而言，导师发表跨学科研究成果人均约为 8 篇，其中在国内发表的跨学科研究成果人均约为 3 篇，在国外发表的跨学科研究成果人均约为 5 篇。

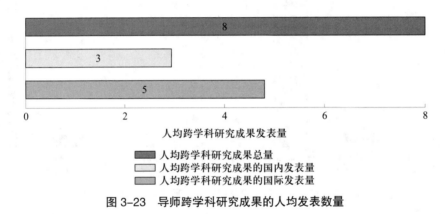

图 3-23　导师跨学科研究成果的人均发表数量

（2）各高校导师在国内外发表的跨学科研究成果量

考虑到不同高校的情况后，进一步分析各高校的导师发表跨学科研究成果数量的情况。图 3-24 反映了一流大学建设高校的导师在国内外发表的跨学科研究成果数量，从图中可知，除中国人民大学、中国科学技术大学、华东师范大学、南开大学、哈尔滨工业大学、西北农林科技大学的导师在国内发表的跨学科研究成果数量多于国外发表量外，其余高校导师在国内发表的跨学科研究成果数量均少于国外发表量。同时，中南大学、南京大学、吉林大学、同济大学、天津大学、山东大学、新疆大学、西安交通大学的导师在国内外发表的跨学科研究成果数量均不低于平均水平（国内发表量平均为 3 篇；国外发表量平均为 5 篇），而云南大学、兰州大学、复旦大学、武汉大学、重庆大学的导师在国内外发表的跨学科研究成果数量均低于平均水平。

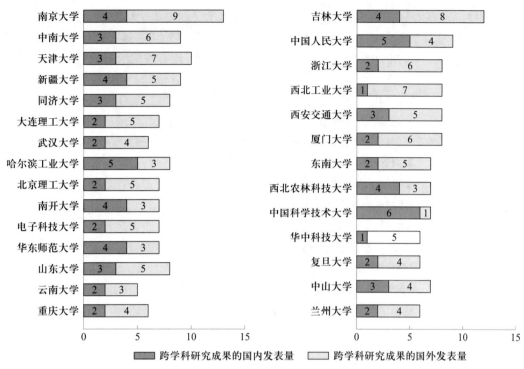

图 3-24　各一流大学建设高校的导师在国内外发表的跨学科研究成果量

　　具体而言，在 28 所一流大学建设高校中，有 15 所高校的研究生导师在国内发表的跨学科研究成果数量不低于 3 篇（平均水平），分别为中南大学、中国人民大学、中国科学技术大学、中山大学、华东师范大学、南京大学、南开大学、吉林大学、同济大学、哈尔滨工业大学、天津大学、山东大学、新疆大学、西北农林科技大学、西安交通大学，其中当属中国科学技术大学研究生导师在国内发表的跨学科研究成果数量最多；有 13 所高校的研究生导师在国内发表的跨学科研究成果数量低于 3 篇，分别为东南大学、云南大学、兰州大学、北京理工大学、华中科技大学、厦门大学、复旦大学、大连理工大学、武汉大学、浙江大学、电子科技大学、西北工业大学、重庆大学。

　　在 28 所一流大学建设高校中，有 16 所高校的研究生导师在国外发表的跨学科研究成果数量不低于 5 篇（平均水平），分别为东南大学、中南大学、北京理工大学、华中科技大学、南京大学、厦门大学、吉林大学、同济大学、大连理工大学、天津大学、山东大学、新疆大学、浙江大学、电子科技大学、西北工业大学、西安交通大学，其中南京大学的研究生导师在国外发表的跨学科研究成果数量当属最多；有 12 所高校的研究生导师在国外发表的跨学科研究成果数量低于 5 篇，分别为中国人民大学、中国科学技术大学、云南大学、兰州大学、华东师范大学、南开大学、哈尔滨工业大学、复旦大学、武汉大学、西北农林科技大学、重庆大学、中山大学。

　　一流学科建设高校的导师在国内外发表的跨学科研究成果数量见图 3-25。从图中可知，除东北师范大学和北京邮电大学的导师在国内外发表的跨学科研究成果数量相等外，其余高校的导师在国内发表的跨学科研究成果数量均少于国外发表量。同时，北京工业大学、北京科技大学、华东理工大学、南京农业大学、哈尔滨工程大学、西安电子科技大学的导师在国内外发表的跨学科研究成果数量均不低于平均水平（国内发表量平均为 3 篇；国外发表量平均为 5 篇），中国石油大学、河海大学的导师在国内外发表的跨学科研究成果数量均低于平均水平。

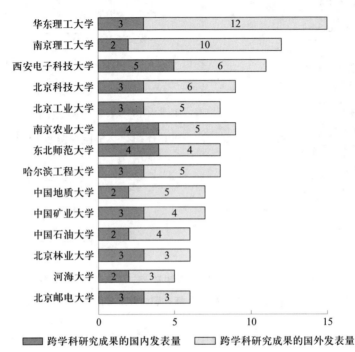

图 3-25　各一流学科建设高校的导师在国内外发表的跨学科研究成果量

具体而言，在 14 所一流学科建设高校中，有 10 所高校的研究生导师在国内发表的跨学科研究成果数量不低于 3 篇（平均水平），分别为东北师范大学、中国矿业大学、北京工业大学、北京林业大学、北京科技大学、北京邮电大学、华东理工大学、南京农业大学、哈尔滨工程大学、西安电子科技大学，其中当属西安电子科技大学的研究生导师在国内发表的跨学科研究成果数量最多；有 4 所高校的研究生导师在国内发表的跨学科研究成果数量低于 3 篇，分别为中国地质大学、中国石油大学、南京理工大学、河海大学。

在 14 所一流大学建设高校中，有 8 所高校的研究生导师在国外发表的跨学科研究成果数量不低于 5 篇（平均水平），分别为中国地质大学、北京工业大学、北京科技大学、华东理工大学、南京农业大学、南京理工大学、哈尔滨工程大学、西安电子科技大学，其中当属华东理工大学的研究生导师在国外发表的跨学科研究成果数量最多；有 6 所高校的研究生导师在国外发表的跨学科研究成果数量低于 5 篇，分别为东北师范大学、中国石油大学、中国矿业大学、北京林业大学、北京邮电大学、河海大学。

（3）各学科导师在国内外发表的跨学科研究成果量

在了解导师跨学科研究成果发表基本情况的基础上，本研究进一步分析不同学科背景的导师在国内外发表的跨学科研究成果情况，如图 3-26 所示。图 3-26 表明，具有人文科学或社会科学知识背景的导师在国内发表的跨学科研究成果数量多于在国外发表的数量，而具有自然科学知识背景的导师在国外发表的研究成果数量则多于国内发表数量。并且，具有人文科学或社会科学知识背景的导师在国内发表的研究成果数量多于具有自然科学知识背景的导师，而具有自然科学知识背景的导师在国外发表的研究成果数量则多于具有人文科学或社会科学知识背景的导师。具体而言，具有人文科学知识背景的导师在国内发表的研究成果数量人均约为4篇，其在国外发表的研究成果数量人均约为1篇；具有社会科学知识背景的导师在国内发表的研究成果数量人均约为4篇，其在国外发表的研究成果数量人均约为2篇；具有自然科学知识背景的导师在国内发表的研究成果数量人均约为2篇，其在国外发表的研究成果数量人均约为6篇。

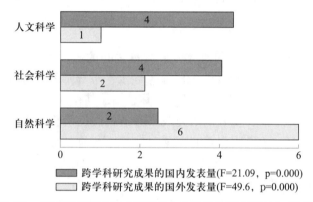

图 3-26　不同学科背景的导师在国内外发表的跨学科研究成果数量

导师所属学科的科学类别和导师在国内发表的跨学科研究成果数量之间的假设检验结果显示，F值为21.09，双尾检验的相伴概率p<0.05，这说明在0.05显著性水平下导师所属学科的科学类别和导师在国内发表的研究成果数量之间有相关性。具体而言，相对于具有自然科学知识背景的导师而言，具有人文科学或社会科学知识背景的导师在国内发表的研究成果数量更多。导师所属学科的科学类别和导师在国外发表的研究成果数量之间的假设检验结果显示，F值为49.6，双尾检验的相伴概率p<0.05，这说明在0.05显著性水平下导师所属学科的科学类别和导师在国外发表的研究成果数量之间有相关性。具体而言，相比于具有人文科学或社会科学知识背景的导师而言，具有自然科学知识背景的导师在国外发表的研究成果数量更多。

（4）不同职称的导师的跨学科研究成果量

为分析不同职称的导师在国内外发表的跨学科研究成果数量，本研究初步了解了高校导师的职称与导师跨学科研究成果发表之间的关系，如图3-27所示。图3-27表明，不同职称的导师在国外发表的研究成果量均多于国内发表量。具体而言，参与调查的讲师在国内发表的研究成果数量人均约为2篇，而在国外发表的研究成果数量人均约为2篇；副教授在国内发表的研究成果数量人均约为2篇，而在国外发表的研究成果数量人均约为4篇；教授在国内发表的研究成果数量人均约为4篇，而在国外发表的研究成果数量人均约为6篇。

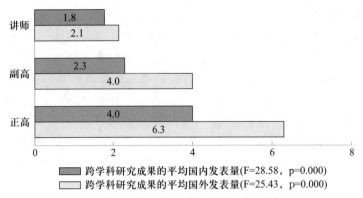

图 3-27　不同职称的导师在国内外发表的跨学科研究成果数量

导师的职称和导师在国内发表的研究成果数量之间的假设检验结果显示，F 值为 28.58，双尾检验的相伴概率 p<0.05，这说明在 0.05 显著性水平下导师的职称和导师在国内发表的研究成果数量之间有相关性。具体而言，导师的职称越高，其在国内发表的跨学科研究成果数量越多。导师的职称和导师在国外发表的研究成果数量的假设检验结果显示，F 值为 25.43，双尾检验的相伴概率 p<0.05，这说明在 0.05 显著性水平下导师的职称和导师在国外发表的研究成果数量之间有相关性。具体而言，导师的职称越高，其在国外发表的研究成果数量越多。

4. 跨学科研究的合作特征

科学研究的发展需要跨学科研究和科研合作，同样跨学科研究成果的产出也离不开科研合作。对导师而言，在科研合作中将个人的人力资本转化为组织的人力资本，实现知识、信息、资源的共享和价值最大化，能更好地促进跨学科研究开展。为了了解跨学科研究的合作特征，本研究进一步分析了在跨学科研究中导师所采用的合作形式、合作网络及导师在合作中扮演的角色。在分析跨学科研究的特征基础上，探究不同合作特征下导师跨学科研究成果产出情况，进一步理解和分析影响跨学科研究成果产出的因素。与此同时，本研究关注跨学科研究的不同学科分类下跨学科研究的合作特征，以便更加全面地了解跨学科研究的合作特征。

（1）跨学科研究的合作形式

导师在跨学科研究中所采用的合作形式如图 3-28 所示。图 3-28 表明，在跨学科研究中，导师主要选择独自研究和合作研究两大类研究形式，大多数导师选择合作完成跨学科研究，选择比例最多的合作方式是合作双方共享思路、合理分工的方式。具体而言，其中有 319 名导师选择独立完成跨学科研究，占样本中跨学科研究人数的 18.47%；另有 1408 名研究生导师选择与其他学者合作完成跨学科研究，占样本中研究人数的 81.53%。在跨学科研究合作中，导师与其他学者的科研合作表现出不同程度的合作形式，其中有 411 名导师采取"本人提供主体思路，合作方完成具体研究"的合作方式，占样本中跨学科研究人数的 23.8%；有 72 名导师采取"合作方提供主体思路，本人完成具体研究"的合作方式，占样本中研究人数的 4.17%；有 917 名导师采取"双方共享思路，分工研究"的合作方式，占样本中研究人数的 53.1%；有 8 名导师采取"由合作方主要负责"的合作方式，占样本中研究人数的 0.46%。

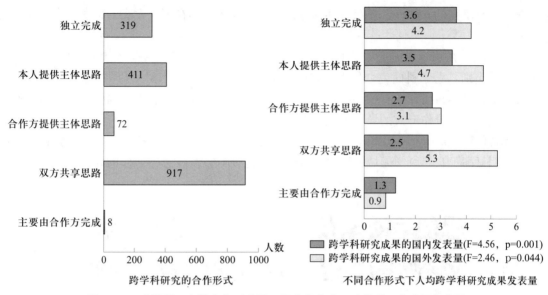

图 3-28　跨学科研究的合作形式及不同合作方式下跨学科研究成果发表量

　　基于跨学科研究的合作形式基本情况，研究进一步分析了不同合作形式下导师跨学科研究成果产出情况，如图 3-28 所示。从图 3-28 中可以看出，除导师采用"主要由合作方完成"的合作形式外，在其余的科研形式下导师皆是在国外发表的研究成果数量多于国内发表量。此外，由于导师在主要由合作方完成的合作形式中投入程度少，其在国内外发表的跨学科研究成果量均很少。在国内跨学科研究发表中，导师选择独自研究的发表量多于合作研究的发表量。但是，在国外跨学科研究发表中，导师选择双方共享思路合作形式的发表量最多。

　　具体而言，选择独自研究形式的导师，在国内发表的跨学科研究成果数量人均约 3.6 篇，在国外发表的研究成果数量人均约 4.2 篇；选择本人提供主体思路合作形式的导师，在国内发表的跨学科研究成果数量人均约 3.5 篇，在国外发表的研究成果数量人均约 4.7 篇；选择合作方提供主体思路合作形式的导师，在国内发表的跨学科研究成果数量人均约 2.7 篇，在国外发表的研究成果数量人均约 3.1 篇；选择双方共享思路合作形式的导师，在国内发表的跨学科研究成果数量人均约 2.5 篇，在国外发表的研究成果数量人均约 5.3 篇；选择主要由合作方完成合作形式的导师，在国内发表的跨学科研究成果数量人均约 1.3 篇，在国外发表的研究成果数量人均约 0.9 篇。

　　为进一步分析影响导师跨学科研究成果发表的因素，本研究对导师跨学科研究的合作方式和跨学科研究成果国内外发表量进行假设检验。跨学科研究的合作方式和导师在国内发表的跨学科研究成果量之间的假设检验结果显示，F 值为 4.56，双尾检验的相伴概率 $p < 0.05$，这说明在 0.05 显著性水平下，跨学科研究的合作方式和导师在国内发表的跨学科研究成果量之间具有相关性。具体而言，相对于选择合作研究的导师，选择独自研究的导师在国内发表的跨学科研究成果发表量更多。跨学科研究的合作方式和导师在国外发表的跨学科研究成果量之间的假设检验结果显示，F 值为 2.46，双尾检验的相伴概率 $p < 0.05$，这说明在 0.05 显著性水平下，跨学科研究的合作方式和导师在国外发表的跨学科研究成果量之间具有相关性。具体而言，相

对于选择独自研究的导师，选择双方共享思路合作方式的导师在国外发表的跨学科研究成果发表量更多。

在了解导师在跨学科研究中选择的研究形式基础上，本研究进一步分析跨学科研究所跨学科的科学类别与跨学科研究合作形式之间的关系，如图 3-29 所示。从图 3-29 中可以看出，大多数导师在跨学科研究中有较多的投入，其中选择独自研究形式、本人提供主体思路合作形式、双方共享思路合作形式的导师人数居多，而选择合作方提供主体思路合作形式和由合作方主要完成合作形式的导师人数很少。此外，人文社会科学领域的跨学科研究中选择独自研究的导师比例明显高于自然科学领域，而自然科学领域选择双方共享思路合作的导师比例明显高于人文社会科学领域。

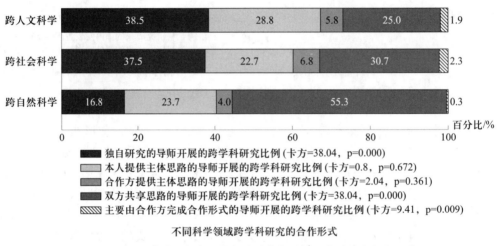

不同科学领域跨学科研究的合作形式

图 3-29　跨学科研究所跨学科的科学类别与跨学科研究合作形式

具体而言，如图 3-29，选择独自研究的导师中，有 38.5% 的导师开展的跨学科研究属于人文科学领域，有 37.5% 的导师开展的跨学科研究属于社会科学领域，有 16.8% 的导师开展的跨学科研究属于自然科学领域；选择本人提供主体思路合作形式的导师中，有 28.8% 的导师开展的跨学科研究属于人文科学领域，有 22.7% 的导师开展的跨学科研究属于社会科学领域，有 23.7% 的导师开展的跨学科研究属于自然科学领域；选择合作方提供主体思路合作形式的导师中，有 5.8% 的导师开展的跨学科研究属于人文科学领域，有 6.8% 的导师开展的跨学科研究属于社会科学领域，有 4% 的导师开展的跨学科研究属于自然科学领域；选择双方共享思路合作形式的导师中，有 25% 的导师开展的跨学科研究属于人文科学领域，有 30.7% 的导师开展的跨学科研究属于社会科学领域，有 55.3% 的导师开展的跨学科研究属于自然科学领域；选择主要由合作方完成合作形式的导师中，有 1.9% 的导师开展的跨学科研究属于人文科学领域，有 2.3% 的导师开展的跨学科研究属于社会科学领域，有 0.3% 的导师开展的跨学科研究属于自然科学领域。

基于此，进一步检验不同科学领域跨学科研究和不同跨学科研究的合作形式之间的关系。本人提供主体思路合作方式、合作方提供主体思路合作方式与跨学科研究所跨学科的科学类别之间的检验结果显示，双尾检验的相伴概率 $p>0.05$，这说明在 0.05 显著性水平下，本人提供主体思路合作方式、合作方提供主体思路合作方式与跨学科研究所跨学科的科学类别之间不具有相关性。独自研究方式、共享思路合作方式、主要由合作方提供思路合作方式与跨学科研究所跨学科的科学类别之间的检验结果显示，双尾检验的相伴概率 $p<0.05$，这说明在 0.05 显著性水平下独自研究方式、共享思路合作方式、主要由合作方提供思路合作方式与跨学科研究所跨学科的科学类别之间具有相关性。具体而言，人文社会科学领域跨学科研究中导师选择独自研究方式的比例多于自然科学领域；自然科学领域跨学科研究中导师选择合作双方共享思路合作方式的比例多于人文社会科学领域；选择主要由合作方完成合作方式的导师中，属于人文社会科学领域的比例多于自然科学领域。

（2）跨学科研究的合作网络

导师跨学科研究合作行为在一定程度上对学者国际学术发表带来正向作用，基于此，本研究继续探讨跨学科研究的合作网络，即导师在跨学科研究中的合作者来源。从图 3-30 可以看出，导师在跨学科研究中的合作者主要是来自国内外高校的科研人员，其中绝大部分导师在跨学科研究中的合作者是来自国内高校的科研人员，且跨校科研合作比校内科研合作的频率更低。具体而言，有 430 名导师的跨学科研究合作对象主要是来自本校本院系的科研人员，占样本中跨学科研究人数的 24.99%；有 476 名研究生导师的跨学科研究合作对象主要是来自本校其他院系的科研人员，占样本中跨学科研究人数的 27.66%；有 671 名导师的合作对象主要是来自国内其他高校或单位的科研人员，占样本中跨学科研究人数的 38.99%；有 144 名导师的合作对象主要是来自国外的科研人员，占样本中跨学科研究人数的 8.37%。

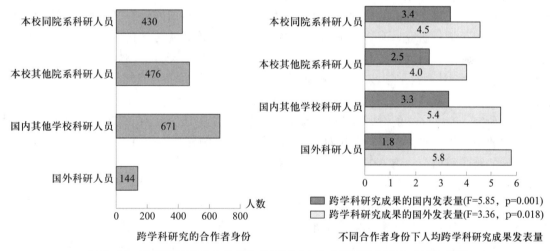

图 3-30　跨学科研究的合作者身份及不同合作身份下导师研究成果发表量

基于导师在跨学科研究中的合作者来源情况，本研究进一步分析了不同合作身份下导师跨学科研究成果发表量，以探讨在跨学科研究中合作网络与科研产出之间的关系，如图 3-30 所示，不同合作身份的导师在国外发表的跨学科研究成果量均多于国内发表量。此外，相对于合作对象是非本校同院系的科研人员而言，合作对象为本校同院系科研人员的导师在国内发表的研究成果量更多；相对于科研合作对象是本校的科研人员，合作对象为跨校科研人员的导师在国外发表的研究成果量更多。具体而言,科研合作对象为本校同院系科研人员的导师在国内发表的研究成果量人均约 3.4 篇,其在国外发表的研究成果量人均约 4.5 篇;科研合作对象为本校其他院系科研人员的导师在国内发表的研究成果量人均约 2.5 篇,其在国外发表的研究成果量人均约 4 篇;科研合作对象为国内其他高校科研人员的导师在国内发表的研究成果量人均约 3.3 篇,其在国外发表的研究成果量人均约 5.4 篇;科研合作对象为国外科研人员的导师在国内发表的研究成果量人均约 1.8 篇,其在国外发表的研究成果量人均约 5.8 篇。

为进一步分析影响导师跨学科研究成果发表的因素,研究进一步检验了跨学科研究的合作网络与跨学科研究成果国内外发表之间的关系。跨学科研究的合作网络与导师在国内发表的研究成果量之间的检验结果显示,F 值为 5.85,双尾检验的相伴概率 $p < 0.05$,这说明在 0.05 显著性水平下跨学科研究的合作网络与导师跨学科研究国内发表量之间具有相关性。具体而言,校内同院系科研合作和国内跨校科研合作更有助于导师在国内发表研究成果。跨学科研究的合作网络与导师在国外发表的研究成果量之间的检验结果显示,F 值为 3.36,双尾检验的相伴概率 $p < 0.05$,这说明在 0.05 显著性水平下跨学科研究的合作网络与导师跨学科研究国外发表量之间具有相关性。具体而言,国内外跨校科研合作更有助于导师在国外发表研究成果。

为进一步全面了解导师跨学科研究的合作网络,本研究继续分析在不同科学领域的跨学科研究中导师的合作网络,如图 3-31 所示,总体上,人文科学、社会科学、自然科学领域的跨学科研究中导师校内合作的比例均高于跨校合作比例。同时,在人文社会科学领域的跨学科研究中导师进行校内科研合作的比例多于自然科学领域,而在自然科学领域的跨学科研究中导师进行跨校科研合作的比例高于人文社会科学领域。具体而言,在科研合作对象是本校同院系科研人员的导师中,有 23.1% 的导师参与人文科学领域的跨学科研究,有 35.6% 的导师参与社会科学领域的跨学科研究,有 24.5% 的导师参与自然科学领域的跨学科研究;在科研合作对象是本校其他院系科研人员的导师中,有 34.6% 的导师参与人文科学领域的跨学科研究,有 29.9% 的导师参与社会科学领域的跨学科研究,有 27.3% 的导师参与自然科学领域的跨学科研究;在科研合作对象是国内其他高校科研人员的导师中,有 36.5% 的导师参与人文科学领域的跨学科研究,有 27.6% 的导师参与社会科学领域的跨学科研究,有 39.7% 的导师参与自然科学领域的跨学科研究;在科研合作对象是国外科研人员的导师中,有 5.8% 的导师参与人文科学领域的跨学科研究,有 6.9% 的导师参与社会科学领域的跨学科研究,有 8.5% 的导师参与自然科学领域的跨学科研究。

在此基础上,进一步检验跨学科研究所跨学科的科学类别与跨学科研究的不同合作网络之间的关系。合作对象为本校其他院系科研人员、国外科研人员与跨学科研究所跨学科的科学类别的假设检验结果显示,双尾检验的相伴概率 $p > 0.05$,这说明在 0.05 显著性水平下不同科学领域的跨学科研究中导师合作对象为本校其他院系科研人员、国外科研人员的分布情况不存在显著差异。合作对象为本校本院系科研人员、国内其他高校科研人员与跨学科研究所跨学科的科学类别的假设检验结果显示,双尾检验的相伴概率 $p < 0.1$,这说明在 0.1 显著性水平下不同科学领域的跨学科研究中导师合作对象为本校本院系科研人员、国内其他高校科研人员的分布情况存在显著差异。具体而言,在合作对象为本校本院系科研人员的导师中,社会科学领域的跨学科研究中导师比例高于人文科学和自然科学领域;在合作对象为国内其他高校科研人员的导师中,社会科学领域的跨学科研究中导师比例低于人文科学和自然科学领域。

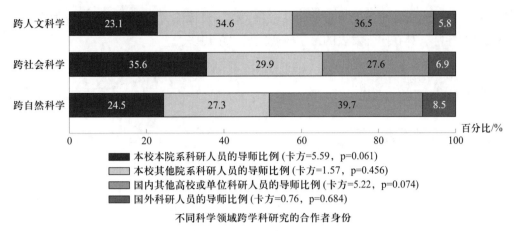

本校本院系科研人员的导师比例(卡方=5.59，p=0.061)
本校其他院系科研人员的导师比例(卡方=1.57，p=0.456)
国内其他高校或单位科研人员的导师比例(卡方=5.22，p=0.074)
国外科研人员的导师比例(卡方=0.76，p=0.684)
不同科学领域跨学科研究的合作者身份

图3-31　跨学科研究所跨学科的科学类别与跨学科研究的合作者身份

（3）跨学科研究中导师的角色

高校导师通过申请跨学科课题或项目来开展跨学科研究，在开展中需要项目团队成员合作完成，导师在跨学科研究中所处的角色也各不相同，具体情况如图3-32所示。绝大部分的导师在跨学科研究中属于团队核心成员或负责人，占样本中跨学科研究人数的87.1%。具体而言，有697名导师在跨学科研究中属于负责人，占样本中跨学科研究人数的40.13%；有816名导师在跨学科研究中属于核心科研人员，占样本中跨学科研究人数的46.98%；有202名导师在跨学科研究中属于一般科研人员，占样本中跨学科研究人数的11.63%；有22名研究生导师在跨学科研究中属于辅助性人员，占跨学科研究人数的1.27%。

为进一步研究影响跨学科研究成果发表的因素，本研究深入探讨跨学科研究中导师所处角色与跨学科研究成果发表量之间的关系，如图3-32所示。总体上，跨学科研究中不同角色的导师在国外发表的跨学科研究成果量均多于在国内发表的跨学科研究成果量。同时，在跨学科课题研究中属于负责人或核心人员的导师，其跨学科研究成果国内外发表量更多。具体而言，在跨学科研究中属于负责人的导师，其在国内发表的跨学科研究成果量人均约为3.7篇，在国外发表的跨学科研究成果量人均约为6.2篇；在跨学科研究中属于核心人员的导师，其在国内发表的跨学科研究成果量人均约为2.7篇，在国外发表的跨学科研究成果量人均约为4.5篇；在跨学科研究中属于一般人员的导师，其在国内发表的跨学科研究成果量人均约为1.9篇，在国外发表的跨学科研究成果量人均约为1.9篇；在跨学科研究中属于辅助性研究人员的导师，其在国内发表的跨学科研究成果量人均约为1篇，在国外发表的跨学科研究成果量人均约为1.2篇。

为进一步探讨影响跨学科研究成果发表量的因素，研究深入分析跨学科研究中导师所处角色与跨学科研究成果发表量之间的关系。跨学科研究中导师所处角色与导师国内发表量之间的检验结果显示，F值为58.8，双尾检验的相伴概率$p<0.05$，这说明在0.05显著性水平下导师所处角色与导师国内发表量之间具有相关性。具体而言，在跨学科研究中作为负责人或核心人员的导师，在国内发表的跨学科研究成果量更多。跨学科研究中导师所处角色与导师国外发表量之间的检验结果显示，F值为54.1，双尾检验的相伴概率p<0.05，这说明在0.05显著性水

平下导师所处角色与导师国外发表量之间具有相关性。具体而言，在跨学科研究中作为负责人或核心人员的导师，其在国外发表的跨学科研究成果量更多。

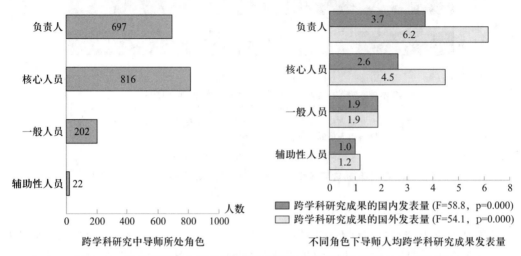

图 3-32　跨学科研究中导师所处角色及不同角色下跨学科研究成果发表量

为全面了解跨学科研究中导师的合作角色情况，本研究进一步分析了在不同科学领域的跨学科研究中导师所处的角色情况，如图 3-33 所示，在人文科学、社会科学、自然科学领域的跨学科研究中，大多数导师在课题中作为负责人和核心人员，极少的导师是作为辅助性研究人员。具体而言，在课题中作为负责人的导师中，有 42.3% 的导师参与人文科学领域的跨学科研究，有 46.6% 的导师参与社会科学领域的跨学科研究，有 39.7% 的导师参与自然科学领域的跨学科研究；在课题中作为核心人员的导师中，有 42.3% 的导师参与人文科学领域的跨学科研究，有 34.1% 的导师参与社会科学领域的跨学科研究，有 47.8% 的导师参与自然科学领域的跨学科研究；在课题中作为一般人员的导师中，有 11.5% 的导师参与人文科学领域的跨学科研究，有 17% 的导师参与社会科学领域的跨学科研究，有 11.3% 的导师参与自然科学领域的跨学科研究；在课题中作为辅助性研究人员的导师中，有 3.9% 的导师参与人文科学领域的跨学科研究，有 2.3% 的导师参与社会科学领域的跨学科研究，有 1.2% 的导师参与自然科学领域的跨学科研究。

在此基础上，进一步检验跨学科研究中所跨学科的科学类别与跨学科研究中导师所处不同角色之间的关系。导师属于负责人、一般人员、辅助性研究人员与跨学科研究所跨学科的科学类别之间的检验结果显示，双尾检验的相伴概率 $p>0.05$，这说明在 0.05 显著性水平下不同科学领域的跨学科研究中导师处于负责人、一般人员、辅助性研究人员的分布情况不存在显著差异。导师属于核心人员与跨学科研究所跨学科的科学类别之间的检验结果显示，双尾检验的相伴概率 $p<0.05$，这说明在 0.05 显著性水平下不同科学领域的跨学科研究中导师处于核心人员的分布情况存在显著差异。具体而言，在处于核心人员的导师中，参与社会科学领域跨学科研究的导师比例低于人文科学领域和自然科学领域。

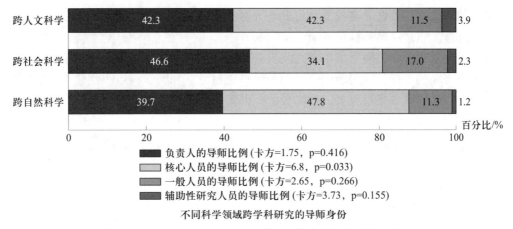

不同科学领域跨学科研究的导师身份

图 3-33   跨学科研究中所跨学科的科学类别与导师所处角色

5. 所属高校对跨学科研究的支持

为激励和推进跨学科研究的开展，高校通过多种形式支持导师开展跨学科研究，包括支持跨学科项目的设立、跨学科组织的创建、科研奖励和职称评定等。图 3-34 反映了导师所属高校对跨学科研究的支持情况，从图中可以看出，大多数导师所属高校对跨学科研究开展的支持形式是支持跨学科项目的设立和跨学科组织的建立，少数导师所属高校对跨学科研究开展给予科研奖励和职称评定上的支持，即多采用外部激励的方式支持科研人员参与跨学科研究。具体而言，有 460 名导师所属高校支持跨学科项目的设立，占样本中跨学科研究人数的 27.32%；有 235 名导师所属高校在科研奖励上给予倾斜，占样本中跨学科研究人数的 13.95%；有 120 名导师所属高校在职称评定上给予支持，占样本中跨学科研究人数的 7.13%；有 503 名导师所属高校支持跨学科研究组织的组建，占样本中跨学科研究人数的 29.87%；有 366 名导师所属高校提供其他方面的支持，占样本中跨学科研究人数的 21.73%。

为进一步探究影响跨学科研究成果发表量的因素，本研究继续分析导师所属高校对跨学科研究的支持形式与跨学科研究成果发表量之间的关系，如图 3-34 所示，在高校不同支持形式下，导师在国外发表的跨学科研究成果量均多于在国内发表的跨学科研究成果量。同时，国内发表的跨学科研究成果量更多的导师，其所属高校给予导师职称评定上的支持；而国外发表的跨学科研究成果量更多的导师，其所属高校给予跨学科研究项目设立和跨学科组织建立上的支持。具体而言，所属高校提供项目设立支持的导师，在国内发表的研究成果量人均约为 2.9篇，在国外发表的研究成果量人均约为 4.6 篇；所属高校提供科研奖励支持的导师，在国内发表的研究成果量人均约为 2.7 篇，在国外发表的研究成果量人均约为 3.9 篇；所属高校提供职称评定支持的导师，在国内发表的研究成果量人均约为 3.4 篇，在国外发表的研究成果量人均约为 3.8 篇；所属高校提供跨学科组织创建支持的导师，在国内发表的研究成果量人均约为 2.9 篇，在国外发表的研究成果量人均约为 5.1 篇。

基于此，进一步检验高校对跨学科研究的支持形式与跨学科研究成果发表量之间的关系。高校支持形式与导师在国内发表跨学科研究成果量的假设检验结果显示，F 值为 1.38，双尾检验的相伴概率 $p > 0.05$，这说明在 0.05 显著性水平下高校支持形式与导师在国内发表跨学科研究成果量之间不具有相关性。高校支持形式与导师在国外发表跨学科研究成果量的假设检验结果显示，F 值为 2.58，双尾检验的相伴概率 p<0.05，这说明在 0.05 显著性水平下高校支持形式与导师在国外发表跨学科研究成果量之间具有相关性。具体而言，相对于高校对导师个人职称评定和科研奖励的支持，获得所属高校对跨学科项目设立和跨学科组织创建支持的导师，在国外发表的跨学科研究成果量更多，即高校的外部激励的有效性高于内部激励。

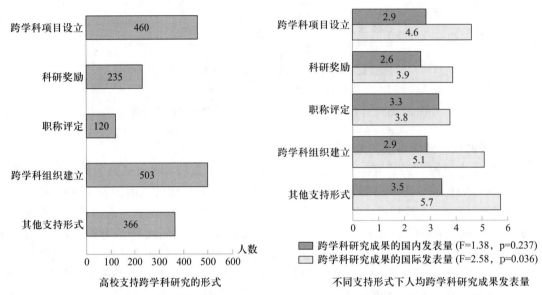

图 3-34　高校支持跨学科研究的形式及不同支持形式下人均跨学科研究成果发表量

　　为更加全面了解导师所属高校的支持形式，研究进一步分析了在不同学科领域的跨学科研究中导师所属高校的支持形式，如图 3-35 所示，从图中可知，在不同科学领域的跨学科研究中，大多数导师所属高校均提供跨学科项目设立和跨学科组织创建支持，而少数导师所属高校提供职称评定上的支持。同时，在所属高校提供项目设立、科研奖励、职称评定上支持的导师中，其开展人文科学和社会科学领域的跨学科研究的导师比例高于开展自然科学领域的导师比例；而在所属高校提供跨学科组织建立支持的导师中，其开展自然科学领域的跨学科研究的导师比例高于人文科学、社会科学领域的跨学科研究的导师比例。具体而言，在所属高校提供项目设立支持的导师中，跨人文科学研究导师人数占比 30.8%，跨社会科学研究导师人数占比 26.4%，跨自然科学研究导师人数占比 27.2%；在所属高校提供科研奖励支持的导师中，跨人文科学研究导师人数占比 21.2%，跨社会科学研究导师人数占比 18.4%，跨自然科学研究导师人数占比 13.5%；在所属高校提供职称评定支持的导师中，跨人文科学研究导师人数占比 13.5%，跨社会科学研究导师人数占比 8%，跨自然科学研究导师人数占比 6.9%；在所属高校提供跨学科组织建立支持的导师中，跨人文科学研究导师人数占比 21.1%，跨社会科学研究导师人数占比 26.4%，跨自然科学研究导师人数占比 30.3%；此外，高校还提供了其他形式的支持，其中跨人文科学研究导师人数占比 13.4%，跨社会科学研究导师人数占比 20.8%，跨自然科学研究导师人数占比 22.1%。

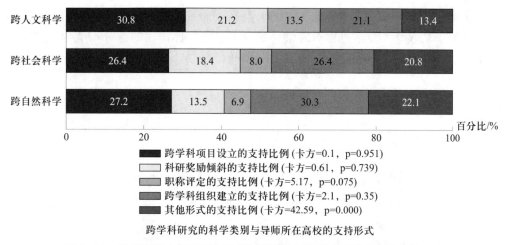

跨学科研究的科学类别与导师所在高校的支持形式

图 3-35　跨学科研究所跨学科的科学类别与高校对跨学科研究的支持形式

在此基础上，进一步检验跨学科研究所属学科的科学类别与导师所属高校的不同支持形式之间的关系。导师所属高校支持形式为跨学科项目设立、科研奖励倾斜、跨学科组织建立与跨学科研究所跨学科的科学类别之间的假设检验结果显示，双尾检验的相伴概率 p>0.05，这说明在 0.05 显著性水平下，不同科学领域的跨学科研究中导师所属高校支持形式为跨学科项目设立、科研奖励倾斜、跨学科组织建立的分布情况不具有显著差异。导师所属高校支持形式为职称评定、其他形式与跨学科研究所跨学科的科学类别之间的假设检验结果显示，双尾检验的相伴概率 p<0.1，这说明在 0.1 显著性水平下不同科学领域的跨学科研究中导师所属高校支持形式为职称评定、其他形式的分布情况具有显著差异。具体而言，在所属高校支持形式为职称评定的导师中，参与人文科学领域的跨学科研究导师比例高于社会科学领域和自然学科领域；在所属高校采用其他支持形式的导师中，参与人文科学领域的跨学科研究导师比例低于社会科学领域和自然科学领域。

6. 跨学科研究的创造来源

影响导师学术创新及开展跨学科研究的因素有多种，其中导师过去的各种学术交往活动会对跨学科研究的创造发挥不同程度的作用。从个人的视角，导师就各种学术交往活动对跨学科研究的"想法"产生所发挥的作用大小作出评价，如图 3-36 所示，在各种学术活动中，文献阅读和个人前期研究对导师跨学科研究创造所发挥的作用最大，其评分分别位于第一位、第二位；与在读研究生的交流和教学活动对导师跨学科研究创造所发挥的作用最小，其评分分别为第六位、第七位；同时，与所在大学以外学术共同体的交流、与所在大学其他院系同事的交流、与所在大学同一院系同事的交流对导师跨学科研究创造所发挥的作用比较大，其评分分别为第三位、第四位、第五位，这反映了同院系学者间的学术交往活动对跨学科研究创造发挥的作用小于跨院系、跨学校学者间的学术交往活动。

具体而言，文献阅读研究对跨学科研究创造所发挥作用的评分均值为 4.22 分，导师个人前期研究对跨学科研究创造所发挥作用的评分均值为 4.20 分，与所在大学以外学术共同体的交流对跨学科研究创造所发挥作用的评分均值为 3.96 分，与所在大学其他院系同事的交流对跨学科研究创造所发挥作用的评分均值为 3.76 分，与所在大学内同一院系同事的交流对跨学科研究创造所发挥作用的评分均值为 3.69 分，与在读研究生交流对跨学科研究创造所发挥作用的评分均值为 3.36 分，教学过程对跨学科研究创造所发挥作用的评分均值为 3.32 分，其他非学术活动对跨学科研究创造所发挥作用的评分均值为 3.24 分。

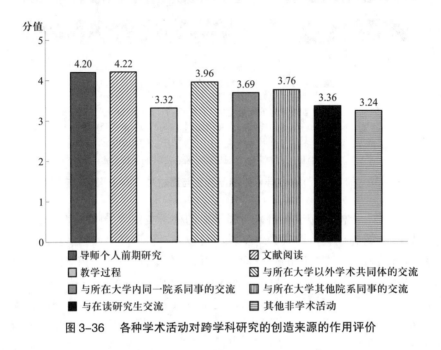

图 3-36   各种学术活动对跨学科研究的创造来源的作用评价

　　为了解上述 7 种学术交往活动对不同科学领域的跨学科研究所发挥作用大小的差异情况，本研究进一步检验跨学科研究所跨学科的科学类别与上述 7 种学术交往活动之间的关系。检验结果显示，除文献阅读、前期研究、教学过程这三种学术交往活动外，其余学术交往活动对不同科学领域的跨学科研究创造产生的作用不存在差异。从图 3-37 可以看出，自然科学领域的跨学科研究中导师对文献阅读和个人前期研究所发挥作用的认可度高于参与人文社会科学领域，而参与人文社会科学领域的跨学科研究的导师对教学过程所发挥作用的认可度高于自然科学领域。

　　具体而言，在导师就个人前期研究对跨学科研究创造所发挥作用的评价中，参与人文科学领域跨学科研究的导师评价其作用为 3.83 分，参与社会科学领域跨学科研究的导师评价其作用为 3.88 分，参与自然科学领域跨学科研究的导师评价其作用为 4.23 分。在导师就文献阅读对跨学科研究创造所发挥作用的评价中，参与人文科学领域跨学科研究的导师评价其作用为 3.92 分，参与社会科学领域跨学科研究的导师评价其作用为 4.03 分，参与自然科学领域跨学科研究的导师评价其作用为 4.23 分。在就教学过程对跨学科研究创作所发挥作用的评价中，参与人文科学领域跨学科研究的导师评价其作用为 3.47 分，参与社会科学领域跨学科研究的导师评价其作用为 4.03 分，参与自然科学领域跨学科研究的导师评价其作用为 3.30 分。

　　如图 3-37 所示，跨学科研究所跨学科的科学类别分别与个人前期研究、文献阅读、教学过程对跨学科研究创造产生作用大小的假设检验结果显示，在 0.05 显著性水平下不同科学领域的跨学科研究中，导师就个人前期研究、文献阅读、教学过程对跨学科研究创造所发挥作用大小的评价具有显著的差异。具体来说，就个人前期研究和文献阅读对跨学科研究创造所发挥作用大小而言，参与自然科学领域跨学科研究的导师认可度高于参与人文社会科学领域；就教学过程对跨学科研究创造所发挥作用大小而言，参与人文社会科学领域跨学科研究的导师认可度高于自然科学领域。

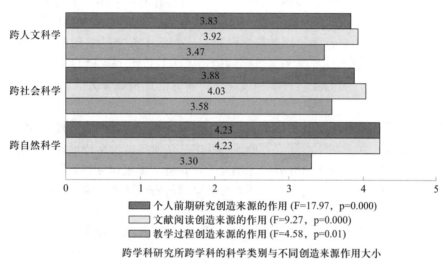

个人前期研究创造来源的作用 (F=17.97，p=0.000)
文献阅读创造来源的作用 (F=9.27，p=0.000)
教学过程创造来源的作用 (F=4.58，p=0.01)

跨学科研究所跨学科的科学类别与不同创造来源作用大小

图 3-37　跨学科研究所跨学科的科学类别与不同创造来源作用评价

7. 本章小结

在当今科学研究领域，由于科学发展的内驱力和解决复杂、综合现实问题的外驱力共同作用下，科学研究突破了单一学科的研究模式而转向跨学科的研究模式。大学作为知识生产的主要阵地，也是开展跨学科研究的主要组织。本研究调查了高校导师的课题研究取向和跨学科特征，以期更好地帮助高校和学者了解高校导师开展跨学科研究的情况。

就导师的跨学科研究经历而言，在参与调查的导师中，有 62.5% 的导师曾参与过跨学科研究，有 37.5% 的导师未曾参与跨学科研究，参与导师与未参与导师的比约为 8∶5。结合导师所在的高校情况，"双一流"高校的导师参与过跨学科研究的比例较高，世界一流大学建设高校的导师参与过跨学科研究的比例高于世界一流学科建设高校的导师参与比例，这在一定程度上反映出跨学科研究是高校学者进行科学研究的一种比较常见的科研模式。就跨学科研究所跨学科的科学类别而言，导师曾参与过的跨学科研究绝大多数属于自然科学领域的研究，约占总样本的 92%；人文社会科学领域的跨学科研究较少，约占总样本的 8%。同时，不同学科背景的导师参与的跨学科研究多属于自然科学的研究，有 98% 的自然科学领域的导师进行近邻跨学科研究；而人文社会科学领域的导师多进行远缘跨学科研究，其中有 87% 的人文社会科学领域的导师进行远缘跨学科研究，有 78% 的人文科学领域的导师开展远缘跨学科研究。

跨学科研究的开展离不开科研合作，基于此，本研究进一步分析了跨学科研究的合作特征，如合作形式、合作网络和导师所属角色等。就跨学科研究的开展形式而言，有 81.5% 的导师选择合作完成跨学科研究，选择比例最多的合作方式是合作双方共享思路、合理分工的方式，这占总样本的 53.1%。其中，人文社会科学领域跨学科研究中导师选择独自研究方式的比例高于自然科学领域；自然科学领域跨学科研究中导师选择合作双方共享思路合作方式的比例高于人文社会科学领域；选择主要由合作方完成合作方式的导师中，属于人文社会科学领域跨学科研究的比例高于自然学科领域。在跨学科科研合作中，导师的主要合作者来自国内高校的科研人员，且本校内部合作多于跨校合作。其中，在合作对象为本校本院系科研人员的导师中，社会科学领域的跨学科研究比例高于人文科学和自然科学领域；在合作对象为国内其他高校科研人员的导师中，社会科学领域的跨学科研究比例低于人文科学和自然科学领域。导师在跨学科研究中所属角色不同，绝大多数导师属于团队的负责人或核心人员。其中，在处于核心人员的导师比例中，参与社会科学领域跨学科研究的比例低于人文科学领域和自然科学领域。

为提升科研水平，高校采取各种形式支持跨学科研究的开展，如跨学科项目的设立、科研奖励倾斜、职称评定、跨学科项目建立等形式。其中，在所属高校支持形式为职称评定的导师中，参与人文科学领域的跨学科研究导师比例高于社会科学领域和自然学科领域；在所属高校采用其他支持形式的导师中，参与人文科学领域的跨学科研究导师比例低于社会科学领域和自然学科领域。

影响导师学术创新以及开展跨学科研究的因素有多种，其中导师过去的各种学术交往活动会对跨学科研究的创造发挥不同程度的作用。在各种学术活动中，文献阅读和个人前期研究对导师跨学科研究创造所发挥的作用最大，其次是与所在大学以外的学术共同体的交流、与所在大学其他院系同事的交流、与所在大学同一院系同事的交流对导师跨学科研究创造所发挥的作用比较大，而与在读研究生的交流和教学活动对导师跨学科研究创造所发挥的作用最小。除文献阅读、个人前期研究、教学过程这三种学术交往活动外，其余学术交往活动对不同学科领域的跨学科研究创造产生的作用不存在差异。自然科学领域的跨学科研究中导师对文献阅读和个人前期研究所发挥作用的认可度高于人文社会科学领域，而参与人文社会科学领域跨学科研究的导师对教学过程所发挥作用的认可度高于自然科学领域。

导师跨学科研究的成果产出即科研产出是本研究关注的另一重要方面，本研究调查了导师在国内外发表的跨学科研究成果量并分析了不同背景的导师发表跨学科研究成果的情况。总体上，导师在国外发表的跨学科研究成果量多于在国内发表的成果量。

导师的学科背景、导师职称、跨学科研究合作形式、科研合作网络、导师角色、高校支持形式都影响导师国内外跨学科研究的成果量。就导师的学科背景而言，属于自然科学领域的导师发表在国外的跨学科研究成果量更多，而属于人文社会科学领域的导师发表在国内的研究成果量更多。导师职称与导师研究成果发表之间具有相关性，职称级别越高的导师在国内外发表的研究成果量越高。导师在跨学科研究中的科研形式不同，其国内外科研发表量也不同，选择独自研究的导师在国内发表的研究成果量相对较多，而选择双方共享思路合作形式的导师在国外发表的成果量相对较多。在国内发表研究成果量更多的导师，其合作对象来自本校同院系的科研人员；在国外发表研究成果量更多的导师，其合作对象来自国外的科研人员。就导师在跨学科研究中所处角色而言，不同角色的导师在国外发表的研究成果量均高与国内成果量；相比一般人员或辅助性人员，所处角色为负责人或核心人员的导师在国内外发表的跨学科研究成果量更高。导师跨学科研究的国内发表量不受高校对跨学科研究的支持形式影响，而国外成果量受其影响，表现出所在高校支持跨学科组织建立和跨学科项目设立的导师在国外发表的跨学科研究成果量更多。

五、跨学科研究课题的开展

1. 课题经费来源

各种科研资助方式为跨学科研究的开展提供了经费支持，包括国家级科研资助、省部级科研资助、政府或企业科研资助和校级科研资助。图3-38反映了导师所参与的最具有跨学科特征课题研究的科研资助形式，从图3-38可知，大多数导师参与或主持的跨学科研究获得国家级科研资助或省部级科研资助，而少数导师获得政府、企业科研资助或校级科研资助。具体而言，在跨学科课题研究中，有802名导师获得国家级科研资助，占样本中跨学科研究人数的46.33%；有392名导师获得省部级科研资助，占样本中跨学科研究人数的22.65%；有266名导师获得政府或企业科研资助，占样本中跨学科研究人数的15.37%；有130名导师获得校级科研资助，占样本中跨学科研究人数的7.51%；有141名导师获得其他来源的科研资助，占样本中跨学科研究人数的8.15%。

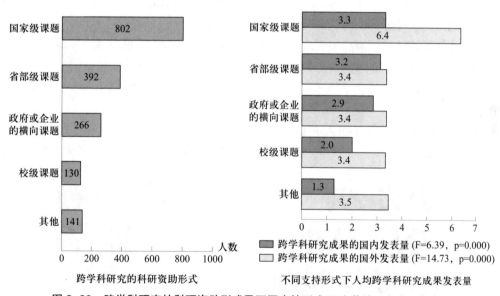

图3-38　跨学科研究的科研资助形式及不同支持形式下跨学科研究成果发表量

为进一步探究影响跨学科研究成果发表量的因素，本研究继续分析跨学科研究中不同科研资助形式与跨学科科研成果发表量之间的关系，如图3-38所示。从图3-38中可以看出，在跨学科研究的不同科研资助形式中，导师在国外发表的跨学科研究成果量均多于在国内发表的跨学科研究成果量。而且，相对于其他科研资助形式，获得国家级科研资助的导师在国内外发表的跨学科研究成果量更多；而获得校级科研资助的导师在国内外发表的跨学科研究成果量更少。具体而言，跨学科研究中获得国家级科研资助的导师，其在国内发表的研究成果量人均约 3.3 篇，在国外发表的研究成果量人均约 6.4 篇；跨学科研究中获得省部级科研资助的导师，其在国内发表的研究成果量人均约 3.2 篇，在国外发表的研究成果量人均约 3.4 篇；跨学科研究中获得政府或企业科研资助的导师，其在国内发表的研究成果量人均约 2.9 篇，在国外发表的研究成果量人均约 3.4 篇；跨学科研究中获得校级科研资助的导师，其在国内发表的研究成果量人均约 2.0 篇，在国外发表的研究成果量人均约 3.4 篇；获其他课题资助的导师，其在国内发表的研究成果量人均 1.3 篇，在国外发表的研究成果量人均 3.5 篇。

在此基础上，进一步检验跨学科研究成果发表量在不同科研资助形式下是否具有显著差异。跨学科研究成果国内发表量与跨学科研究的科研资助形式的检验结果显示，F 值为 6.39，$p<0.05$，这说明在 0.05 显著性水平下，跨学科研究成果国内发表量在不同科研资助形式下具有显著差异。具体而言，导师获得的科研资助级别越高，其在国内发表的跨学科研究成果量越多。跨学科研究成果国外发表量与跨学科研究的科研资助形式的检验结果显示，F 值为 14.73，$p<0.05$，这说明在 0.05 显著性水平下，跨学科研究成果国外发表量在不同科研资助形式下具有显著差异。具体而言，导师获得的科研资助级别越高，其国外发表的跨学科研究成果量越多。

为更加全面了解跨学科研究的科研资助形式，研究继续分析了不同科学领域的跨学科研究在科研资助形式获得上是否存在差异。从图 3-39 中可以看出，参与人文科学、社会科学、自然科学的跨学科研究的导师获得国家级科研资助和省部级科研资助的比例较高，而获得政府或企业科研资助和校级科研资助的比例较低。同时，获得国家级科研资助的导师中，参与自然科学领域跨学科研究的导师比例高于人文社会科学领域；获得其余科研资助的导师，参与人文社会科学领域跨学科研究的导师比例皆高于自然科学领域。具体而言，在获得国家级科研资助的导师中，有 28.8% 的导师参与人文科学领域的跨学科研究，有 37.9% 的导师参与社会科学领域的跨学科研究，有 47.4% 的导师参与自然科学领域的跨学科研究；在获得省部级科研资助的导师中，有 34.6% 的导师参与人文科学领域的跨学科研究，有 25.3% 的导师参与社会科学领域的跨学科研究，有 22.1% 的导师参与自然科学领域的跨学科研究；在获得政府或企业科

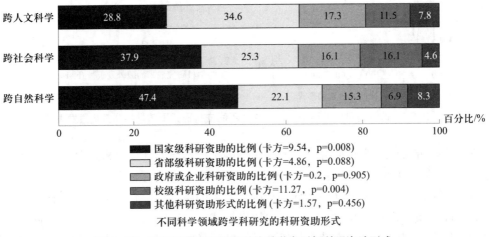

不同科学领域跨学科研究的科研资助形式

图 3-39　跨学科研究所跨学科的科学类别与科研资助形式

研资助的导师中，有 17.3% 的导师参与人文科学领域的跨学科研究，有 16.1% 的导师参与社会科学领域的跨学科研究，有 15.3% 的导师参与自然科学领域的跨学科研究；在获得校级科研资助的导师中，有 11.5% 的导师参与人文科学领域的跨学科研究，有 16.1% 的导师参与社会科学领域的跨学科研究，有 6.9% 的导师参与自然科学领域的跨学科研究。在获得其他科研资助的导师中，有 7.8% 的导师参加人文科学领域的跨学科研究，有 4.6% 的导师参与社会科学领域的跨学科研究，有 8.3% 的导师参加自然科学领域的跨学科研究。

在此基础上，进一步检验跨学科研究所跨学科的科学类别与跨学科研究的不同科研资助形式之间的关系。跨学科研究的省部级科研资助、政府或企业科研资助、其他科研资助与跨学科研究所跨学科的科学类别之间检验结果显示，双尾检验的相伴概率 p>0.05，这说明在 0.05 显著性水平下不同科学领域的跨学科研究中省部级科研资助、政府或企业科研资助、其他科研资助的分布情况不具有显著差异。跨学科研究的国家级科研资助、校级科研资助与跨学科研究所跨学科的科学类别之间检验结果显示，双尾检验的相伴概率 p<0.05，这说明在 0.05 显著性水平下不同科学领域的跨学科研究中国家级科研资助、校级科研资助的分布情况具有显著差异。

2. 跨学科知识生产的类型

在科学发展内驱力和解决复杂现实问题外驱力的双重推动下，跨学科研究成为知识生产和创新发展的重要途径。为解决复杂的现实问题，学者需要综合运用多个学科的知识、方法、结论等去探究和解决问题，呈现出不同的跨学科知识生产类型，如研究背景的跨学科借鉴与融合、理论或模型的跨学科借鉴与融合、文献综述的跨学科借鉴与融合、研究方法的跨学科借鉴与融合、数据搜集策略的跨学科借鉴与融合、研究成果的跨学科应用与转化。图 3-40 反映了导师所参与的研究中跨学科知识生产类型分布，从图中可以看出，大多数导师所参与的跨学科研究，其跨学科性体现在研究结论与应用、研究方法、理论或模型、数据搜集策略上；极少数导师所参与的跨学科研究，其跨学科性体现在文献综述和研究背景上。

具体而言，有 619 名导师所参与课题的跨学科特征体现在研究结论与应用部分，占样本中跨学科研究人数的 35.6%；有 524 名导师所参与课题的跨学科特征体现在研究方法部分，占样本中跨学科研究人数的 30.13%；有 239 名导师所参与课题的跨学科特征体现在理论或模型部分，占样本中跨学科研究人数的 13.74%；有 213 名导师所参与课题的跨学科特征体现在数据收集策略部分，占样本中跨学科研究人数的 12.25%；有 96 名导师所参与课题的跨学科特征体现在文献综述部分，占样本中跨学科研究人数的 5.52%；有 48 名导师所参与课题的跨学科特征体现在研究背景部分，占样本中跨学科研究人数的 2.76%。

为进一步探究影响跨学科研究成果发表量的因素，本研究继续分析跨学科研究成果发表量在不同跨学科性特征体现上是否存在差异。从图 3-40 中可以看出，除研究的跨学科特征体现在文献综述部分外，参与其他跨学科知识生产类型研究的导师在国外发表的研究成果发表量高于在国内发表的研究成果量。同时，参与跨学科知识生产类型为文献综述跨学科及研究结论与应用跨学科的相关研究在国内发表的研究成果量最高（平均分别为 3.8 篇和 3.5 篇），而研究背景跨学科的导师在国内发表跨学科研究成果量最低（平均 1.9 篇）。参与研究结论与应用跨学科以及研究方法跨学科的导师在国外发表跨学科研究成果量最高（平均分别为 5.4 篇和 5.0 篇），参与文献综述方面跨学科研究的导师在国外发表跨学科研究成果量最低（平均 2.5 篇）。

由此可知，相比其他方面的跨学科，文献综述跨学科在导师国内外跨学科研究成果发表上差异最大，该跨学科知识生产类型下导师在国内发表研究成果量多，而导师在国外发表研究成果量较少。

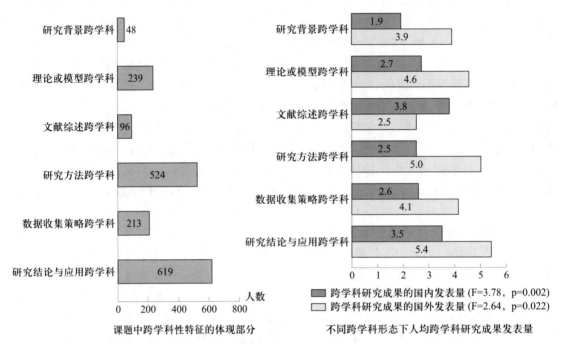

图 3-40   跨学科性特征的体现及不同跨学科知识生产类型下研究成果发表量

在此基础上，进一步检验跨学科研究发表量在不同跨学科特征下是否存在差异性。跨学科性特征的体现方面与导师在国内发表的跨学科研究成果量之间的检验结果显示，F 值为 3.78，双尾检验的相伴概率 $p<0.05$，这说明在 0.05 显著性水平下不同跨学科性特征的体现方面在跨学科研究成果国内发表量上具有显著差异。跨学科特征的体现方面与导师在国外发表的跨学科研究成果量之间的检验结果显示，F 值为 2.64，双尾检验的相伴概率 $p<0.05$，这说明在 0.05 显著性水平下不同跨学科特征的体现方面在跨学科研究成果国外发表量上具有显著差异。

为全面了解课题研究中跨学科性特征，本研究进一步分析了在不同科学领域的跨学科知识生产类型的差异情况，如图 3-41 所示，大多数导师所参与的人文科学、社会科学、自然科学领域的跨学科研究，其跨学科特征主要体现在研究方法和研究结论与应用部分。同时，在参与跨学科知识生产类型为文献综述或研究背景跨学科的导师中，开展人文科学、社会科学领域跨学科研究的导师比例高于自然科学领域；在参与跨学科知识生产类型为数据收集策略或研究成果跨学科的导师中，开展自然科学领域跨学科研究的导师比例高于人文社会科学领域。

具体而言，在参与跨学科知识生产类型为研究背景跨学科的导师中，有 7.7% 的导师开展人文科学领域的跨学科研究，有 3.4% 的导师开展社会科学领域的跨学科研究，有 2.6% 的导师开展自然科学领域的跨学科研究；在参与跨学科知识生产类型为理论或模型跨学科的导师中，有 16.1% 的导师开展社会科学领域的跨学科研究，有 13.8% 的导师开展自然科学领域的跨学科研究，有 9.6% 的导师开展人文科学领域的跨学科研究；在参与跨学科知识生产类型为文献综述跨学科的导师中，有 17.3% 的导师开展人文科学领域的跨学科研究，有 12.6% 的导师开展社会科学领域的跨学科研究，有 4.7% 的导师开展自然科学领域的跨学科研究；在参与跨学科知识生产类型为研究方法跨学科的导师中，有 30.8% 的导师开展人文科学领域的跨学科研究，有 30.1% 的导师开展自然科学领域的跨学科研究，有 28.7% 的导师开展社会科学领域的跨学科研究；在参与跨学科知识生产类型为数据搜集策略跨学科的导师中，有 12.6% 的导师开展自然科学领域的跨学科研究，有 9.3% 的导师开展社会科学领域的跨学科研究，有 7.7% 的导师开展人文科学领域的跨学科研究；在参与跨学科知识生产类型为研究成果跨学科应用与转化的导师中，有 36.2% 的导师开展自然科学领域的跨学科研究，有 29.9% 的导师开展社会科学领域的跨学科研究，有 26.9% 的导师开展人文科学领域的跨学科研究。

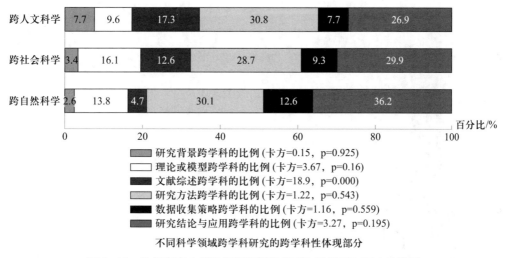

不同科学领域跨学科研究的跨学科性体现部分

图 3-41　跨学科研究所跨学科的科学类别与跨学科知识生产类别

　　在此基础上，进一步检验不同科学领域跨学科研究在跨学科性特征体现的不同部分上是否存在差异。跨学科特征体现在研究背景、理论或模型、研究方法、数据收集策略、研究结论与应用的研究与跨学科研究所跨学科的科学类别之间的检验结果显示，双尾检验的相伴概率 $p>0.05$，这说明在 0.05 显著性水平下不同科学领域跨学科研究中跨学科性体现为研究背景、理论或模型、研究方法、数据收集策略、研究结论与应用的分布情况不具有显著差异。跨学科为文献综述的研究与跨学科研究所跨学科的科学类别之间的检验结果显示，双尾检验的相伴概率 $p<0.05$，这说明在 0.05 显著性水平下不同科学领域跨学科研究中跨学科性体现为文献综述的分布情况具有显著差异。

3. 跨学科研究的学生参与情况

　　高校导师为研究生提供了很多参与跨学科研究项目的机会，研究生也作为合作者参与到导师参与或主持的跨学科课题研究中。这种合作形式不仅有助于促进创新性研究，而且也有益于研究生通过研究跨学科课题来训练和提升个人的综合能力。在此基础上形成的跨学科科研合作经历和能力，能帮助研究生为未来的研究、工作做好准备。基于此，本研究调查了参与某项跨学科课题的研究生数量、研究生在课题研究中的工作量、跨学科课题中导研交流频率以及研究生的相关跨学科背景，以更加全面地了解在跨学科导研合作中研究生的参与情况。

跨学科导研合作是导师完成跨学科研究的重要合作形式之一，研究生在跨学科科研合作中训练和提升了个人的学术研究能力。图 3-42 反映了在某项跨学科课题中研究生的参与数量，从图中可以看出，绝大部分的导师所参与的跨学科课题都有研究生参与，仅有 65 名导师所参与的跨学科课题没有研究生参与。导师所开展的跨学科课题中最少有 1 名研究生参与，最多有30 名研究生参与，大部分导师所开展的跨学科课题的研究生数量是 1~5 人，占样本中跨学科研究人数的 79.1%。其中，就跨学科研究中参与的研究生数量而言，导师所开展的跨学科课题中研究生的参与人数平均为 4 人，而最常见的研究生参与数量是 2 人，占样本中跨学科研究人数的 23.3%。

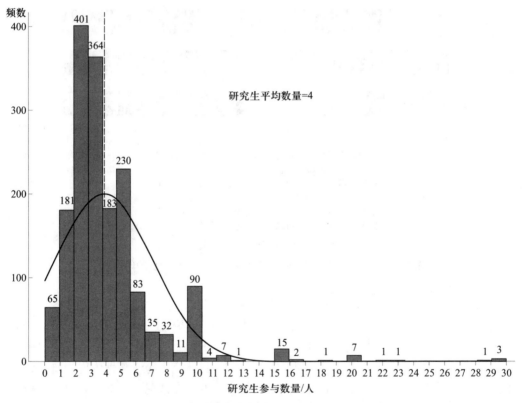

图 3-42　参与某项跨学科课题研究的研究生数量

为了解参与跨学科研究的研究生背景情况，研究进一步调查了跨学科课题中研究生是否具备与所跨学科相吻合的学科背景及研究生跨学科的学习经历，如图 3-43 所示。从图 3-43 可知，大部分参与跨学科研究的研究生不具备与所跨学科相吻合的学科背景，且大部分研究生具有的跨学科学习经历是本硕跨读的学习经历。具体而言，在参与跨学科课题的研究生中，有46.22% 的研究生具有课题研究中与所跨学科相吻合的学科背景，有 53.78% 的研究生不具有课题研究中与所跨学科相吻合的学科背景。此外，在参与跨学科课题且具有跨学科学习经历的研究生中，有 54.67% 的研究生具有本硕跨读的跨学科学习经历，有 34.60% 的研究生具有辅修其他学科的跨学科学习经历，有 10.73% 的研究生具有双学位的跨学科学习经历。

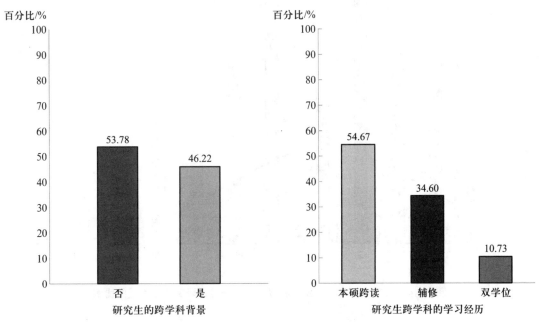

图 3-43　参与某项跨学科课题研究生的跨学科背景和跨学科学习经历

　　参与跨学科研究的研究生在跨学科研究中的参与程度并非一致，而参与程度反映在研究生参与某项跨学科课题的工作量占研究总工作量的比例上，如图 3-44 所示。从图 3-44 可以看出，在跨学科课题研究中，多大部分导研采用的是以导师为主、研究生为辅的合作形式。具体而言，绝大部分研究生参与某项跨学科课题的工作量不超过研究总工作量的一半，约占参与跨学科研究人数的 75%；少部分的研究生参与某项跨学科研究的工作量超过研究总工作量的一半，其约占参与跨学科研究人数的 25%。同时，研究生参与跨学科课题的工作量占研究总工作量的比例多为 20%~50%。从平均值上看，研究生参与跨学科课题的工作量占研究总工作量的平均比例为 38.7%。

　　为推进跨学科课题的开展，参与跨学科研究的研究生会与导师进行不同密切程度的交流。图 3-45 反映了导师与研究生就某项跨学科课题每月交流次数，从图 3-45 中可以看出，在跨学科导研合作中，绝大部分导师（1315 人）与研究生每月就跨学科课题研究交流的次数不超过 5 次，约占样本中参与跨学科研究人数的 77%；极少数导师（36 人）与研究生交流的次数能超过 15 次，即每天或每两天与研究生进行一次交流，仅占样本中参与跨学科研究人数的 2.1%。

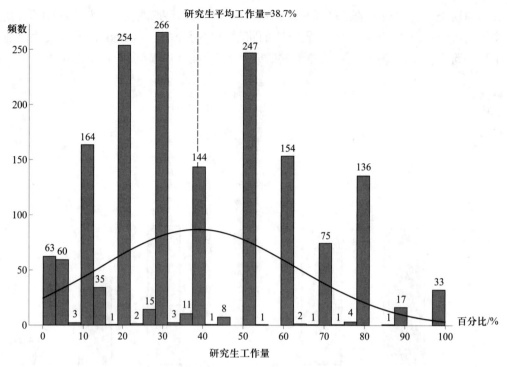

图 3-44　研究生参与某项跨学科课题的工作量占研究总工作量的比例

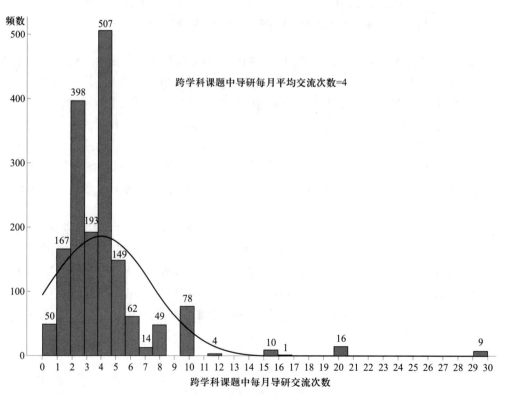

图 3-45　跨学科课题中导研交流频率

4. 学生的跨学科知识学习

为提升学生的跨学科素养，高校的教学组织及导师也为研究生跨学科学习创设了条件，比如研究生可以跨院系、跨校区选修课程等。在此基础上，本研究进一步调查了研究生为补充跨学科知识而采取的各种学习行动，以及研究生的跨学科知识学习与跨学科课题中导研交流频率之间的关系。

为补充跨学科知识，研究生校内相关跨学科课程的学习情况见图3-46从图3-46可知，大多数研究生曾在本校学习过跨学科课程，少部分研究生未曾在本校学习过跨学科课程。具体而言，在参与跨学科课题的研究生中，有498名导师了解到研究生曾旁听过校内相关跨学科课程，占研究人数的28.77%，该类学生平均导研交流频率为3.7次每月；有489名导师了解到研究生未曾学习校内相关跨学科课程，占研究人数的28.25%，这类学生平均导研交流频率为4.0次每月；有419名导师了解到研究生选修过校内相关跨学科课程，占研究人数的24.21%，该类学生平均导研交流频率为4.5次每月；有325名导师不知道研究生是否学习过校内相关跨学科课程，占研究人数的18.78%，该类学生平均导研交流频率为3.7次每月。

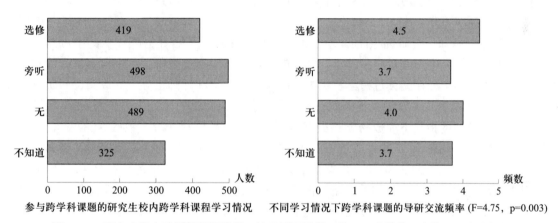

参与跨学科课题的研究生校内跨学科课程学习情况　　不同学习情况下跨学科课题的导研交流频率 (F=4.75，p=0.003)

图3-46　研究生校内跨学科课程的学习情况及不同学习情况下跨学科研究的导研交流频率

在此基础上，本研究进一步检验研究生校内跨学科课程学习情况与跨学科课题中导研交流频率之间的关系。检验结果显示，F值为4.75，双尾检验的相伴概率p<0.05，这说明在0.05显著性水平下研究生校内跨学科课程学习情况与跨学科课题中导研交流频率之间具有相关性。具体而言，相对于未曾学习过或旁听本校跨学科课程的研究生而言，选修本校跨学科课程的研究生与导师就跨学科课题交流的频率更高。

为补充跨学科知识，研究生校外相关跨学科课程的学习情况见图3-47。从图3-47可知，绝大部分导师了解到研究生具有校外跨学科课程的学习经历，也有少部分导师对研究生校外跨学科课程的学习情况不了解。具体而言，在参与跨学科课题的研究生中，有816名导师了解到研究生曾学习过校外相关跨学科课程，占研究人数的47.09%，该类学生的导研交流频率较高（4.28次每月）；有426名导师了解到研究生未曾学习过校外相关跨学科课程，占研究人数的24.58%，该类学生的导研交流频率较低（3.91次每月）；有491名导师不知道研究生是否学习过校外相关跨学科课程，占研究人数的28.33%，该类学生的导研交流频率居中（3.45次每月）。

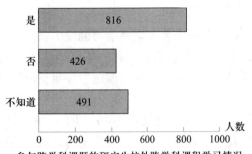
参与跨学科课题的研究生校外跨学科课程学习情况

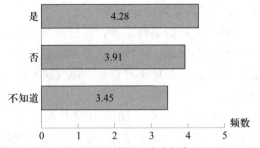
不同学习情况下跨学科课题的导研交流频率 (F=9.11, p=0.000)

图 3-47　研究生校外跨学科课程学习情况及不同学习情况下跨学科课题的导研交流频率

在此基础上，本研究进一步检验研究生校外跨学科课程学习情况与跨学科课题中导研交流频率之间的关系。检验结果显示，F 值为 9.11，双尾检验的相伴概率 p<0.05，这说明在 0.05 显著性水平下研究生校外跨学科课程学习情况与跨学科课题中导研交流频率之间具有相关性。具体而言，相对于未曾学习过校外跨学科课程的研究生而言，学习过校外跨学科课程的研究生与导师交流的频率更高。

为补充跨学科知识，研究生阅读跨学科类相关书籍的情况见图 3-48。从图中可知，极大部分导师了解到研究生阅读过相关跨学科知识的书籍，极小部分导师了解到研究生未曾阅读过跨学科类书籍。其中，在阅读过跨学科类书籍的研究生中，在导师指导下完成阅读的研究生数量多于自主完成的研究生数量。具体而言，在参与跨学科课题的研究生中，有 1121 名导师了解到研究生在导师的指导下完成跨学科类书籍的阅读，占跨学科研究人数的 64.87%，，该类学生的导研交流频率最高（4.2 次每月）；有 491 名导师了解到研究生自主完成跨学科类书籍的阅读，占跨学科研究人数的 28.41%，该类学生的导研交流频率为 3.7 次每月；有 46 名导师了解到研究生未曾阅读过跨学科类相关书籍，占跨学科研究人数的 2.66%，该类学生的导研交流频率为 3.9 次每月；有 70 名导师不知道研究生是否阅读过跨学科类相关书籍，占跨学科研究人数的 4.05%，相应的导研交流频次最低（2.3 次每月）。

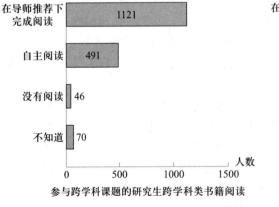
参与跨学科课题的研究生跨学科类书籍阅读

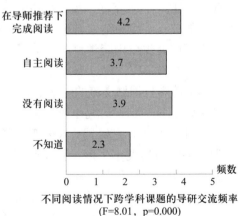
不同阅读情况下跨学科课题的导研交流频率
(F=8.01，p=0.000)

图 3-48　研究生跨学科类书籍阅读情况及不同阅读情况下跨学科课题的导研交流频率

在此基础上，进一步检验研究生跨学科类书籍阅读与跨学科课题研究中导研交流频率之间的关系。检验结果显示，F 值为 8.01，双尾检验的相伴概率 $p<0.05$，这说明在 0.05 显著性水平下研究生阅读跨学科类书籍与跨学科课题研究中导研交流频率之间具有相关性。具体而言，相对于未阅读过跨学科书籍的研究生而言，在导师指导下完成阅读的研究生与导师就跨学科课题交流的频率更高。

5. 本章小结

各种科研资助方式为跨学科研究的开展提供了经费支持，大多数导师获得国家级科研资助或省部级科研资助，少数导师获得政府或企业科研资助或校级资助。其中，获得国家级科研资助的导师中，参与自然科学领域跨学科研究的导师比例高于人文社会科学领域；获得校级科研资助的导师中，参与自然科学领域跨学科研究的导师比例低于人文社会科学领域。在开展跨学科研究过程中，课题的跨学科特征体现部分不同，也反映了跨学科研究的不同形态，如研究背景跨学科、理论或模型跨学科、文献综述跨学科、方法交叉跨学科和研究结论与应用跨学科。方法交叉和研究结论与应用跨学科是最常见的跨学科形态，而研究背景跨学科最为少见。在参与跨学科研究且该研究跨学科反映在文献综述的导师中，开展人文社会科学领域跨学科研究的导师比例高于自然科学领域。导师获得的科研资助级别越高，其在国内外发表的跨学科成果量越多。就跨学科特征反映的部分而言，相对于其他跨学科形态，参与跨学科研究且该研究跨学科反映在研究结论与应用或研究方法的导师，在国外发表的跨学科研究成果量更多；相对于其他跨学科形态，参与跨学科研究且该研究跨学科反映在研究结论与应用或文献综述的导师，其在国内发表的跨学科研究成果量更多。

高校导师为研究生提供了很多参与跨学科研究项目的机会，研究生也作为合作者参与到导师开展的跨学科课题研究中。这种合作形式不仅有助于促进创新性研究，而且也有助于帮助研究生在跨学科研究中提升个人的综合能力。调查显示，有 96.2% 的跨学科课题都有研究生参与，其中最常见的跨学科课题中研究生参与规模是 1~5 人。参与跨学科课题的研究生多数不具有与跨学科研究相吻合的学科背景，占总样本的 53.8%；曾有过跨学科学习经历的研究生中本硕跨读居多，占总样本的 54.7%。研究生在跨学科研究的投入程度也并非一致，它反映在研究生参与某项跨学科课题的工作量占研究总工作量的比例上。有 55.9% 的研究生的工作量约占研究总量的 20%~50%，研究生工作量不超过研究总量的一半和超过一半的比约为 3：1。在跨学科导研合作中，每月平均交流频次为 4 次，有 77% 的导师与研究生每月就跨学科课题研究交流的次数不超过 4 次，仅有 2% 的导师每月与研究生交流频次超过 15 次。

为补充跨学科知识，参与跨学科课题的研究生中将近有一半的学生曾选修或旁听本校的跨学科课程，同时将近有一半的学生也学习过校外的跨学科课程；绝大多数研究生阅读过跨学科类书籍，其中在导师指导下完成阅读的研究生比例多于自主阅读的研究生。研究生的跨学科学习情况与跨学科合作中导研交流频率之间具有相关性，相对于未学习过跨学科课程的研究生而言，选修过的研究生与导师就跨学科课题交流的频率更高；相对于未阅读过跨学科书籍的研究生而言，在导师指导下完成阅读的研究生与导师就跨学科课题交流的频率更高。

六、跨学科研究的研究生胜任力分析

1. 因子分析过程

参与跨学科研究的研究生，其胜任力是否达到课题要求以及多大程度达到或未达到课题要求皆是本调查关注的重点问题，涉及跨学科研究的开展和研究生的培养。本调查采用李克特五级量表形式编制量表，通过 31 个子项目进行测量，研究生导师就跨学科研究对研究生的能力要求和跨学科研究中研究生的胜任力表现两个方面做出评价，最低为 1 分，最高为 5 分。

在本调查中，跨学科研究对研究生能力要求的量表由 31 个变量构成，对这 31 个变量进行因子分析，进一步分析跨学科研究对研究生能力要求的主要方面。对问卷的测试数据进行 KMO 检验，KMO 值越接近 1，说明数据越适合做因子分析；数据结果显示，KMO 值为 0.96，这说明本问卷的数据很适合做因子分析。采用主成分分析法进行因子分析，从相关矩阵的特征值和累计贡献率可以看出（见表 3-1），特征值大于 1 的成分共有 5 个，这 5 个成分的累计方差贡献率为 67.3%；特征值小于 1 表示该成分的解释力度不如原始变量的解释力度大，因而将特征值小于 1 的成分排除。因此，采用前 5 个主成分对跨学科研究中的研究生课题要求进行综合评价。

表 3-1　跨学科课题要求：解释的总方差

成分	特征值	方差贡献率 /%	累积方差贡献率 /%
Factor1	14.655	0.473	0.473
Factor2	2.057	0.066	0.539
Factor3	1.879	0.061	0.600
Factor4	1.182	0.038	0.638
Factor5	1.077	0.035	0.673
Factor6	0.816	0.026	0.699
Factor7	0.779	0.025	0.724
Factor8	0.760	0.025	0.749
Factor9	0.676	0.022	0.770
Factor10	0.603	0.020	0.790
Factor11	0.546	0.018	0.807
Factor12	0.532	0.017	0.825
Factor13	0.494	0.016	0.841
Factor14	0.462	0.015	0.855

续表

成分	特征值	方差贡献率 /%	累积方差贡献率 /%
Factor15	0.424	0.014	0.869
Factor16	0.367	0.012	0.881
Factor17	0.347	0.011	0.892
Factor18	0.334	0.011	0.903
Factor19	0.315	0.010	0.913
Factor20	0.296	0.010	0.923
Factor21	0.282	0.009	0.932
Factor22	0.271	0.009	0.940
Factor23	0.260	0.008	0.949
Factor24	0.245	0.008	0.957
Factor25	0.231	0.008	0.964
Factor26	0.223	0.007	0.971
Factor27	0.211	0.007	0.978
Factor28	0.196	0.006	0.984
Factor29	0.179	0.006	0.990
Factor30	0.163	0.005	0.996
Factor31	0.140	0.005	1.000

　　为了能够命名 5 个主成分，进一步分析主成分的因子载荷矩阵。表 3-2 中的每一列表示一个主成分作为原来变量的线性相关系数，这个系数越大，说明主成分对该变量的代表性越大。从表 3-2 中可以看出，在主成分 1 所对应的列中，较大系数值所对应的原始变量有 10 个，分别为明确跨学科知识和方法的作用、认同跨学科研究的意义、主动学习、主动收集信息、主动组织课题开展、明确研究计划、跟进课题进度、有效沟通、团队成员分工合作、个体开放性水平。根据原始变量的特征，本调查将主成分 1 命名为研究主动性，跨学科课题研究对研究生的研究主动性要求体现为研究生需要能够明确跨学科知识和方法的作用和认同跨学科研究的意义，并将这份认同转化为研究生的学习、信息收集、明确研究计划、项目开展推动、团队分工和沟通交流的主动性上。

　　在主成分 2 所对应的列中，较大系数值所对应的原始变量有 8 个，分别为掌握跨学科的基础和专业知识、掌握所属学科的基础和专业知识、本学科和跨学科知识的融合、掌握跨学科和本学科的研究方法，以及区分跨学科和本学科研究方法的差异。根据原始变量的特征，本调查将主成分 2 命名为跨学科知识和方法，跨学科研究对研究生的跨学科知识和方法要求体现为研究生需要能够掌握跨学科课题研究所需的知识和方法，并能够区分和融合不同学科的知识和方法以促进跨学科研究。

表 3-2　跨学科课题要求：主成分的因子载荷矩阵

变量	Factor1	Factor2	Factor3	Factor4	Factor5
掌握跨学科基础知识	0.280	0.714	0.104	0.104	0.134
掌握跨学科专业知识	0.264	0.711	0.087	0.132	0.159
掌握所属学科基础知识	0.142	0.768	0.342	0.083	0.072
掌握所属学科专业知识	0.154	0.764	0.334	0.101	0.060
本学科和跨学科知识的融合	0.345	0.689	0.174	0.118	0.103
掌握跨学科适用的研究方法	0.293	0.697	0.162	0.145	0.133
掌握本学科适用的研究方法	0.231	0.658	0.352	0.136	0.115
区分本学科和跨学科的方法差异	0.353	0.427	−0.178	0.264	0.325
计算机编程能力	0.117	0.072	−0.012	0.871	0.131
数学推理能力	0.121	0.110	0.106	0.874	0.152
数据处理与分析能力	0.149	0.233	0.342	0.699	0.113
逻辑思辨能力	0.205	0.312	0.504	0.322	0.321
英语读写能力	0.117	0.222	0.287	0.214	0.721
英语听说能力	0.171	0.097	0.034	0.273	0.790
对未知世界充满好奇	0.332	0.073	0.352	0.042	0.579
跨学科研究的参与意愿	0.448	0.275	0.470	0.075	0.293
明确跨学科知识和方法的作用	0.619	0.330	0.131	0.066	0.321
认同跨学科研究的创新意义	0.659	0.293	0.127	0.057	0.287
主动完成与项目有关的学习	0.644	0.297	0.349	0.128	0.103
主动收集与项目有关的信息	0.676	0.272	0.377	0.150	0.100
主动组织项目的开展	0.765	0.172	0.143	0.158	0.161
明确研究的整体计划	0.712	0.226	0.284	0.162	0.105
高质量跟进项目进度	0.676	0.239	0.384	0.141	0.057
与跨学科团队成员保持沟通	0.632	0.269	0.397	0.166	0.071

续表

变量	Factor1	Factor2	Factor3	Factor4	Factor5
团队分工合作	0.621	0.271	0.444	0.154	0.055
保持开放性的态度	0.594	0.152	0.415	0.097	0.240
执行力	0.475	0.269	0.624	0.131	0.120
批判性思维能力	0.491	0.213	0.532	0.078	0.260
创新性思维能力	0.470	0.242	0.622	0.103	0.206
严格的学术规范	0.338	0.293	0.713	0.111	0.103
严谨的科研态度	0.348	0.312	0.710	0.092	0.106

在主成分 3 所对应的列中，较大系数值所对应的原始变量有 5 个，分别为执行力、批判性思维、创新性思维、学术规范和科研态度。根据原始变量的特征，本调查将主成分 3 命名为科研能力，跨学科研究对研究生的科研能力要求体现为研究生需要持有严谨的科研态度和严格的学术规范，且具有较强的批判性思维和创新性思维，使其能够更好地研究跨学科课题。

在主成分 4 所对应的列中，较大系数值所对应的原始变量有 3 个，分别为计算机编程能力、数学推理能力，以及数据处理与分析能力。根据原始变量的特征，本调查将主成分 4 命名为数理逻辑，跨学科研究对研究生的数理逻辑要求体现为研究生需要能够运用数理逻辑和计算机编程能力去收集、处理、分析研究数据。在主成分 5 所对应的列中，较大系数值所对应的原始变量有 2 个，分别为英语读写能力和英语听说能力。根据原始变量的特征，本调查将主成分 5 命名为英语能力，跨学科课题研究对研究生的英语能力要求体现为研究生需要能够阅读和撰写英文论文，并且能够较好地运用英语进行交流。同时，本调查将课题要求中的数理逻辑和英语能力合并为研究生的语数外基础这一综合指标。因此，跨学科课题研究对研究生的要求主要表现为跨学科知识和方法、研究主动性、科研能力和语数外基础四个方面。

同样地，跨学科研究中研究生胜任力表现的量表由 31 个变量构成。为了进一步分析跨学科课题研究中研究生胜任力的主要表现，本调查对这 31 个变量进行因子分析。对问卷的测试数据进行 KMO 检验，KMO 值为 0.96，这说明本问卷的数据很适合做因子分析。采用主成分分析法进行因子分析，从相关矩阵的特征值和累计贡献率可以看出（见表 3-3），特征值大于 1 的成分共有 4 个，这 4 个成分的累计方差贡献率为 66.8%。因此，采用前 4 个主成分对跨学科研究中研究生的胜任力表现进行综合评价。

表 3-3　跨学科课题中研究生胜任力：解释的总方差

成分	特征值	方差贡献率 /%	累积方差贡献率 /%
Factor1	16.271	14.265	0.525
Factor2	2.006	0.633	0.590

续表

成分	特征值	方差贡献率 /%	累积方差贡献率 /%
Factor3	1.373	0.313	0.634
Factor4	1.060	0.117	0.668
Factor5	0.944	0.103	0.699
Factor6	0.840	0.130	0.726
Factor7	0.711	0.035	0.749
Factor8	0.676	0.092	0.770
Factor9	0.584	0.055	0.789
Factor10	0.529	0.017	0.806
Factor11	0.512	0.020	0.823
Factor12	0.492	0.042	0.839
Factor13	0.451	0.042	0.853
Factor14	0.409	0.044	0.866
Factor15	0.365	0.022	0.878
Factor16	0.343	0.026	0.889
Factor17	0.317	0.011	0.899
Factor18	0.306	0.026	0.909
Factor19	0.280	0.001	0.918
Factor20	0.279	0.022	0.927
Factor21	0.257	0.008	0.936
Factor22	0.248	0.004	0.944
Factor23	0.244	0.008	0.952
Factor24	0.236	0.005	0.959
Factor25	0.231	0.036	0.967
Factor26	0.195	0.010	0.973
Factor27	0.186	0.008	0.979
Factor28	0.178	0.011	0.985
Factor29	0.166	0.006	0.990

成分	特征值	方差贡献率 /%	累积方差贡献率 /%
Factor30	0.161	0.009	0.995
Factor31	0.152	.	1.000

为了能够命名 4 个主成分，进一步分析主成分的因子载荷矩阵。从表 3-4 中可以看出，在主成分 1 所对应的列中，较大系数值所对应的原始变量有 10 个，分别为明确跨学科知识和方法的作用、认同跨学科研究的意义、主动学习、主动收集信息、主动组织课题开展、明确研究计划、跟进课题进度、有效沟通、团队成员分工合作、个体开放性水平。根据原始变量的特征，本调查将主成分 1 命名为研究主动性，跨学科研究中研究生的研究主动性方面的胜任力体现为研究生能够明确跨学科知识和方法的作用和认同跨学科研究的意义，并将这些认同转化为研究生的学习、信息收集、明确研究计划、项目开展推动、团队分工和沟通交流的主动性上。

在主成分 2 所对应的列中，较大系数值所对应的原始变量有 8 个，分别为掌握跨学科的基础和专业知识、掌握所属学科的基础和专业知识、本学科和跨学科知识的融合、掌握跨学科和本学科的研究方法，以及区分跨学科和本学科研究方法的差异。根据原始变量的特征，本调查将主成分 2 命名为跨学科知识和方法，跨学科研究中研究生的跨学科知识和方法方面的胜任力体现为研究生能够掌握跨学科课题研究所需的知识和方法，并能够区分和融合不同学科的知识和方法以促进跨学科研究。

在主成分 3 所对应的列中，较大系数值所对应的原始变量有 5 个，分别为执行力、批判性思维、创新性思维、学术规范和科研态度。根据原始变量的特征，本调查将主成分 3 命名为科研能力，跨学科研究中研究生的科研能力方面的胜任力体现为研究生能够持有严谨的科研态度和严格的学术规范，且具有较强的批判性思维和创新性思维使其能够更好地研究跨学科课题。

在主成分 4 所对应的列中，较大系数值所对应的原始变量有 6 个，分别为计算机编程能力、数学推理能力、数据处理与分析能力、逻辑思辨能力、英语听说能力和英语读写能力。根据原始变量的特征，本调查将主成分 4 命名为语数外基础，跨学科研究中研究生的语数外基础方面的胜任力体现为研究生能够很好地运用数理逻辑去收集、分析数据，并能够很好地运用英语能力去阅读、撰写英文文献及与他人交流。因此，跨学科研究中研究生的胜任力主要表现为跨学科知识和方法、研究主动性、科研能力和语数外基础四个方面。

表 3-4　跨学科课题研究中研究生胜任力：主成分的因子载荷矩阵

变量	Factor1	Factor2	Factor3	Factor4
掌握跨学科基础知识	0.356 8	0.705 1	0.036 4	0.213 4
掌握跨学科专业知识	0.338 8	0.694 3	0.029 6	0.275 7
掌握所属学科基础知识	0.114 1	0.738 3	0.409 1	0.128
掌握所属学科专业知识	0.123 2	0.711 8	0.429 6	0.153 8

续表

变量	Factor1	Factor2	Factor3	Factor4
本学科和跨学科知识的融合	0.377	0.651 6	0.141	0.335 7
掌握跨学科适用的研究方法	0.345 7	0.631 9	0.165 3	0.332
掌握本学科适用的研究方法	0.233 3	0.567 6	0.397 2	0.253 4
区分本学科和跨学科的方法差异	0.349 7	0.460 9	0.106 6	0.462 3
计算机编程能力	0.184 2	0.233 6	−0.036 1	0.784 6
数学推理能力	0.202 2	0.243 2	0.103	0.810 6
数据处理与分析能力	0.212 6	0.279 7	0.331 1	0.671 5
逻辑思辨能力	0.296 4	0.283 6	0.434 4	0.544 9
英语读写能力	0.259 7	0.146 8	0.454 5	0.546 5
英语听说能力	0.288 9	0.099 3	0.352 5	0.584 4
对未知世界充满好奇	0.444 3	0.182 5	0.437	0.361 2
跨学科研究的参与意愿	0.509 2	0.254 5	0.514 9	0.184 8
明确跨学科知识和方法的作用	0.596 8	0.330 3	0.299 5	0.232 5
认同跨学科研究的创新意义	0.608 4	0.257 9	0.351 6	0.173 4
主动完成与项目有关的学习	0.679 3	0.236 3	0.315 2	0.182 8
主动收集与项目有关的信息	0.739 7	0.229 7	0.271 2	0.175
主动组织项目的开展	0.805 7	0.190 6	0.133 6	0.252 8
明确研究的整体计划	0.773 1	0.238 7	0.203 1	0.207 9
高质量跟进项目进度	0.707 2	0.263 2	0.249 2	0.273
与跨学科团队成员保持沟通	0.644 6	0.261 2	0.381 4	0.185 8
团队分工合作	0.555 4	0.286 2	0.505 2	0.133 1
保持开放性的态度	0.541 5	0.195 9	0.547 3	0.168 9
执行力	0.553 4	0.217 5	0.548 3	0.182
批判性思维能力	0.570 8	0.190 4	0.492 5	0.267 1
创新性思维能力	0.571 1	0.205 1	0.487 3	0.288 5
严格的学术规范	0.373 9	0.228 6	0.712 2	0.131 8
严谨的科研态度	0.382 2	0.250 8	0.705 4	0.109 1

2. 选取因子的基本描述

跨学科研究对研究者的跨学科素养及各方面能力提出了较高的要求，参与跨学科课题的研究生的胜任力对跨学科研究的开展有着重要影响。与此同时，研究生在跨学科课题中的胜任力表现不仅影响着研究生个人的跨学科科研合作体验，也影响着研究生跨学科教育的培养方向和目标。

在此基础上，导师就跨学科课题对研究生能力要求作出评价，如图 3-49 所示。从图 3-49 可知，从平均值上看，在跨学科课题中，导师对研究生的科研能力要求最高，其次是研究生的研究主动性，再者是研究生的跨学科知识和方法，最后是研究生的语数外基础。具体而言，导师对研究生科研能力方面的能力要求平均为 4.34 分，导师对研究生研究主动性方面的能力要求平均为 4.19 分，导师对研究生跨学科知识与方法方面的能力要求平均为 4.14 分，导师对研究生语数外基础方面的能力要求平均为 3.81 分。

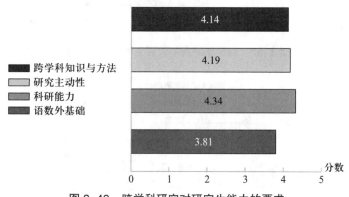

图 3-49　跨学科研究对研究生能力的要求

与此同时，导师就参与跨学科课题的研究生各方面胜任力表现作出评价，如图 3-50 所示。从图 3-50 可以看出，在跨学科研究中，研究生在科研能力方面的胜任力表现最好，其次是研究主动性方面的胜任力，再者是跨学科知识和方法方面的胜任力，最后是语数外基础方面的胜任力。与此同时，结合跨学科研究对研究生能力要求情况可知，研究生在跨学科研究中各方面要求的胜任力大小顺序与课题中各方面能力要求的重要程度顺序相一致。具体而言，研究生在科研能力方面的胜任力平均为 3.68 分，研究生在研究主动性方面的胜任力平均为 3.60 分，研究生在跨学科知识和方法方面的胜任力平均为 3.50 分，研究生在语数外基础方面的胜任力平均为 3.43 分。

通过比较跨学科研究对研究生的能力要求与研究生的胜任力表现之间的差距，进一步分析在跨学科课题中研究生胜任力情况，以及未来研究生跨学科教育的培养方向和目标。图 3-51 反映了跨学科研究中研究生的胜任力与课题要求能力之间的差距，从图 2-50 可知，在跨学科研究中，研究生各方面的胜任力均低于课题能力要求，其中研究生在科研能力方面的胜任力与课题能力要求之间的差距最大，其次是研究生的研究主动性，再者是研究生的跨学科知识和方法，最后是研究生的语数外基础。具体而言，在科研能力方面，研究生胜任力平均值低于课题要求，差值为 -0.66 分；在研究主动性方面，研究生胜任力平均值低于课题要求，差

值为 -0.59 分；在跨学科知识与方法方面，研究生胜任力平均值低于课题要求，差值为 -0.39 分；在语数外基础方面，研究生胜任力平均值低于课题要求，差值为 -0.23 分。因而，在未来的研究生跨学科教育中，需要注重提升研究生的科研能力、研究主动性、跨学科知识和方法基础，以及语数外基础，尤其需要更多关注研究生科研能力的培养。

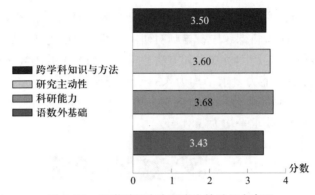

图 3-50　跨学科研究中研究生的胜任力表现

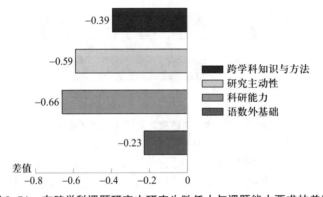

图 3-51　在跨学科课题研究中研究生胜任力与课题能力要求的差距

3. 各高校的研究生胜任力表现

考虑到各高校的不同情况后，本研究进一步分析了在跨学科研究中各高校的研究生胜任力表现，如图 3-52 所示。具体情况如下：

在研究生跨学科知识和方法方面的胜任力表现上，28 所一流大学建设高校中，有 16 所高校的研究生胜任力表现高于平均值 3.50 分，分别为东南大学、中国科学技术大学、中山大学、云南大学、兰州大学、北京理工大学、华中科技大学、南京大学、吉林大学、同济大学、哈尔滨工业大学、复旦大学、天津大学、山东大学、浙江大学和重庆大学；有 12 所高校的研究生胜任力表现低于平均值 3.50 分，分别为中南大学、中国人民大学、华东师范大学、南开大学、厦门大学、大连理工大学、新疆大学、武汉大学、电子科技大学、西北农林科技大学、西北工业大学和西安交通大学。与此同时，14 所一流学科建设高校中，有 5 所高校的研究生胜任力表现高于平均值 3.50 分，分别为中国石油大学、北京科技大学、华东理工大学、哈尔滨工程大学、河海大学；有 9 所高校的研究生胜任力表现低于平均值 3.50 分，分别为东北师范大学、

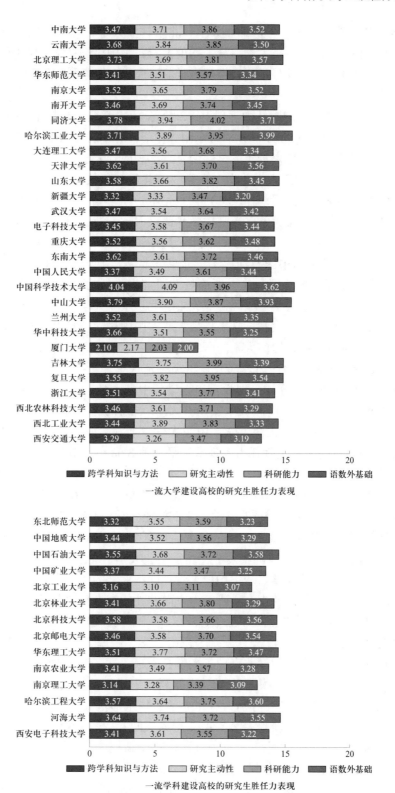

图 3-52　各高校的研究生在跨学科研究中的胜任力表现

中国地质大学、中国矿业大学、北京工业大学、北京林业大学、北京邮电大学、南京农业大学、南京理工大学和西安电子科技大学。从平均值上看，中国科学技术大学的研究生在跨学科知识和方法方面的胜任力表现评分最高，厦门大学的研究生在跨学科知识和方法方面的胜任力表现评分最低。

在研究生研究主动性方面的胜任力表现上，28 所一流大学建设高校中，有 17 所高校的研究生胜任力表现高于平均值 3.60 分，分别为东南大学、中南大学、中国科学技术大学、中山大学、云南大学、兰州大学、北京理工大学、南京大学、南开大学、吉林大学、同济大学、哈尔滨工业大学、复旦大学、天津大学、山东大学、西北农林科技大学和西北工业大学；有 11 所高校的研究生胜任力表现低于平均值 3.60 分，分别为中国人民大学、华东师范大学、华中科技大学、厦门大学、大连理工大学、新疆大学、武汉大学、浙江大学、电子科技大学、西安交通大学和重庆大学。与此同时，14 所一流学科建设高校中，有 6 所高校的研究生胜任力表现高于平均值 3.60 分，分别为中国石油大学、北京林业大学、华东理工大学、哈尔滨工程大学、河海大学和西安电子科技大学；有 8 所高校的研究生胜任力表现低于平均值 3.60 分，分别为东北师范大学、中国地质大学、中国矿业大学、北京工业大学、北京科技大学、北京邮电大学、南京农业大学和南京理工大学。从平均值上看，中国科学技术大学的研究生在研究主动性方面的胜任力表现评分最高，厦门大学的研究生在研究主动性方面的胜任力表现评分最低。

在研究生科研能力方面的胜任力表现上，28 所一流大学建设高校中，有 18 所高校的研究生胜任力表现高于平均值 3.68 分，分别为东南大学、中南大学、中国科学技术大学、中山大学、云南大学、北京理工大学、南京大学、南开大学、吉林大学、同济大学、哈尔滨工业大学、复旦大学、大连理工大学、天津大学、山东大学、浙江大学、西北农林科技大学和西北工业大学；有 10 所高校的研究生胜任力表现低于平均值 3.68 分，分别为中国人民大学、兰州大学、华东师范大学、华中科技大学、厦门大学、新疆大学、武汉大学、电子科技大学、西安交通大学和重庆大学。与此同时，14 所一流学科建设高校中，有 6 所高校的研究生胜任力表现高于平均值 3.68 分，分别为中国石油大学、北京林业大学、北京邮电大学、华东理工大学、哈尔滨工程大学和河海大学；有 8 所高校的研究生胜任力表现低于平均值 3.68 分，分别为东北师范大学、中国地质大学、中国矿业大学、北京工业大学、北京科技大学、南京农业大学、南京理工大学和西安电子科技大学。从平均值上看，同济大学的研究生在科研能力方面的胜任力表现评分最高，厦门大学的研究生在科研能力方面的胜任力表现评分最低。

在研究生语数外基础方面的胜任力表现上，28 所一流大学建设高校中，有 16 所高校的研究生胜任力表现高于于平均值 3.43 分，分别为东南大学、中南大学、中国人民大学、中国科学技术大学、中山大学、云南大学、北京理工大学、南京大学、南开大学、同济大学、哈尔滨工业大学、复旦大学、天津大学、山东大学、电子科技大学和重庆大学；有 12 所高校的研究生胜任力表现低于平均值 3.43 分，分别为兰州大学、华东师范大学、华中科技大学、厦门大学、吉林大学、大连理工大学、新疆大学、武汉大学、浙江大学、西北农林科技大学、西北工业大学和西安交通大学。与此同时，14 所一流学科建设高校中，有 6 所高校的研究生胜任力表现高于于平均值 3.43 分，分别为中国石油大学、北京科技大学、北京邮电大学、华东理工大学、哈尔滨工程大学和河海大学；有 8 所高校的研究生胜任力表现低于平均值 3.43 分，分别为东北师范大学、中国地质大学、中国矿业大学、北京工业大学、北京林业大学、南京农业大学、南京理工大学和西安电子科技大学。从平均值上看，哈尔滨工业大学的研究生在语数外基础方面的胜任力表现评分最高，厦门大学的研究生在语数外基础方面的胜任力表现评分最低。

4. 各科学类别跨学科研究的研究生胜任力表现

为进一步全面了解在跨学科研究中研究生的胜任力表现，研究深入分析了不同科学领域下研究生的胜任力表现，如图 3-53 所示。总的来看，相对于人文科学和社会科学的研究生而言，自然科学的研究生在各方面的胜任力评分更高。具体情况如下：

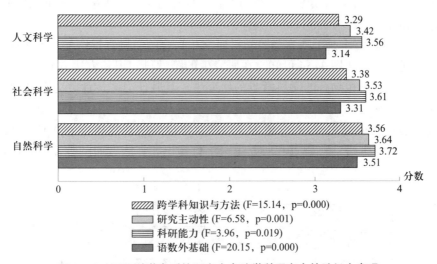

图 3-53　不同科学类别的研究生在跨学科研究中的胜任力表现

在研究生的跨学科知识和方法方面的胜任力表现上，人文科学的研究生胜任力平均评分为 3.29 分，社会科学的研究生胜任力平均评分为 3.38 分，自然科学的研究生胜任力平均评分为 3.56 分。导师所属学科的科学类别和研究生跨学科知识和方法方面的胜任力表现的假设检验结果显示，F 值为 15.14，双尾检验的相伴概率 $p<0.05$，这说明在 0.05 显著性水平下导师所属学科的科学类别和研究生跨学科知识和方法方面的胜任力表现之间具有相关性。

在研究生的研究主动性方面的胜任力表现上，人文科学的研究生胜任力平均评分为 3.42 分，社会科学的研究生胜任力平均评分为 3.53 分，自然科学的研究生胜任力平均评分为 3.64 分。导师所属学科的科学类别和研究生研究主动性方面的胜任力表现的假设检验结果显示，F 值为 6.58，双尾检验的相伴概率 $p<0.05$，这说明在 0.05 显著性水平下，导师所属学科的科学类别和研究生研究主动性方面的胜任力表现之间具有相关性。

在研究生的科研能力方面的胜任力表现上，人文科学的研究生胜任力平均评分为 3.56 分，社会科学的研究生胜任力平均评分为 3.61 分，自然科学的研究生胜任力平均评分为 3.72 分。导师所属学科的科学类别和研究生科研能力方面的胜任力表现的假设检验结果显示，F 值为 3.96，双尾检验的相伴概率 $p<0.05$，这说明在 0.05 显著性水平下，导师所属学科的科学类别和研究生科研能力方面的胜任力表现之间具有相关性。

在研究生的语数外基础方面的胜任力表现上，人文科学的研究生胜任力平均评分为 3.14

分，社会科学的研究生胜任力平均评分为 3.31 分，自然科学的研究生胜任力平均评分为 3.51 分。导师所属学科的科学类别和研究生语数外基础方面的胜任力表现的假设检验结果显示，F 值为 15.14，双尾检验的相伴概率 p<0.05，这说明在 0.05 显著性水平下，导师所属学科的科学类别和研究生语数外基础方面的胜任力表现之间具有相关性。

5. 不同跨学科背景下研究生胜任力表现

参与跨学科课题的研究生的跨学科背景和跨学科学习经历在一定程度上能反映研究生的跨学科能力，基于此，本研究进一步探究跨学科研究中研究生的胜任力表现在研究生不同跨学科背景和跨学科学习经历上的差异情况。总的来看，具有与课题中所跨学科相吻合的学科背景的研究生，各方面的胜任力评分都较高。具体情况如下：

图 3-54 反映了研究生是否具有与跨学科研究相吻合的学科背景情况与跨学科研究中研究生的胜任力表现情况。从图 3-54 可知，在研究生的跨学科知识和方法方面的胜任力表现上，具有与课题中所跨学科相吻合的学科背景的研究生，其胜任力平均评分为 3.64 分；不具有的研究生，其胜任力平均评分为 3.38 分。研究生跨学科背景和研究生跨学科知识和方法方面的胜任力表现的假设检验结果显示，t 值为 7.72，双尾检验的相伴概率 p<0.05，这说明在 0.05 显著性水平下，研究生跨学科背景和研究生跨学科知识和方法方面的胜任力表现之间具有相关性。

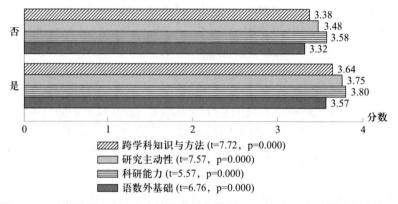

图 3-54   跨学科研究中研究生的跨学科背景（否 / 是）与研究生的胜任力表现

在研究生的研究主动性方面的胜任力表现上，具有与课题中所跨学科相吻合的学科背景的研究生，其胜任力平均评分为 3.75 分；不具有的研究生，其胜任力平均评分为 3.48 分。研究生跨学科背景和研究生研究主动性方面的胜任力表现的假设检验结果显示，t 值为 7.57，双尾检验的相伴概率 p<0.05，这说明在 0.05 显著性水平下，研究生跨学科背景和研究生研究主动性方面的胜任力表现之间具有相关性。

在研究生的科研能力方面的胜任力表现上，具有与课题中所跨学科相吻合的学科背景的研究生，其胜任力平均评分为 3.80 分；不具有的研究生，其胜任力平均评分为 3.58 分。研究生跨学科背景和研究生科研能力方面的胜任力表现的假设检验结果显示，t 值为 5.57，双尾检验的相伴概率 p<0.05，这说明在 0.05 显著性水平下，研究生跨学科背景和研究生科研能力方面的胜任力表现之间具有相关性。

在研究生的语数外基础方面的胜任力表现上，具有与课题中所跨学科相吻合的学科背景的研究生，其胜任力平均评分为 3.57 分；不具有的研究生，其胜任力平均评分为 3.32 分。研究生跨学科背景和研究生语数外基础方面的胜任力表现的假设检验结果显示，t 值为 6.76，双尾检验的相伴概率 p<0.05，这说明在 0.05 显著性水平下，研究生跨学科背景和研究生语数外基础方面的胜任力表现之间具有相关性。

与此同时，研究生跨学科学习经历和跨学科研究中研究生的胜任力表现见图 3–55。总的来说，具有辅修跨学科学习经历的研究生，在跨学科研究中跨学科知识和方法方面的胜任力评分最高，其次具有本硕跨学的研究生，再次为双学位的研究生。

从图 3–55 可知，在研究生的跨学科知识和方法方面的胜任力表现上，具有本硕跨读的跨学科学习经历的研究生，其胜任力平均评分为 3.60 分；具有辅修的跨学科学习经历的研究生，其胜任力平均评分为 3.73 分；具有双学位的跨学科学习经历的研究生，其胜任力平均评分为 3.32 分。研究生跨学科学习经历和研究生跨学科知识和方法方面的胜任力表现的假设检验结果显示，F 值为 6.96，双尾检验的相伴概率 p<0.05，这说明在 0.05 显著性水平下，研究生跨学科学习经历与跨学科知识和方法方面的胜任力表现之间具有相关性。

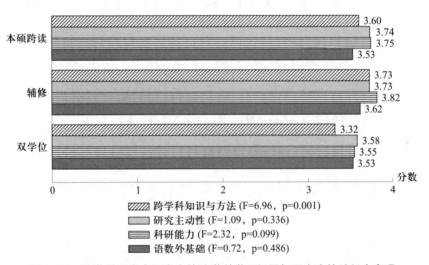

图 3–55　跨学科研究中研究生的跨学科学习经历与研究生的胜任力表现

在研究生的研究主动性方面的胜任力表现上，具有本硕跨读的跨学科学习经历的研究生，其胜任力平均评分为 3.74 分；具有辅修跨学科学习经历的研究生，其胜任力平均评分为 3.73 分；具有双学位跨学科学习经历的研究生，其胜任力平均评分为 3.58 分。研究生跨学科学习经历和研究生研究主动性方面的胜任力表现的假设检验结果显示，F 值为 1.09，双尾检验的相伴概率 p>0.05，这说明在 0.05 显著性水平下，研究生跨学科学习经历和研究生研究主动性方面的胜任力表现之间不具有相关性。

在研究生的科研能力方面的胜任力表现上，具有本硕跨读的跨学科学习经历的研究生，其胜任力平均评分为 3.75 分；具有辅修的跨学科学习经历的研究生，其胜任力平均评分为 3.82 分；具有双学位的跨学科学习经历的研究生，其胜任力平均评分为 3.55 分。研究生跨学科学习经历和研究生科研能力方面的胜任力表现的假设检验结果显示，F 值为 2.32，双尾检验的相伴概率 p>0.05，这说明在 0.05 显著性水平下，研究生跨学科学习经历和研究生科研能力方面的胜任力表现之间不具有相关性。

在研究生的语数外基础方面的胜任力表现上，具有本硕跨读的跨学科学习经历的研究生，其胜任力平均评分为 3.53 分；具有辅修的跨学科学习经历的研究生，其胜任力平均评分为 3.62 分；具有双学位的跨学科学习经历的研究生，其胜任力平均评分为 3.53 分。研究生跨学科学习经历和研究生语数外基础方面的胜任力表现的假设检验结果显示，F 值为 0.72，双尾检验的相伴概率 p>0.05，这说明在 0.05 显著性水平下，研究生跨学科学习经历和研究生语数外基础方面的胜任力表现之间不具有相关性。

6. 跨学科知识学习与研究生胜任力表现

研究生校内跨学科课程和校外跨学科课程的学习经历以及跨学科类书籍的阅读经历，都有可能提升研究生的能力。基于此，本研究进一步探究研究生的跨学科知识学习情况与跨学科研究中研究生胜任力表现之间的关系。图 3–56 反映了研究生校内跨学科课程学习情况与跨学科研究中研究生的胜任力表现。总的来说，曾选修过校内相关跨学科课程的研究生在跨学科胜任力评分更高，旁听跨学科课程的研究生其次，导师不知道是否有跨学科选修经历的再次，无跨学科修读旁听经历的胜任力表现最低。具体情况如下：

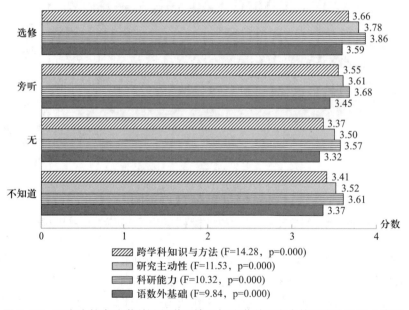

图 3–56　研究生校内跨学科课程学习情况与跨学科研究中的研究生胜任力表现

从图 3–56 可知，在研究生的跨学科知识和方法方面的胜任力表现中，曾选修过校内相关跨学科课程的研究生，其胜任力平均评分为 3.66 分；曾旁听过校内相关跨学科课程的研究生，其胜任力平均评分为 3.55 分；未曾选修过校内相关跨学科课程的研究生，其胜任力平均评分为 3.37 分；导师不确定是否选修过校内相关跨学科课程的研究生，其胜任力平均评分为 3.41 分。研究生学习校内相关跨学科课程与研究生跨学科知识和方法方面胜任力表现的假设检验结果显示，F 值为 14.28，双尾检验的相伴概率 $p<0.05$，这说明在 0.05 显著性水平下，研究生学习校内相关跨学科课程与研究生跨学科知识和方法方面的胜任力表现之间具有相关性。

在研究生的研究主动性方面的胜任力表现中，曾选修过校内相关跨学科课程的研究生，其胜任力平均评分为 3.78 分；曾旁听过校内相关跨学科课程的研究生，其胜任力平均评分为 3.61 分；未曾选修过校内相关跨学科课程的研究生，其胜任力平均评分为 3.50 分；导师不确定是否选修过校内相关跨学科课程的研究生，其胜任力平均评分为 3.52 分。研究生学习校内相关跨学科课程与研究生研究主动性方面的胜任力表现的假设检验结果显示，F 值为 11.53，双尾检验的相伴概率 $p<0.05$，这说明在 0.05 显著性水平下，研究生学习校内相关跨学科课程与研究生研究主动性方面的胜任力表现之间具有相关性。

在研究生的科研能力方面的胜任力表现中，曾选修过校内相关跨学科课程的研究生，其胜任力平均评分为 3.86 分；曾旁听过校内相关跨学科课程的研究生，其胜任力平均评分为 3.68 分；未曾选修过校内相关跨学科课程的研究生，其胜任力平均评分为 3.57 分；导师不确定是否选修过校内相关跨学科课程的研究生，其胜任力平均评分为 3.61 分。研究生学习校内相关跨学科课程与研究生科研能力方面的胜任力表现的假设检验结果显示，F 值为 10.32，双尾检验的相伴概率 $p<0.05$，这说明在 0.05 显著性水平下，研究生学习校内相关跨学科课程与研究生科研能力方面的胜任力表现之间具有相关性。

在研究生的语数外基础方面的胜任力表现中，曾选修过校内相关跨学科课程的研究生，其胜任力平均评分为 3.59 分；曾旁听过校内相关跨学科课程的研究生，其胜任力平均评分为 3.45 分；未曾选修过校内相关跨学科课程的研究生，其胜任力平均评分为 3.32 分；导师不确定是否选修过校内相关跨学科课程的研究生，其胜任力平均评分为 3.37 分。研究生学习校内相关跨学科课程与研究生语数外基础方面的胜任力表现的假设检验结果显示，F 值为 9.84，双尾检验的相伴概率 $p<0.05$，这说明在 0.05 显著性水平下，研究生学习校内相关跨学科课程与研究生语数外基础方面的胜任力表现之间具有相关性。

与此同时，研究生校外跨学科课程学习情况与跨学科研究中的研究生胜任力表现见图 3-57。总的来说，曾学习过校外相关跨学科课程的研究生，在跨学科胜任力评分较高。从图 3-57 可知，在研究生的跨学科知识和方法方面的胜任力表现中，曾学习过校外相关跨学科课程的研究生，其胜任力平均评分为 3.67 分；未曾学习过校外相关跨学科课程的研究生，其胜任力平均评分为 3.37 分；不确定是否学习过校外相关跨学科课程的研究生，其胜任力平均评分为 3.33 分。研究生学习校外相关跨学科课程与研究生的跨学科知识和方法方面的胜任力表现的假设检验结果显示，F 值为 42.83，双尾检验的相伴概率 $p<0.05$，这说明在 0.05 显著性水平下，研究生学习校外相关跨学科课程与研究生的跨学科知识和方法方面的胜任力表现之间具有相关性。

在研究生的研究主动性方面的胜任力表现中，曾学习过校外相关跨学科课程的研究生，其胜任力平均评分为 3.78 分；未曾学习过校外相关跨学科课程的研究生，其胜任力平均评分为 3.47 分；不确定是否学习过校外相关跨学科课程的研究生，其胜任力平均评分为 3.42 分。研究生学习校外相关跨学科课程与研究生的研究主动性方面的胜任力表现的假设检验结果显示，F 值为 40.82，双尾检验的相伴概率 $p<0.05$，这说明在 0.05 显著性水平下，研究生学习校外相关跨学科课程与研究生的研究主动性方面的胜任力表现之间具有相关性。

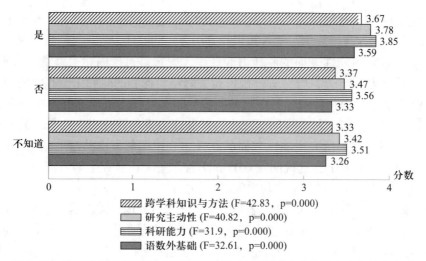

图 3–57　研究生校外跨学科课程学习情况与跨学科研究中的研究生胜任力表现

在研究生的科研能力方面的胜任力表现中，曾学习过校外相关跨学科课程的研究生，其胜任力平均评分为 3.85 分；未曾学习过校外相关跨学科课程的研究生，其胜任力平均评分为 3.56 分；不确定是否学习过校外相关跨学科课程的研究生，其胜任力平均评分为 3.51 分。研究生学习校外相关跨学科课程与研究生的科研能力方面的胜任力表现的假设检验结果显示，F 值为 31.9，双尾检验的相伴概率 $p < 0.05$，这说明在 0.05 显著性水平下，研究生学习校外相关跨学科课程与研究生的科研能力方面的胜任力表现之间具有相关性。

在研究生的语数外基础方面的胜任力表现中，曾学习过校外相关跨学科课程的研究生，其胜任力平均评分为 3.59 分；未曾学习过校外相关跨学科课程的研究生，其胜任力平均评分为 3.33 分；不确定是否学习过校外相关跨学科课程的研究生，其胜任力平均评分为 3.26 分。研究生学习校外相关跨学科课程与研究生的语数外基础方面的胜任力表现的假设检验结果显示，F 值为 32.61，双尾检验的相伴概率 $p < 0.05$，这说明在 0.05 显著性水平下，研究生学习校外相关跨学科课程与研究生的语数外基础方面的胜任力表现之间具有相关性。

研究生跨学科类书籍的阅读情况与跨学科研究中研究生的胜任力表现见图 3–58。总的来说，自主完成跨学科类书籍阅读的研究生，其跨学科胜任力评分更高，在导师推荐下完成跨学科阅读的研究生评分其次，没有跨学科阅读或不确定是否完成的研究生评分最低。从图 3–58 可知，在研究生的跨学科知识和方法方面的胜任力表现中，曾在导师指导下完成跨学科类书籍阅读的研究生，其胜任力平均评分为 3.53 分；曾自主完成跨学科类书籍阅读的研究生，其胜任力平均评分为 3.54 分；未阅读跨学科类书籍的研究生，其胜任力平均评分为 3.06 分；不确定是否完成跨学科类书籍阅读的研究生，其胜任力平均评分为 3.21 分。研究生跨学科类相关书籍的阅读情况与研究生的跨学科知识和方法方面的胜任力表现的假设检验结果显示，F 值为 10.32，双尾检验的相伴概率 $p < 0.05$，这说明在 0.05 显著性水平下，研究生跨学科类相关书籍的阅读情况与研究生的跨学科知识和方法方面的胜任力表现之间具有相关性。

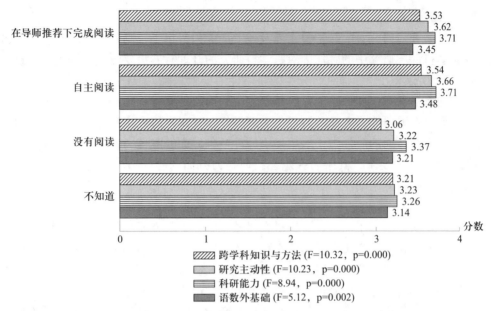

图 3-58　研究生跨学科类书籍阅读情况与跨学科研究中的研究生胜任力表现

　　在研究生的研究主动性方面的胜任力表现中，曾在导师指导下完成跨学科类书籍阅读的研究生，其胜任力平均评分为 3.62 分；曾自主完成跨学科类书籍阅读的研究生，其胜任力平均评分为 3.66 分；未阅读跨学科类书籍的研究生，其胜任力平均评分为 3.22 分；不确定是否完成跨学科类书籍阅读的研究生，其胜任力平均评分为 3.21 分。研究生跨学科类相关书籍的阅读情况与研究生的研究主动性方面的胜任力表现的假设检验结果显示，F 值为 10.23，双尾检验的相伴概率 p<0.05，这说明在 0.05 显著性水平下，研究生跨学科类相关书籍的阅读情况与研究生的研究主动性方面的胜任力表现之间具有相关性。

　　在研究生的科研能力方面的胜任力表现中，曾在导师指导下完成跨学科类书籍阅读的研究生，其胜任力平均评分为 3.71 分；曾自主完成跨学科类书籍阅读的研究生，其胜任力平均评分为 3.71 分；未阅读跨学科类书籍的研究生，其胜任力平均评分为 3.37 分；不确定是否完成跨学科类书籍阅读的研究生，其胜任力平均评分为 3.26 分。研究生跨学科类相关书籍的阅读情况与研究生的科研能力方面的胜任力表现的假设检验结果显示，F 值为 8.94，双尾检验的相伴概率 p<0.05，这说明在 0.05 显著性水平下，研究生跨学科类相关书籍的阅读情况与研究生的科研能力方面的胜任力表现之间具有相关性。

　　在研究生的语数外基础方面的胜任力表现中，曾在导师指导下完成跨学科类书籍阅读的研究生，其胜任力平均评分为 3.45 分；曾自主完成跨学科类书籍阅读的研究生，其胜任力平均评分为 3.48 分；未阅读跨学科类书籍的研究生，其胜任力平均评分为 3.21 分；不确定是否完成跨学科类书籍阅读的研究生，其胜任力平均评分为 3.14 分。研究生跨学科类相关书籍的阅读情况与研究生的语数外基础方面的胜任力表现的假设检验结果显示，F 值为 5.12，双尾检验的相伴概率 p<0.05，这说明在 0.05 显著性水平下，研究生跨学科类相关书籍的阅读情况与研究生的语数外基础方面的胜任力表现之间具有相关性。

7. 本章小结

跨学科课题研究对研究者的跨学科素养及各方面能力提出了较高的要求，参与跨学科课题的研究生在跨学科课题研究中的胜任力对跨学科研究的开展有着重要影响。调查结果显示，在跨学科课题的能力要求上，导师对研究生的科研能力要求最高，其次是研究生的研究主动性，再者是研究生的跨学科知识和方法，最后是研究生的语数外基础。在跨学科课题中研究生胜任力表现上，研究生在科研能力方面的胜任力表现最好，其次是研究主动性方面的胜任力，再者是跨学科知识和方法方面的胜任力，最后是语数外基础方面的胜任力。同时，研究生各方面的胜任力均低于课题能力要求，其中研究生在科研能力方面的胜任力与课题能力要求的差距最大，其次是研究生的研究主动性，再者是研究生的跨学科知识和方法，最后是研究生的语数外基础。

就不同科学领域的研究生而言，自然科学领域的研究生各方面胜任力表现最好，其次是社会科学，最后是人文科学。就研究生的跨学科背景而言，相对于不具有跨学科相吻合学科背景的研究生，具有跨学科相吻合的学科背景的研究生，其在跨学科研究中的各方面胜任力表现更高。就研究生的跨学科学习经历而言，相对于具有双学位跨学科学习经历的研究生而言，具有选修或本硕跨读学习经历的研究生，其在跨学科研究中的跨学科知识和方法方面的胜任力表现更好；其余三个方面的胜任力表现在研究生的跨学科学习经历上没有显著差异。就研究生跨学科知识学习情况而言，相对于未曾选修或旁听校内跨学科课程的研究生，曾选修过校内跨学科课程的研究生在跨学科研究中的各方面胜任力表现更好；相对于未曾学习过校外跨学科课程的研究生，曾学习过校外跨学科课程的研究生在跨学科研究中的各方面胜任力更好；相对于在导师指导下完成阅读或未完成阅读的研究生，自主完成阅读的研究生在跨学科研究中的各方面胜任力表现更好。

七、跨学科研究开展的影响因素分析

（一）跨学科课题参与及其科研生产力的影响因素分析

如表 3-5 所示，本研究探索了导师的基本信息、跨学科课题合作情况对导师跨学科研究参与意愿与科研生产力的影响情况。在模型 1 中使用 logistic 回归分析导师跨学科课题参与意愿的影响因素，在模型 2 和模型 3 中使用线性回归分别分析了导师跨学科课题的国内发表数量、国际发表数量的影响因素。

表 3-5　跨学科课题参与意愿及其科研生产力的影响因素分析

变量	1 是否参与跨学科研究	2 跨学科课题的国内发表数量	3 跨学科课题的国际发表数量
性别	0.989	0.019	−0.162
	[0.106 0]	[0.221 6]	[0.331 9]

续表

变量	1 是否参与跨学科研究	2 跨学科课题的国内发表数量	3 跨学科课题的国际发表数量
职称：副高	0.945	0.549*	1.525***
	[0.161 4]	[0.227 3]	[0.344 1]
职称：正高	1.036	1.997***	3.348***
	[0.182 7]	[0.271 3]	[0.417 7]
社会科学（基准：人文科学）	1.462*	−0.332	0.642*
	[0.331 5]	[0.470 6]	[0.297 1]
自然科学（基准：人文科学）	0.610***	−1.620***	4.547***
	[0.116 1]	[0.425 0]	[0.289 2]
是否具有跨学科背景	2.172***	0.272	0.753*
	[0.252 1]	[0.223 0]	[0.366 7]
是否有行政职务	1.144	0.667*	0.021
	[0.134 8]	[0.272 2]	[0.375 8]
教学时间分配（21%~40%）	0.220	−0.226	0.547
	[0.155]	[0.391]	[0.524]
教学时间分配（41%~60%）	0.274*	−0.140	0.285
	[0.158]	[0.394]	[0.529]
教学时间分配（61%~80%）	0.135	−0.318	−0.631
	[0.226]	[0.489]	[0.564]
教学时间分配（81%~100%）	−0.231	0.156	0.804
	[0.429]	[0.912]	[1.790]
合作角色：负责人（基准：辅助人员）	3.140***	2.298***	4.508***
	[0.987 6]	[0.351 8]	[0.554 2]
合作角色：核心人员（基准：辅助人员）	2.256***	1.421***	2.809***
	[0.699 1]	[0.323 1]	[0.501 0]
合作角色：一般人员（基准：辅助人员）	0.994	0.703*	0.658
	[0.320 0]	[0.346 8]	[0.525 3]

变量	1 是否参与跨学科研究	2 跨学科课题的国内发表数量	3 跨学科课题的国际发表数量
合作网络：本校其他院系科研人员（基准：本校同院系科研人员）	1.371**	−0.336	−0.003
	[0.173 2]	[0.263 8]	[0.436 4]
合作网络：国内外校科研人员（基准：本校同院系科研人员）	1.581***	0.148	0.721
	[0.193 4]	[0.275 2]	[0.409 4]
合作网络：国外科研人员（基准：本校同院系科研人员）	1.835***	−1.114***	0.801
	[0.368 1]	[0.327 2]	[0.620 5]
常数项	−0.038	1.188	−4.413***
	[0.412 7]	[0.639 6]	[0.834 2]
R^2		0.083 7	0.116
pseudo R^2	0.073 4		
F 检验		12.18	22.15
Chi−squared	177.75		
N	2 345	2 113	2 127

注：（1）模型 1 为 Logistic 的回归模型的估计结果，因变量为是否参与跨学科课题；模型 2 和模型 3 为 OLS 最小二乘回归估计结果，因变量为跨学科课题的国内发表数量和国际发表数量；（2）模型中 [ ] 内的统计值表示怀特（White）稳健标准误；（3）***，**，* 依次代表 0.01，0.05 和 0.1 的显著性水平。

1. 跨学科课题参与意愿的影响因素分析

回归模型 1 中加入导师的性别、职称、所属学科的科学类别、跨学科背景、行政职务、教学时间分配、合作角色、合作网络各变量进行二元 logistic 回归。总体来看，回归方程的卡方值较大，说明回归检验具有显著的解释效果。伪 R 方值为 0.0734，说明自变量对因变量的解释力度约为 7.34%。

通过观察所有变量的显著性，研究发现性别、职称、行政职务没有通过 0.05 显著性检验，说明导师是否参与跨学研究不受性别、职称、行政职务的影响。而导师跨学科意愿受导师所属学科的科学类别、跨学科背景、合作网络、合作角色、教学时间分配的影响。其中与隶属人文科学的导师相比，隶属社会科学与自然科学的导师在 0.1 显著性水平上具有统计意义，说明导师所属的科学领域对其跨学科研究意愿具有显著影响。导师是否具有跨学科学历背景与是否参与跨学科研究存在正相关关系，系数在 0.01 显著性水平上具有统计意义，说明是否具有跨学科背景对导师跨学科研究的意愿具有显著影响。与导师在跨学科课题中担任辅助人员的角色相比，担任负责人角色的导师或担任核心人员角色的导师参与跨学科研究的优势显著更高，说明在跨学科研究中与导师担任辅助人员相比，担任负责人或核心人员的导师更倾向于参与跨学科研究。在合作网络方面，其他因素控制不变的情况下，相对于与本校同院系科研人员合作，导师与本校其他院系科研人员合作、国内外校科研人员合作、国外科研人员合作的优势比显著较大，说明与本校同院系科研人员合作相比，与本校其他院系科研人员、国内外校科研人员或国外科研人员合作的导师更倾向于参与跨学科研究。

具体而言，在控制其他变量的情况下，导师隶属社会科学的优势比为 1.462，说明隶属社会科学的导师参与跨学科研究的可能性比人文科学的导师高 46.2%；隶属自然科学的优势比为 0.610，说明隶属自然科学的导师参与跨学科研究的可能性低 39%。通过比较导师所属的科学类别的优势比，隶属于社会科学优势比最大，说明隶属社会科学的导师参与跨学科研究意愿较大。与此同时，具有跨学科背景的优势比为 2.172，说明具有跨学科背景的导师参与跨学科研究的可能性是不具有该背景的导师的 2.172 倍。在教学时间分配方面，与分配时间在 20% 以下相比，教学时间分配在 41%~60% 的导师具有相对显著的跨学科科研意愿，优势比为 0.274，说明教学时间分配在 41%~60% 的导师参与跨学科科研的意愿将降低 72.6%。其他关于教学时间分配的虚拟变量不具有统计显著意义，但优势比普遍低于 1，依然能够说明教学时间分配与科研分配之间的相互替代关系。在科研合作特征方面，作为负责人的导师的优势比为 3.14，说明担当负责人角色的导师参与跨学科研究的可能性是担任辅助人员的导师的 3.14 倍；担当核心人员角色的优势比为 2.256，说明担当核心人员角色的导师参与跨学科研究的可能性是担任辅助人员的导师的 2.256 倍。通过比较各类合作角色的优势比，负责人角色优势比最大，说明担任负责人的角色对导师参与跨学科研究意愿影响最大。导师与其他院系科研人员合作的优势比为 1.371，说明导师与本校其他院系科研人员合作比与本校同院系科研人员合作参与跨学科课题可能性大 37.1%。导师与国内外校科研人员合作的优势比为 1.581，说明导师与国内外校科研人员合作比与本校同院系科研人员合作参与跨学科课题可能性大 58.1%；导师与国外科研人员的优势比为 1.835，说明导师与国外科研人员合作比与本校同院系科研人员合作参与跨学科课题可能性大 83.5%。通过比较各类合作对象的优势比，合作对象为国外科研人员的优势比最大，说明与国外科研人员合作的导师参与跨学科研究意愿最大。

总而言之，导师基础背景方面，导师性别、职称、行政职务担当并不对导师跨学科意愿产生明显影响，而导师所属学科的科学类别、跨学科背景、合作网络、合作角色、教学时间分配则会影响导师跨学科课题参与意愿。具体而言，隶属于社会科学的导师参与跨学科课题研究的意愿最高，其次是人文科学，隶属于自然科学的导师参与跨学科研究的意愿最低；导师教学时间分配与跨学科研究参与意愿之间存在着显著的负相关关系；相对于不具有跨学科背景的导师而言，具有跨学科背景的导师更愿意参与跨学科研究；合作角色方面，在跨学科研究团队中作为负责人或核心人员的导师更倾向于参与跨学科研究；在合作网络方面，与同院系科研人员相比，与其他院系科研人员、国内外校科研人员、国外科研人员合作的导师更倾向于参与跨学科课题研究。

2. 跨学科科研生产力的影响因素分析

回归模型 2 与 3 则通过线性回归探究了导师基本背景、合作情况对跨学科课题的国内与国际发表量的影响。总体来看，回归方程的 F 检验 >10，说明回归检验具有显著的解释效果。跨学科课题国内和国际科研生产力的回归模型的 R 方值为 0.0837 与 0.116，说明导师基本情况和合作特征对国内和国际发表量的解释力分别约为 8.37% 与 11.6%，具有一定的解释力。

　　在导师跨学科研究国内发表量的回归分析中，性别、隶属于社会科学、跨学科背景、教学时间分配、合作角色为本校其他院系科研人员、合作角色为国内外校科研人员没有通过 0.05 水平下的显著性检验，说明导师在国内发表的跨学科课题数量不受导师的性别、跨学科背景、教学时间分配的影响，且隶属于社会科学与隶属于人文科学的导师在跨学科研究国内发表量上没有显著差异，合作对象为本校其他院系科研人员或国内外校科研人员的导师，与合作对象为本校同院系的导师在国内发表量上没有显著差异。而职称、行政职务的回归系数为正，说明导师职称、行政职务与导师跨学科课题的国内发表数量具有微弱的正相关关系，结果在 0.1 的显著性水平上具有统计显著意义。与人文科学相比，隶属于自然科学的回归系数为负，且该结果在 0.01 显著性水平上具有统计意义，说明隶属于自然科学与跨学科课题的国内发表数量具有显著负相关关系。导师所担任的各种角色的回归系数都为正，0.01 的显著性水平下具有显著统计意义，说明导师所担任的各种角色与国内跨学科发表量具有显著正相关性。合作网络方面，与国外科研人员合作的系数为负，且该结果在 0.01 的显著性水平上具有统计显著意义，与国外科研人员合作与国内跨学科发表量具有显著负相关性。

　　具体而言，正高级职称系数值为 1.997，说明正高级职称的导师与讲师或助理研究员相比，跨学科课题的国内发表量可能增加约 2 篇。副高级职称系数值为 0.549，说明副高级职称的导师与讲师或助理研究员相比，跨学科课题的国内发表量可能增加约 0.55 篇。隶属于自然学科系数值为 −1.62，表示隶属于自然科学的导师与隶属于人文科学的导师相比，其跨学科课题的国内发表数量平均减少 1.62 篇。担任行政职务系数值为 0.667，说明担任行政职务的导师跨学科课题的国内发表量可能增加 0.667 篇；在合作中担任负责人、核心人员、一般人员系数值分别为 2.298、1.421、0.703，说明担任负责人、核心人员、一般人员的导师与辅助人员相比，跨学科课题的国内发表量分别可能增加约 2.3、1.4、0.7 篇。通过比较三种不同合作角色的系数值，负责人的角色对于跨学科课题国内发表量影响最大，核心人员其次，一般人员的影响则相对较小。与国外科研人员合作的系数值为 −1.114，说明相对于与同院系科研人员合作，与国外科研人员合作的导师跨学科国内发表量减少约 1.1 篇。

　　跨学科研究国际科研产出的回归分析结果显示，在控制其他因素不变的情况下，性别、行政职务、教学时间分配、合作角色为一般人员，合作对象为本校其他院系科研人员、合作对象为国内外校科研人员的系数，没有通过 0.05 水平下的显著性检验，说明在导师跨学科课题国外发表数量上导师的性别、行政职务、合作角色为一般人员、合作对象不具有显著影响。与人文科学相比，隶属于自然科学与社会科学的回归系数为正，说明隶属于自然科学与社会科学与跨学科课题的国际发表数量具有显著正相关关系。合作方面，与担任辅助人员相比，担任负责人与核心人员的回归系数都为正，在 0.01 的显著性水平下具有显著统计意义，说明担任负责人、核心人员、一般人员与国内跨学科发表量具有显著正相关性。

　　具体而言，正高级职称系数值为 3.348，说明正高级职称的导师与讲师或助理研究员相比，跨学科课题的国际发表量可能增加 3.3 篇。副高级职称系数值为 1.525，说明副高级职称的导师与讲师或助理研究员相比，跨学科课题的国内发表量可能增加 1.5 篇。科学类别方面，隶属于社会科学、自然科学系数值分别为 0.642、4.547，表示隶属于社会科学、自然科学的导师，相对于隶属于人文科学的导师，其跨学科课题的国际发表数量平均分别增加 0.6 篇与 4.5 篇。通过对社会科学与自然科学系数的比较，自然科学的系数远大于社会科学，说明相对于社会科学的导师，自然科学的导师在国外发表的跨学科产出量更多。在合作中担任负责人、核心人员系数值分别约为 4.508、2.809，说明担任负责人、核心人员的导师，跨学科课题的国内发表量分别可能增加 4.5、2.8 篇。同样通过比较两种不同合作角色的系数值，作为负责人的导师在国外发表的跨学科成果量更多，而作为核心人员的导师则相对较少。

总而言之，跨学科课题在国内与国际发表量上受到参与导师职称的影响，与讲师或助理研究员相比，副高或正高职称的导师在国内与国际跨学科成果发表量更多，同时正高级职称的导师相对于副高级职称的导师，其国内外跨学科成果发表量更多。在科学类别方面，隶属自然科学的导师，相对于隶属其他科学类别的导师，国外跨学科成果发表量更多，国内跨学科发表量则更少。在导师所处角色中，跨学科成果的国内与国际发表量受导师所处不同角色的影响，担任负责人、核心人员的导师国内外跨学科成果发表量都较高，且担任负责人的导师相对于其他合作角色发表量相对更多。合作网络中，合作对象为国外科研人员的导师，与其他合作网络的导师相比，国内跨学科成果发表量更少，而国际跨学科成果发表量则不因合作网络不同而产生明显影响。

（二）高校政策的力度和效果

1. 支持跨学科研究的政策渗透力度

图 3-59 给出了高校在不同支持情况下参与跨学科研究的导师的比例情况。研究发现，在参与跨学科研究的导师中，受到高校跨学科科研奖励方面支持的导师占 24.73%，未受到高校科研奖励支持的导师占 75.27%；受到高校职称评价方面支持的导师占 11.07%，未受到职称评价方面支持的导师占 88.93%；而受到高校跨学科项目设立方面支持的导师占 48.19%，未受到跨学科项目设立方面支持的导师占 51.81%；获得高校跨学科组织组建方面支持的导师占 29.55%，未获得支持的导师占 70.45%。

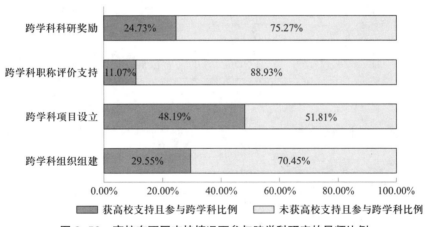

图 3-59　高校在不同支持情况下参与跨学科研究的导师比例

通过上述比例可以发现，参与跨学科研究的导师中受到各项高校支持政策的比例较少，大多数的导师未获得高校政策的支持仍参与了跨学科研究。说明高校跨学科支持政策的渗透力度较小，大部分的学者进行跨学科课题研究的动机不是来自高校政策的支持，而是来自自身的研究动机，同时也说明高校跨学科研究支持政策产生的效果并不大。

2. 高校跨学科支持政策、跨学科创造来源与科研生产力的影响机制

本研究采用线性回归分析，探索高校对跨学科研究的支持政策与跨学科创造来源的交互效应对导师跨学科研究国内文章发表的影响情况，如表 3-6 所示。本研究进行了四次回归分析，每个模型中都加入自己前期研究、教学过程、与所在大学以外学术共同体的交流、与所在大学内同一院系同事的交流、与所在大学其他院系同事的交流、与在读研究生的交流这六个不同跨学科研究创造来源变量，在此基础上，每个模型分别依次加入高校对跨学科研究组织建立支持、跨学科项目设立支持、职称评定支持、科研奖励支持与这六个不同跨学科研究创造来源的交互项，试图分析高校跨学科支持政策与导师个人跨学科研究创造来源的交互对导师跨学科研究成果国内发表量的影响。总体来看，四次回归方程的 F 检验值较大，说明回归检验具有一定的解释效果。从拟合效果看，模型一的调整后 R^2 为 0.008 9，说明模型中自变量对因变量的解释程度约为 0.9%，模型二的调整后 R^2 为 0.024，说明模型中自变量对因变量的解释程度约为 2.4%，模型三的调整后 R^2 为 0.005 5，说明模型中自变量对因变量的解释程度约为 0.6%；模型四的调整后 R^2 为 0.009 4，说明模型中自变量对因变量的解释程度约为 1%。总的来看，模型二与模型四的解释力度较强。

表 3-6　高校跨学科支持政策与跨学科创造来源的交互效应分析（因变量：跨学科课题的国内发表数量）

变量	因变量：跨学科课题的国内发表数量			
	一 跨学科组织组建	二 项目设立	三 职称评定	四 科研奖励
自己前期研究	1.501**	1.528**	1.478**	1.723***
	0.289	0.320	0.284	0.344
文献阅读	1.048	0.932	1.055	0.998
	0.188	0.181	0.197	0.181
教学过程	1.297	1.05	1.351*	1.373*
	0.231	0.167	0.226	0.245
与所在大学以外学术共同体的交流	1.003	1.218	0.919	0.861
	0.187	0.242	0.169	0.158
与所在大学内同一院系同事的交流	1.024	1.344	1.056	1.031
	0.206	0.307	0.202	0.211
与所在大学其他院系同事的交流	0.729	0.781	0.777	0.817
	0.154	0.176	0.150	0.162
与在读研究生的交流	1.308	1.455**	1.278	1.227
	0.216	0.255	0.197	0.207

续表

变量	因变量：跨学科课题的国内发表数量			
	一 跨学科组织组建	二 项目设立	三 职称评定	四 科研奖励
高校支持 * 自己前期研究	0.693	1.298	0.738	0.507**
	0.192	0.346	0.223	0.141
高校支持 * 教学过程	1.009	1.991**	1.043	0.974
	0.303	0.552	0.327	0.283
高校支持 * 与所在大学以外学术共同体的交流	0.843	0.573*	1.289	1.492
	0.278	0.177	0.494	0.508
高校支持 * 与所在大学内同一院系同事的交流	0.992	0.683	0.761	1.038
	0.388	0.236	0.427	0.387
高校支持 * 与所在大学其他院系同事的交流	1.439	1.043	1.245	0.952
	0.441	0.348	0.551	0.349
高校支持 * 与在读研究生的交流	1.149	0.997	1.053	1.34
	0.307	0.253	0.380	0.345
常数项	1.434	0.386	1.316	1.163
	1.285	0.318	1.214	0.983
Observations	1 767	1 843	1 696	1 763
R^2	0.016 193	0.030 936	0.013 138	0.01 673
调整后 R^2	0.008 9	0.024	0.00 551	0.00 942
F	2.366	3.766	1.951	2.48

注：各变量第二行的统计值为标准误。

四次回归模型的检验结果显示，除自己前期研究、与在读研究生交流、教学过程对导师跨学科成果国内发表量有显著影响外，其余四种跨学科研究创造来源单变量对导师跨学科参与意愿不具有显著影响，也就是说，导师自己前期研究、教学过程、与在读研究生交流会对导师跨学科成果国内发表产生正向影响，而导师与其他学者的交流没有增加导师跨学科成果国内发表量。同时，在控制其他变量的情况下，导师自己前期研究与高校支持科研奖励的交互项系数为正数，导师与所在大学以外学术共同体交流和高校跨学科项目设立的交互项系数为正数，以及导师教学过程与高校支持项目设立的交互项系数为正数，且 T 检验结果都具有显著性（p 值小于 0.05），这说明在高校支持跨学科科研奖励政策下，导师自己前期研究、高校项目设立支持政策下，导师的教学过程和与所在大学以外学术共同体的交流对导师跨学科研究成果国内发表量有显著正向影响；在高校各政策支持下，导师与所在大学同一院系或其他院系同事的交流、与在读研究生的交流都对导师研究成果国内发表量没有显著影响。

具体而言，在控制其他变量的情况下，在高校支持跨学科科研奖励政策下，导师自己前期研究的系数（交互项系数）为 0.507，说明导师自己前期研究作用每提高 1 个单位，导师跨学科科研成果国内发表就提升 0.5 篇；在高校支持跨学科项目设立政策下，导师与所在大学以外学术共同体的交流系数为 0.573，说明与所在大学学术共同体交流的作用每提高 1 个单位，导师跨学科科研成果国内发表就提升 0.6 篇；在高校支持跨学科项目设立政策下，导师教学过程的系数为 1.991，说明导师教学过程每增加 1 个单位，导师跨学科研究成果国内发表就多将近 2 篇。

总而言之，在高校不同支持政策下，跨学科研究创造来源对导师跨学科科研国内发表量的影响具有差异。在高校支持职称评定和组织建立的政策下，各种创造来源对导师跨学科研究国内发表量都不具有显著影响；而在高校支持跨学科项目设立下，教学过程与和所在大学以外学术共同体交流的跨学科研究来源对导师跨学科课题国内发表量具有明显促进作用；在科研奖励政策支持下，导师的自身前期研究对导师跨学科课题国内发表量具有明显的促进作用。

如表 3-7 所示，本研究采用线性回归分析，探索高校对跨学科研究的支持政策与跨学科创造来源的交互效应对导师跨学科研究国际文章发表的影响情况。本研究进行了四次回归分析，每个模型中都加入自己前期研究、教学过程、与所在大学以外学术共同体的交流、与所在大学内同一院系同事的交流、与所在大学其他院系同事的交流、与在读研究生的交流这六个不同跨学科研究创造来源变量，在此基础上，每个模型分别依次加入高校对跨学科研究组织建立支持、跨学科项目设立支持、职称评定支持、科研奖励支持与这六个不同跨学科研究创造来源的交互项，试图分析高校跨学科支持政策与导师个人跨学科研究创造来源的交互对导师跨学科研究成果国际发表量的影响。

表 3-7　高校跨学科支持政策与跨学科创造来源的交互效应分析（因变量：跨学科课题的国际发表数量）

变量	因变量：跨学科课题的国际发表数量			
	一 跨学科组织组建	二 项目设立	三 职称评定	四 科研奖励
自己前期研究	4.881***	6.158***	6.041***	6.016***
	1.669	2.340	2.145	2.262
文献阅读	1.114	1.027	0.99	0.91
	0.363	0.333	0.329	0.330
教学过程	0.337***	0.319***	0.252***	0.290***
	0.095 1	0.128	0.073 0	0.088 3

续表

变量	因变量：跨学科课题的国际发表数量			
	一 跨学科组织组建	二 项目设立	三 职称评定	四 科研奖励
与所在大学以外学术共同体的交流	1.776*	1.56	1.623	1.365
	0.567	0.499	0.492	0.414
与所在大学内同一院系同事的交流	0.330***	0.358*	0.444**	0.420**
	0.137	0.190	0.157	0.161
与所在大学其他院系同事的交流	1.597	2.254*	1.789**	1.716*
	0.507	0.980	0.521	0.516
与在读研究生的交流	2.697***	2.008**	2.583***	2.688***
	0.821	0.645	0.750	0.853
高校支持 * 自己前期研究	0.672	0.629	0.408*	0.416*
	0.359	0.292	0.198	0.200
高校支持 * 教学过程	0.586	1.137	1.881	0.859
	0.347	0.577	1.091	0.472
高校支持 * 与所在大学以外学术共同体的交流	1.002	1.372	1.795	1.85
	0.448	0.648	0.837	0.961
高校支持 * 与所在大学内同一院系同事的交流	2.984*	1.988	1.093	1.799
	1.772	1.309	0.865	1.268
高校支持 * 与所在大学其他院系同事的交流	0.996	0.494	0.881	1.185
	0.522	0.267	0.607	0.729
高校支持 * 与在读研究生的交流	0.748	1.161	0.643	0.601
	0.422	0.591	0.471	0.322
常数项	0.142	0.078 7**	0.102*	0.239
	0.174	0.091 0	0.127	0.366
样本量	1 771	1 853	1 700	1 765
R^2	0.048 511	0.043 801	0.053 319	0.048 257

变量	因变量：跨学科课题的国际发表数量			
	一 跨学科组织组建	二 项目设立	三 职称评定	四 科研奖励
调整后 R^2	0.041 5	0.037	0.046	0.041 2
F	5.424	6.12	6.089	4.965

注：各变量第二行的统计值为标准误。

总体来看，四次回归方程的 F 检验值较大，说明回归检验具有一定的解释效果。从拟合效果看，模型一的调整后 R^2 为 0.0415，说明模型中自变量对因变量的解释程度约为 4.1%，模型二的调整后 R^2 为 0.037，说明模型中自变量对因变量的解释程度约为 3.7%，模型三的调整后 R^2 为 0.046，说明模型中自变量对因变量的解释程度约为 4.7%；模型四的调整后 R^2 为 0.0412，说明模型中自变量对因变量的解释程度约为 4.1%。总体来看，模型一与模型三的解释力度较高。

四次回归模型的检验结果显示，自己前期研究、教学过程、与所在大学以外学术共同体的交流、与所在大学内同一院系同事的交流、与所在大学其他院系同事的交流单变量对导师跨学科成果国内发表量有显著影响，而文献阅读、与所在大学以外学术共同体的交流单变量对导师跨学科参与意愿不具有显著影响。也就是说，导师自己前期研究、教学过程、与所在大学以外学术共同体的交流、与所在大学内同一院系同事的交流、与所在大学其他院系同事的交流对导师跨学科成果国际发表产生正向影响，而导师文献阅读与所在大学以外学术共同体的交流则没有增加导师跨学科成果国际发表量。同时，在控制其他变量的情况下，导师自己前期研究与高校支持科研奖励与职称评定的交互项系数为正数，导师与所在大学内同一院系同事的交流与高校支持跨学科组织组建的交互项系数为正数，且 T 检验结果都呈现微弱的显著性（p 值小于0.1）。这说明在高校支持跨学科科研奖励与职称评定政策下，导师自身前期的研究对跨学科研究成果国际发表量有微弱的正向影响；在高校支持跨学科组织组建政策下，导师与所在大学以外学术共同体的交流对导师研究成果国内发表量也具有显著正向影响。而在高校跨学科组织组建、项目设立、职称评定、科研奖励的政策支持下，导师教学过程、与所在大学其他院系同事或在读研究生的交流对导师研究成果国内发表量都没有显著影响。

具体而言，在控制其他变量的情况下，在高校支持职称评定政策下导师自己前期研究的系数为 0.408，说明导师自己前期研究作用每提高 1 个单位，导师跨学科科研成果国际发表量就提升 0.41 篇；在高校支持科研奖励政策下，导师自己前期研究的系数为 0.416，说明导师自己前期研究作用每提高 1 个单位，导师跨学科科研成果国际发表量就提升 0.42 篇。通过比较在高校政策支持下，职称评定、科研奖励与导师自己前期研究的交互项系数，科研奖励的交互项系数大于职称评定，说明科研奖励的政策支持方式比职称评定更能促进导师发挥自己前期研究对提升跨学科研究成果国际发表量的作用。在高校支持组织建立的政策下，导师与所在大学内同一院系同事的交流的系数为 2.984，说明导师与所在大学同一院系同事交流的作用每提高 1 个单位，导师跨学科课题国际发表就多将近 3 篇。

　　总而言之，在高校不同支持政策下，跨学科研究创造来源对导师跨学科科研国际发表量的影响具有差异。在高校支持项目设立的政策下，各种创造来源对导师跨学科研究国内发表量都不具有显著影响；而在高校支持跨学科组织组建支持下，导师与所在大学同一院系同事交流对导师跨学科课题国际发表量的影响具有明显促进的作用；在高校职称评定和科研奖励政策下，导师自己前期研究对导师跨学科课题国际发表量具有明显促进的作用

（三）研究生胜任力对跨学科科研成果的影响分析

表 3-8　研究生胜任力对跨学科科研成果的影响分析

变量	模型一 跨学科课题的国内发表数量	模型二 跨学科课题的国际发表数量
研究生与课题相关的跨学科背景	0.530**	0.719*
	0.237	0.398
参与跨学科的研究生量	0.353***	0.437***
	0.037 4	0.062 1
跨学科课题中导研交流	−0.019 7	0.283***
	0.034 3	0.058 4
研究生胜任力_跨学科知识和方法	−0.246	0.872*
	0.274	0.461
研究生胜任力_研究主动性	0.996***	0.169
	0.274	0.461
研究生胜任力_科研能力	−0.233	0.046 1
	0.281	0.475
研究生胜任力_语数外	−0.420*	−0.483
	0.241	0.410
常数项	1.003	−0.52
	0.616	1.028
样本量	1 541	1 547
R^2	0.071 897	0.067 111
调整后 R^2	0.067 7	0.062 9
F	16.97	15.82

　　注：各变量第二行的统计值为标准误。

　　研究接着对研究生胜任力对跨学科科研成果的影响进行了分析。如表 3-8 所示，导师跨学科科研成果受到研究生胜任力和研究生学习经历方面的影响，本研究完成了两次回归分析，试图通过多元线性回归探索导师跨学科科研成果受研究生与课题相关的跨学科背景、参与跨学科的研究生量、导研交流等方面胜任力的影响。回归模型 1 与 2 中均加入研究生与课题相关的跨学科背景、参与的研究生量、跨学科中导研交流，研究生跨学科知识与方法、研究主动性、科研能力、语数外四方面的胜任力进行线性回归分析。具体来看，导师跨学科课题的国内发表数量与国际发表数量受到研究生与课题相关的跨学科背景、参与跨学科的研究生量、导研交流的影响。总体来看，回归方程的 F 值 >10，说明回归检验具有显著的解释效果。从拟合效果看，第一个模型的调整后 R^2 为 0.0677，说明模型中自变量对因变量（跨学科课题的国内发表数量）的解释程度约为 6.7%；第二个模型的调整后 R^2 为 0.0629，说明模型中自变量对因变量（跨学科课题的国际发表数量）的解释程度约为 6.3%。

　　对跨学科课题的国内发表数量的回归分析结果显示，研究生具有与跨学科课题相吻合的学科背景、参与跨学科的研究生数量、研究主动性的系数为正，且 T 检验结果具有显著意义（p 值 <0.05），这说明研究生具有与跨学科课题相吻合的学科背景、参与跨学科的研究生数量、研究主动性方面的胜任力与导师跨学科课题的国内发表数量具有显著正相关性。研究生语数外基础的胜任力的系数为负，且 T 检验结果具有显著意义（p 值 <0.05），说明语数外基础与导师跨学科课题的国内发表数量具有显著负相关性。而跨学科课题中导研交流、研究生跨学科知识与方法方面与科研能力方面的胜任力没有通过显著性检验，说明跨学科课题中导研交流、研究生跨学科知识与方法方面与科研能力方面的胜任力对导师跨学科课题的国内发表数量没有显著影响。

　　对跨学科课题的国内发表数量而言，研究生具有与跨学科课题相吻合的学科背景系数为 0.53，说明具有与跨学科课题相吻合的学科背景的研究生，其导师跨学科课题的发表量会增加 0.53 篇；参加课题研究的研究生数量系数为 0.353，说明参加课题研究的研究生每多 1 个，其导师跨学科课题的发表量会增加 0.35 篇。研究生具有研究主动性的胜任力系数为 0.996，说明研究生主动性的胜任力系数每多 1 个单位，其导师跨学科课题的发表量会增加约 1 篇；研究生具有语数外的胜任力系数为 0.42，说明研究生语数外能力的胜任力系数每多 1 个单位，其导师跨学科课题的发表量会增加约 0.4 篇。

　　对跨学科课题的国际发表数量而言，研究生跨学科背景、参与跨学科的研究生量、跨学科课题中导研交流、研究生跨学科知识与方法方面的胜任力的系数为正，且 T 检验结果具有显著意义，这说明参与跨学科的研究生量、跨学科课题中导研交流、研究生跨学科知识与方法方面的胜任力与跨学科课题的国际发表量有显著正相关性。而研究生的研究主动性方面、科研能力方面、语数外基础方面的胜任力没有通过显著性检验，说明研究生研究主动性方面、科研能力方面、语数外基础方面的胜任力对导师跨学科课题的国际发表数量没有显著影响。

　　具体而言，研究生具有与跨学科课题相吻合的学科背景系数为 0.719，说明具有与跨学科课题相吻合的学科背景的研究生，其导师跨学科课题的国际发表量会增加 0.72 篇；参加课题研究的研究生数量系数为 0.437，说明参加课题研究的研究生每增加一人，其导师跨学科课题的国际发表量会增加 0.44 篇；跨学科课题中的导研交流系数为 0.283，说明跨学科课题中导师与研究生每月多交流一次，其导师跨学科课题的国际发表量会增加 0.28 篇。研究生跨学科知识与方法方面的胜任力系数为 0.872，说明跨学科知识与方法方面的胜任力评分每多 1 分，其导师跨学科课题的发表量会增加约 0.9 篇。

通过比较影响跨学科课题的国内发表数量与国际发表数量的因素系数与 T 检验 p 值的大小，可以发现，参与跨学科的研究生数量与国内发表数量和国际发表数量同时具有显著正相关性，而国际发表数量的系数更大，说明参与跨学科的研究生量对跨学科课题的国际发表数量影响更大。而跨学科课题中导研交流仅与国际发表数量具有显著正相关性，与国内发表数量没有显著相关性；而研究生的研究主动性方面的胜任力则仅仅对国内发表量有正向影响，与国际发表数量没有显著正相关性。

总的来说，研究生具有与跨学科课题相吻合的学科背景，参与跨学科的研究生量越大，研究生在研究主动性方面的胜任力表现越好，其导师在跨学科课题的国内发表数量就越多。而参与跨学科的研究生量越多，课题中导研交流越频繁，且研究生在跨学科知识与方法方面的胜任力表现越好，导师跨学科课题的国际发表数量就越多。

（四）跨学科知识和方法胜任力的培养因素

1. 研究生的教学和培养机制

表 3-9 探究了研究生在跨学科知识与方法方面胜任力的影响因素。如表 3-9 所示，研究生在跨学科知识和方法方面的胜任力受到跨学科学习经历和跨学科课程和知识学习的影响。本研究完成了四次回归分析，模型一分析了跨学科课程学习经历对研究生在跨学科知识和方法方面胜任力的影响，在此基础上分别在模型二、三、四依次加入校内跨学科课程学习、校外跨学科课程学习、跨学科书籍阅读变量，试图通过多元线性回归分析探索研究生跨学科学习经历和跨学科课程知识学习对研究生在跨学科知识和方法方面胜任力的影响。

总体来看，四次回归方程的 F 检验值较大，说明回归检验具有显著的解释效果。在研究生跨学科知识和方法方面胜任力的影响因素分析中，由四个模型的调整后 R 方可知，模型二、模型三、模型四的调整后 R 方大于模型一的调整后 R 方，这说明相对于单独关注跨学科学习经历对研究生胜任力的影响，同时关注研究生跨学科学习经历和跨学科课程知识学习可以解释的方差变异占因变量总方差变异的比例会更高。

表 3-9　研究生跨学科知识和方法胜任力的影响因素

变量	研究生胜任力 _ 跨学科知识和方法			
	模型一	模型二	模型三	模型四
本硕跨读	0.166***	0.0914*	0.0716	0.140***
	0.0453	0.0505	0.0531	0.0455
辅修	0.293***	0.237***	0.204***	0.268***
	0.0443	0.0479	0.0523	0.0451
双学位	−0.117	−0.167	0.0849	0.0579
	0.172	0.197	0.167	0.154

续表

变量	研究生胜任力 _ 跨学科知识和方法			
	模型一	模型二	模型三	模型四
校内跨学科课程选修（基准：无）		0.263***		
		0.0518		
校内跨学科课程旁听（基准：无）		0.142***		
		0.0477		
校外跨学科课程学习			0.276***	
			0.0450	
跨学科类书籍阅读：导师推荐（基准：无）				0.469***
				0.150
跨学科类书籍阅读：自主阅读（基准：无）				0.482***
				0.153
常数项	3.437***	3.349***	3.342***	2.998***
	0.0211	0.0355	0.0380	0.148
样本量	1745	1406	1242	1658
R^2	0.0214	0.0398	0.0496	0.0284
调整后 R^2	0.0197	0.0364	0.0465	0.0255
F	16.68	13.22	15.65	9.579

注：各变量第二行的统计值为标准误。

跨学科学习经历对研究生跨学科知识和方法方面胜任力影响的回归分析结果显示，研究生跨学科学习经历为本硕跨读、辅修的系数为正数，且 T 检验结果都具有显著意义（p 值小于 0.05），这说明研究生跨学科学习经历为本硕跨读、辅修与研究生在跨学科知识和方法方面胜任力之间具有显著正相关关系；研究生跨学科学习经历为双学位为负数，且 T 检验结果不具有显著意义（p 值大于 0.05），这说明研究生跨学科学习经历为双学位在跨学科知识和方面胜任力之间不具有显著关系。具体而言，在控制其他变量的情况下，模型一中，研究生跨学科学习经历为本硕跨读的系数为 0.166，这说明相对于没有本硕跨读跨学科学习经历的研究生而言，具有相关经历的研究生在跨学科知识和方法胜任力表现上约高 0.17 分；在控制其他变量的情况下，研究生跨学科学习经历为辅修的系数为 0.293，这说明，相对于没有辅修跨学科课程学习经历的研究生而言，具有相关经历的研究生在跨学科知识和方法胜任力表现上约高 0.293 分。通过对研究生跨学科学习经历的方式进行比较发现，四个模型中辅修的系数都大于本硕跨读的系数，说明在跨学科学习经历中，辅修相对于本硕跨读，对提高研究生跨学科知识与方法胜任力的作用更大。

同时，跨学科课程与知识学习对跨学科知识和方法方面胜任力影响的回归分析结果显示，校内进行跨学科课程选修或旁听、校外跨学科课程的学习、在导师推荐下阅读跨学科书籍或自主进行跨学科书籍阅读的系数为正数，且 T 检验结果都具有显著意义（P 值小于 0.05），这说明研究生跨学科知识课程的学习与其跨学科知识和方法方面的胜任力之间具有显著相关关系。具体而言，在控制其他变量的情况下，研究生选修校内跨学科课程选修的系数为 0.263，这说明选修过校内跨学科课程的研究生与未曾有相关的研究生相比，其跨学科知识与方法胜任力会提升 0.263 分；研究生旁听校内跨学科课程的系数值为 0.142，表示旁听过校内跨学科课程的研究生与未曾有相关的研究生相比，其跨学科知识与方法胜任力会提升 0.142 分；研究生校外跨学科的课程学习系数值为 0.276，说明有校外跨学科课程学习经历的研究生相对未曾有相关经历的研究生，其跨学科知识和方法胜任力评分可能提升 0.276 分；由导师推荐的跨学科书籍阅读系数值为 0.469，即由导师推荐进行跨学科书籍阅读的研究生相对没有阅读的研究生，其在跨学科知识与方法胜任力上评分高 0.469；自主阅读跨学科书籍系数值为 0.482，即自主阅读跨学科书籍的研究生相对没有阅读的研究生，其在跨学科知识与方法胜任力上评分高 0.482。通过对研究生跨学科知识课程学习的系数值进行比较发现，校外跨学科课程选修的系数大于旁听的系数，自主阅读跨学科书籍的系数大于在导师推荐下完成跨学科书籍阅读的系数，说明在跨学科课程与知识的学习中，研究生选修校外跨学科课程比旁听校外跨学科课程对提高研究生跨学科知识与方法胜任力的作用更大，自主阅读跨学科书籍比导师推荐跨学科书籍对提高研究生跨学科知识与方法胜任力的作用更大。

总而言之，研究生的胜任力表现不止受到跨学科学习经历的影响，同时研究生跨学科课程与学习也会对研究生胜任力有影响。在研究生跨学科学习经历上，具有本硕跨读与辅修经历的研究生相较于没有跨学科学习经历的研究生，都在研究生跨学科知识和方法上有更好的表现，而辅修对研究生掌握跨学科知识和方法的提升作用相对更大。同时，在研究生课程学习方面，校内跨学科课程的选修与旁听、校外跨学科课程的学习都对研究生跨学科知识与方法方面的胜任力有一定的促进作用，而选修校内跨学科课程的研究生比旁听的研究生受到的促进作用更大。阅读书籍上，自主或由导师推荐完成跨学科书籍的阅读都对研究生跨学科知识与方法的胜任力有一定的促进作用，自主阅读发挥的促进作用相比更大。

2. 导师指导模式

如表 3-10 所示，研究生教育阶段实行导师负责制，目前在高校中比较常见的导师指导模式有三种，分别是单一导师制、双导师制和导师组制，本研究探索导师指导模式对研究生跨学科研究胜任力表现的影响，本研究完成了四次回归分析，试图通过多元线性回归分析探索研究生导师指导模式对研究生各方面胜任力的影响。总体来看，四个方面的回归方程具有显著的解释效果。从拟合效果看，模型一的调整后 R^2 为 0.0009，说明模型中自变量对因变量的解释程度约为 0.09%；模型二的调整后 R^2 为 0.001，说明模型中自变量对因变量的解释程度约为 0.01%；模型三的调整后 R^2 为 0.0039，说明模型中自变量对因变量的解释程度约为 0.39%；模型四的调整后 R^2 为 0.007，说明模型中自变量对因变量的解释程度约为 0.7%。总体来看，模型三与模型四的解释力度较高。

表 3–10　导师指导模式对研究生科研胜任力的影响因素分析

变量	模型一 研究主动性	模型二 跨学科知识和方法	模型三 科研能力	模型四 语数外基础
双导师制（基准：单导师制）	0.042 5	0.062 7	0.097	0.171**
	0.064 3	0.065 3	0.070 4	0.067 6
导师组制（基准：单导师制）	0.099 5**	0.088 7*	0.157***	0.162***
	0.049 3	0.045 2	0.052 8	0.047 4
常数项	3.580***	3.476***	3.643***	3.390***
	0.022 2	0.020 7	0.023 5	0.022 2
样本量	1 740	1 740	1 740	1 740
R^2	0.002 1	0.002 2	0.005	0.008
调整后 R^2	0.000 9	0.001	0.003 9	0.007
F	2.101	2.156	4.893	7.883

注：各变量第二行的统计值为标准误。

导师指导模式对研究生科研胜任力的影响的回归分析结果显示，与单一导师制相比，导师组制的系数均为显著，而双导师制中只有在语数外基础上是显著的，其他则不显著。

研究发现研究生在研究主动性、科研能力、语数外基础上实行导师组制的系数为正，且 T 检验结果具有显著意义（p 值小于 0.05），这说明与单导师制相比，导师组制与研究生在研究主动性、跨学科知识与方法、科研能力、语数外基础方面的胜任力有显著正相关性。而由双导师指导的研究生，其在研究主动性、跨学科知识与方法、科研能力方面的胜任力的 T 检验结果不具有显著意义（p 值大于 0.05），说明由双导师指导的研究生与单导师指导的研究生相比，在研究主动性、跨学科知识和方法、科研能力方面的胜任力上不具有显著关系。研究生语数外基础方面的胜任力 T 检验结果具有显著意义（p 值小于 0.05），说明相对于单导师制，双导师制的实行对研究生语数外基础方面的胜任力具有显著正向影响。

具体而言，在控制其他变量的情况下，由导师组指导的研究生在研究主动性方面胜任力系数为 0.0995，这说明相比由单一导师指导的研究生，获得导师组指导的研究生在研究主动性上的评分约高 0.1 分；获得导师组指导的研究生在科研能力方面胜任力系数为 0.157，说明相比由单一导师指导的研究生，获得导师组指导的研究生在科研能力上的评分约高 0.16 分；由双导师指导和导师组指导的研究生在语数外方面胜任力系数分别为 0.171 与 0.162，说明相比由单一导师指导的研究生，获得双导师指导的研究生在语数外基础方面的胜任力上评分约高 0.17 分，而获得导师组指导的研究生在语数外方面的胜任力高 0.16 分。通过比较双导师制与导师组制的系数大小，可以发现相对于单导师制，导师组制的系数基本大于双导师制的系数，这说明与双导师制相比，导师组制的指导模式对促进研究生科研胜任力作用更大。

总的来说，不同的导师指导模式对研究生在参与跨学科课题中不同方面的胜任力影响存在差异。相对于单一导师的指导，获得导师组指导的研究生，会在参与的跨学科课题研究中表现出较好的研究主动性、跨学科知识和方法、科研能力和语数外能力；而获得双导师指导的研究生仅在语数外能力上表现更好。

（五）本章小结

研究进行了回归模型的构建，并对其进行分析，探索导师跨学科参与意愿与跨学科科研生产力的各种影响因素，以及研究生胜任力和跨学科学习对跨学科成果的影响和影响研究生胜任力的因素分析。

首先，在导师跨学科课题参与意愿的影响因素分析中，导师性别、职称、行政职务并不对导师跨学科意愿产生明显影响，而导师所属学科的科学类别、跨学科背景、合作网络、合作角色、教学时间分配则会影响导师跨学科课题参与意愿。具体而言，社会科学的导师参与跨学科课题研究的意愿最高，其次是人文科学，自然科学的导师意愿最低；相对而言，导师跨学科背景对导师参与跨学科研究意愿有较大影响；合作角色方面，作为团队中较为重要的角色（负责人、核心人员）更倾向于参与跨学科课题研究；在合作网络方面，与同院系科研人员相比，向外扩展合作网络（与其他院系科研人员、国内外科研人员等）的导师更倾向于参与跨学科课题研究。

其次，跨学科课题的国内与国际发表量受到职称的影响，与讲师与助理研究员相比，副高与正高职称的导师国内与国际发表量更多，而正高级职称相对而言在国内外发表的跨学科成果量最多。在科学类别方面，隶属自然科学的导师其国外跨学科成果发表量相对较多，而其国内跨学科发表量则相对于其他科学类别较少。在导师所处角色中，跨学科成果的国内与国际发表量受导师所处不同角色的影响，担任负责人角色、核心人员的导师国内外跨学科成果发表量都较高；且担任负责人的导师相对于其他合作角色其发表量相对更多。合作网络中，合作对象为国外科研人员的导师与其他合作网络的导师相比，其国内跨学科成果发表量更少，而国际跨学科成果发表则不因合作网络不同而产生明显影响。

继而研究探索了高校跨学科支持政策的渗透情况，通过对不同高校支持情况下参与跨学科导师的比例分析发现，参与跨学科研究的导师中受到各项高校支持政策的比例较少，大多数导师未获高校支持仍参与了跨学科研究。高校跨学科支持政策的渗透力度较小，大部分的学者进行跨学科课题研究的动机不是来自高校政策的支持，而是来自导师自身的研究动机，同时也说明高校跨学科政策支持产生的效果并不大。

在高校不同支持政策下，跨学科研究创造来源对导师跨学科科研国内发表量与国际发表量的影响具有差异。国内发表量影响方面，在高校支持职称评定和组织建立的政策下，各种创造来源对导师跨学科研究国内发表量都不具有显著影响；而在高校支持跨学科项目设立支持下，教学过程和与所在大学以外学术共同体交流的跨学科研究来源对导师跨学科课题国内发表量的影响具有明显促进的作用；在科研奖励制度支持下，导师自身前期研究对导师跨学科课题国内发表量具有明显的促进作用。国际发表量影响方面，在高校支持职称评定和组织建立的政策下，各种创造来源对导师跨学科研究国内发表量都不具有显著影响；而在高校跨学科项目设立支持下，教学过程和与所在大学以外学术共同体交流的跨学科研究来源对导师跨学科课题国内发表量的影响具有明显促进的作用；在科研奖励政策支持下，导师的自身前期研究对导师跨学科课题国内发表量具有明显的促进作用。

然后，研究生各方面胜任力也对跨学科科研成果具有影响。研究生具有与跨学科课题相吻合的学科背景，参与跨学科的研究生量越多，研究生在研究主动性方面的胜任力表现越好，其导师在跨学科课题的国内发表数量就越多。而参与跨学科的研究生量越多，课题中导研交流越频繁，且研究生在跨学科知识与方法方面的胜任力表现越好，导师跨学科课题的国际发表数量就越多。

最后，研究生在跨学科知识和方法方面胜任力受到许多因素影响。在研究生跨学科学习经历上，具有本硕跨读与辅修经历的研究生相较于没有相关经历的研究生，其跨学科知识和方法上有更好的表现，而辅修对研究生掌握跨学科知识和方法的提升作用相对更大。同时，在研究生课程学习方面，校内跨学科课程的选修与旁听、校外跨学科课程的学习都对研究生跨学科知识与方法方面的胜任力有一定的促进作用，而选修校内跨学科课程的研究生比旁听的研究生受到的促进作用更大。阅读书籍上，自主或由导师推荐完成跨学科书籍的阅读都对研究生跨学科知识与方法的胜任力有一定的促进作用，自主阅读发挥的促进作用相比更大。

研究探索了导师指导模式对研究生各方面参与跨学科课题胜任力的影响。研究发现，不同的导师指导模式对研究生在参与跨学科课题中不同方面的胜任力影响存在差异。相对于单一导师的指导，获得导师组指导的研究生，会在参与的跨学科课题研究中表现出较好的研究主动性、跨学科知识和方法、科研能力和语数外能力；而获得双导师指导的研究生仅在语数外能力上表现更好。

八、总结与政策建议

在科学发展的内驱力和解决复杂、综合现实问题的外驱力的共同作用下，科学研究突破了单一学科的研究模式而转向跨学科的研究模式。大学作为知识生产的主要阵地，也是开展跨学科研究的主要组织。本研究调查了高校导师的课题研究取向和跨学科特征，更好地帮助高校和学者了解高校导师开展跨学科研究的情况。

（一）总结

1. 自然科学、社会科学和人文科学在跨学科研究中存在显著差异

98% 的自然科学领域的导师进行自然科学内部的近邻跨学科研究，而人文社会科学领域的导师较多地进行远缘跨学科研究（社会科学的比例为 87%，人文科学的比例为 78%）。其中人文科学中与自然科学交叉较多（61%），与社会科学交叉较少（17%）；社会科学中与自然科学交叉最多（85%），与人文科学交叉最少（2%）。从跨学科研究成果数量上来看，属于自然科学领域的导师发表在国外的成果量更多（平均 6 篇），而属于人文社会科学领域的导师发表在国内的跨学科研究成果量更多（人文科学 4 篇，社会科学 4 篇）。

学者在研究过程中跨学科特征将可能体现在不同方面，如研究背景跨学科，理论或模型跨学科，文献综述跨学科，方法交叉、数据收集跨学科和研究结论与应用跨学科。在跨自然科学和跨社会科学领域的研究中，研究结论与应用跨学科的比例较高（36.2% 和 29.9%），其次为方法交叉、数据收集的跨学科（30.2% 和 28.7%），然后是理论或模型跨学科（13.8% 和 16.1%）；而在人文科学领域的研究中，方法交叉跨学科的比例较高（30.8%），研究结论与应用跨学科的比例其次（26.9%），文献综述跨学科和研究背景跨学科的比例比其他科学领域要

高（17.3% 和 7.7%）。就跨学科研究的开展形式而言，跨自然科学研究半数以上通过共享思路的形式完成交叉学科合作，共享合作完成的国际发表成果较多（5.29 篇）；跨人文科学和社会科学的研究通过独立研究完成最多，且比例在三成以上，相应的国内发表量最高（3.62 篇）。

2. 自主导向的相关因素（跨学科背景、持续研究积累、学术共同体的交流）有助于激发导师跨学科研究的创造性和跨学科研究意愿

较大比例的导师都曾经或正在参与跨学科研究（65%），参与导师与未参与导师的比约为 8∶5。"双一流"高校的导师参与过跨学科研究的比例较高，说明跨学科研究是高校学者进行科学研究的一种比较常见的科研模式。其中部分导师具有跨学科的学历背景，其中隶属社会科学并具有跨学科背景的导师超过半数（54%），其次为人文科学研究导师（37%），自然科学研究导师具有跨学科背景的比例较小（24%）。逻辑斯谛回归分析发现，导师参加或承担跨学科研究的意愿受到导师跨学科背景的影响，研究课题所承担的角色越重要，参与跨学科研究的意愿越强；在各种学术活动中，文献阅读和个人前期研究等持续性研究积累对导师跨学科研究创造性的发挥具有重要的意义；学术共同体之间的交流中对激发跨学科创造性的作用按照大小可排序为：校外学术共同体交流、校内其他院系同事交流、校内同院系同事交流。来自跨校或跨院系的学术共同体的交流是主要的跨学科创新活动来源，同时有助于跨学科研究的开展。但同院系学者因具有竞争关系，彼此交流对科研产出具有一定的负向影响。

3. 跨院系和跨校合作有助于促进跨学科研究的开展，但跨学科组织建立和跨学科课题设立等支持没有直接显著效果

合作网络会显著提高参加或承担跨学科研究的意愿。按对研究意愿影响的大小，导师的合作网络类型的排序为：国外科研人员的合作、国内校外科研人员的合作和本校其他院系科研人员的合作。在跨学科科研合作中导师的主要合作者来自国内外校外的科研人员，跨校合作比例大于校内合作比例。具体来看，跨人文科学和跨自然科学的相关学科的交叉研究的合作者更多来自国内外校，并贡献了较高的科研成果数量。来自境外的合作者比例不高，但贡献了较高的国际发表数量。跨社会科学的相关交叉研究半数以上的合作者来自本院系同事或本校其他院校同事，其贡献的跨学科国内发表数量较高。

高校支持跨学科研究的主要形式为跨学科组织的建立、跨学科项目的设立、科研绩效的激励及职称评价的认可。总体来看，四种高校支持政策的渗透力度都较低，大部分的学者进行跨学科课题研究的动机并不来自高校政策的支持。从国际发表成果来看，获跨学科组织组建支持的课题平均科研发表数量高于通过项目获得支持的课题。相关支持方式对国内跨学科成果发表上暂未发现显著的直接作用。

4. "教学相长"与跨学科研究存在矛盾

总体来看，八成教师的教学时长占比为 21%~60%，教学时长占比在 41%~60% 的导师也较多，教学时长占比在 81% 以上的导师为极少数。从跨学科研究意愿的角度来看，教学投入时间越多的导师，参与或承担跨学科研究的意愿越低；从跨学科创造性来源来看，教学过程对跨学科研究创造所发挥作用的评分较低（M=3.32）。从科研产出的角度来看，教学活动越多的导师，参与或承担跨学科研究意愿和相应的国际科研产出反而较低。

5. 学生在跨学科知识和方法的研究胜任力上存在欠缺，选修或阅读完成跨学科知识的补充具有显著效果

在完成跨学科课题研究的过程中，研究生各方面的胜任力均低于课题能力要求，其胜任力表现及与课题能力要求的差距依次排序保持一致：科研能力、研究主动性、跨学科知识和方法、语数外基础。跨学科知识和方法虽然不是最为重要的胜任力，但却是唯一对国际发表具有推动作用的胜任力。

在研究生跨学科知识的学习和补充方面，多数研究生选择通过导师指导或自主阅读的形式完成跨学科类书籍的阅读，近半数曾选修或旁听本校或校外的跨学科课程；在跨学科导研合作上与导师的交流或指导频率仍然欠缺。每月就跨学科课题研究交流次数低于 4 次的导师比例高达 77%。研究生跨学科知识的学习和补充与导师的交流频率具有正相关关系，选修跨学科课程或跨学科类书籍阅读较多的研究生普遍与导师交流的频率更高；此外，研究生进行校内或校外的选课或自主或在导师指导下进行跨学科的阅读，能够显著促进学生在跨学科专业和知识上面胜任力的提高。与单一导师组和双导师组相比，导师组制对跨学科研究胜任力的提升具有更为显著的作用。

（二）相关对策建议

1. 受到国际评价和国内评价标准的影响，自然科学、社会科学和人文科学的跨学科研究存在较大的差异，应采取不同的标准进行分类管理

研究表明，跨自然科学、跨社会科学和跨人文科学在跨学科特征、跨学科创造来源、合作网络和科研成果发表上都存在显著差异。从研究对象的特征来看，自然科学的研究对象是自然，是对客观事物的观察和探究，其形成的知识是普遍的、简化的、价值无涉的知识。[1] 因此，跨学科国际发表中大比例来自跨自然科学的相关成果。由于国际评价中既认可第一作者也认可通讯作者的相对灵活的评价机制，采用国际发表的跨学科科研合作得以实现。而人文社会科学的研究对象是人与自然、社会、文化产生的关系。其知识牵涉到人主观的价值判断，并致力于了解人与自然、社会、文化等方面相互联系过程中的特殊性。因此，人文社会科学类的研究需要更多扎根于本土文化中，国内发表居多，且发表质量通常见仁见智，难以采用统一通用的标准进行评价。而国内仅认可"第一作者"的评价机制，将直接导致跨学科合作之间的贡献难以得到认定。因此，面对不同形式的跨学科研究，高校管理中应做好分类管理，切实通过对跨学科合作贡献的充分认可等评价机制的改善，从根本上为跨学科研究提供优良的土壤。

2. 激发学者自主导向的驱动力，鼓励学者对研究领域长期持续性的深度挖掘

跨学科的创新需要个体通过知识联想、迁移与整合、思维的发散与收敛等方式打破原有惯性，借鉴或结合其他学科的相关知识或理论，形成原创、新颖且有价值的解决方案。[2] 研究发现学者的跨学科背景及前期研究和文献综述等个人长期持续性研究积累有助于激发学者跨学科研究的创造性，可见，学者自主导向的驱动力是激发跨学科研究的创新活动根本动因。从组织

---

① 王赟. 自然科学与社会科学：历史方法的必要性［J］. 广东社会科学，2021（01）：195–205.

② 马君，VAN DIJK DINA. 绩效工资的非线性影响效应及其结构优化——基于前景理论的视角［J］. 财经研究，2013，39（4），111–122.

管理的角度，探索激发学者内在驱动力的激励措施，鼓励学者在研究领域中进行深耕将为跨学科创新提供可能性。

3. 在已设立的跨研究支持形式的基础上，应做好"托底"工作，帮助学者降低交叉研究风险的不确定性

与一般的科研活动相比，交叉科学的研究更具实验性和挑战性，从事相关研究的学者也将面临更大的风险和不确定性。研究充分表明学术共同体的交流和合作的积极作用。有趣的是，高校目前所设立的交叉学科支持，如跨学科组织组建和课题的设立等并没有有效地促进科研产出的增加。可能性原因在于高校管理中对交叉研究支持更多地以科研结果为导向，将教师科研成果的完成作为支持的前置条件。这种"控制导向"的管理方式，不仅不利于学者成就动机和自主性的激发，也将导致学者对研究风险的不确定性产生排斥和恐惧，倾向于采取保守的策略，从而放弃对跨学科研究的尝试，并形成跨学科科研成果的挤出。[①] 目前交叉学科资源分配的机制和学术支持体系难以得到政府的项目经费支持，尤其是开展初期难以通过申报得到认可，到后期也难以获得持续稳定的资助；学术支撑体系上我国学科长期分化的特征对跨学科研究的发展造成了阻碍。目前高校支持的政策仅有助于少数学者开展跨学科研究，渗透力度有限，且激励效果也不明显。事实上，从高校管理角度上，在鼓励交叉学科发展方面应更多探寻"托底"保障措施，帮助学者降低对交叉学科风险的不确定性。

4. 正确处理学者教学工作和科研工作的关系，将有助于促进学者跨学科研究创造性的激发、参与跨学科意愿的提高

研究发现对于跨学科研究来说，"教学相长"是不存在的，教学过程将阻碍跨学科研究创造性的激发，教师投入教学时间越长，完成跨学科意愿越低。人才培养是高校的首要任务，随着人才培养的高度重视，教师的教学特别是本科教学工作将导致科研时间的挤出。由于教师教学价值和科研价值存在相互替代的关系，那么如何正确处理学者教学工作和科研工作将成为促进跨学科科研活动开展的重要因素。

5. 增加导研交流频率、设置跨专业选修课程乃至跨校选修课程的相关机制将有助于提高研究生跨学科知识和方法方面胜任力的不足

研究发现导师研究生在跨学科知识和方法上存在胜任力的不足，但参与选修校内外课程、"导师指导"阅读跨学科书籍及较高的导研交流频率将有助于学生在这方面胜任力的提升，并间接促进导师跨学科课题的开展和研究成果的发表。从研究生管理的角度，研究生院应更多关注导师对学生学习过程的指导，同时建立健全跨专业选修或跨校选修课程的相关机制，为研究生跨学科学习提供机会。

（执笔：曹妍、杨兰、吴凯霖）

① DECI E L, RYAN R M. The general causality orientations scale: Self-determination in personality – Science Direct [J]. Journal of Research in Personality, 1985, 19(2): 109–134.

博士研究生学位论文答辩状况调查报告

一、调查背景

  在我国教育体系中，研究生教育肩负着高层次人才培养和创新创造的重要使命，是国家发展、社会进步的重要基石，是应对全球人才竞争的基础布局。博士研究生教育是学历教育的最高层次，也是我国研究生教育的重要主体，是培养高水平拔尖创新人才的重要载体，其培养质量是衡量国家竞争力的重要指标之一。教育部公布的历年教育统计数据显示，1997 学年，我国在学研究生人数为 176 353 人，其中在学博士研究生人数为 39 927 人，占比 22.64%。近二十多年来，我国博士研究生学位授予人数持续增长，由 1997 年的 6781 人增长到 2019 年的 61 060 人，增幅达到 800.46%。[1] 历年学位授予人数如图 4-1 所示。

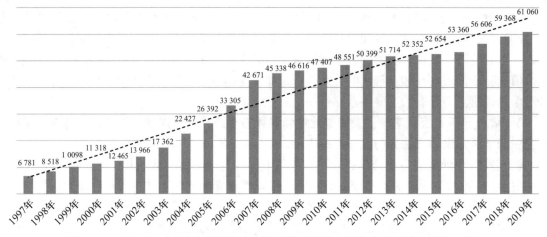

图 4-1 1997 年—2019 年我国博士研究生学位授予人数变化趋势图（单位：人）

  随着博士研究生的数量日趋增长，其培养质量问题也面临着严峻的挑战，博士学位论文的质量及其考评程序也愈发受到社会的关注。其中，博士研究生学位论文答辩作为申请人获得博士学位的最后一个质量把关环节，其重要性更加凸显。作为保证博士生培养质量的关键程序，学位论文答辩活动不仅是对论文质量的最终检验，也是学位申请人学术能力[2]、学术道德及导

---

① 教育部 . 1997—2019 年历年教育统计数据 .

② 熊德基 . 从中国古代史的"论文答辩"谈到有关专业的素养问题 [J] . 江西社会科学，1981（2）：1-8.

师指导质量的试金石。[①] 此外，由于 2019 年末新冠疫情的突然而至，使得博士研究生线上答辩这一形式不得不"仓促上阵"[②]，而从课题组对所在高校博士研究生答辩活动的现场观察来看，线下答辩存在的答辩程序缺失、相关主体互动不足、质量控制薄弱等问题，在线上答辩中依然存在。

从实践操作来看，在答辩人员参与要求方面，国内多数院校的博士学位论文答辩主体由学位论文答辩委员会、答辩人、答辩秘书、观众和技术人员构成。学位论文答辩委员会组成人员名单由学位授予单位确定，由五人以上组成，其中必须包括两位以上的外校专家。论文答辩委员会主席由副教授、教授或相当职称的专家担任。[③] 整体而言，国内不同学校在具体的学位论文答辩委员会构成要求上存在弹性空间但总体差异不大。国外方面，以英国为例，一般不对答辩委员的职称作出严格的规定，且答辩没有固定的议程和时间要求。主席可能不是本学科的专家，他的作用是确保答辩过程严格、公正、可信和一致，论文答辩时间视评委的感觉和博士生的表现而定。[④] 就答辩的程序内容而言，各高校各有详略侧重，主要环节有：主席致辞、答辩人宣讲论文、答辩人与评审的"答辩"环节，其中"答辩"环节是关键一环。答辩委员与学生进行"平等的讨论和争辩"，进而考察学生的理论水平、知识结构、文献搜索能力和科学研究水平等能力。学生的真正水平，如对知识的掌握程度、思维与应变能力、口头表达水平等，能真实地体现在辩论之中。国内部分高校在答辩环节还包括答辩秘书介绍答辩人基本情况，如执行培养计划、课程学习、科研学习等平时表现的创新环节。[⑤] 还有一些培养单位对答辩环节的细节问题也做出了明确规定，如中国人民大学对答辩具体的话语内容，专家提问角度等方面做出要求，复旦大学对半天答辩场次、答辩委员着装等具体实施细节等均制定了详细的要求。[⑥]

近年来，围绕加强研究生学位论文全过程质量管理，完善答辩委员会、各级学位评定委员会的学术评价与审核机制，各学校根据《中华人民共和国学位条例》《中华人民共和国学位条例暂行实施办法》的规定，制定了学位授予细则、盲审评阅办法等一系列规章制度来规范研究生论文答辩与学位申请的过程管理。对学位论文答辩环节，我国教育主管部门也给予了足够重视。2020 年，国务院学位委员会、教育部在联合印发的《关于进一步严格规范学位与研究生教育质量管理的若干意见》中，进一步明确了关于加强学位论文答辩和学位授予管理工作的具体要求，提出要严格学位论文答辩管理，细化规范答辩流程，提高问答质量，力戒答辩流于形式。要求学位答辩委员会对学位申请人的学术水平和规范性进行认真审议和严格把关。此外，各高校也在不断探索完善答辩实践，一些研究生培养单位加强了学位论文答辩与学位授予质量方面的举措。如，北京大学研究生院特推出"'答'问如流 妙'辩'连珠——北京大学研究生答辩风采展示"系列报道，在展现研究生的科研能力和综合素养的同时，对答辩活动本身也

① 周红康.研究生学位论文答辩制度的治理［J］.煤炭高等教育，2006（4）：89-91.

② 王艳芳，高庆飞，徐平.突发疫情下博士研究生在线答辩模式的探索与实践研究［J］.中国多媒体与网络教学学报（上旬刊），2021（03）：4-6.

③ 华东师范大学学位评定委员会.华东师范大学学位授予工作细则（2020）.

④ 黄海平.英国博士生论文答辩一瞥［J］.学位与研究生教育，2003（05）：38-39.

⑤⑥ 张文琪，曾国权，朱志勇.博士学位论文答辩的情境定义及其制度属性：基于政策文本的分析［J］.学位与研究生教育.2020（01）：18-26.

作了展示。

由是观之，无论是从培养单位提升博士研究生培养质量，还是从落实国家主管部门对研究生教育质量要求而言，抑或从回应社会对研究生特别是博士研究生培养质量的关注来看，博士研究生学位论文答辩活动都是一个值得探究的话题。基于此，本研究在明确学位论文答辩在博士研究生培养及评价过程中的具体作用的基础上，拟探析现行博士研究生答辩活动的实施现状、各主体互动过程中存在的问题，特别是探究博士研究生学位论文答辩活动质量的影响因素，以期为优化博士研究生学位论文答辩互动过程、完善答辩制度和程序，进而提升博士研究生培养质量和水平提供借鉴。

二、答辩问题相关文献综述

梳理相关研究文献和政策文本可知，答辩相关研究者围绕答辩的情景定义、作用、答辩程序机制运行现状和成效，以及其他答辩实践问题提出了许多富有见地的研究观点。

Arjen van der Heide 等人运用戈夫曼表演隐喻理论对荷兰马斯特里赫特大学博士学位论文答辩进行分析后认为，答辩的仪式属性和学术评价作用很难截然区分开来。一方面，授予博士学位的决定通常是在完成论文写作进行实际答辩之前就已做出；另一方面，答辩作为学生完成学业和正式进入学术界的一个阶段性标志，其表现对是否授予博士学位的决定也有明显影响。大学借此强化了自己授予博士学位的权威性，充当了学术把关守门员的角色。[1]Swales 的研究认为，美国式答辩是检验学位申请人学术能力的开放性团体面试，也是指导论文修改的"集体编辑会议"，而非严格的考试。[2] 冯长根持类似观点，认为答辩是使申请人成为科学共同体一分子的机会和台阶，是同行接纳学位申请人的神圣仪式。[3] 还有学者关注了答辩过程中的形成性评价和终结性仪式的不同作用。[4] 李进进具体分析了论文答辩的仪式性特征，认为答辩是在某一确定的时间，在庄严的气氛中按照严格条件进行的特定活动，具有特定的科学性话语风格和模式。毕业论文答辩仪式的价值目标主要体现在评委的评论中。[5] 周珞晶则直接将"仪式"等同于"形式"，即固化的指令性程序，认为通过答辩只要走完固有的操作性程序并不会出现不通过的情况。[6] 郭建如认为在当前实践中，大部分一流大学建设高校为降低答辩结果不确定性而造成的"惊险"或者"意外"，采取预答辩和"双盲"评审制，将对论文的严格要求放在正式答辩之前，使得正式答辩变成有惊无险的表演。[7] 也有学者认为，当前的答辩已演化为走

① ARJEN VDH, RUFAS A, SUPPER A. Doctoral dissertation defenses: performing ambiguity between ceremony and assess ment [J]. Science as culture, 2016, 25(4): 1–23.

② SWALES J M. Research genres: explorations and applications [M]. New York: Cambridge University Press, 2004.

③ 冯长根. 再谈博士生如何夯实成功科研生涯的基础 [J]. 科技导报，2011（29）27：82

④ MULLINS G, KILEY M. It's a Ph. D., not a Nobel Prize: how experienced examiners assess research theses [J]. Studies in higher education, 2002, 27(4): 369–386.

⑤ 李进进. 毕业论文答辩的仪式特点 [J]. 现代交际，2019（18）；245–246.

⑥ 周珞晶. 关于我校博士学位论文评阅和答辩规定的思考 [J]. 高等教育研究学报，2007（3）：93–94.

⑦ 郭建如. 我国高校博士教育扩散、博士质量分布与质量保障：制度主义视角 [J]. 北京大学教育评论，2009，7(2)：21–46.

过场的形式。^①

上述观点揭示了当下答辩活动体现出的一个基本特征，即答辩是学位申请人获取学位资格的一种仪式。需要指出的是，这种仪式也需要遵循一定的程序与规则，但现有的讨论仅涵盖了少部分构成学位论文答辩内涵的程序性要素，尚缺少对答辩涉及的各环节程序及机制进行全面专业的分析。

现有研究对学位论文答辩的活动目的、考察内容等问题均有所涉猎。廷克勒（Tinkler P）的研究表明，目前答辩的活动目的和考察侧重点较为模糊。在英国不同大学的博士学位审查中，无论是在政策层面还是在实践层面，关于答辩的目的都存在不一致和相互矛盾的问题。^②这种角色不一致更多表现在师生对于答辩考核的关键评判标准认识不一，以及答辩委员会对答辩标准执行力度不一上。由于答辩标准难以统一，具体的操作多以答辩委员会成员的个人主观经验来评判。因为缺乏判断每一篇博士学位论文及其作者的绝对标准，对博士学位的审查只能被视为是一种社会建构的过程^③。

有学者对答辩实践问题进行归纳后认为，答辩制度设计有待完善。在答辩过程中出现的问题更是影响到了答辩后一环节，例如论文修改环节的考核。^④由于答辩和论文修改环节之间的间隔较小，答辩过后的论文没有充足的修改时间就被匆匆上交，也影响了学位论文的质量。还有送达论文提前量不足及答辩限时等规定，都无法保障答辩委员有充足的时间阅读论文，答辩中师生有充分的时间展开辩论。此外，在答辩程序方面，与西方国家在早期答辩中不设置单独的陈述环节而更重视异议人与答辩人相互质疑和捍卫学术观点的过程相较，我国的答辩制度过于强调个人陈述环节，而忽视了答辩提问环节。^⑤

还有学者对答辩参与人员组织及其评价效度进行了分析。在角色定位上，张文琪指出，当前答辩活动已对学生和答辩委员分别赋予"申请人"和"专家"的定义，不利于形成传统学术仪式中答辩委员与博士候选人互为质疑者和捍卫者的平等的师生关系。^⑥针对答辩委员遴选过程，周珞晶指出，在各高校答辩高峰期间，聘请校外专家的成本和难度加大，会出现外校答辩委员"常委化"问题。^⑦与该专业其他答辩委员之间愈加熟络可能使得人情因素涉入答辩评价中。朱勇提出，实际学位论文答辩中，学校为同一专业毕业生可能组织若干个答辩委员会。同专业多个答辩委员会的存在，有可能导致对标准的把握程度宽严不一致的现象，直接导致对论文质量要求不同、答辩水平不同。由此揭示了答辩委员会的形成、运行、工作分配机制较为不

---

① 杨东晓. 研究生学位论文答辩巡视制度的探索与实践［J］. 学位与研究生教育，2008（S1）：52–55.

② TINKLER P, JACKSON C. Examining the doctorate: institutional policy and the PhD examination process in Britain［J］. Studies in higher education, 2000, 25(2): 167–180.

③ 郭建如. 我国高校博士教育扩散、博士质量分布与质量保障：制度主义视角［J］. 北京大学教育评论，2009，7（2）：21–46.

④ 黄海平. 英国博士生论文答辩一瞥［J］. 学位与研究生教育，2003（05）：38–39.

⑤ 张文琪，曾国权，朱志勇. 博士学位论文答辩的情境定义及其制度属性：基于政策文本的分析［J］. 学位与研究生教育，2020（01）：18–26.

⑥ 张文琪，曾国权，朱志勇. 博士学位论文答辩的情境定义及其制度属性：基于政策文本的分析［J］. 学位与研究生教育，2020（01）：18–26.

⑦ 周珞晶. 关于我校博士学位论文评阅和答辩规定的思考［J］. 高等教育研究学报，2007（3）：93–94.

透明、不统一的现象。[①] 校外专家评审制度作为实质性制约制度，是答辩考试定义的有效保障，但由于答辩时间和数量的变化，学者们可能不得不作为主持人或答辩人额外参加公开举行的一般辩论会。另外，外校的答辩委员与博士候选人或其导师师出同门，也可能影响外校委员对论文的客观判断。

综上所述，国内外学者有关学位论文答辩的研究对继续开展这一研究提供了非常有益的启迪。但也要指出的是，现有文献数量相对较少。中外文献中有关学位论文答辩的研究成果，实践经验总结分析相对较多，而基于问卷调查的实证研究和学理探讨则相对不足。已有的文献通常将论文答辩与论文评阅本身合二为一，更多的是关注学位论文评阅过程中的论文结构、内容等质量问题。笔者认为，答辩作为学位授予的最后一个关键环节，应区分其与单纯面向论文的前期评阅过程的不同作用，不应将一场答辩简单定义成为学位论文的再修改再评阅过程，应更多关注答辩本身的程序和机制运作过程，关注答辩人的现场陈述方式、时间、回应形式，答辩委员会的提问方式和内容倾向等内容。而现有文献对答辩内在运作机制的分析深度与广度皆显不足，且目前将博士学位论文答辩作为研究对象的学术论文较少。因此，无论从丰富研究生教育理论，还是从完善研究生教育答辩评价活动来看，都有必要对博士研究生学位论文答辩作更为细致的实证调查研究。

三、调查方法与样本信息

（一）调查目的

本次调查主要有以下三个方面的目的：

一是从参与过答辩的博士研究生导师的角度全面了解博士研究生学位论文答辩活动的实施现状，包括对总体答辩质量和论文评阅水平、答辩运行机制、答辩制度实施、答辩程序的评价；全面了解博士研究生导师参与答辩情况及其对于博士研究生学位论文答辩活动作用的理解。

二是全面了解博士学位论文答辩活动在不同院校类型、不同专业所属门类、不同答辩委员经历、不同答辩环节用时等变量上的差异表现。

三是在全面了解博士生导师的人口学信息、境外访学经历、参与答辩经历、参与答辩身份等基础信息的基础上，进一步分析答辩机制、程序，以及学位申请人及其导师、答辩委员等个体因素对博士研究生答辩活动质量的影响机制。

（二）问卷编制与回收情况

基于已有文献研究成果，结合国内博士研究生学位论文答辩现状，我们自行编制了博士研究生学位论文答辩状况调查问卷（博士生导师）。问卷共分为三个部分，第一部分是背景变量，包括是否参与过答辩或论文评阅、性别、年龄、职称、专业所属门类、人才称号、毕业院校建设水平、境外访学经历、担任博士生导师时长、参与答辩次数、担任论文答辩校外/国际评审专家情况；第二部分是答辩基本状况题项，主要包括答辩时长与环节设置、答辩委员提问情

---

① 朱勇. 严格答辩程序　完善答辩救济：关于研究生学位论文答辩制度建设的思考［J］. 学位与研究生教育，2006（03）：23—26.

况、答辩总体评价等维度；第三部分为量表题项，围绕答辩机制、答辩程序、答辩作用的具体评价以及答辩活动质量影响因素等维度设计题项，每个维度都包含若干项可以用于建构该因素的具体变量，各题项均为结构化题型，并采用李克特五级量表进行态度评价，按照 1（完全不符合）到 5（完全符合）分别赋值积分。数据分析方法主要依托 SPSS 26.0 软件进行，运用描述性统计、因子分析、独立样本 T 检验或卡方检验、多元回归等方法分析。

　　本研究调查对象为研究生院院长联席会成员单位的博士生导师，课题组于 2021 年 4 月至 6 月间对全国 50 所高校博士生导师进行问卷调查。问卷通过直接邮寄纸质版问卷和线上问卷星形式结合发放，共有 45 所高校响应了本次调查，共计发放问卷 4 500 份，回收博士生导师问卷 3 067 份，问卷回收率为 68.16%。其中剔除无效样本 135 份，剩余有效问卷 2 932 份，有效问卷回收率为 95.60%。

（三）问卷信度和效度检验

　　运用 SPSS26.0 数据统计软件对问卷中的题项进行信度检验，得到此量表的克隆巴赫 α 系数值为 0.917，项数为 95 项。此量表的 α 系数大于 0.9，因此问卷具有良好的信度。此外，如表 4-1 所示为问卷的结构效度检验结果。

表 4-1　问卷量表的结构效度检验结果

KMO 和 Bartlett 的检验		
KMO 取样适切性量数		0.962
Bartlett 球形度检验	近似卡方	70 600.052
	自由度	703
	显著性	0.000

　　如表 4-1 所示，博士生导师问卷的李克特量表 KMO 值为 0.962，其值大于 0.9，Bartlett 球形度检验的近似卡方值为 70 600.052，自由度为 703，显著性 p=0.000<0.001，表明该量表的各变量之间有非常强的相关性，本研究工具下此量表具有良好的结构效度，可以进行进一步的分析和检验。

（四）样本特征

　　此次调查对象的基本情况如表 4-2 所示。从院校建设水平上看，参与本次调查的博士生导师中，来自一流大学建设高校 A 类有 1 544 名，占比 52.7%，来自一流大学建设高校 B 类共有 222 名，占比 7.6%，来自一流学科建设高校有 1 166 名，占总体的 39.8%；就院校分布区域来看，东部地区院校占比最高（58.5%），其次是西部地区（21.3%），中部地区占比 20.2%。从导师性别来看，男性居多，占比 77.1%，女性占比 22.9%；在年龄占比上，35 岁以下的青年教师比例最小（6%），40.9% 的导师处于 36~45 岁，33.3% 的导师处于 46~55 岁，19.8% 的导师为 56 岁及以上，总体上看中青年教师占比较高；从职称情况看，有 2 481 名导师职称为教授 / 研究员，占到总体的 84.7%，是本次调查的主体，副教授 / 副研究员占比 14.3%；从导师的最高学历院校类型看，56.2% 的导师获得最高学历的院校类型为一流大学建设高校，其次是一流学科建设高校，最高学历获得院校为境（海）外高校的导师占比 8.7%。此外，本次参与调查的导师中，有 21.5% 的导师获得过国家级人才称号或资助，79.7% 的导师曾有过三个月及以上的境外学习或访学经历，2 663 名导师有过担任论文答辩校外评审专家的经历，占到总体调查对象的 90.8%，还有 18.2% 的答辩委员担任过论文答辩的国际评审专家。综合以上样本分布情况，表明样本具有较好的代表性。

表 4-2　博士生导师基本情况（N=2932）

变量名	选项	N	百分比/%	变量名	选项	N	百分比/%
性别	男	2 261	77.1	境外访学经历	有	2 337	79.7
	女	671	22.9		无	595	20.3
年龄	35 岁以下	175	6.0	职称	教授 / 研究员	2 481	84.7
	36~45 岁	1 199	40.9		副教授 / 副研究员	420	14.3
	46~55 岁	976	33.3		讲师 / 助理研究员	12	0.4
	56~60 岁	473	16.1		其他	19	0.6
	60 岁以上	109	3.7	学校建设层次	一流大学建设高校 A 类	1 544	52.7
专业所属门类	哲学	43	1.5		一流大学建设高校 B 类	222	7.6
	经济学	97	3.3		一流学科建设高校	1 166	39.8
	法学	99	3.4	学校区域	东部地区	1 714	58.5
	教育学	28	1.0		中部地区	592	20.2
	文学	136	4.6		西部地区	626	21.3
	历史学	29	1.0	职称	副教授	118	14.1
	工学	654	22.3		教授	721	85.9
	理学	1 461	49.8	国家级人才称号	有	629	21.5
					无	2 303	78.5
	农学	108	3.7	最高学历院校类型	一流大学建设高校	1 648	56.2
	医学	108	3.7		一流学科建设高校	871	29.7
	管理学	164	5.6		非"双一流"高校	158	5.4
	艺术学	5	0.1		境（海）外高校	255	8.7

续表

变量名	选项	N	百分比/%	变量名	选项	N	百分比/%
本科毕业院校类型	一流大学建设高校	1 661	56.7	论文答辩国际评审	担任过国际评审专家	534	18.2
	一流学科建设高校	812	27.7		未担任过国际评审专家	2 398	81.8
	非"双一流"高校	442	15.1	论文答辩校外评审	担任过校外评审专家	2 663	90.8
	境（海）外高校	17	0.5				
					未担任过校外评审专家	269	9.2

四、博士研究生学位论文答辩问题现状

基于 2 932 名博士生导师对当前答辩活动的评价，本节对博士研究生学位论文答辩活动的质量进行分析。

（一）博士研究生学位论文评阅现状

论文答辩起始于论文评阅。从严格意义上来说，论文评阅属于学位论文答辩活动的前置环节。学位论文在撰写完成后，由学位申请人所在院系、研究生管理部门聘请相关专家进行评审，专家就论文是否达到授予学位的要求提出评价意见以供论文答辩委员会参考。基于此，论文评阅是答辩工作的基础，评阅结果将为答辩委员会提供必要的参考。[1] 答辩活动的质量也与学位论文评阅过程中对申请人论文质量的把关情况紧密相关。而相关文献研究表明，当前学位论文评阅存在评阅时间短、评阅范围小、评阅效果不理想等问题[2]，此外，现行的学位论文抽查盲审制度对学位论文质量的审核效力滞后，学位论文评阅并未完全发挥其应有的作用。

1. 学位论文总体质量

为便于理解，对博士研究生学位论文质量及学位论文评阅质量进行描述分析时，根据李克特量表设置，将"博士学位论文质量高"这一题项下设的选项："完全不符合"至"完全符合"分别对应"博士学位论文质量低"至"博士学位论文质量高"。由调查结果可得，仅有 11.7% 的博士生导师认为博士研究生的学位论文质量很高，认为博士生学位论文质量一般的导师占比达 28.0%。总体上看，近 70% 的导师认为当前博士生学位论文质量水平总体较高（图 4-2）。

---

① 吴丹，靳冬欢，刘晨，张巍. 优化博士学位论文评阅制度 改革博士学位授予管理模式［J］. 学位与研究生教育，2021（04）：28–33.

② 常宝英. 关于研究生学位论文评阅与答辩的几点思考［J］. 高等教育研究学报，2009，32（03）：50–52.

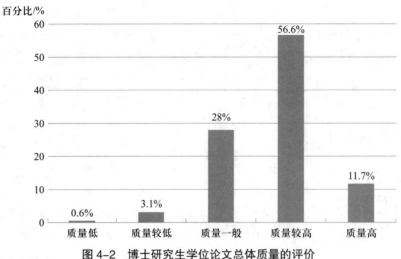

图 4-2　博士研究生学位论文总体质量的评价

2.　学位论文评阅

就当前学位论文评阅效果进行调查统计，如图 4-3 所示，共有 28.5% 的博士生导师同意"当前学位论文评阅存在评价过高现象"这一观点，36.6% 的博士生导师对"当前学位论文评阅存在评价过高现象"持中立态度。综合来看，对学位论文评阅评价过高这一现象存在，且对此现象呈中立和较为赞同看法的导师占比超过 60%，表明当前论文评阅质量有待提升，也从侧面反映出当前学位论文存在评阅评价标准较不明确，或执行效果较差的现状。

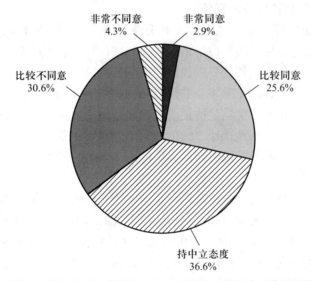

图 4-3　博士生导师对"当前学位论文评阅存在总体评价过高现象"的看法

（二）博士研究生答辩现状

论文通过评阅后学位申请人即获得资格正式进入答辩程序。论文答辩是对研究生综合素质的检验，是保证学位授予质量的关键环节。但有部分学者认为，答辩已经演变为"走过场"的活动，如宣读评阅人的学术评语这一环节常被忽略或省略、答辩人回应问题时对不甚清楚的问题"避而不谈"、答辩秘书提前拟好答辩决议、有些学科为了节省时间和费用在有限的时间段内安排较多的学生进行答辩，导致答辩时间不能得到充分保证等①，使答辩活动逐渐演变成为一个博士生结束学习生涯的一场"表演"仪式。美国研究生教育专家柏瑞森（Berelson B）通过调查也发现，学生学位论文已经通过评审但未通过答辩这一关的情况已然几乎不会发生。基于此，课题组对"当前论文答辩活动存在走过场现象"这一观点进行调查。总体上看，对于当前答辩活动是否存在"走过场"现象，导师们的看法并不相同，共有 20.5% 的导师认为当前答辩活动存在走过场现象，另有 28.4% 导师不清楚。这在一定程度上表明，答辩活动难以完全发挥把关环节应有的效力。因此，有必要对答辩活动机制的运行效果做进一步的探析（图4-4）。

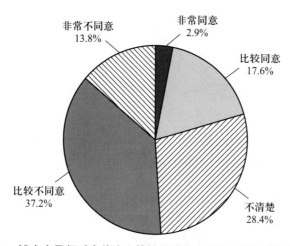

图 4-4　博士生导师对当前论文答辩活动存在"走过场"现象的看法

本研究从博士生学位论文答辩总体质量、学位论文总体质量、答辩制度实施评价、答辩程序评价、答辩运行规制评价五个维度出发，探究当前博士研究生学位论文答辩的现状，具体维度及相关题项如下：（1）总体答辩质量评价：包括"当前博士研究生学位论文答辩活动总体质量高"题项；（2）学位论文总体质量评价：包括"当前博士研究生学位论文总体质量高"题项；（3）答辩制度实施评价：包括"我所在学校有完善的预答辩制度、我所在学校要求提前向答辩委员报告预答辩情况、学位论文答辩校外专家选择机制科学公正、校内答辩委员会委员的遴选机制科学公正、我所在学校的答辩活动有内部监督制度、我所在学校的答辩活动建立有申诉制度、我所在学校的答辩活动有有效的评价机制、我所在学校有答辩后论文修改审核机制"等题项；（4）答辩程序评价：包括"我校能严格控制答辩人的自我陈述时间、我校能严格控制答辩人的回应问题时长、我校能严格控制答辩委员的提问时间、申请人个人陈述时间能充分展示答辩人的学术成果、回应问题时长设置足够申请人完成回应、供答辩委员提问的时间充裕、

① 秦婷，薛红争，赵桂荣 . 硕士研究生学位论文质量的过程保障体系研究［J］. 当代教育实践与教学研究，2019（12）：109-110.

学校答辩各环节时长设置合理"题项；（5）答辩运行规制评价：包括"答辩活动均能事先公开、答辩各环节设置均科学合理、答辩活动各项议程清晰明确、答辩各项议程均能按时按规展开、答辩活动有明确的评价标准、答辩活动有良好的设备和技术支持"等题项。

从折线图 4-5 可对以上五个维度的总体水平有所洞见。博士生导师对答辩活动运行机制的评价最高（M=4.32，SD=0.61）；其次是对答辩程序的评价（M=4.21，SD=0.57），再次是对答辩制度实施的评价（M=4.18，SD=0.67），而对总体答辩质量的评价和对学位论文质量的评价较低，前者（M=3.81，SD=0.72）略高于后者（M=3.76，SD=0.72）。

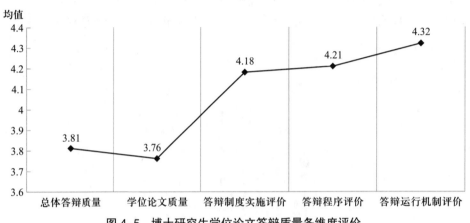

图 4-5　博士研究生学位论文答辩质量各维度评价

1. 答辩制度实施现状

各高校的学位论文现场答辩是学位论文完成后的最后一个检验环节，但整体答辩活动的质量检验其实是由众多过程性制度共同完成的。答辩制度维度包括预答辩制度、预答辩提前报告制度、校外专家选择制度、答辩委员会委员遴选制度、答辩活动内部监督制度、申诉制度、评价制度、论文修改审核制度。

被调查对象即博士研究生导师对学位论文答辩制度实施状况的评价如图 4-6 所示，量表采用李克特五分量表，正向计分，1 代表"完全不符合"，2 代表"比较不符合"，3 代表"一般"，4 代表"比较符合"，5 代表"完全符合"。均值越大，表示该制度的实施效果越好。

调查结果显示，评价满意度较高的前四项制度是答辩后论文修改审核制度、预答辩制度、答辩评价制度和答辩申诉制度，均值分别为 4.33、4.32、4.21 和 4.21，其次是监督制度、答辩委员遴选制度、校外专家选择制度及预答辩情况报告制度。以上结果反映出当前参与调查高校的论文修改审核制度、答辩评价制度、答辩申诉制度、预答辩制度较为完善，但答辩活动内部监督制度、委员遴选制度及预答辩情况报告制度还有待完善。

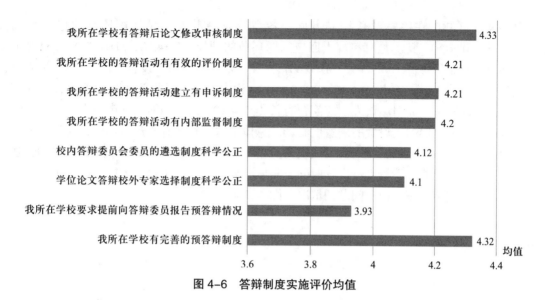

图 4-6　答辩制度实施评价均值

2. 答辩程序现状

（1）时长设置与把控情况

严格规范的答辩程序是保证学位论文答辩工作公平、公正、严肃进行的重要前提。关于答辩各程序的时间要求，现有的相关文献并未进行调查分析，如答辩人的汇报时间、提问－回应时间及整个答辩的时间，各高校通常根据实际情况自行设定。设定合理有效且适合各学科发展特征的答辩用时，有利于参与者发挥各自水平、履行各自职责，也便于答辩审查。

课题组就博士研究生学位论文答辩自我陈述、回应提问环节及答辩委员提问环节的时间问题对参与调查的 45 所高校的博士研究生导师进行了调查，将六项李克特量表题项分别归类为两个主要维度：答辩时长把控维度及答辩时长设置维度。在时长把控维度上，均值越高，代表这一环节的时间控制力度越强；在答辩时长设置维度方面，均值越高，代表这一环节的时长设置越合理，越能满足需求。

表 4-3　答辩各环节用时情况描述统计

维度	题项	均值	标准差	方差	总体均值
时长把控	我校能严格控制答辩人的自我陈述时间	4.19	0.703	0.494	4.10
	我校能严格控制答辩人回应问题时长	4.10	0.731	0.534	
	我校能严格控制答辩委员的提问时间	4.01	0.770	0.607	
时长设置	申请人个人陈述时间能充分展示答辩人的学术成果	4.28	0.689	0.475	4.33
	回应问题时长设置足够申请人完成回应	4.32	0.677	0.458	
	供答辩委员提问的时间充裕	4.38	0.676	0.457	

由表 4-3 可知，在答辩时长控制方面，各高校对答辩人自我陈述环节的把控性最强（M=4.19，SD=0.703），其次是对答辩人回应问题环节的把控（M=4.10，SD=0.731），对答辩委员提问环节的控制性最低（M=4.01，SD=0.607）。在答辩各环节时长设置方面，"供答辩委员提问时间充裕"的满意度最高（M=4.38，SD=0.676），说明答辩委员提问时长设置能较好地满足答辩委员的提问需求，而对申请人回应问题时长（M=4.10，SD=0.494）和申请人自我陈述时长环节（M=4.19，SD=0.494）设置的满意度略低。总体上看，在所有答辩活动中，对答辩委员提问时间的把控性较低，且供其提问的时间较为充裕，而答辩人自我陈述和回应时间受到较强的限制，且这两个环节相较答辩委员提问时间充裕度差异较大，甚至存在未能充分展示答辩人学术成果和不足以申请人完整回应问题的情况（图 4-7）。

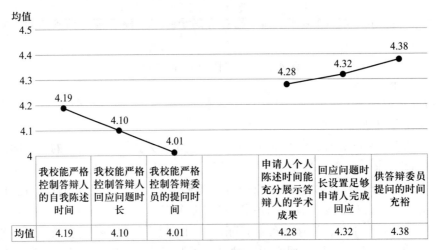

图 4-7   答辩用时情况均值比较

（2）答辩人均用时

除答辩各环节所用时长外，完成一场答辩活动所用时长也是反映总体答辩活动质量的一个重要维度。用时过短难以保障各环节的完整性，用时过长则会影响参与者的精力分配，降低答辩整体效能。对当前博士研究生学位论文答辩总体用时及各环节时间把控情况进行了解，有利于检验整体答辩活动各环节时长设置的合理性和有效性，从而为优化答辩活动质量提供借鉴。

对当前博士研究生学位论文答辩总体用时情况进行调查统计，结果如图 4-8 所示，47.9%的博士研究生完成答辩的时长为 31~60 分钟，29.7% 的博士研究生完成答辩时长为 61~90 分钟，15.4% 的博士生完成答辩用时为 91~120 分钟，4.6% 的博士研究生答辩用时为 2 个小时以上，仅有 2.4% 的博士研究生完成答辩用时 0~30 分钟。统计结果表明，当前一场博士研究生学位论文答辩活动多在半小时至一个半小时，答辩用时较为灵活。

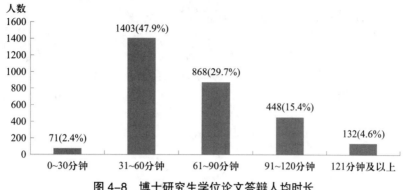

图 4-8　博士研究生学位论文答辩人均时长

（3）学位论文答辩各环节建议时长

从目前论文答辩情况来看，答辩不足的客观原因主要是时间不够，个人陈述、委员提问、学生回应问题没有充足的时间展开。基于上述调查结果，要解决答辩中辩论不足的问题，首先就要调整答辩的时间。就博士研究生学位论文答辩中口头陈述环节的建议时长进行调查统计，结果如图 4-9 所示。1 416 名（48.3%）答辩委员认为每个博士研究生答辩自我口头陈述环节的合适时长应为 31~40 分钟，这超过了国内多数高校对博士研究生学位论文答辩口头陈述环节时长的限定（不超过 30 分钟）；仅有 316 名（10.8%）答辩委员认为口头陈述环节用时应设定在 41 分钟及以上，以给予答辩人更充分的展示空间。近半数的答辩委员支持稍微延长博士生答辩口头陈述时间，建议用时在 31~40 分钟。这一结果反映出各高校或答辩委员对于博士生学位论文答辩中口头陈述环节的重视程度不一，导致对这一环节用时的建议有长有短。

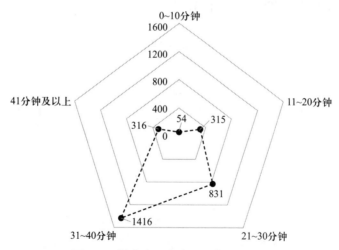

图 4-9　博士生口头陈述环节建议用时

从博士研究生回应提问环节合适时长来看，如图 4-10 所示，1 178 名（40.2%）答辩委员认为每个博士研究生答辩回应提问环节的合适时长应为 31~40 分钟，这与国内多数高校的规定相近。但仍有委员建议延长或缩短不同环节的时间。总体来看，大多数答辩委员认为合适的博士学位候选人自我陈述和回应提问时长均应在 31~40 分钟。

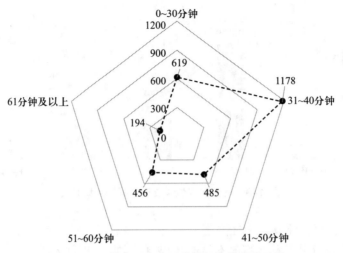

图 4-10 博士研究生回应提问环节合适时长

3. 答辩运行机制

答辩运行机制主要是指完成一场答辩活动所涉及的各要素之间的结构关系和运行方式。根据均值比较可得，博士生导师对当前答辩运行机制的整体评价较高。其中，对答辩活动的公开性维度评价最高（M=4.41，SD=0.757），其次是对答辩设备支持辅助的评价（M=4.38，SD=0.696）、答辩议程明确性（M=4.39，SD=0.695）及执行效度（M=4.37，SD=0.707）的评价。但对答辩评价标准的明确性（M=4.17，SD=0.795）、答辩环节设置的科学合理性（M=4.21，SD=0.730）评价较低。这说明博士研究生学位论文答辩活动的评价标准尚待完善，对答辩各环节的设置应遵循科学合理的规范（图 4-11）。

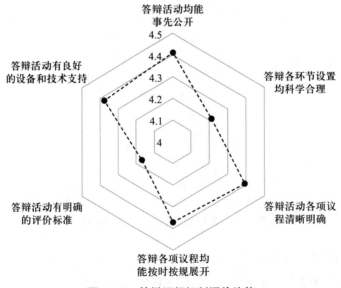

图 4-11 答辩运行机制评价均值

4. 对博士研究生学位论文答辩功能的认识

学界对于答辩活动价值的讨论至今尚未统一明确，答辩属性在仪式性庆典和正式评估活动中摇摆至今。有学者根据四所美国大学答辩规程总结得出，答辩活动具有保障学位论文质量、捍卫学术自由和教育研究生的作用[①]，并具体提出答辩可以保障论文质量、检验创新、关注答辩人现场表现及其学习水平。黄海平结合英国博士生论文答辩实践得出，论文答辩实际上是一场面试，面试内容应包含研究者：（1）对文献和研究现状的了解；（2）所用研究方法的合理性；（3）论文的创新点和学术贡献；（4）研究的应用价值；（5）工作展望；（6）具体业务问题。[②] 其他研究证据表明，虽然许多学者认为答辩具有形成性和庆祝性，但事实上，众多的答辩都淡化了答辩的"应试"性质。例如，他们声称辩方是"不让候选人失望"，[③] 而教师"非常希望学生成功"。[④] 学生们则将答辩理解为一种测试，可以确认他们的论文作者身份并检查他们在某个领域的知识。对答辩委员来说，对答辩功能的认识决定了他们的态度。调查中设定了博士研究生导师就学位论文答辩应当发挥的作用进行评价的相关题项。量表采用李克特五分量表，正向计分，1 代表"完全不符合"，2 代表"比较不符合"，3 代表"一般"，4 代表"比较符合"，5 代表"完全符合"。均值越大，代表博士研究生导师越认同该项可以在学位论文答辩中发挥的作用。

表 4-4　导师对博士研究生学位论文答辩作用的认识

题项	平均值	标准差	方差
答辩是保障学位授予质量的重要环节	4.366	0.916	0.839
答辩可以考察候选人的专业知识水平	4.394	0.846	0.716
答辩可以考察候选人的口头表达水平	4.439	0.847	0.718
答辩可以考察候选人对研究文献的理解程度	4.251	0.895	0.802
答辩可以检验导师的指导能力和水平	3.961	0.937	0.878
答辩可以检验论文引证资料的翔实性	3.999	0.931	0.866
答辩可以检验论文理论基础的坚实性	4.227	0.869	0.755
答辩可以检验论文研究设计的科学性	4.277	0.863	0.745
答辩可以检验论文结构的合理性	4.248	0.871	0.759
答辩可以检验论文的创新性	4.342	0.875	0.765

---

①　周利，姚云 . 美国博士学位论文答辩的基本规程及其价值［J］. 内蒙古师范大学学报（教育科学版），2020，33（05）：21–24+150.

②　黄海平 . 英国博士生论文答辩一瞥［J］. 学位与研究生教育，2003（05）：38–39.

③　WISKER G. The good supervisor: Supervising postgraduate and undergraduate research for doctoral theses and dissertations［M］. New York: Macmillan International Higher Education, 2012.

④　CONE J D, FOSTER S L, PHILLMORE L S. Dissertations and theses from start to finish: Psychology and related fields［M］. Washington, DC: American Psychological Association, 1993.

续表

题项	平均值	标准差	方差
答辩可以检查论文整体的规范性	4.172	0.910	0.827
答辩可以检验论文在该领域的价值贡献	4.226	0.897	0.804

从表4-4可知，导师认为博士研究生学位论文答辩应该发挥的作用排序如下：考察候选人的口头表达水平、考察候选人的专业知识水平、保障学位授予质量、检验论文的创新性、检验论文研究设计的科学性、考察候选人对研究文献的理解程度、检验论文结构的合理性、检验论文理论基础的坚实性、检验论文在该领域的价值贡献、检查论文整体的规范性、检验论文引证资料的翔实性、检验导师的指导能力和水平。总体上看，候选人的口头表达水平、专业知识水平是导师关注的学位论文答辩考察的主要内容，其次与候选人论文文本相关，如创新性、科学性等指标。由此可以说明，博士研究生学位论文答辩应当将候选人自身素质和现场表现能力作为答辩评价的重要标准之一。

（三）差异分析

1. 答辩质量评价差异

（1）不同专业类型

根据独立样本t检验结果（表4-5），不同专业类型的博士生导师在对本专业博士研究生答辩活动的总体质量评价、学位论文质量评价、答辩制度程序评价、答辩运行机制评价存在显著差异（p<0.001），专业类型不同的导师在答辩制度实施评价方面也存在显著差异（p<0.05）。

表4-5　不同专业类型的导师对学位论文答辩质量评价差异独立样本t检验结果

		总体答辩质量	学位论文质量	答辩制度实施评价	答辩程序评价	答辩运行机制评价
专业类型[①]	t值	−6.519[***]	−8.625[***]	−2.596[*]	−5.152[***]	−5.784[***]
	显著性	0.000	0.000	0.012	0.000	0.000

人文社科 N=601，理工学科 N=2 331

注：*** p<0.001，** p<0.01，* p<0.05。

总体上看，理工学科的博士生导师对总体答辩质量、学位论文质量、答辩制度实施、答辩程序和答辩运行机制的评价均高于人文类学科的导师。在答辩制度实施评价方面，理工学科的博士生导师评价（M=4.19，SD=0.66）略高于人文社科的博士生导师评价（M=4.12，SD=0.69）。在学位论文质量评价方面，理工学科类导师（M=3.81，SD=0.70）则显著高于人文社科类导师（M=3.53，SD=0.77），如图4-12所示。需要说明的是，总体水平可能受到样本量的影响。参与

---

① 本报告中12个学科门类被合并为两个大类，其中"人文社科"包括哲学、文学、历史学、经济学、艺术学、法学、教育学和管理学；"理工学科"包括理学、工学、农学、医学。

调查的理工学科博士生导师数量为 2 331 名，人文社科类博士生导师数量仅为 601 名。

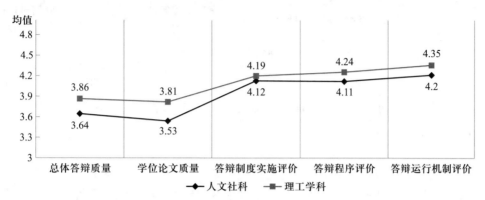

图 4-12　不同专业类型导师对博士研究生学位论文答辩质量评价差异

（2）不同院校建设层次

根据方差分析结果可知（表 4-6），不同院校建设层次的博士生导师在博士研究生答辩活动的总体质量评价、学位论文质量评价、答辩制度程序评价和答辩运行机制的评价不存在显著差异（p>0.05）。而校际差异的不显著可能与整体参与调查的高校均属一流大学建设高校和一流学科建设高校范畴有关。

表 4-6　不同院校层次的导师对学位论文答辩质量评价差异方差分析结果

		总体答辩质量	学位论文质量	答辩制度实施评价	答辩程序评价	答辩运行机制评价
院校建设层次	F 值	2.972	2.034	0.457	0.836	0.250
	显著性	0.051	0.131	0.633	0.433	0.779
一流大学建设高校 A 类 N=1 544，一流大学建设高校 B 类 N=222，一流学科建设高校 N=1 166						

注：*** p<0.001，** p<0.01，* p<0.05。

根据均值差异可得，在对答辩总体质量、学位论文质量的评价上，评价得分由高到低的顺序为：一流学科建设高校导师、一流大学建设高校 A 类高校导师、一流大学建设高校 B 类高校导师；在对答辩程序和答辩运行机制的评价上，一流大学建设高校 A 类高校导师的评价高于一流大学建设 B 类高校，也高于一流学科建设高校。而在答辩制度实施评价方面，一流大学建设高校 A 类高校的导师评价较高（M=4.17，SD=0.67），仅次于一流大学建设高校 B 类高校（M=4.21，SD=0.70），但是一流学科建设高校的导师在答辩制度实施维度的评价最低（M=3.78，SD=0.67）。

（3）不同地区

由表 4-7 可得，不同地区的博士生导师在答辩程序和答辩运行机制评价上存在显著差异，经方差分析得到的 F 值分别为 5.953 和 7.511。但在统计学意义上，地区差异对博士生导师的学位论文评价、答辩制度实施评价及总体答辩质量评价的影响不显著（p<0.05）。

表 4-7　不同地区的导师对学位论文答辩质量评价 ANOVA 检验结果

		总体答辩质量	学位论文质量	答辩制度实施评价	答辩程序评价	答辩运行机制评价
高校所属地区	F 值	2.930	1.678	0.749	5.953	7.511
	显著性	0.054	0.187	0.473	0.003*	0.001
东部地区 N=1 544，中部地区 N=222，西部地区 N=1 166						

注：*** p<0.001，** p<0.01，* p<0.05。

从均值上看，在对答辩制度实施、答辩运行机制的评价上，评价得分由高到低顺序为：中部地区、东部地区、西部地区。由此可见，东部地区的导师对答辩制度和答辩运行机制的评价最高，西部地区的导师对答辩制度和答辩运行机制的评价最低。在对总体答辩质量的评价上，东部地区导师评价最高（M=3.84，SD=0.70），中部地区次之（M=3.78，SD=0.77），而西部地区导师对于答辩活动总体质量的评价最低（M=3.76，SD=0.70）。此外，东部地区高校的导师对学位论文总体质量的评价最高（M=3.77，SD=0.71），中部地区最低（M=3.70，SD=0.76）。而在答辩程序评价维度上，东部地区则显著高于中部地区及西部地区。

2. 答辩时长设置差异

据卡方检验可得，博士研究生学位论文答辩口头陈述环节时长、回应提问环节时长以及人均答辩用时在导师人口学变量上存在差异。从卡方检验的研究结果来看，不同环节的用时在博士生研究生导师的专业、地区、院校层次的分布上均存在显著性差异。具体呈现以下特征：

就专业类型角度来看：（1）理工学科的博士生导师偏好的口头陈述环节用时要长于人文学科博士生导师，42.93% 的人文社科类博士生导师认为口头陈述环节用时在 21~30 分钟比较合适，55.13% 的理工学科博士生导师则认为用时应该在 31~40 分钟；（2）理工学科和人文社科导师在博士生答辩回应提问环节的时间偏好差异不大，多数导师认为博士生回应提问时长应当设置在 31~40 分钟；（3）在博士研究生人均答辩时长方面，近半数（49.72%）的理工学科类博士生导师建议用时较短，为 31~60 分钟，同意该建议时长的人文社科类博士生导师占比仅为 40.93%，而建议人均答辩用时为 2 个小时及以上的人文社科类博士生导师占比为 4.99%。

从所属地区上看：（1）中部地区偏好答辩口头陈述时长为 41 分钟及以上的博士生导师较东部和西部地区多；（2）西部地区偏好答辩回应提问环节时长为 30 分钟以内的导师较东部和中部地区多，此外，在这一环节中，建议时长为 60 分钟及以上的中部地区博士生导师居多；（3）西部地区认为人均答辩时长应在 31~60 分钟的博士生导师较其他地区多（55.91%），中部地区建议人均答辩用时应在 2 小时及以上的博士生导师较其他地区多。

从院校建设层次上看：（1）相较其他类型院校，一流学科建设高校的博士生导师更偏好 30 分钟及以上的口头陈述环节用时；（2）相较其他类型院校，一流大学建设高校 A 类高校的导师更喜欢博士生学位论文答辩回应提问环节时长在 30 分钟以内（23.19%），认为该环节时长应为 60 分钟及以上的一流大学建设高校 A 类高校的博士生导师要比其他类型院校多（7.38%）；（3）一流学科建设高校导师对人均答辩时长的建议用时比其他类型院校的长（表4-8）。

表4-8　导师对博士研究生学位论文答辩各环节设置时长偏好差异

		专业			地区				院校类型			
		人文社科	理工学科	x^2	东部地区	中部地区	西部地区	x^2	一流大学建设高校A类	一流大学建设高校B类	一流学科建设高校	x^2
口头陈述环节	0~10分钟	27（4.5%）	27（1.2%）	448.2***	33（1.8%）	9（1.5%）	12（2.1%）	42.8***	35（2.2%）	4（1.8%）	15（1.3%）	63.7***
	11~20分钟	168（28.0%）	147（6.3%）		181（10.6%）	71（11.3%）	63（10.6%）		205（13.3%）	24（10.8%）	86（7.4%）	
	21~30分钟	258（42.9%）	573（24.6%）		495（28.9%）	131（20.9%）	205（34.6%）		472（30.6%）	74（33.3%）	285（24.4%）	
	31~40分钟	131（21.8%）	1 285（55.1%）		831（48.5%）	318（50.8%）	267（45.1%）		661（42.8%）	107（48.2%）	648（55.6%）	
	41分钟~	17（2.8%）	299（12.8%）		174（10.2%）	97（15.5%）	45（7.6%）		171（11.1%）	13（5.9%）	132（11.3%）	
回应提问环节	0~30分钟	124（20.6%）	495（21.2%）	4.0	369（21.5%）	105（16.8%）	145（24.5%）	32.1***	358（23.2%）	46（20.7%）	215（18.4%）	19.2***
	31~40分钟	250（41.6%）	928（39.8%）		720（42.0%）	226（36.1%）	232（39.2%）		609（39.4%）	90（40.5%）	479（41.1%）	
	41~50分钟	106（17.6%）	379（16.3%）		265（15.5%）	127（20.3%）	93（15.7%）		233（15.1%）	36（16.2%）	216（18.5%）	
	51~60分钟	79（13.1%）	377（16.1%）		258（15.1%）	108（17.3%）	90（15.2%）		230（14.9%）	42（18.9%）	184（15.8%）	
	61分钟~	42（7.1%）	152（6.6%）		102（5.9%）	60（9.5%）	32（5.4%）		114（7.4%）	8（3.7%）	72（6.2%）	

续表

		专业			地区				院校类型			
		人文社科	理工学科	x^2	东部地区	中部地区	西部地区	x^2	一流大学建设高校A类	一流大学建设高校B类	一流学科建设高校	x^2
人均答辩时长	0~30分钟	19（3.2%）	54（2.3%）		42（2.5%）	7（1.1%）	24（4.1%）		46（3.0%）	12（5.4%）	15（1.3%）	
	31~60分钟	246（40.9%）	1 159（49.7%）		819（47.8%）	255（40.7%）	331（55.9%）		763（49.4%）	114（51.4%）	528（45.3%）	
	61~90分钟	213（35.4%）	657（28.2%）	17.9**	529（30.9%）	181（28.9%）	160（27.0%）	90.7***	421（27.3%）	72（32.4%）	377（32.3%）	37.1***
	90~120分钟	93（15.5%）	357（15.3%）		264（15.4%）	122（19.5%）	64（10.8%）		236（15.3%）	18(8.1%)	196（16.8%）	
	120分钟~	30（5.0%）	104（4.5%）		60（3.4%）	61（9.8%）	13（2.2%）		78(5.0%)	6（2.7%）	50(4.3%)	

注：*** p<0.001, ** p<0.01, * p<0.05。

3. 答辩功能认识差异

通常而言，博士研究生导师的专业、地区和院校层次的差异对博士研究生答辩功能的认识存在一定影响。为此，我们从问卷量表的 12 项关于博士研究生学位论文答辩作用的有关表述中选取最具有代表性的六项，包括对答辩的地位、答辩具体考察内容的认识。主要包括：答辩是保障学位授予质量的重要环节、答辩可以考察候选人的专业知识水平、答辩可以考察候选人的口头表达水平、答辩可以检验导师的指导能力和水平、答辩可以检验论文的创新性、答辩可以检验论文整体的规范性。

为进一步考察不同性别、专业、地区、院校层次的答辩委员对答辩功能的认识在统计学意义上是否存在差异，继而对性别和专业这一二分变量与因变量的差异采用独立样本 T 检验，对地区、院校层次变量与因变量的差异采用单因素 ANOVA 检验。需要注意的是，尽管因变量"对博士研究生学位论文答辩功能的认识"为定距变量，但由于研究中对其分级间距均匀，在这里将其作为连续变量处理。

本次调查结果显示（表 4-9），不同专业的博士生导师在对博士研究生学位论文答辩功能的认识上存在显著差异，具体表现在学位授予质量保障、专业知识水平、口头表达水平、论文创新性方面，其 p 值分别为 0.002，0.000，0.000，0.000。不同地区的博士生导师在导师指导能力水平和论文创新性维度方面存在显著差异，p 值分别为 0.001，0.004。而在统计学意义上，博士生导师的性别差异对博士生学位论文答辩功能认识的影响不显著，p 值分别为 0.567、0.870、0.696、0.857、0.179、0.832，均大于 0.05。院校层次不同的博士生导师在对博士生学位论文答辩功能认识上的差异也并不显著（$p < 0.05$）。

表 4-9　导师对博士研究生学位论文答辩功能差异分析

变量	属性	学位授予质量保障	专业知识水平	口头表达水平	导师指导能力和水平	论文创新性	论文整体规范性
性别	男	4.36	4.39	4.44	3.96	4.35	4.17
	女	4.38	4.39	4.45	3.97	4.30	4.17
	Sig（双尾）	0.567	0.870	0.696	0.857	0.179	0.832
专业	人文社科	4.26	4.28	4.31	3.93	4.22	4.17
	理工学科	4.39	4.42	4.17	3.97	4.37	4.19
	Sig（双尾）	0.002**	0.000***	0.000***	0.347	0.000***	0.617
地区	东部地区	4.38	4.41	4.47	4.00	4.38	4.18
	中部地区	4.35	4.40	4.42	3.99	4.34	4.22
	西部地区	4.33	4.33	4.36	3.83	4.24	4.11
	Sig（双尾）	0.434	0.091	0.013	0.001**	0.004*	0.104
院校层次	一流大学建设高校A类	4.37	4.40	4.44	3.98	4.34	4.19

续表

变量	属性	学位授予质量保障	专业知识水平	口头表达水平	导师指导能力和水平	论文创新性	论文整体规范性
院校层次	一流大学建设高校B类	4.40	4.33	4.45	3.85	4.27	4.14
	一流学科建设高校	4.36	4.40	4.44	3.96	4.36	4.17
	Sig（双尾）	0.858	0.528	0.366	0.176	0.365	0.393

注：*** $p<0.001$，** $p<0.01$，* $p<0.05$。

根据均值比较可得，人文社科类的博士生导师对学位论文答辩可以在专业知识水平考察、候选人口头表达水平考察、导师指导能力和水平检验、论文创新性检验方面发挥作用的认可程度高于理工学科，这种差异在候选人口头表达水平的考察维度上最显著（$p=0.000$，$p<0.05$），具体表现为理工学科导师对学位论文答辩可以考察候选人口头表达水平的认可度均值为4.17，而人文社科认可度均值为4.31，差值达到0.16。这一差异在专业知识考察维度和论文创新性维度方面也较为明显。但在论文规范性维度方面，理工学科导师对这一作用的认可度均值却高于人文学科导师。虽然两者的差异不大，但也可以在一定程度上说明，相较于人文学科博士生导师，理工学科博士生导师更看重博士生论文的整体规范性。

与此同时，从总体均值比较上看，东部地区高校的博士生导师对学位论文答辩各项功能的发挥程度认可度最高，均值分别为4.38，4.41，4.47，4.00，4.38和4.18，中部地区高校次之，西部地区高校均值最低。对学位论文整体规范性作用的认可度却呈现出一定的地区差异，表现为中部地区高校的博士生导师对学位论文整体规范性作用的认可度高于东部地区导师。

五、博士研究生学位论文答辩委员互动及其决议状况

以博士研究生学位论文答辩委员为主体，对其委员资格获得渠道、参与答辩情况、决议结果进行描述统计分析，进而了解答辩委员的性别、专业、毕业院校层次、答辩经历等因素对委员答辩决议结果的差异影响。

（一）答辩委员互动状况

1. 答辩委员参与答辩情况

相关文献研究表明，在每年的毕业季、答辩季，参与博士研究生学位论文答辩的委员一般都承担着相当繁重的工作任务，要在指导自己学生论文的同时评阅答辩者的论文，还要承担论文评审的任务，同时又需要到各地参加论文的答辩会，其时间与精力都存在不济甚至透支的问题[①]，可能会对学位论文的答辩产生影响。针对答辩季答辩活动集中，答辩委员在短时间内

---

① 王道红. 学位论文的评审与答辩制度［J］. 山西财经大学学报（高等教育版），2007（03）：5-7.

参与多场答辩的"赶场"情况进行调查，由图 4-13 可得，有 21% 的答辩委员认为答辩季存在"赶场"的情形，有 79% 的答辩委员认为答辩季不存在"赶场"的情形。这一结果反映出，短时间内参与多场答辩的状况在答辩季中确实存在，但总体情况较好。赶场可能会影响答辩活动的整体质量，应考虑赶场对答辩委员参与答辩活动的影响。

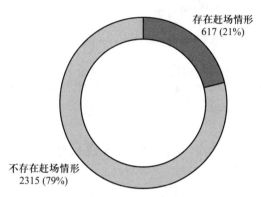

图 4-13　答辩季是否存在短时间参与多场答辩（即"赶场"）的情形

2. 答辩委员决议情况

答辩委员是否投过反对 / 弃权票是反映答辩委员决议情况的重要指标，侧面体现了当前答辩决议对整体答辩活动的质量把控效能。由图 4-14 可知，有 26.9% 的答辩委员投过反对票 / 弃权票，有 73.1% 的答辩委员未做出过否定决议。这可能与答辩活动整体质量和答辩委员个人因素有关。

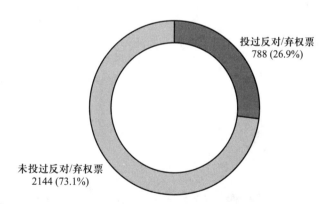

图 4-14　答辩委员决议情况

答辩决议的形成方式如图 4-15 所示，91.7% 的答辩决议均是由答辩委员会共同讨论决定的，这与《中华人民共和国学位条例》中规定的答辩委员会全体讨论决定是否通过答辩的要求相符，但仍有 6.6% 的博士研究生学位论文答辩会出现以答辩主席意见为主的情况，还有 1.7% 的答辩会以该学科负责人意见为主，这显然有违公平集体决议的规定，也不符合学术规范。总体上看，答辩决议过程是一个较为公平的集体讨论过程，但是决议过程的科学性和公平性仍有待明晰。

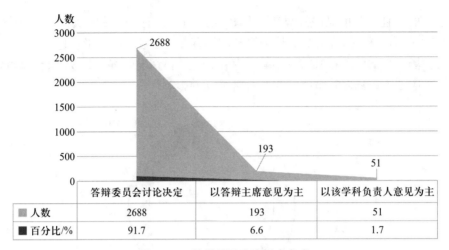

	答辩委员会讨论决定	以答辩主席意见为主	以该学科负责人意见为主
■ 人数	2688	193	51
■ 百分比/%	91.7	6.6	1.7

图 4-15   答辩委员决议形成方式

3. 委员资格获得渠道

由图 4-16 统计结果可知，在受调查的 43 所高校中，63.7% 的博士研究生学位论文答辩委员资格是经由博士学位候选人的导师推荐获得，14.7% 的答辩委员资格是经由答辩委员会主席推荐获得，另有 4.3% 的答辩委员资格由答辩委员会其他答辩委员推荐获得，还有 7.3% 的委员资格由申请人所在院系行政领导推荐获得。总体上看，答辩委员资格的获得渠道呈现出多样化的特征，在各高校对答辩委员会成员作出的关于职称、学术资质、专业水平等相关规定的基础上，学位申请人导师、答辩委员会主席、其他委员、行政管理人员都可以推荐答辩委员人选。但综合来看，就答辩委员资格获得方面，推荐渠道有待进一步透明化和规范化。

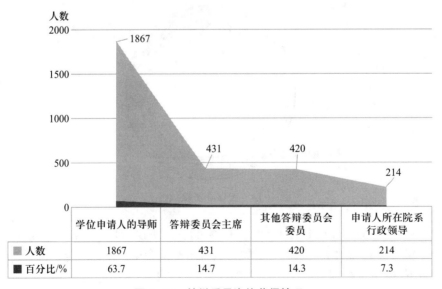

	学位申请人的导师	答辩委员会主席	其他答辩委员会委员	申请人所在院系行政领导
■ 人数	1867	431	420	214
■ 百分比/%	63.7	14.7	14.3	7.3

图 4-16   答辩委员资格获得情况

（二）博士研究生学位论文答辩委员决议差异

答辩委员职责的履行是维护整体答辩活动质量的重要因素。答辩委员在博士研究生学位论文答辩中是否投出过反对／弃权票一定程度上可以反映出答辩委员是否能良好履行自身职责，是否可以在答辩中表达自己的独立意见。根据题项"是否在答辩中投过反对／异议票"，将博士研究生学位论文答辩委员决议结果作为因变量，对答辩委员的性别、毕业院校类型进行卡方检验分析。

1. 不同性别

如图 4-17 所示，从答辩委员性别上分析，27.1% 的女性答辩委员作出过答辩异议决定，相较于男性答辩委员 26.8% 的异议决议率略高。72.9% 的女性答辩委员从未作出过答辩异议决议，73.2% 的男性答辩委员从未投过反对／弃权票。不过，卡方检验结果显示，答辩委员性别与是否投过反对／异议票之间的差异在统计学意义上并不显著（$x^2=0.013$，p=0.869）。

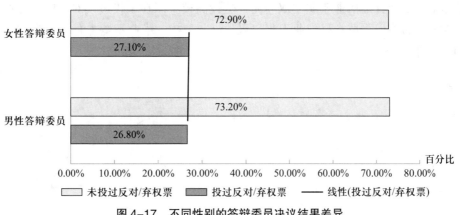

图 4-17　不同性别的答辩委员决议结果差异

2. 不同院校类型

卡方检验结果显示（表 4-10），答辩委员本科毕业院校类型与是否在答辩中投过反对／弃权票之间虽有一定差异，但两者在统计学意义上差异并不显著（$X^2=5.075$，p=0.166）。此外，卡方检验也表明，博士研究生答辩委员最高学历院校类型与其是否在答辩中投过反对／弃权票存在显著差异（$X^2=13.46$，p=0.004）。

表 4-10　答辩委员毕业院校类型与决议结果的交叉表分析

变量	分类	一流大学建设高校	一流学科建设高校	非"双一流"高校	境（海）外高校	x^2	p
		%（N）	%（N）	%（N）	%（N）		
是否投过反对／弃权票	是	26.5%	28.2%	25.1%	47.6%	5.075	0.166
	否	53.5%	71.8%	74.9%	52.4%		

续表

变量	分类	一流大学建设高校	一流学科建设高校	非"双一流"高校	境（海）外高校	x²	p
		%（N）	%（N）	%（N）	%（N）		
是否投过反对/弃权票	是	26.7%	29.2%	30.4%	18.0%	13.46***	0.004
	否	71.3%	70.8%	69.6%	72.0%		

注：***p<0.001，**p<0.01，*p<0.05。

从答辩委员本科毕业院校类型来看，在博士研究生答辩活动中投过反对/弃权票的答辩委员中，47.6% 本科毕业于境（海）外高校，28.2% 毕业于一流学科建设高校，26.5% 毕业于一流大学建设高校，25.1% 毕业于非"双一流"建设高校。而在未投过反对/弃权票的答辩委员群体中，74.9% 的答辩委员本科毕业于非"双一流"院校，毕业于境（海）外院校的答辩委员仅占 52.4%（图4-18）。

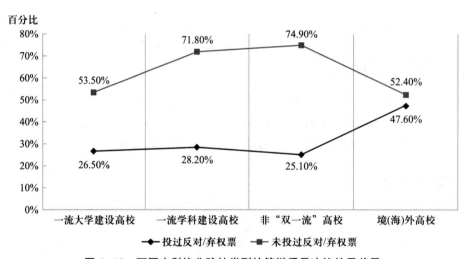

图4-18 不同本科毕业院校类型的答辩委员决议结果差异

从答辩委员最高学历院校类型来看，在博士研究生答辩活动中投过反对/弃权票的答辩委员中，最高学历院校类型为非"双一流"建设高校的为 30.4%，而未投过反对/弃权票的答辩委员则有 72% 在境（海）外高校取得最高学位。可以说明的是，最高学历类型为境（海）外高校的博士生导师相较其他类型院校的导师投出反对/弃权票的可能性较小，最高学历院校类型为非"双一流"建设高校的博士生导师则更易投出反对/弃权票。而本科院校类型为境（海）外高校的导师更容易投出答辩异议票，本科院校为非"双一流"建设高校的导师投出答辩异议票的可能性则较小，两者呈现完全相反的趋势（图4-19）。

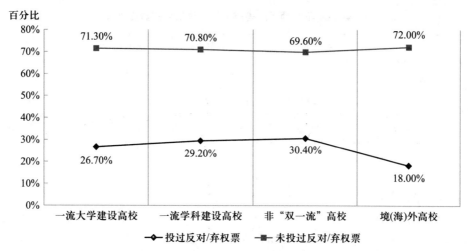

图 4-19　不同最高学历毕业院校类型的答辩委员决议结果差异

3. 不同院校建设层次

　　根据卡方检验可得，来自不同院校类型的答辩委员的答辩决议有极为显著的差异（X^2=12.665，p=0.002）。379 名来自一流大学建设 A 类高校的答辩委员投过答辩异议票，占比 24.5%，而在来自一流大学建设 B 类高校的委员中，有 34.7% 投过答辩反对 / 弃权票，略高于来自一流学科建设高校的答辩委员异议率（28.5%），整体最大差异值达 10.2%。总体上看，来自一流大学建设 B 类高校的答辩委员在答辩中作出异议决议的可能性较来自一流大学建设 A 类高校以及一流学科建设高校的答辩委员高（表 4-11）。

表 4-11　不同院校类型的答辩委员决议结果差异交叉表

变量	分类	一流大学建设高校 A 类	一流大学建设高校 B 类	一流学科建设高校	x^2	p
		N（%）	N（%）	N（%）		
是否投过反对 / 弃权票	是	379（24.5%）	77（34.7%）	332（28.5%）	12.67***	0.002
	否	1 165（75.5%）	145（65.3%）	834（71.5%）		

注：*** p<0.001，** p<0.01，* p<0.05。

4. 不同地区

　　对来自不同所属地区高校的答辩委员的答辩决议差异情况进行卡方检验，发现在统计学意义上差异显著（X^2=23.996，p=0.000）。统计结果表明，34.8% 的来自西部地区高校的答辩委员在答辩中投出过反对 / 弃权票，相较于东部地区（24.6%）和中部地区（25.7%），三个地区的最大值和最小值差异达 10.2%。这表明，西部地区高校的答辩委员作出答辩异议决定的概率更高（表 4-12）。

表 4-12　不同地区的答辩委员决议结果差异交叉表

变量	分类	东部地区	中部地区	西部地区	x^2	p
		N（%）	N（%）	N（%）		
是否投过反对 / 弃权票	是	421（24.6%）	161（25.7%）	206（34.8%）	23.99***	0.000
	否	1 293（75.4%）	465（74.3%）	386（65.2%）		

注：*** p<0.001，** p<0.01，* p<0.05。

5. 不同资格推荐渠道

不同资格推荐渠道的答辩委员在其答辩决议上也呈现出显著的差异，卡方检验值为 104.575，显著性为 0.000。从图 4-20 可以看出，委员资格由学位申请人推荐的 1 867 名委员中有 407 人投过答辩异议票，占比 21.8%；委员资格由申请人所在院系行政领导推荐的 214 人中有 97 名投过答辩异议票，占比 45.3%。这说明，经由所在院系行政领导推荐的答辩委员相较学位申请人导师、答辩委员会主席、其他委员推荐的委员更容易投出反对 / 弃权票。

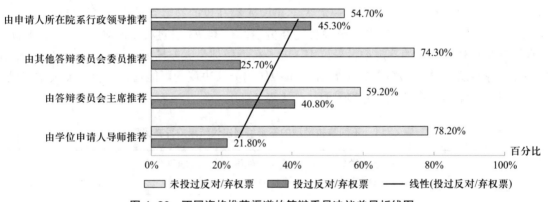

图 4-20　不同资格推荐渠道的答辩委员决议差异折线图

6. 答辩评审经历

根据卡方检验可得，答辩校外评审专家的任职经历对其答辩决议有极为显著的影响（X^2=19.116，p=0.000）。同时，答辩国际评审专家任职经历在其答辩决议上也呈现出显著的差异，卡方检验值为 41.223，显著性为 0.000。有过答辩校外评审经历的委员中有 28% 投过答辩异议票，没有相应任职经历的答辩委员中有 15.6% 投过答辩异议票，差异值达 12.4%。担任过答辩国际评审专家的答辩委员中有 38% 投过反对 / 弃权票，未担任过答辩国际评审专家的答辩委员中有 24.4% 投过反对 / 弃权票，极值差异达 13.6%。总体上看，担任过答辩校外评审专家或答辩国际评审专家的答辩委员在答辩中作出异议决议的可能性较无任职经历的答辩委员明显更高（表 4-13）。

表 4-13　答辩评审专家经历与答辩决议结果的交叉表分析

变量	分类	担任过答辩校外评审专家	未担任过答辩校外评审专家	x^2	p
		百分比	百分比		
是否投过反对 / 弃权票	是	28.0%	15.6%	19.12***	0.000
	否	72.0%	84.4%		
变量	分类	担任过答辩国际评审专家	未担任过答辩国际评审专家	x^2	p
		百分比	百分比		
是否投过反对 / 弃权票	是	38.0%	24.4%	41.22***	0.000
	否	62.0%	75.6%		

注：*** $p<0.001$，** $p<0.01$，* $p<0.05$。

7. 境（海）外访学 / 求学经历

根据卡方检验可得，答辩评审专家的境（海）外访学经历对其答辩决议有显著的影响（$X^2=8.465$，$p=0.004$）。有过境（海）外访学经历的 25.6% 的答辩委员在答辩活动中投过反对 / 弃权票，而 31.6% 的无访学经历的答辩委员未在答辩活动中投过反对 / 弃权票。分析结果反映出，无相关境（海）外访学经历的答辩委员在答辩中作出异议决议的可能性较有境（海）外访学经历的答辩委员高（图 4-21）。

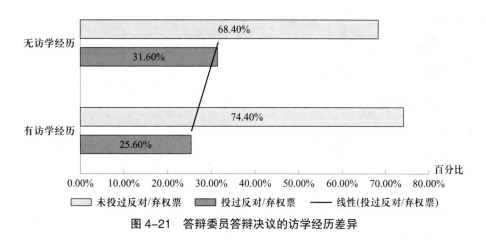

图 4-21　答辩委员答辩决议的访学经历差异

六、博士研究生学位论文答辩质量评价的影响因素

在博士研究生学位论文答辩委员决议差异分析的基础上，本部分将以博士研究生学位论文答辩质量结果为因变量，利用常规线性模型（OLS）对博士研究生答辩质量的影响因素进行探究。

基于问卷的效度检验，对问卷中的李克特量表题项所得到的数据结果进行了探索性因子分析，并采用相关矩阵的主成分分析法，使用最大方差旋转法提取到影响博士研究生学位论文答辩质量的六个因子。具体结果如下（表 4-14，表 4-15）：

表 4-14　问卷量表的方差解释率

成分	初始特征值			提取载荷平方和			旋转载荷平方和		
	总计	方差	累积 /%	总计	方差	累积 /%	总计	方差	累积 /%
一	14.835	39.040	39.040	14.835	39.040	39.040	5.618	14.783	14.783
二	2.633	6.930	45.970	2.633	6.930	45.970	4.848	12.758	27.541
三	2.130	5.606	51.576	2.130	5.606	51.576	4.411	11.607	39.148
四	1.722	4.532	56.108	1.722	4.532	56.108	3.806	10.016	49.164
五	1.484	3.904	60.013	1.484	3.904	60.013	3.481	9.162	58.326
六	1.088	2.863	62.875	1.088	2.863	62.875	1.729	4.549	62.875

表 4-15　问卷量表的旋转成分矩阵表

题项	成分					
	一	二	三	四	五	六
一、答辩制度因素						
我所在学校有完善的预答辩制度	0.588					
我所在学校要求提前向答辩委员报告预答辩情况	0.676					
学位论文答辩校外专家选择机制科学公正	0.682					
校内答辩委员会委员的遴选机制科学公正	0.720					
我所在学校的答辩活动有内部监督制度	0.755					
我所在学校的答辩活动建立有申诉制度	0.739					
我所在学校的答辩活动有有效的评价机制	0.761					
我所在学校有答辩后论文修改审核机制	0.666					
二、申请人个体因素						
通常申请人的答辩前准备较充分		0.604				
通常申请人的口头陈述清晰条理		0.720				
通常申请人的论文质量令我满意		0.790				

题项	成分					
	一	二	三	四	五	六
通常申请人的答辩现场回答令我满意		0.807				
通常申请人与答辩委员的互动流畅恰当		0.743				
基于答辩，我认为导师对申请人的论文进行过针对性的指导		0.579				
答辩中我更关注申请人的现场表现		0.510				
三、答辩机制因素						
答辩活动均能事先公开			0.673			
答辩各环节设置均科学合理			0.710			
答辩活动各项议程清晰明确			0.772			
答辩各项议程均能按时按规展开			0.754			
答辩活动有明确的评价标准			0.577			
答辩活动有良好的设备和技术支持			0.665			
我所参与的答辩活动的评价标准都一致			0.494			
四、答辩委员个体因素						
我熟悉答辩相关议程				0.649		
我参与的答辩与我的专业领域高度相关				0.650		
我对申请人的论文研究问题有兴趣				0.464		
我有充足的精力应对整场答辩				0.624		
答辩前我有充足的时间阅读申请人论文				0.667		
答辩前我会细致阅读申请人的论文				0.725		
答辩前我对申请人论文已有成熟思考				0.765		
答辩前我会提前了解申请人预答辩情况				0.629		
我能预先准备好在答辩中要提问的问题				0.717		
我会结合预答辩情况有针对性的提问				0.536		
五、答辩形式内容因素						
答辩中我会采用较为灵活的提问方式					0.598	
答辩中我更关注申请人的论文内容					0.474	

续表

题项	成分					
	一	二	三	四	五	六
六、重要他人影响因素						
学位申请人熟悉度对投票决议的影响程度						0.767
作出投票决定时受他人影响程度						0.746
通常我与学位申请人的导师熟悉						−0.498
通常我与学位申请人熟悉						−0.431

由表4–14、表4–15可知，本次共提取出了6个因子，分别命名为：答辩制度因素、答辩机制因素、答辩形式内容因素、答辩委员个体因素、重要他人影响因素和申请人个体因素，6个因子可以解释题目方差的62.875%，大于50%的临界值，表明选取的成分因子可以较为理想地解释变量信息。

（一）分析方法

首先，建立以博士研究生学位论文答辩活动质量为因变量，以博士生导师性别、年龄、专业、地区、所在高校类型、职称、是否获得国家资助、是否有境外访学经历、是否担任过论文答辩国际/校外评审专家、答辩提问方式、答辩时长、口头陈述时间、回应提问时间为控制变量的基准模型，观察其对博士研究生学位论文答辩活动的质量影响是否显著存在。

其次，在基准模型的基础上，逐步引入答辩制度因素、答辩机制因素、答辩形式内容因素、答辩委员个体因素、他人影响因素、申请人个体等维度的变量，观察不同维度变量带入之后回归系数的变化，由此判断以上因素是否能够解释博士研究生学位论文答辩活动的质量差异。

（二）变量说明

因变量为博士研究生学位论文答辩活动总体质量评价，数据来源的具体题项为博士生导师对"博士生学位论文答辩活动的总体质量"的回答，这一变量选取可以从博士生导师角度解释当前博士研究生学位论文答辩活动的总体质量状况。

控制变量包括博士生导师性别、年龄、专业、地区、所在高校类型、本科毕业院校类型、最高院校类型职称、是否有境（海）外访学经历、是否担任过论文答辩国际/校外评审专家、答辩提问方式、口头陈述时间、回应提问时间，由于上述12个变量均为分类变量，因此在引入模型前需要做虚拟化处理。其中性别以男性为参照组，年龄以35岁及以下为参照组、专业以人文社科为参照组、地区以东部地区为参照组、所在高校类型以"一流学科"建设高校为参照组、是否有境（海）外访学经历以未有过境（海）外访学经历为参照组、是否担任过论文答辩国际/校外评审专家以未担任过评审专家为参照组，答辩提问方式以一次性提出全部问题为参照组，人均答辩时长以0~30分钟为参照组、口头陈述用时以0~10分钟为参照组，回应提问环节以0~30分钟为参照组。

在问题变量上，模型涵盖六个种类的变量，具体数目繁多。本调查通过公因子旋转提取出六个因子，进行分别命名，具体包括答辩制度因素、答辩机制因素、答辩形式内容因素、答辩委员个体因素、重要他人影响因素、申请人个体因素在内的六个维度，共计 38 个变量，变量皆为李克特五分量表调查数据，均按照连续化数据处理。

（三）博士研究生学位论文答辩活动质量影响因素回归模型

为避免自变量过多造成的可能共线性问题，研究采用逐步回归方式分析各因素对博士研究生学位论文答辩活动质量的影响。从表 3-16 可以看出，在以性别、所属地区、职称、专业、院校类型、访学经历、评审经历、本科毕业院校类型、最高学历院校类型、提问方式、口头陈述时长、回答提问时长控制变量为主的基准模型一中，各控制变量对模型的解释力只有 3.5%，逐步引入答辩制度、答辩机制、答辩形式内容、申请人个体、答辩委员个体、重要他人的变量后，预测变量对博士研究生学位论文答辩质量模型的解释力得到了有效提高，其共同解释变异率达到了 43.6%，调整后 R^2 值也达到了 42.3%。答辩制度维度变量加入之后，对模型解释力的提高最为显著，而答辩机制、答辩形式内容、申请人个体、答辩委员个体、重要他人维度变量在本模型中也较为显著。

具体来看，从基准模型一中可以看出，专业类型、口头陈述时长和回应提问时长是影响博士生导师对学位论文答辩质量评价的重要变量。理工学科博士生导师对学位论文答辩活动质量的评价相比人文社科类导师高出 0.110 个单位；回应提问时长变量对学位论文答辩活动质量的评价呈负向影响，建议回应提问时长为 41~50 分钟的博士生导师对学位论文答辩活动的质量评价相较建议回应提问时长为 0~30 分钟的博士生导师低 0.081 个单位。在模型一中，答辩委员提问方式变量也对博士研究生学位论文答辩活动质量评价的提升起到了较为显著的促进作用，将一次性提问和递进式提问结合的博士生导师对学位论文答辩活动质量的评价相比采用单一提问方式的博士生导师分别高出 0.057 个和 0.071 个单位。统计结果显示，女性博士生导师比男性博士生导师对学位论文答辩活动的质量评价高出 0.037 个单位；位于东部地区高校的博士生导师对答辩活动质量的评价相比中部地区和西部地区分别低了 0.037 个和 0.036 个单位，职称为教授/研究员的导师对答辩活动质量的评价比副教授/副研究员和讲师/助理研究员分别低了 0.024 个和 0.009 个单位；本科毕业院校为一流大学建设高校的博士生导师相比一流学科建设高校、非"双一流"学科高校、境（海）外高校的博士生导师对学位论文答辩活动质量的评价分别高出 0.031 个、0.025 个、0.003 个单位；此外，评审、访学经历对博士生导师学位论文答辩活动质量评价存在反向影响，未有过境外访学经历的答辩委员相比有过相关经历的答辩委员对答辩活动质量的评价高出 0.037 个单位。

在模型一的基础上，引入答辩制度维度变量之后，模型的解释力发生了显著提高，增加到了 32.3%。从模型二可以看出，答辩委员遴选制度、校外评审专家选择制度、答辩活动内部监督制度、答辩活动评价制度变量也成为了影响博士研究生学位论文答辩活动质量的重要变量（p=0.001），其回归系数依次为 0.187，0.179，0.152，0.093。此外，预答辩制度完善性变量也与博士研究生学位论文答辩活动质量评价之间呈显著正相关关系（p<0.05）。这意味着，在博士研究生学位论文答辩活动相关制度中，预答辩制度、答辩委员遴选制度、校外评审专家的选择制度、监督制度、评价制度的完善性与科学公正性对学位论文答辩活动整体质量的提升有着显著的促进作用。

值得注意的是，加入答辩制度维度变量后，基准模型一的控制变量也发生了变化。除专业类型和口头陈述时长变量影响仍然显著以外，性别变量的回归系数降低，对博士研究生学位论文答辩活动质量评价的影响由显著变为不显著。这表明，答辩制度评价的性别差异可以解释在控制了专业、地区、职称、院校类型、访学评审经历等控制变量下仍然显著的博士研究生学位论文答辩活动质量评价的差异。另外，在控制变量中，提问方式和回应提问时长变量的回归系数均降低，且影响由显著转变为不显著。特别要注意的是，答辩申诉制度变量对学位论文答辩总体质量评价呈显著的负向影响。

模型三为在基准模型一的基础上，控制了答辩机制维度变量，加入答辩机制维度变量后得到的结果。从表4–16中可以看出，答辩环节设置科学合理性、答辩评价标准明确性和一致性变量、答辩活动公开性变量对博士研究生学位论文答辩活动质量评价的正向影响显著，对学位论文答辩质量评价的提升有促进作用。但与预期假设不同的是，答辩议程明确性和执行合规性变量对学位论文答辩活动总体质量评价的影响呈负向相关，此外，模型三中控制变量与答辩活动总体质量变量之间的相关关系与模型二基本一致，但答辩制度维度中的答辩活动评价制度变量对因变量的影响不再显著。

模型四中加入了答辩形式内容维度变量，具体而言，共加入了采用灵活提问方式、关注申请人论文内容和关注申请人现场表现三个变量题项，此时整个模型的解释力为38.8%。其中，关注申诉人现场表现和关注申请人论文内容变量对学位论文答辩活动的质量呈现出显著的正向影响，说明对申请人现场表现和论文内容的高关注度有助于学位论文答辩活动整体质量的提升，两者的回归系数分别为0.074和0.061。由于本调查数据选取的是标准化回归系数，因此可以说明的是，在模型四中，在控制其他变量的情况下，相比申请人论文内容关注度变量而言，申请人现场表现的关注度变量对学位论文答辩活动整体质量的影响更大。

模型五中，加入了申请人个体维度变量。其中，申请人论文质量满意度和导师对申请人针对性指导变量是影响学位论文答辩质量的重要变量，两者的回归系数分别为0.132和0.078，且显著性$p=0.000$。由此可以看出，申请人高质量论文和受过导师针对性指导对博士研究生学位论文答辩活动质量提升有促进作用。同时，申请人答辩现场回答水平及答辩前准备充分度对学位论文答辩质量也有显著的正向影响（$p<0.05$）。而申请人口头陈述水平对博士研究生学位论文答辩质量并不存在显著的负向影响。

模型六加入了答辩委员个体维度的一系列变量，整个模型相比基准模型发生了一些显著变化。在控制变量上，院校类型变量以及境（海）外访学经历变量的显著性增强，一流大学建设A类院校相比一流大学建设B类院校的博士生导师对学位论文答辩活动的质量评价高出0.038个单位，有过境（海）外访学经历的博士生导师相比未有过访学经历的导师对学位论文答辩活动的质量评价低0.043个单位，表明有境外访学经历的导师对博士研究生学位论文答辩活动质量评价的提升存在负向作用，且显著性随着加入变量维度的增多而增强。在模型六新纳入的变量中，对申请人论文兴趣度变量、对答辩议程熟悉度变量以及结合预答辩情况针对性提问变量成为影响博士研究生学位论文答辩活动的重要变量，其回归系数分别为0.052，0.048和–0.068。前两者对因变量呈显著的正向影响，而后者对因变量则呈现出极为显著的负向影响。值得一提的是，答辩委员专业领域相关性对学位论文答辩活动质量评价的提升存在负向影响，但并不显著。

表 4-16　博士研究生学位论文答辩活动质量评价影响因素逐步回归模型

控制变量		博士研究生学位论文答辩活动质量						
		模型一	模型二	模型三	模型四	模型五	模型六	模型七
		Beta	Beta	Beta	Beta	Beta	Beta	Beta
性别	女性（参照男性）	0.037*	0.002	-0.009	-0.007	-0.003	-0.009	-0.012
所属地区	中部地区（参照东部地区）	-0.037	-0.043	-0.043	-0.04**	-0.03	-0.027	-0.028
	西部地区（参照东部地区）	-0.036	-0.018	-0.013	-0.01	-0.002	-0.002	0.001
职称	副教授/副研究员（参照教授）	-0.024	-0.013	-0.018	-0.016	-0.02	-0.017	-0.012
	讲师/助理研究员（参照教授）	-0.009	-0.011	-0.009	-0.01	-0.006	-0.006	-0.006
	其他（参照教授）	0.000	-0.011	-0.015	-0.016	-0.014	-0.017	-0.017
专业	理工学科（参照人文社科）	0.110***	0.077***	0.062***	0.055***	0.03	0.029	0.034*
院校类型	一流大学建设高校B类（参照A类）	-0.044	-0.050	-0.047*	-0.05	-0.041*	-0.038*	-0.039*
	一流学科建设高校（参照A类）	-0.964	-0.012	-0.008	-0.011	-0.013	-0.012	-0.01
访学经历	有过境（海）外访学经历	-0.037	-0.031	-0.031*	-0.037**	-0.041*	-0.043**	-0.043**
评审经历	担任过校外评审	-0.045	-0.024	-0.019	-0.021	-0.018	-0.023	-0.023
	担任过国际评审	-0.011	-0.009	-0.005	-0.01	-0.016	-0.017	-0.013
本科毕业院校	一流学科建设高校	-0.031	-0.039	-0.03	-0.026	-0.02	-0.022	-0.022
	非"双一流"高校	-0.025	-0.031	-0.029	-0.032	-0.02	-0.02	-0.02
	境（海）外高校	-0.003	-0.002	-0.007	-0.009	-0.008	-0.007	-0.009
最高学历院校类型	一流学科建设高校	0.021	0.014	0.002	0.004	0.005	0.006	0.005
	非"双一流"学科建设高校	0.012	0.026	0.024	0.023	0.012	0.013	0.012
	境（海）外高校	-0.053	-0.034*	-0.027	-0.025	-0.02	-0.02	-0.02

续表

博士研究生学位论文答辩活动质量

			模型一 Beta	模型二 Beta	模型三 Beta	模型四 Beta	模型五 Beta	模型六 Beta	模型七 Beta
控制变量	提问方式	递进式追问	0.057*	0.008	0.008	0.004	0.000	-0.003	-0.004
		一次性提问和递进式提问结合	0.071**	0.016	0.016	0.013	0.022	0.018	0.009
	口头陈述时长	11~20 分钟（参照 0~11 分钟）	0.016 8***	0.141***	0.139***	0.142***	0.134***	0.136***	0.128***
		21~30 分钟（参照 0~11 分钟）	0.287***	0.246***	0.241***	0.248***	0.221***	0.226***	0.218***
		31~40 分钟（参照 0~11 分钟）	0.321***	0.275***	0.253***	0.261***	0.23***	0.231***	0.218***
		41 分钟以上（参照 0~11 分钟）	0.232***	0.198***	0.181***	0.187***	0.162***	0.159***	0.149***
	回应提问时长	31~40 分钟（参照 0~30 分钟）	-0.034	-0.010	-0.009	-0.007	0.004	0.004	0.006
		41~50 分钟（参照 0~30 分钟）	-0.081***	-0.039*	-0.037*	-0.039*	-0.032	-0.032	-0.033
		51~60 分钟（参照 0~30 分钟）	-0.051*	-0.013	-0.012	-0.015	-0.013	-0.013	-0.008
		61 分钟及以上（参照 0~30 分钟）	-0.073***	-0.045**	-0.046	-0.045*	-0.04*	-0.037*	-0.039*
问题变量	答辩制度	预答辩制度完善性		0.060*	0.019	0.014	0.021	0.02	0.021
		预答辩情况报告制度		-0.019	-0.027	-0.028	-0.027	-0.022	-0.021
		校外专家选择制度		0.179***	0.126***	0.121***	0.108***	0.107***	0.103***
		答辩委员会委员遴选制度		0.187***	0.126***	0.118***	0.105***	0.099***	0.093***
		答辩内部监督制度		0.152***	0.134***	0.127***	0.117***	0.113***	0.107***
		答辩活动评价制度		0.093***	0.044	0.042	0.029	0.028	0.021
		答辩申诉制度		-0.061*	-0.078*	-0.085***	-0.082***	-0.078***	-0.074**
		论文修改审核机制		0.886	-0.006	-0.016	-0.012	-0.017	-0.022

续表

问题变量			模型一 Beta	模型二 Beta	模型三 Beta	模型四 Beta	模型五 Beta	模型六 Beta	模型七 Beta
					博士研究生学位论文答辩活动质量				
答辩机制		活动公开性			0.052**	0.045*	0.039*	0.037	0.038
		环节设置合理性			0.175***	0.165***	0.13***	0.133***	0.131***
		议程清晰明确性			-0.046	-0.05	-0.038	-0.049	-0.044
		议程执行合规性			-0.007	-0.016	-0.008	-0.009	-0.012
		评价标准明确性			0.105***	0.097***	0.07**	0.072**	0.067**
		良好的设备和技术支持			-0.037	-0.041	-0.042	-0.052*	-0.05*
		答辩活动的评价标准都一致			0.143***	0.132***	0.093***	0.091***	0.086***
答辩形式内容		采用灵活提问方式				0.025	-0.019	-0.006	-0.005
		关注申请人论文内容				0.061***	-0.004	-0.011	-0.011
		关注申请人现场表现				0.074***	0.018	0.017	0.025
申请人个体		申请人答辩前准备充分度					0.065*	0.062*	0.061**
		申请人口头陈述清晰条理					-0.004	-0.009	-0.005
		申请人论文质量满意度					0.132***	0.127***	0.130***
		申请人答辩现场回答水平					0.057*	0.056*	0.058*
		申请人与答辩委员互动					0.015	0.009	0.011
		导师对申请人针对性指导					0.078***	0.077***	0.076***
答辩委员个体		答辩议程熟悉度						0.048*	0.048*
		专业领域相关性						-0.019	-0.02
		对申请人论文兴趣度						0.052**	0.063**

续表

博士研究生学位论文答辩活动质量

自变量			模型一 Beta	模型二 Beta	模型三 Beta	模型四 Beta	模型五 Beta	模型六 Beta	模型七 Beta
答辩委员个体	个人精力	阅读论文时间充足度						-0.005	-0.016
		阅读论文细致度						0.029	0.029
		对论文思考成熟度						-0.022	-0.029
		申请人预答辩情况了解程度						0.005	0.003
		提前准备答辩问题						0.016	0.017
		结合预答辩情况针对性提问						0.013	0.017
重要他人		投票决议时受学位申请人影响程度（反向赋值）						-0.068***	-0.067***
		投票决议时受其他人影响程度（反向赋值）							0.034*
		与学位申请人导师熟悉度							0.05**
		与学位申请人熟悉度（人际关系）							-0.02
F值			4.843***	38.373***	40.707***	39.738***	40.770***	34.933***	33.620***
R^2			0.045	0.323	0.377	0.388	0.424	0.430	0.436
调整后 R^2			0.035	0.315	0.368	0.378	0.414	0.418	0.423

注：*** $p<0.001$，** $p<0.01$，* $p<0.05$。

在模型七中，加入了重要他人维度变量。统计结果显示，整个模型的变化较小。从统计显著性上看，投票决议时答辩委员对学位论文答辩质量的评价，会受到学位申请人或他人影响。答辩委员受影响程度越低，对学位论文答辩质量的评价越高。答辩委员与学位申请人导师或学位申请人熟悉程度较低时，对博士研究生学位论文答辩质量评价的提升有正向影响，但在统计上不显著。

总体上看，在控制博士生导师性别、专业、地区、院校类型、最高学历院校类型、境（海）外访学评审经历等变量后，答辩制度、答辩机制、答辩形式与内容、申请人个体因素、答辩委员个体因素及重要他人影响因素变量较好地解释了学位论文答辩活动的质量差异现象。其中校外专家选择制度、答辩委员遴选制度、专业、境（海）外访学经历、口头陈述时长、答辩内部监督制度、答辩环节设置合理性、答辩评价标准一致性、申请人论文质量、导师针对性指导是重要的影响变量。其中，没有境外访学经历的导师比有过相关经历的导师对学位论文答辩活动质量评价低，答辩人口头陈述时长对学位论文答辩活动质量评价存在正向影响，专业领域相关性高的博士生导师更易作出答辩质量较低的评价，答辩委员对论文感兴趣程度对学位论文答辩质量评价呈现正向影响。投票决议中受他人影响程度对答辩质量评价呈负向影响。

七、基本结论与对策建议

（一）基本结论

1. 答辩内容检验效度存在专业差异

博士研究生论文答辩考察的核心内容是其论文的创新点和学术贡献，但不同的学科生态要求会影响答辩考察内容的倾向。具体而言，从学科来看，人文社科类的博士生导师对学位论文答辩可以在专业知识水平考察、候选人口头表达水平考察、导师指导能力和水平检验、论文创新性检验方面发挥效用的认可程度总体高于理工学科的博士生导师。在答辩中，理工学科的博士生导师相比人文社科的博士生导师更认可"论文整体规范性"维度的检验效果。

2. 答辩评价标准区分度有待增强

在我国高校学位论文答辩过程中，因尚未完全建立起规范、科学的答辩制度，人为因素干扰严重，加上市场经济关注于人的趋利性等原因，论文答辩质量受损，答辩活动本身"试金石"的作用有所减损。统计数据显示，答辩环节设置科学合理性、答辩评价标准明确性和一致性、对博士研究生学位论文答辩活动质量评价结果具有显著的正向影响（$p<0.01$），说明答辩评价标准的专业化和准确度是影响总体答辩活动质量的一项重要指标。就答辩评分标准来看，答辩委员主要针对论文质量等级设置标准，合格以上即为通过答辩，这样的评分标准不易把握，区分度较低。此外，调查结果显示，在博士研究生学位论文答辩活动相关制度中，评价制度的完善性与科学公正性对学位论文答辩活动整体质量的提升有着显著的促进作用。这充分说明，强调明晰答辩评价标准、完善答辩评价制度在答辩活动中具有十分重要的意义。

3. 答辩各环节开展有待深入

答辩本质上是一场辩论活动，但是由于其在各环节时间量上分布不均，对各环节的重视程度也不一，导致无论是从申请人"答"的角度还是双方互"辩"的角度，开展都不够深入。调查数据显示，在答辩时长控制方面，各高校对答辩人自我陈述环节的把控性最强（M=4.19，

SD=0.703），对答辩委员提问环节的控制性最低（M=4.01，SD=0.607）。在答辩各环节时长设置方面，"委员提问时间充裕"的满意度最高（M=4.38，SD=0.676），而对申请人回应问题时长和申请人自我陈述时长环节设置的满意度略低。供答辩委员提问的时间较为充裕，而答辩人自我陈述和回应提问的时间则受到较强的限制，甚至存在答辩时间未能充分展示答辩人学术成果和不足以让申请人完整回应问题的情况。

4. 答辩委员推荐渠道和决议过程有待公开透明

总体上看，答辩委员资格的获得渠道呈现多样化的特征，但推荐路径有待透明化、规范化。在调查中，63.7%的博士研究生学位论文答辩委员资格是经由博士学位候选人的导师推荐获得，7.3%的委员资格是由申请人所在院系行政领导推荐获得。就答辩决议情况来看，6.6%的博士研究生学位论文答辩会出现以答辩主席意见为主的情况，还有1.7%的答辩会发生以该学科负责人意见为主的情况。答辩决议过程应是一个较为公平的集体讨论过程，但当前决议过程的科学性和公平性仍有待进一步明析。

5. 答辩质量受博士生导师背景及申请人参与要素影响

（1）有跨校、跨境访学或评审经历的博士生导师对答辩质量要求较其他导师高

答辩委员在博士研究生学位论文答辩中是否投出过反对/弃权票一定程度上可以反映其是否可以在答辩中良好履职、表达独立意见。调查显示，答辩委员境（海）外访学经历对其作出答辩异议决议有显著影响。无相关境（海）外访学经历的答辩委员在答辩中作出异议决议的可能性较有境（海）外访学经历的答辩委员高。此外，最高学历院校类型为境（海）外高校的导师更容易投出答辩异议票，最高学历院校为非"双一流"建设高校的导师投出答辩异议票的可能性较小。担任过答辩校外评审专家或答辩国际评审专家的答辩委员在答辩中作出异议决议的可能性较无任职经历的答辩委员明显更高。

（2）研究方向与学位申请人研究领域相关度高的博士生导师对答辩质量要求较高

答辩委员会的专家构成是博士研究生学位论文答辩必不可少的考察维度之一。调查结果显示，研究方向与答辩人专业领域相关度高的博士生导师更易作出答辩质量较低的评价。从论文撰写到论文答辩，导师自身学术水平与申请人活动完成质量有极大的关系。有些导师受一定的专业限制，或对其他领域的选题不熟悉，或在自身领域相关研究较为滞后，都将影响学位论文的质量及答辩质量，这就要求导师具备丰富的专业实践经验和较强的指导能力。[①]此外，调查结果表明，答辩委员对申请人论文的感兴趣程度、能够结合预答辩情况针对性提问的能力，同样显著影响着答辩质量评价。

（3）答辩准备充分度、导师指导针对性、申请人论文质量对答辩质量提升有正向影响

学位申请人是答辩活动的完成主体。论文答辩考核博士研究生对论文相关工作深入了解、掌握及融会贯通的能力，同时还可以反映其现场表达能力。调查显示，充足的答辩准备时间、高质量的论文及针对性强的导师指导可以影响申请人水平发挥，从而对答辩质量产生影响。这也充分说明，对于博士研究生来说，充足的前期个人准备及导师指导有利于其在答辩现场有效发挥个人的学术水平和能力。

---

① 周红康.研究生学位论文答辩制度的治理［J］.煤炭高等教育，2006（04）：89-91.

6. **答辩活动把关作用有待强调，学位论文评阅的评价效度仍有待提升**

博士生学位论文答辩是对博士候选人论文质量和学术能力的最终检验，但近来愈多学者认为其已演变为一种"走过场"的形式，难以发挥其处于把关环节的效力。答辩活动本身存在的程序化问题及相关前置后置机制缺乏规范性等问题，一定程度上都影响了整体答辩活动的效用发挥。总体上看，本次调查结果显示，近49%的答辩委员对答辩走过场现象呈中立或同意的看法，20%的答辩委员在答辩季有过短时间参与多场答辩的情形，且仅有11.7%的博士生导师认为当前博士研究生的学位论文质量很高。

（二）对策建议

1. **明确答辩是保障博士生培养质量的关键环节**

认识差异势必产生不同的行为取向。博士生培养实践中出现的答辩活动走过场、对答辩质量评价过高等现象，部分原因在于答辩活动相关主体对答辩的性质与功能定位存在认识偏差。为此，需要我们准确定位答辩的性质与作用，并对答辩考核的主要内容和答辩方式有更加充分的认识与落实。毋庸置疑，答辩活动具有多重属性。它既是一场学术态度公开公正、学术标准严格合理且能体现学术尊严的考试，也是接受申请人成为科学共同体一分子的重要仪式。从答辩活动演进历程看，基于不同的研究生培养制度和模式，各国高校对答辩性质的认识及其功能定位有着不同理解，对答辩功能选择的侧重点也有所不同。但总体上，答辩活动已成为大多数国家博士生学位授予质量保障的有机组成部分。具体到我国，无论是从培养质量控制的实践需求看，还是从国家主管部门相关法律和规定要求看，答辩依然是保证博士生培养质量的重要关卡。培养单位既要明确答辩在质量控制中的重要作用，同时也要将这一观念落实于研究生培养实践中，并获得答辩活动各相关主体的理解与认同，从而自觉落实到答辩实践活动中。

对答辩的质量把关属性达成共识为发挥答辩的作用提供了前提条件，而答辩作用的真正落实还有赖于答辩委员对答辩内容及答辩方式的选择。使整体答辩活动发挥其应有的正向检验效能，既要考查申请人学位论文的相关内容，还要考查学生答辩过程中的语言表达、思辨能力与论文的结合程度，以检验申请人是否可以将论文核心内容阐释清楚，是否可以灵活回应答辩委员提问并展现自己所掌握专业知识的深度和广度。在答辩方式上，宜倡导多方参与讨论和辩论。通过营造学术自由、学术民主的氛围，鼓励答辩各主体客观理性解决学术争议。答辩委员应秉持学术领路人的素养严谨认真提出问题，同时也要保持与学位申请人相互探讨、自由交流的态度，理性面对质疑。学位申请人则应正确行使个人陈述权利，自由表达，不盲目服从教授权威。此外，应鼓励教师和学生作为第三方旁听者参与其中，设置旁听人员提问环节，增加答辩灵活性及难度。

2. **建立完善与答辩相关的系列规章制度**

答辩规章制度既是答辩实践活动的经验总结与理论升华，同时也是指导答辩活动的重要指南。建立健全学位论文答辩制度，对于保障答辩活动有序开展具有重要意义。一方面，成文的规章制度增强了答辩活动的规范性、严肃性，有助于增强答辩委员对学位论文答辩的重视程度和责任意识，有助于答辩委员依章办事，给出专业和严谨的评审意见，切实保障博士研究生学位授予的质量；另一方面，健全可行的答辩规章制度有助于促进答辩委员对博士学位论文质量的准确把握。此外，对于管理效率而言，切合实际且操作性较强的答辩制度，也可有效降低相关管理部门及学位授予审核部门的工作负担。结合当前我国博士研究生答辩实践存在的问题，加强答辩规章制度短板建设，既要健全答辩委员选拔机制，也要进一步完善答辩评价标准。

（1）完善答辩委员的选拔机制，明确规定答辩委员的具体职责。本次调查结果显示，当前答辩中，答辩委员资格多由本学科原有的答辩委员或相关行政管理人员直接推荐获得，高校仅对答辩委员的专业、职称、学术水平作出简要要求，尚未对答辩委员的组成结构进行有机的建构，也未形成有效的答辩委员选拔监督管理机制。完善答辩委员选拔机制可以考虑以学科专业或研究领域建立学位论文答辩委员专家库，建立专家的专业信息档案及参加答辩会的表现情况记录，为专家遴选提供准确有效的帮助和依据。①答辩委员应从熟悉答辩议程、能够提前充分阅读申请人论文并准备好针对性问题、对相关主题有兴趣、研究方向相关程度较高的博士生导师当中选拔，不以声望、职称、答辩参与次数等硬性指标为选拔答辩委员的唯一标准。为尽量避免答辩活动中人情因素的影响，也可将答辩委员与学位申请人或其导师关系亲疏作为选拔的参考依据之一。此外，本次调查表明，最高学历院校类型为境（海）外高校的导师更容易投出答辩异议票。基于质量把关需要，培养单位也可以在答辩委员名单中为具有国外就学 / 访学经历的答辩委员预留一定名额。

（2）依据各学科需求制定科学有效的答辩评价标准。制定答辩考核标准时，既要遵循考核评价的普遍规律，又要兼顾学校和学科的培养目标要求。②调查结果显示，不同学科背景的答辩委员对答辩评价指标的认识存在较大差异。因此，在制定答辩评价标准时，应充分考虑学科特性，合理划分学位论文创新性、论文写作规范性等指标在不同学科论文答辩评价标准中的比重。学位论文答辩是在考核论文质量本身的基础上考核申请人的学术综合能力，答辩评价标准中应增设针对申请人自身综合能力素质的考察指标。在评价方式上应采取定量与定性评价相结合的方式，增强答辩评价标准的可操作性和区分度。

（3）灵活分散安排答辩活动。针对目前国内高校答辩活动时间相对集中，答辩委员精力难继、答辩空间时间安排紧张等情况，各高校可通过制度安排，分散规划博士研究生答辩活动，一年之内可安排多场次博士研究生答辩，从而有效疏解"答辩季"答辩过于集中从而不利于质量把关等弊端。

3. 确保答辩活动各环节科学有效实效

答辩活动由一系列实施环节构成。科学有效的答辩活动，要求各环节环环相扣，同时也要确保各环节在实施中得到完整落实，不走形变样。为此，需要制定更加详细可行的答辩实施细则，并对各环节要求作出详尽的规定。

（1）规范制定并执行答辩实施细则。各高校的院系培养单位需要结合各自学科专业特点，就博士研究生学位论文答辩制定详细的实施细则，尤其要以成文形式对答辩活动中的各个具体环节作出明确规定。如对答辩人自我陈述需要涵盖的关键要点、回应问题的规范性、个人态度、演示文稿具备要素乃至着装要求等作出规定，以体现答辩的规范性及仪式性特征。

结合本次问卷调查，我们认为完善答辩环节，需要对答辩各环节时间作出明确规定，限定学位论文答辩各环节的最低时间下限，从而为发挥答辩实效提供必要保障。具体而言，当答辩

---

① 杨东晓．研究生学位论文答辩巡视制度的探索与实践［J］．学位与研究生教育，2008（S1）：52–55.

② 李海生．博士生"申请–考核"制面临的问题及对策探析：基于对 54 所研究生院高校的问卷调查［J］．学位与研究生教育，2020（12）：45–53.

人论文评阅通过后，应提前确定具体的答辩时间、地点及答辩委员组成，同时明确要求答辩委员会委员必须在答辩前认真完整阅读答辩人的学位论文，并准备好一系列专业性问题，提升质疑问题的质量和水平。如英国博士论文答辩一般安排在论文提交 1~3 个月后才能举行，有利于答辩委员详细阅读学位申请人论文，给予学位申请人足够的整理预演时间。在各环节时长设置上，应充分考虑答辩参与者的意见，考虑答辩各环节时长能否给予主体充分的表达机会、能否供其完整陈述观点或提出问题。此外，依据学科特点增加答辩提问环节的比重和时长，可适当延长自我陈述环节的时长，给予申请人充分的自我呈现和表达机会。

（2）借鉴完善预答辩制度。为切实提升博士研究生的个人学术水平及学位论文质量，还可以借鉴并完善国内一些培养单位施行的论文预答辩制度，将预答辩作为答辩活动的前置环节。预答辩可采用与正式答辩一致的评价标准，聘请相关领域的专家学者对学位申请人的论文质量及学术能力作出综合的研判。专家在预答辩中提出的问题和改进意见既可作为申请人修改论文的重要参考，也可作为正式答辩时答辩委员提问和检验论文质量的有益线索。

4. 建立健全答辩监督与申诉制度

监督是促进答辩活动公正有效开展的重要约束条件。完善答辩活动监督机制，需要进一步建立答辩信息公开机制、健全答辩内部约束与外部监督机制、完善答辩申请救济途径。

（1）研究生院和院系培养单位应切实履行学位论文答辩公开制度，通过加强论文答辩信息平台建设，在组织论文答辩前将博士学位论文答辩安排予以发布。该平台应及时公开各院系答辩活动的时间安排及参与者情况，接受外部旁听与监督。此外，学位论文答辩信息管理平台在发挥信息公开功能外，还可赋予监测统计功能，如反映各院系答辩活动开展情况及通过率，并通过后台大数据监测答辩季答辩活动的集中程度，为合理安排答辩活动提供重要信息。

（2）建立答辩委员会委员自我监督和外部监督机制。校内的学位评定委员会及其他上级主管单位应建立答辩活动巡视制度。巡视不是针对论文答辩的具体内容发表看法，而是采用统一的督导评价体系对答辩过程的各个环节评价打分[①]，科学考评答辩环节实施效果。答辩委员参与答辩前应做好充分准备，做好自我监督，完整阅读论文并准备提问，独立决议且不受他人的不必要影响。校外委员应尽量现场参与答辩，提前熟悉该校相关答辩规定，履行应尽的委员职责。

（3）完善答辩申诉机制及相关校规建设。调查结果显示，高校答辩申诉机制的完善性对答辩活动的整体质量评价具有显著影响，应保障每一位对答辩结果有异议的学生或教师的申诉得到合理的回应和解决。在高校章程或校规条例中，应明确答辩申诉机制的具体责任人及申诉流程，同时还应畅通申诉解决的外部渠道，在确保学位授予质量的同时保护学位申请人的基本权利。

（执笔：谢宇琪）

---

① 王岚，陈帝昂，谢春光，郭静. 研究生学位论文质量控制体系构建［J］. 中国中医药图书情报志，2019，43（03）：70–74.

硕士研究生导师分配与指导方式效果的调查研究

导师指导是研究生培养过程的重要环节，也是研究生培养质量的关键影响变量。若继续对导师指导变量进行分解，则导师指导方式、指导行为、指导频率，在此过程中体现出来的导师指导水平以及形成的师生关系，均会对研究生培养质量产生不同程度的影响。自 1978 年恢复研究生招生以来①，我国教育主管部门和培养单位就十分重视导师指导在研究生培养过程中的作用，重视导师队伍建设。在实践过程中，教育主管部门和培养单位也通过多种途径不断强化导师培养责任，创新研究生指导模式，并逐步形成了颇具特色的研究生指导与培养制度，在导师指导方式、导师分配方式等方面探索了多种做法。不同的指导方式或分配方式是否会有不同的指导效果？研究生指导效果受哪些主要因素影响？当前研究生培养中导师指导存在哪些问题？本研究试图通过问卷调查，了解并回答以上这些核心问题。

一、当前主要的研究生导师指导方式

在完成 1978 年研究生招生工作后，教育部于当年 7—8 月间召开了研究生培养工作会议，讨论了研究生培养工作，同年 11 月发布《全国重点学校暂行工作条例（试行草案）》，其中第 28 条中指出，研究生的培养，一般采取专家与集体相结合的办法，成立研究生指导小组，由学术水平较高的专家负责，研究生在指导小组或导师指导下完成学习和科研任务。在 1981 年《中华人民共和国学位条例》及其《实施办法》颁布后，教育部又公布了《中华人民共和国研究生工作条例（征求意见稿）》，其中规定"攻读学位研究生应有指导教师"，并明确了研究生指导教师的任职资格和工作职责。此后，在 1986 年颁布的《关于改进和加强研究生工作的通知》中，进一步强调了研究生导师的任职条件及其遴选原则。

从教育主管部门的规章来看，并没有对研究生指导的方式或者模式提出指导性或规定性意见，当前研究生培养单位中实施的导师指导方式，更多的是培养单位、指导教师在相关经验基础之上在实践中逐步总结形成的。总体而言，经过四十年多的实践，我国研究生培养中导师指导主要存在以下几种方式：

第一种是单一指导模式，亦即传统的"师徒制"。就其来源而言，师徒制源自德国的博士生培养，由于德国大学独特的学术管理制度和博士生培养制度，博士生的培养没有严密的培养程序和制度性规约，研究过程高度个人化和高度自由，也使导师对博士生的一对一指导成为博

---

① 1977 年和 1978 年研究生招生合并进行，统称为 1978 级研究生。

士生培养的关键因素。^①这种导师与研究生之间一对一或一对多的指导方式可以有效保证导师培养权责的落实，在我国研究生培养的发展历程中一直居于主导地位。

第二种是校内校外双导师指导，主要存在于一些与行业实践结合紧密的专业，尤其是专业学位研究生培养过程中。在 2009 年扩大招收应届本科毕业生攻读全日制专业学位后，教育部要求建立健全校内外双导师制，以校内导师指导为主，校外导师参与实践过程、项目研究、课程与论文等环节的指导工作。此后全日制专业学位研究生校内外双导师指导成为一种规定性要求。

第三种是校内双导师指导，即俗称"大小导师"指导或"主副导师"指导，协助导师指导的一般被称为"小导师"^②"协助导师"^③或"副导师"^④，在硕士研究生和博士研究生培养中均存在这种导师指导形式。实际上，在《研究生工作条例（征求意见稿）》中即已提出某些有博士学位授权的学科（专业）可设立一至二名副指导教师，协助指导博士生的科学研究等工作，但在此后的若干正式文件和部门规章中，均未出现与副导师相关的规定。校内双导师指导方式的形成主要是随着培养单位科研组织形式的变化及科研工作团队化，由培养单位或导师个人在实践中借鉴国外经验而逐步形成的。

第四种是指导小组或指导委员会指导。研究生指导小组的指导方式在 1978 年就已经提出，但在研究生培养实践中一直未得到明确的执行，发展得也非常缓慢。这种指导方式有些类似于美国高校的论文指导委员会制度，但美国的论文指导委员会制度是与导师制度相结合的^⑤，导师本人就是指导委员会的主要成员，只是研究生在接受导师指导的同时，也可以接受指导委员会其他教师的帮助。^⑥而 1978 年提出的研究生指导小组制度实际上是一种集体指导制度，没有单一的明确的指导教师，而是由指导小组集体承担研究生培养的权责。

除指导方式外，另外一个影响指导质量的制度性因素是导师的分配方式。根据前期调研，发现主要存在根据报考志愿确定、在相互有一定了解基础上的双向选择以及随机分配方式几类。与此相关的是确定导师的时间点，包括入学前确定、入学后较短时间内确定以及入学后较长时间后确定等情况。导师确定的时间也可能会对研究生此后的学习生活及与导师的关系产生影响。有鉴于此，本次调查研究集中在以下问题：当前几种主要的指导方式使用频率如何？不同指导方式的导师分配方式与分配时间是怎样的？不同指导方式下导师的指导行为、指导内容与师生关系等有什么区别？它们对指导效果有何影响？对指导效果的影响是否有交互作用？

① 秦琳.从师徒制到研究生院：德国博士研究生培养的结构化改革［J］.学位与研究生教育，2012（1）：59–64.

② 雷永林，王维平，朱一凡，李群.以小导师为核心的研究生培养模式初探［J］.学位与研究生教育，2010（4）：17–21.

③ 李明忠，焦运红.论理工科硕士生协助导师的可持续发展：兼论大学青年教师的学术发展［J］.研究生教育研究，2013（4）：72–76.

④ 喻军，尹晓辉.新时代下博士生培养制度产生的新宠儿：副导师在博士生培养中的地位和作用［J］.教育现代化，2019（6）：1–2.

⑤ 龚志宏，牛惊雷.美国大学研究生导师与研究生指导委员会探析［J］.高教发展与评估，2006（2）：52–54.

⑥ 王东芳.美国博士生培养的理念与制度［J］.高等教育研究，2013（9）：54–60.

二、研究设计与调查情况

为回答以上问题，我们通过自编问卷对全国 56 所传统研究生院和部分其他"双一流"建设高校进行了问卷调查。问卷主要包括五个部分，第一部分是调查对象个人基本信息；第二部分是导师情况，包括接受的指导方式、导师个人基本信息、导师确定的方式与时间、导师指导人数等；第三部分是指导状况，参照彭湃[①]、吴东姣[②]、田建军[③]等研究者对导师指导行为的分类，从指导投入度、指导积极性、指导宽泛度、指导自由度等维度衡量导师指导行为；第四部分是指导满意度与指导效果，从研究生对导师指导的主观满意度评价和导师指导对研究生学术发展与素养提升的影响与帮助两个维度来综合考察指导满意度；第五部分专门针对"小导师"而设置，包括"小导师"基本信息、分配方式、指导效果与指导满意度等几方面信息。

问卷于 2021 年 3—5 月间进行调查，采用纸质问卷和网络问卷结合的方式进行，在中国研究生院院长联席会的协调与各相关高校的配合下，最终收回纸质问卷 4 559 份，网络问卷 2 284 份，剔除 4 份填答不符合要求的无效问卷后，最终得到有效问卷 6 839 份。样本基本信息如表 5–1 所示。

表 5–1   样本基本信息表

院校类型	原 "985 工程" 高校：3 929（57.4%）；原 "211 工程" 高校：2 910（42.6%）
性别	男：3 308（48.4%）；女：3 508（51.3%）；未作答：23（0.3%）
学位类别	学术学位：4 352（63.6%）；专业学位：2 454（35.9%）；未作答：33（0.5%）
学科大类（学术学位）	人文社科类：1 571（36.1%）；理工农医类：2 756（63.3%）；未作答：25（0.6%）
学位类别（专业学位）	工程硕士：1 525（62.1%）；教育硕士：212（8.6%）；法律硕士：85（3.5%）；临床医学硕士：52（2.1%）；金融硕士：51（2.1）；其他：496（20.2%）；未作答：33（1.4%）
入学方式	统一招考：4 918（71.9%）；推荐免试：1 876（27.4%）；其他：24（0.4%）；未作答：21（0.3%）
就读学制	2 年：499（7.3%）；2.5 年：501（7.3%）；3 年：5 750（84.1%）；其他：61（0.9%）；未作答：28（0.4%）

① 彭湃 . 情境与互动的形塑：导师指导行为的分类与解释框架［J］. 高等教育研究，2019（9）：61–67.

② 吴东姣，郑浩，马永红 . 博士生导师指导行为的内容与类型［J］. 高教探索，2020（7）：35–44.

③ 田建军 . 导师与研究生关系的基本类型及科学构建探析［J］. 研究生教育研究，2018（3）：55–58.

三、问卷调查结果分析

（一）导师指导方式与分配方式分析

1．导师指导方式分析

从调查结果来看，目前最主要的指导方式仍然是单一导师制，或称师徒制，有 5 486 人选择该选项，占所有样本的 80.2%；其次是校内双导师指导，有 792 人选择了该种指导方式，占 11.6%；有 393 人选择校内外双导师指导，占 5.7%；选择指导小组（指导委员会）指导的较少，仅占 1.9%。可见，当前主要的指导方式以单一指导为主，存在一定比例的大小导师制和校内外双导师制（图 5-1）。

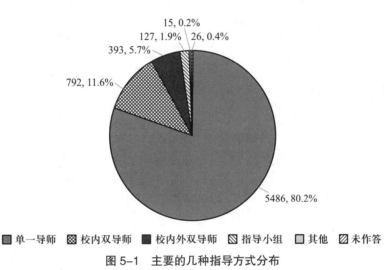

图 5-1　主要的几种指导方式分布

学术学位研究生以单一指导和大小导师指导两种方式为主，分别占 83.9% 和 12.2%；且采用大小导师指导方式的主要是理工农医类研究生，该学科类别中有 16.7% 采用的是这种方式，而采用单一指导的只占 78.6%；相对而言，人文社科类研究生中采用单一导师指导的占 93.2%，采用大小导师指导的只有 4.5%。

专业学位研究生除单一指导这种主要方式外，大小导师指导与校内外双导师指导也占据一定的比例，其中单一指导占 74.6%，大小导师指导占 10.5%，校内外双导师指导占 13.0%。尽管专业学位研究生中校内外双导师制占比远高于学术学位研究生，但与教育部相关文件的规定相比，专业学位研究生配备的校外导师仍然处于较低比例。在样本数较多的几种专业学位类别，为研究生配备校外导师比例较高的有艺术硕士（共 33 人，校内外导师指导占 27.3%，下同）、农业硕士（共 33 人，21.2%）、教育硕士（162 人，16.0%）、金融硕士（51 人，11.8%）和工程硕士（1 521 人，11.5%）。采用大小导师指导比例较高的有农业硕士（33 人，24.2%）、金融硕士（51 人，13.7%）、临床医学硕士（52 人，13.5%）和工程硕士（1 521 人，12.4%）。

另外，就导师个人因素而言，也显示出其指导方式的若干特征。正高职称导师（14.7%）相较于更低职称的导师（7.2%）更多地采用大小导师联合指导制，担任行政职务的导师

（15.5%）比未担任行政职务的导师（9.2%）也更常用这种指导方式，51岁以上导师（13.9%）采用此种指导方式的略高于40岁以下（10.0%）和41~50岁年龄组（11.0%）。参见表5-2。

表5-2　不同组别指导方式比例

		单一导师	大小导师	校内外导师
学位类别	学术学位	83.9%	12.2%	1.7%
	专业学位	74.6%	10.5%	13.0%
专业大类	理工农医	78.6%	16.7%	2.2%
	人文社科	93.2%	4.5%	0.8%
专业学位类别	艺术硕士	66.7%	3.0%	27.3%
	农业硕士	54.5%	24.2%	21.2%
	教育硕士	76.4%	5.7%	16.0%
	工程硕士	73.9%	12.4%	11.5%
	金融硕士	74.5%	13.7%	11.8%
	临床医学硕士	84.6%	13.5%	1.9%
导师职称	正高	78.0%	14.7%	5.3%
	副高及以下	84.1%	7.2%	6.5%
行政职务	是	77.1%	15.5%	5.6%
	否	82.7%	9.2%	5.8%
导师年龄	40岁以下	82.0%	10.0%	6.0%
	41~50岁	81.3%	11.0%	5.7%
	51岁以上	77.2%	13.9%	6.4%

注：因选择"导师小组指导"和"其他指导方式"的人数较少，故未列入表格。

因此，我们可以对目前较常见的硕士研究生指导方式勾勒出以下图景：（1）单一导师指导是目前主流的指导方式，另有一部分采用大小导师指导和校内外导师联合指导，采用其他指导方式的极为少见。（2）学术学位研究生中，人文社科类研究生主要采用单一导师指导，较少采用其他类型的指导方式；大小导师指导方式主要集中在理工农医类研究生中。（3）专业学位研究生的指导方式更加多样，单一导师指导方式比例低于学术学位研究生，农业、金融、临床医学和工程硕士采用了一定比例的大小导师指导，而艺术、农业、教育和工程硕士有一定比例采用校内外导师指导，校内外导师指导方式比例偏低。（4）总体而言，拥有正高职称、担任行政职务、更年长的理工农医类导师更多采用大小导师指导方式。

2. 导师分配方式分析

在相互了解基础上的双向选择（78.2%）是最为主流的导师分配方式，另外根据报考志愿确定的导师分配方式（15.5%）也占一定比例，只有 5.1% 的研究生是通过随机分配方式确定导师的（见图 5-2）。导师确定方式在不同院校类型（原 985 工程高校和原 211 工程高校）和学位类型（学术学位和专业学位）上的比例非常接近，在导师职称、年龄及行政职务方面亦如此，可见这个比例具有一定的普遍性，不受院校与导师特征的影响。在学科类别（人文社科和理工农医）上，理工农医类研究生在报考时确定导师的比例（16.9%）略高于人文社科类研究生（14.0%），存在一定程度的显著差异（卡方值 9.569，p<0.05）。

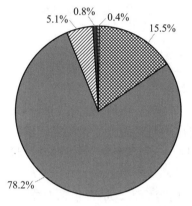

图 5-2　导师分配方式

多数研究生在入学前就已确定导师（61.0%），此外有 13.5% 在入学后一个星期内确定，14.8% 在入学后一个月内确定，另有 10.1% 在入学后 1~4 个月内确定（参见图 5-3）。确定导师时间的分布更加多样一些，同时在不同类型的院校、学位类别、学科之间也有一定区别。学术学位研究生入学前确定（62.9%）和入学后一星期内确定（14.0%）的比例高于专业学位研究生（分别为 57.7% 和 12.7%），总计有近 30% 的专业学位研究生在入学一个月以后确定导师，高于学术学位研究生（22.6%）。导师确定时间有显著的学科差异，人文社科类研究生只有 41.4% 是在入学前确定，而理工农医类高达 75.2%，这说明理工农医类研究生在考前与导师约定指导关系仍然是较为普遍的做法，而人文社科类研究生多为入学后确定。人文社科类研究生有 20.8% 是在入学一星期内确定，21.7% 是在入学一个月内确定，15.4% 是在入学 1~4 个月内确定，而理工农医类研究生的相应比例分别为 10.1%、8.9% 和 5.5%。人文社科类研究生虽然主要是在入学后确定导师，但是多数人在入学后一个月内就明确了导师，有利于研究生尽快在导师指导下开始研究生阶段学习。

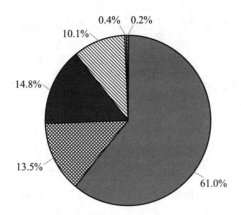

图 5-3   确定导师时间

■ 入学前   ⊠ 入学后一周   ■ 入学后一月   ▨ 入学后1~4个月   ■ 其他   ▨ 未作答

（二）导师指导行为分析

参照前文提及的相关研究，本研究为导师指导行为构造若干个概念，分别为导师指导投入度、指导积极性、指导宽泛度、指导自由度。

指导投入度指的是导师指导研究生的时间投入或指导频率，分别从每月接受导师指导次数、每次指导的大致时间、研究生自报告的指导频率来度量；

指导积极性是指导师是否积极主动了解学生需求和学习状态，并予以相应指导，是否对学生有明确规划或期待；

指导宽泛度针对导师指导的内容而言，是否包括对学生的学业指导、心理发展、职业规划等；

指导自由度是指在指导过程中给予学生的自由度，是倾向于导师决定研究生的工作还是鼓励研究生的自由探索，本文以"自由"维度来度量，得分越高则自由度越高。

此外，研究还构造了指导满意度概念，包含指导投入满意度、指导质量满意度、师生关系满意度及总体满意度，总体满意度是前三者的综合，另外还从研究生换导师意向来进一步检验指导满意度。除指导满意度概念之外，还构造了指导效果概念，由研究生自我感知的导师指导对其专业学习、研究素养、综合素质等七方面发展的影响与帮助程度量表组成。

1. 导师指导投入度分析

（1）导师指导投入度的总体情况

问卷中以"次 / 月"为频率询问研究生接受导师指导的频率及期望中的指导频率，在剔除一些奇异值的基础上，全体有效样本（N=6571）中，导师指导频率均值为4.50，中位数和众数均为4.00，标准差为4.16；研究生期望的指导频率均值为4.20，中位数和众数均为4.00，标准差为3.40。可见，就研究生本人的需求而言，4.00 次 / 月亦即平均每星期一次的指导频率被认为是恰当的，这也与我们2011 年年度报告的研究结果一致。而研究生实际接受的指导频率也在4.00 次 / 月左右，与研究生的期望值相符。

其次，从每次接受的指导时间来考察导师的指导投入，每次接受指导0.5 小时、0.5~1 小时，1~2 小时和2 小时以上的比例分别为14.5%、41.7%、29.8% 和13.3%（另有0.6% 未作答），多数人接受指导的时间为半小时以上 2 小时以下。

再从研究生感知的指导投入来分析，在五等级量表中，指导频率均值为 3.61，标准差为 0.95，从研究生的个人体验而言，接受导师指导的频率较为频繁。

指导投入满意度则是通过描述语句来考察研究生对于导师指导可及性的满意程度，是研究生基于自身体验的主观判断。在五等级测量的指导投入满意度中，其均值为 3.71（SD=0.80），它与导师的指导次数、指导频率的相关系数分别为 0.202 和 0.440（均达到 p<0.001 显著）。每次接受指导时间的指导投入满意度均值分别为 3.30、3.75、3.79 和 3.89，随着每次指导时间的增加，研究生对导师指导投入的满意度呈上升趋势。

（2）导师指导投入度与其他因素的交叉分析

指导方式与导师指导投入度。单一导师、大小导师和校内外双导师指导方式的指导次数分别是 4.55 次 / 月、4.41 次 / 月和 4.35 次 / 月，不存在显著差异（p>0.05），在研究生感知的导师指导频率和指导投入满意度方面均存在显著差异。具体而言，在指导频率上，大小导师指导方式（M=3.53，MD=0.92）显著低于单一导师（M=3.63，MD=0.95）和校内外双导师指导（M=3.65，MD=0.95）；指导投入满意度亦类似，大小导师指导方式均显著低于另外两种方式（三者均值分别为 3.73、3.62、3.74）。在问卷中，对于接受大小导师指导的研究生，这里的导师指的是"大导师"，可见这种指导形式中，大导师对于研究生的指导投入低于其他两种形式，导致研究生对导师指导投入度的满意度也偏低。

学位类别与导师指导投入度。导师指导次数存在一定学位类别差异，学术学位研究生接受指导的频率（M=4.40 次 / 月）略低于专业学位研究生（M=4.70 次 / 月，p<0.01），但在感知的指导频率及指导投入度满意度方面则不存在显著差异。综合三个维度的分析，学位类别对导师指导投入度影响有限，专业学位和学术学位研究生培养在导师指导投入度方面存在一致性。

学科大类与导师指导投入度。指导投入度存在一定学科差异，人文社科类研究生接受指导的次数（M=3.38）显著低于理工农医类研究生（M=4.98，p<0.001）。但在研究生感知的指导频率中，人文社科类研究生（M=3.65）却高于理工农医类研究生（M=3.58，p<0.05），与指导次数之间的差异正好相反。可能的原因在于不同学科研究生对导师指导频率的需求不同，人文社科类研究生由于学科性质、学习任务、科研任务等方面与理工农医类研究生存在差异，需要更多时间用于课外专业文献的阅读、交流、体会与沉淀，而理工农医类研究生更多参与科研活动，研究过程中碰到的问题希望得到导师的及时帮助。这一点也被数据所佐证，人文社科类研究生期望的指导次数为 3.27 次 / 月，而理工农医类研究生则高达 4.62 次 / 月，导师实际的指导频率都高于研究生的期望值，也就是说满足了研究生的期望，故而不同学科大类研究生对指导投入的满意度没有显著差异（见表 5-3）。

表 5-3　导师指导投入与其他因素的交叉分析

		指导次数（次 / 月）	指导频率（均值）	指导满意度（均值）
指导方式	单一导师	4.55	3.63	3.73
	大小导师	4.41	3.53	3.62
	校内外导师	4.35	3.65	3.74

续表

		指导次数（次/月）	指导频率（均值）	指导满意度（均值）
学位类别	学术学位	4.40	3.60	3.73
	专业学位	4.70	3.63	3.70
学科大类	理工农医类	3.38	3.58	3.72
	人文社科类	4.98	3.63	3.73

　　导师个人特征与指导投入度。正高职称导师在指导投入度的三个维度上均显著低于副高与中级职称教师，而副高级职称与中级职称教师之间均没有显著差异。担任行政职务的导师指导次数与指导满意度均显著低于未担任行政职务的导师，但两者在研究生感知的指导频率方面不存在显著差异。指导投入度有随着教师年龄增长而呈下降趋势，40岁以下年轻导师对研究生指导的投入度明显高于更年长教师（见表5-4）。

表5-4　导师个人特征与指导投入度关系

导师个人特征		指导次数（次/月）	感知的指导频率	指导投入满意度
导师职称	正高	4.29	3.56	3.67
	副高及以下	4.83	3.69	3.78
	F检验	25.166***	35.142***	30.470***
行政职务	担任	4.19	3.59	3.66
	未担任	4.69	3.63	3.65
	F检验	21.976***	2.165	20.825***
导师年龄	40岁以下	5.08	3.71	3.77
	41~50岁	4.48	3.60	3.71
	51岁以上	3.89	3.55	3.69
	F检验	29.040***	14.158***	3.526*

　　注：*$p<0.05$，**$p<0.01$，***$p<0.001$。

2. 导师指导积极性分析

　　研究生对指导积极性的评价只处于中等水平（M=3.48，SD=0.85），不同指导方式下的研究生对指导积极性的评价不存在显著差异，在学位类别上也不存在显著差异，但存在显著的学科差异，理工农医类研究生对导师指导积极性评价（M=3.54）高于人文社科类研究生（M=3.37，p<0.001）。这也与导师指导投入度评价呈一致性，理工类导师会更加主动、更加频繁地介入研究生的学习与科研过程。研究生对副高以下职称导师的指导积极性评价（M=3.53）高于正高职称教师（M=3.44，p<0.001），对40岁及以下年轻导师的指导积极性评价（M=3.55）显著

高于 41~50 岁（M=3.47，p<0.01）和 51 岁及以上导师（M=3.45，p<0.01），而后两者差异不显著。换言之，副高及以下职称导师、40 岁及以下的青年导师指导积极性高于资历较深的导师，理工科导师高于人文社科类导师（参见图 5-4）。

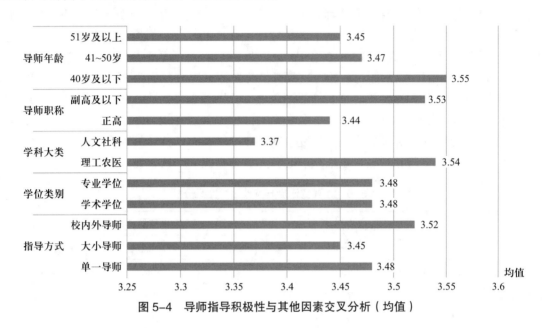

图 5-4　导师指导积极性与其他因素交叉分析（均值）

3. 导师指导宽泛度分析

本研究借用彭湃关于导师指导宽泛度的定义，将"聚焦于学业发展"和"聚焦于心理发展"作为测量导师指导宽泛性的两个指标，[①] 并对数据做如下处理：一方面以五等级测量的形式对指导宽泛度进行定量化测量，数值越高表示指导宽泛度越高；另一方面根据调查对象对这两方面回应的差值进行分类，其分差差值为零定义为全面关注型，关注学业发展高于关注心理发展一个级数及以上定义为关注学业型，关注心理发展高于关注学业发展一个级数及以上定义为关注心理型。

指导宽泛度的均值达到 3.83，标准差为 1.00，接近较高水平。但相比之下，导师对学业的关注（M=4.03，SD=1.01）显然超过了对心理发展的关注（M=3.63，SD=1.17）。根据上文标准区分出来的三种类型占比分别是关注学业型占 33.4%，全面关注型占 59.2%，关注心理型占 6.8%（另有 0.6% 为缺省值）。

不同指导方式的指导宽泛度存在一定差异，其中单一导师型（M=3.85）与校内外双导师（M=3.85）相差无几，而大小导师指导的指导宽泛度略低于前两者（M=3.76，p<0.05）。将指导方式与指导宽泛度类型交叉分析，则这种微弱的差异并不显著（卡方值 5.315，p>0.05），三类主要指导方式在指导宽泛度类型上的分布比例非常接近（参见表 5-5）。

指导宽泛度及其类型均不存在学位类别上的差异，但存在学科差异：人文社科类导师指导宽泛度（M=3.91）显著高于理工农医类导师（M=3.77，p<0.001）；且人文社科类关注学业型

①　彭湃．情境与互动的形塑：导师指导行为的分类与解释框架［J］．高等教育研究，2019（9）：61-67．

的导师比例（28.1%）明显低于理工农医类导师（37.3%），人文社科类全面关注型的导师比例（64.0%）则明显高于理工农医类导师（56.8%）。

副高以下职称导师的指导宽泛度（M=3.90）略高于正高职称导师（M=3.78，p<0.001），但在指导宽泛度三种类型的比例分布上则不存在显著差异；导师性别对指导宽泛度有一定影响，女性导师（M=3.89，p<0.001）显著高于男性导师（M=3.80），且关注学业型的女性导师比例（28.8%）显著低于男性导师（35.5%），全面关注型（64.0%）则显著高于男性导师（57.8%）。40 岁以下年轻导师指导宽泛度（M=3.89）高于年长教师（均值分别为 3.81 和 3.82，p<0.05），关注学业型导师比例随着导师年龄增长而逐渐降低（分别为 36.2%、33.1% 和 31.5%），关注心理发展型（分别为 6.1%、7.1% 和 8.0%）和全面关注型（分别为 57.7%、59.8%、60.5%）则呈相反趋势。换言之，年轻导师更为关注研究生的学业发展，而年长导师则更多关注到研究生的心理状态。指导宽泛度与导师是否担任行政职务无显著相关（参见表 5-5）。

表 5-5　指导宽泛度与其他因素交叉分析

		指导宽泛度（均值）	指导类型 /%		
			关注学业型	全面关注型	关注心理型
指导方式	单一导师	3.85	33.6	59.8	6.6
	大小导师	3.76	34.9	56.6	8.5
	校内外导师	3.85	32.4	61.0	6.6
学科类别	理工农医	3.77	37.3	56.8	5.9
	人文社科	3.91	28.1	64.0	7.9
导师职称	正高	3.78	34.0	58.7	7.3
	副高及以下	3.90	33.0	60.7	6.3
导师性别	男	3.80	35.5	57.8	6.7
	女	3.89	28.8	64.0	7.2
导师年龄	40 岁及以下	3.89	36.2	57.7	6.1
	41~50 岁	3.81	33.1	59.8	7.1
	51 岁及以上	3.82	31.5	60.5	8.0

4. 指导自由度分析

指导自由度总体处于偏低水平（M=3.27，SD=0.58），从指导方式来看，大小导师指导（M=3.19）显著低于单一导师（M=3.29，p<0.001）和校内外双导师指导（M=3.26，p<0.05），大小导师指导的自由度是最低的。

不同学位类别的指导自由度存在显著差异，学术学位（M=3.30）显著高于专业学位（M=3.21，p<0.001）。学科类别存在极为显著的差异，人文社科类研究生（M=3.52）的指导自由度显著高于理工农医类研究生（M=3.18）。

导师特征方面，不同职称导师和是否担任行政职务导师的指导自由度不存在显著差异

（P>0.05），但在导师年龄上存在一定程度的显著差异，总体上指导自由度随导师年龄的增加而提高，年轻导师（M=3.24）均显著低于41~50岁年龄组导师（M=3.28，p<0.05）和51岁以上年龄组导师（M=3.31，p<0.01），后两者不存在显著差异。女性导师（M=3.34）显著高于男性导师（M=3.24，p<0.001）。参见图5-5。

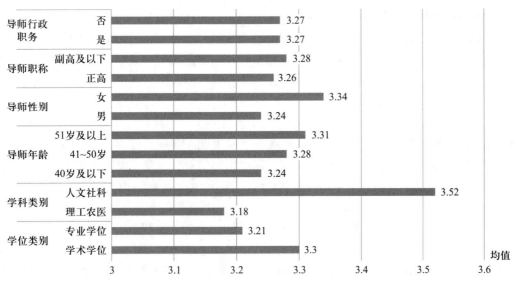

图 5-5　导师指导自由度与其他因素交叉分析（均值）

5. 指导满意度与指导效果分析

总体来看，研究生对指导满意度各项指标和指导效果的评价都比较高，尤其是指导效果评价，均值达到4.14，指导投入满意度、指导质量满意度和综合满意度较为接近，师生关系满意度则略高于前三者。见图5-6。

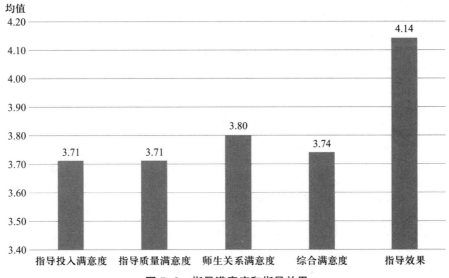

图 5-6　指导满意度和指导效果

除满意度评价之外，问卷还设置了这样一个选项，询问被调查者是否有过换导师的想法，以得到更加可信的结论，选择"从来没有""偶尔有过""时常有""一直有"的人数比例分别为 78.4%、17.5%、2.4% 和 1.1%，未作答 0.6%。绝大部分人都没有换导师的意愿，侧面印证了研究生对于导师指导满意度较高。

大小导师指导方式的指导投入满意度显著低于单一导师指导和校内外双导师指导，但在指导满意度的其他维度和指导效果上，三种主要的指导方式之间的差异均不显著。

指导满意度和指导效果不存在显著的学位类别差异，但存在一定的学科类别差异。人文社科类研究生的师生关系满意度、综合满意度和指导效果评价均显著高于理工农医类研究生，而在指导投入满意度、指导质量满意度上不存在显著差异。换言之，两者之间的综合满意度差异主要是由师生关系满意度带来的。

研究生对不同职称导师的指导满意度均存在显著差异，但指导效果评价不存在显著差异。在指导投入满意度、指导质量满意度、师生关系满意度和综合满意度中，正高职称导师的指导满意度均不同程度低于副高及以下职称导师。其中指导质量满意度二者差异要小一些（正高均值为 3.70，副高及以下为 3.74，$p<0.05$），指导投入满意度（正高均值为 3.67，副高及以下为 3.78，$p<0.001$）、师生关系满意度（正高均值为 3.77，副高及以下为 3.86，$p<0.001$）和综合满意度（正高均值为 3.72，副高及以下为 3.78，$p<0.001$）差异达到极其显著水平。

导师年龄对指导效果没有显著影响，但对指导满意度有不同程度的影响。研究生对 40 岁以下导师指导投入满意度明显高于其他年龄组，师生关系满意度无显著差异。年轻导师的指导质量满意度（M=3.76）高于 41~50 年龄组（M=3.71）和 51 岁及以上年龄组（M=3.68）（$p<0.05$），而综合满意度的差异也在 0.05 水平上显著，可见导师年龄对指导满意度的差异主要来自指导投入与指导质量满意度的差异。

导师性别对师生关系满意度有显著影响，对女性导师的师生关系满意度（M=3.87）显著高于对男性导师的满意度（M=3.77）（$p<0.001$）。除此之外，导师性别与指导满意度的其他几个维度均无显著相关。除指导投入满意度外，导师是否担任行政职务也与其他几个维度无显著相关。参见表 5–6。

表 5–6   指导满意度和指导效果与其他因素的交叉分析

		指导投入满意度	指导质量满意度	师生关系满意度	综合满意度	指导效果
导师职称	正高	3.67	3.70	3.77	3.72	4.14
	副高及以下	3.78	3.74	3.86	3.78	4.12
	F 值	30.470***	4.646*	16.259***	13.989***	0.930
导师年龄	40 岁及以下	3.77	3.76	3.83	3.78	4.13
	41~50 岁	3.71	3.71	3.78	3.74	4.13
	51 岁及以上	3.69	3.68	3.81	3.72	4.15
	F 值	3.526*	5.101**	1.937	3.460*	0.216

续表

		指导投入满意度	指导质量满意度	师生关系满意度	综合满意度	指导效果
导师性别	男	3.71	3.71	3.77	3.73	4.13
	女	3.74	3.71	3.87	3.77	4.16
	F 值	1.646	0.026	13.044***	3.268	2.131

注：*p<0.05，**p<0.01，***p<0.001。

6.“小导师”指导情况分析

调查中共有 792 名研究生反映自己接受的是大小导师指导方式，在所有样本中占比只有 11.6%，但也是单一导师指导之外的另一种主要指导方式。针对这部分研究生，问卷中也留出一定篇幅调查有关小导师指导的情况。

通过调查发现，大小导师指导方式主要存在于学术学位研究生中，占 67.3%，理工农医类研究生占 86.7%，可见这种指导方式主要存在于理工农医类的学术学位研究生中。这可能与理工农医类学科专业的科研团队建设方式有关，一个科研团队的研究生培养也在某种程度上可以依托科研团队集体的力量，实施双导师指导或集体指导，而在实践中最常见的是大小导师双导师指导方式。调查显示，83.2% 的研究生表示其“小导师”是“大导师”科研团队的成员。“小导师”以大导师科研团队中的年轻低职称教师为主，其中 40 岁及以下的小导师占 82.8%，41~50 岁占 14.5%，51 岁以下仅占 2.7%；“小导师”职称为正高、副高和中级的分别占 18.1%、46.8% 和 27.3%，另还有 5.1% 为博士后人员，2.7% 为在读博士生。

“小导师”深度介入了研究生培养过程，根据调查显示，“小导师”在研究生培养过程中扮演着多重角色，就其参与深度而言，依次是协调与解决研究中的问题、研究方法指导、研究成果的撰写与修改、在团队成员中合理分配任务、研究方法的确定、协助研究生与大导师沟通，以及毕业论文的选题。只有在培养计划制定方面，主要由大导师决定。可以说研究生培养中的各种技术性问题的解决均深度依靠小导师。见图 5-7。

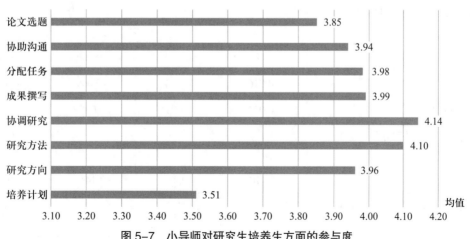

图 5-7　小导师对研究生培养生方面的参与度

也正因为如此，研究生与小导师之间的情感亲密度远高于与大导师之间的关系，在五等级测量中，研究生与小导师之间的关系亲密度均值达 4.00，而与大导师之间的关系亲密度则仅为 3.53。

7. 导师分配与指导方式的效果分析

本研究的核心问题是，不同的导师分配方式与指导方式是否会影响最终的指导效果。围绕这个核心问题，研究构造了导师指导行为、指导满意度和指导效果几类概念，基本设想是不同的指导方式可能会有不同的指导行为，这一问题在前文进行了一定分析。在考虑到导师指导行为的前提下，导师分配方式和指导方式是否依然会对指导满意度和指导效果产生影响是研究最为核心的问题。此外，作为最终的结果变量，指导效果受哪类因素影响最大也是值得关注的问题。基于以上研究设想，研究对以上若干变量之间的关系采用多元线性回归方法进行了综合分析。

（1）导师分配和指导方式与指导行为的关系分析

将被调查研究生的个人特征及其导师的个人特征作为控制变量，以导师指导方式（以校内外双导师指导为参照）、导师分配方式（以随机分配为参照）、导师分配时间（以入学一个月后为参照）作为核心自变量，分别以指导行为的四个指标为因变量进行多元线性回归，其结果如表 5-7 所示。

表 5-7　导师分配和指导方式与指导行为的回归分析

	指导投入度	指导积极性	指导宽泛度	指导自由度
常数	3.307***	3.186***	3.597***	3.272***
原 985 工程高校（以原 211 工程高校为参照）	−0.066*	−0.030	−0.089**	−0.054***
性别男（以女性为参照）	−0.017	−0.049	−0.004	0.288**
人文社科类（以理工农医类为参照）	0.091*	−0.130***	0.126**	−0.019***
正高职称（以副高及以下职称为参照）	−0.102**	−0.086**	−0.104***	−0.062
导师年龄（以 51 岁及以上为参照）40 岁及以下	0.162**	0.062	0.059	−0.029*
41~50 岁	0.050	0.000	−0.005	−0.045
男性导师（以女性为参照）	−0.016	0.020	−0.069	−0.025*
导师担任行政职务	−0.034	−0.071*	0.007	0.038
指导方式（以校内外双导师为参照）单一导师指导	0.263**	0.113	0.280**	3.272
大小导师指导	−0.110*	−0.019	−0.141**	−0.024
导师分配方式（以随机分配为参照）按志愿确定	0.289***	0.155*	0.252**	0.051

	指导投入度	指导积极性	指导宽泛度	指导自由度
双向选择	0.429***	0.284***	0.457***	0.194***
导师分配时间（以入学后一个月以上为参照）入学前	0.035	0.205***	0.084	−0.144***
入学后一个月内	0.045	0.075	0.116	−0.107**
F 值	8.516***	8.455***	8.848***	29.366***
校正后 R^2	0.028	0.028	0.029	0.100

注：*$p<0.05$，**$p<0.01$，***$p<0.001$。

回归结果表明，在控制了研究生和导师个人特征影响后，导师指导方式对导师投入度和指导宽泛度有显著影响，对导师的指导积极性和指导自由度则没有显著影响。具体而言，单一导师指导下导师的指导投入度和指导宽泛度显著高于其他方式，而大小导师指导方式则显著低于其他方式。

在导师分配方式中，除按志愿分配方式与指导自由度的关系不显著外，其余自变量与因变量之间均有显著相关。具体而言，相对于随机分配方式，按志愿分配导师的研究生对导师指导的投入度、指导积极性和指导宽泛性均有更高评价，而双向选择分配方式的研究生对四个维度的指导行为均有更高评价。这两种分配方式的共同之处在于充分体现了研究生本人的意愿，可见在分配导师时充分考虑研究生的志愿，在师生双方有一定了解基础上进行双向选择，能显著提高研究生对导师指导行为的体验。

导师分配时间与导师指导行为之间有一定关联，在入学前确定导师的研究生对导师指导的积极性更高，但无论是入学前确定还是入学一个月后确定，对导师指导的自由度均持负面评价，可见指导自由度偏低是一个颇为普遍的现象，也与前文的描述性分析结果一致。

（2）导师指导方式、分配方式与指导满意度和指导效果关系分析

以研究生个人特征和导师个人特征为控制变量，将导师指导方式、导师分配方式与分配时间作为核心自变量，分别以指导满意度和指导效果为因变量，在不考虑其他影响因素的情况下考察指导方式与分配方式对指导满意度和指导效果的影响，回归分析结果见表5-8。

表5-8　导师指导方式、分配方式与指导满意度和指导效果回归分析

	指导投入满意度	指导质量满意度	师生关系满意度	指导效果
常数	3.451***	3.334***	3.535***	3.876***
原985工程高校（以原211工程高校为参照）	0.001	−0.018	−0.135***	−0.086**
性别男（以女性为参照）	−0.144***	−0.025	−0.044	−0.093**

续表

	指导投入满意度	指导质量满意度	师生关系满意度	指导效果
人文社科类（以理工农医类为参照）	−0.005	0.002	0.216***	0.118***
正高职称（以副高及以下职称为参照）	−0.074*	−0.024	−0.076	0.022
导师年龄（以51岁及以上为参照）40岁及以下	0.073	0.092***	0.015	0.028
41~50岁	0.043	0.055	−0.020	0.015
男性导师（以女性为参照）	−0.002	−0.005	−0.049	−0.019
导师担任行政职务	−0.073**	−0.019	−0.013	−0.045
指导方式（以校内外双导师为参照）单一导师指导	0.223	0.212***	0.200***	0.148*
大小导师指导	−0.044	−0.089**	−0.086*	−0.066
导师分配方式（以随机分配为参照）按志愿确定	0.118*	0.303***	0.317***	0.230***
双向选择	0.292***	0.446***	0.491***	0.393***
导师分配时间（以入学后一个月以上为参照）入学前	0.110*	0.067	−0.013	0.028
入学后一个月内	0.028	0.028	0.054	0.033
F值	9.534***	9.187***	13.160***	7.914***
校正后 R^2	0.032	0.031	0.045	0.026

注：*p<0.05，**p<0.01，***p<0.001。

回归分析的结果可以得出较为一致的结论，指导方式对指导满意度和指导效果存在影响，其中单一导师指导的指导投入满意度、指导质量满意度、师生关系满意度和指导效果均优于其他指导方式，而大小导师指导方式均低于单一导师指导和其他指导方式，其中指导质量满意度和师生关系满意度的差异均达到显著水平。

导师分配方式对指导满意度和指导效果存在明显影响，按志愿确定导师和双向选择导师的指导满意度的各维度及指导效果均显著优于随机分配制度。

导师分配时间对指导满意度和指导效果只有微弱的影响，只有入学前分配方式对指导投入满意度的影响达到显著水平，其他均不显著。

可见，在考虑研究生的指导满意度和指导效果时，最佳的策略是采用单一导师指导，在分配导师时充分考虑和尊重研究生本人的意愿。

（3）指导满意度与指导效果的综合分析

　　将指导满意度三个维度及指导效果分别作为因变量，以学生个人特征、导师个人特征为控制变量，以导师指导方式、分配方式、分配时间、指导行为为核心自变量，当指导效果为因变量时增加指导满意度为核心自变量，进行多元回归分析，通过多个类别自变量的相互控制来观察指导满意度与指导效果的核心影响因素。回归分析结果见表 5-9。

表 5-9　导师指导满意度和指导效果的回归分析

	指导投入满意度	指导质量满意度	师生关系满意度	指导效果
常数	0.294***	0.653***	0.214*	1.033***
原 985 工程高校（以原 211 工程高校为参照）	0.014	0.023	−0.087***	−0.016
性别男（以女性为参照）	−0.102***	−0.005	−0.032	−0.068***
人文社科类（以理工农医类为参照）	−0.012	−0.077***	0.099***	0.033
正高职称（以副高及以下职称为参照）	−0.009	0.041*	0.003	0.076***
导师年龄（以 51 岁及以上为参照）40 岁及以下	0.033	0.042*	−0.043	−0.026
41~50 岁	0.041	0.052*	−0.026	−0.004
男性导师（以女性为参照）	0.000	0.022	0.000	0.011
导师担任行政职务	−0.029	−3.168E-5	0.004	−0.030
指导方式（以校内外双导师为参照）单一导师指导	0.097*	0.047	0.003	−0.029
大小导师指导	−0.003	−0.014	0.007	0.009
导师分配方式（以随机分配为参照）按志愿确定	−0.025	0.139***	0.093*	−0.026
双向选择	0.015	0.159***	0.108***	−0.007
导师分配时间（以入学后一个月以上为参照）入学前	0.020	0.024	−0.048	−0.002
入学后一个月内	−0.010	−0.016	−0.001	−0.005
指导频率	0.030*	0.169***	0.206***	0.100***
指导积极性	0.592***	0.150***	0.086***	0.011
指导宽泛度	0.109***	0.322***	0.498***	0.052***
指导自由度	0.241***	0.145***	0.179***	−0.011

续表

	指导投入满意度	指导质量满意度	师生关系满意度	指导效果
指导投入满意度				0.045*
指导质量满意度				0.324***
师生关系满意度				0.309***
F 值	334.779***	337.504***	303.702***	216.754***
校正后 R^2	0.630	0.634	0.607	0.571

注：*P<0.05，**P<0.01，***P<0.001。

通过观察回归分析结果，可以得出如下发现：

第一，在导师指导方式和分配方式的诸变量中，只有单一导师指导显示出对指导投入满意度的正向效应，这种方式指导下的研究生对导师指导投入满意度更高。指导行为诸变量均对指导投入满意度有非常显著的正向效应，其中导师指导积极性的效应更为强烈。

第二，导师指导质量满意度的影响因素中，分配方式产生了显著效应，按志愿确定和双向选择的分配方式与指导质量满意度之间有非常明显的正相关。指导行为各维度也与指导质量满意度有显著正相关，其中指导宽泛度的正效应最为强烈。

第三，师生关系满意度与导师指导方式和分配时间无显著相关，但按志愿确定和经双向选择所形成的指导关系与师生关系满意度之间有极其显著的关系。指导行为诸维度与师生关系满意度之间的关系均极其显著，其中指导宽泛度对师生关系满意度的正向效应明显高于其他指导行为。

第四，在增加导师指导满意度诸变量后，导师指导方式、分配方式、分配时间与指导效果之间均没有显著相关，影响指导效果的主要是导师指导行为与指导满意度。在导师指导行为诸维度中，只有指导频率与指导宽泛度显著相关，指导积极性和指导自由度对指导效果影响较小。在指导满意度诸变量中，指导投入满意度与指导效果有微弱正相关，但指导质量满意度和师生关系满意度有极其显著的相关，师生关系满意度的正面效应（标准化回归系数0.351）强于指导质量度（标准化回归系数0.273）。

第五，总体而言，导师指导方式和分配导师的时间对导师指导满意度和指导效果的影响很微弱，导师分配方式与指导满意度有一定关联。指导满意度主要受导师指导行为的影响，对于研究生而言，导师指导保持一定的频率，积极主动去了解学生需求和学习状态并给予有针对性指导，对研究生的发展有一定规划和期待，在指导过程中给予研究生一定的自由度，鼓励研究生自由探索，在指导过程中不仅关注学生的学业发展，同时也关注学生的心理状态、职业规划等方面，都被研究生视为良好的指导行为，这些指导行为也能够改进研究生接受指导的体验。指导频率、指导质量和师生关系对于指导效果有着非常显著的正向影响，尤为值得注意的是，良好的师生关系无论对于指导满意度还是指导效果均有非常显著的影响。

四、研究结论与建议

1. 单一导师指导在各种指导方式中居绝对主导地位，约八成研究生接受这种指导方式，约10%采用大小导师指导方式，主要存在于理工农医类学科，拥有正高职称、担任行政职务、更为年长的理工农医类导师更多采用大小导师指导模式。人文社科类超过九成采用单一导师指导模式。校内外双导师指导主要存在于专业学位研究生中，该类研究生有13%的比例采用这种指导方式，尽管远高于学术学位研究生，但与教育部相关规定仍有巨大差距。

2. 在相互了解基础上的双向选择是最主流的导师分配方式，占比接近八成，根据报考志愿确定也占15%左右的比例，另有5%左右采用随机分配方式。多数研究生在入学前和入学一个月内分配导师，在入学后一个月以上确定导师的只占10%左右。

3. 研究生对导师指导投入度和指导宽泛度满意度较高，导师指导的频率与研究生的期望比较一致，达到平均每星期一次的水平，多数研究生每次接受指导的时间为半小时至两小时之间。研究生对指导宽泛度总体满意，既关注学业发展同时也关注学生心理发展的全面关注型导师占比约六成，另有三成多的导师侧重于关注学业。

4. 导师指导行为中，研究生对指导自由度和指导积极性满意度较低，表明多数导师在指导过程中没有充分注意研究生的学习需求和学习状态，在指导过程中以导师的意见、想法、规划为主，较少考虑研究生的特殊需求和自由探索。

5. 在三种主要的指导方式中，单一导师指导在指导行为、指导满意度和指导效果方面均存在明显优势，单一导师指导下的研究生对导师指导投入度、指导宽泛度和指导自由度方面的评价均显著优于大小导师指导模式，其指导满意度和指导效果也显著优于大小导师指导模式。校内外双导师指导一般是由校内导师主要负责研究生培养工作，在操作层面实际上更接近于单一导师指导，因而其指导行为、指导满意度和指导效果与单一导师指导接近，也明显优于大小导师指导方式。

6. 大小导师指导方式存在一定的不足，在充分考虑控制变量、导师指导方式和导师分配方式后，对大导师的指导行为、指导满意度的评价显著低于其他指导方式，但其指导效果与其他两种主要指导方式差异不显著。可能的原因在于小导师在其中起着替代作用，调查发现，小导师在研究生培养过程中承担了主要角色，研究生有关研究方向确定、毕业论文选题、研究方法训练及研究过程中各种事务的协调与沟通等，小导师均起着主要作用，研究生与小导师的关系亲密度也显著强于大导师，因而在一定程度上可以弥补大导师对研究生培养责任的缺位。

7. 在导师的分配方式中，相对于随机分配方式，按志愿确定和双向选择具有明显的优势，在这两种分配方式下研究生对导师的指导行为、指导满意度和指导效果均明显优于随机分配方式。

8. 在综合考虑指导方式、分配方式及指导行为等多种因素后发现，导师指导方式和分配方式对指导满意度的影响很微弱，影响指导满意度的主要因素是导师的良好指导行为，包括适当的指导频率，较高的指导积极性、指导自由度和指导宽泛度。

9. 师生关系、指导质量、指导频率和指导宽泛度是决定指导效果的重要因素。指导方式、导师分配方式、指导宽泛度等指标最终都与师生关系有着密切联系。在单一导师指导下，导师与研究生之间建立了一种类似于师徒制的亲密关系，而大小导师指导模式下，研究生实际上被整合进导师的科研团队中成为团队成员，在很多情况下大导师采用团队成员管理的方式培养研究生，使师生关系在某种程度上发生异化。调查中也发现，在大小导师指导模式中，有21.6%的研究生将导师描述为"老板"，相比之下单一导师指导和校内外导师指导分别只有12.7%和9.9%。在导师分配方式中，按志愿确定导师和双向选择也具有明显优势，其共同特点是这两种分配方式充分考虑和尊重了研究生本人的意愿和选择权，有利于研究生选择自己心仪的导师，也有利于在未来培养过程中培育良好的师生关系。指导宽泛度也与良好的师生关系有密切关系，二者相关系数达 0.75（p<0.001），指导宽泛度涉及导师指导的内容，相对于单一关注型指导，既关注学业发展又关注学生心理状态的全面关注型指导师生关系明显更优。因此，良好的师生关系是导师指导满意度和指导效果的"终极密码"。

针对以上研究发现，本研究提出如下建议：

第一，无论何种指导方式，在导师分配过程中应充分考虑研究生的需求，尊重研究生的意愿，给予研究生选择的机会。应慎重采用随机分配的方式，这既不利于营造良好的师生关系，对于研究生的就读体验和最终的指导效果都有一定程度的负面影响。

第二，采用大小导师指导方式，应注重大导师与研究生之间的交流与沟通，建立更加紧密的师生关系，应尽量避免在研究生培养中采用"类企业"的关系模式，而应充分汲取传统师徒制中师生联系紧密、关系亲近，师生之间具有较强情感联结的优点，大导师应加强与研究生之间的沟通，更加关注研究生的学业、生活与思想心理变化，应明确小导师在这种指导方式中的地位和作用，把小导师的作用定位为技术性、辅助性，而不是替代性。

第三，良好的指导行为对于研究生指导满意度和指导效果有着非常重要的影响，所谓良好指导行为，是指导师的指导频率适当（以一星期一次为宜）；具有较高的指导积极性，如能够积极了解学生的学习需求、学习动态，对研究生的学习计划、研究计划和未来发展有一定规划，并能够进行有针对性的安排和指导；具有较高的指导自由度，在指导过程中充分尊重研究生，给予研究生自由探索的空间，避免专制性指导行为、强迫性科研任务和非学术性事务的干扰；具有较高的指导宽泛度，在研究生培养过程中不仅关心研究生的学业发展，同时也对研究生的心理状态、个人生活、职业规划等给予一定程度的关注。通过较频密的互动、主动的了解、有针对性的排忧解惑、宽松的氛围、民主的作风、全面的关注、形成良好的师生关系，是提升研究生指导效果，提高研究生培养质量的重要抓手。

（执笔：张东海）

国外专题：国外高校交叉学科研究生培养实践及启示

培养具有交叉学科思维的高层次人才已成为国内外研究生教育发展的一个重要趋势。以美国为例，美国国家科学基金会（NSF）早在 1997 年即设立了"研究生教育和科研训练整合项目"，旨在为交叉学科科研合作和人才培养提供条件。[①]2004 年，美国国家科学院等机构共同发表名为《促进交叉学科研究》的报告，倡导跨学科研究人员或教师积极培养乐于研究交叉学科问题的学生。[②]2014 年，美国研究生院委员会（CGS）在第八届全球研究生教育峰会上发布了《大学领导人关于交叉学科研究生教育和研究》宣言，提出了交叉学科研究生培养的七个原则，以指导交叉学科研究生教育和研究。[③]无独有偶，为适应知识生产方式变革和创新人才培养需要，国内一部分高校从 2011 年也开始以自主设置二级交叉学科的方式培养研究生。2020年，我国在研究生人才培养学科目录中正式设立了交叉学科门类，这为交叉学科研究生培养提供了有力政策依据和广阔发展平台，交叉学科研究生培养进入了新发展阶段。在此背景下，本文拟对国外高校交叉学科研究生教育中面临的问题、解决策略作简要分析，以为我国深化交叉学科研究生培养提供借鉴。

一、国外高校开展交叉学科研究生培养的实践案例概述

国外大学主要通过组建交叉学科学机构（学院、研究中心和研究所）、设立独立交叉学科教育项目、开展形式多样的课外交叉学科活动来推进交叉学科人才培养。具体可归纳为如下几方面。

---

① The National Science Foundation. The Integrative Graduate Education and Research Traineeship program, 1997.

② National Academy of Sciences, National Academy of Engineering, Institute of Medicine. Facilitating Interdisciplinary Research. Washington, DC: The National Academies Press. 2005: 63-67.

③ MAUREEN TERESE MCCARTHY. Federal Funding Sources for Interdisciplinary Graduate Training in the U. S. In Interdisciplinary Learning in Graduate Education and Research, edited by CGS, 2014: 93-94.

1. 设立专门机构以开展交叉学科研究生培养

（1）新加坡国立大学（National University of Singapore）交叉学科研究生培养案例。[①]新加坡国立大学通过建立支持交叉学科的机制，组织开展了多项跨领域的交叉研究工作，如金融和风险管理、转化生物医学和临床研究、积极老龄化研究、能源和环境可持续性、全球亚洲研究、材料科学等。同时，学校注重将交叉学科研究与人才培养进行有机结合。2005 年，该校设立科学与工程综合研究生院（NGS）。经过多年发展，NGS 在学规模从最初的 31 名博士生发展到 2014 年的 480 名。NGS 在招生时尤其注重考生的以下几项素质：对综合研究方法有浓厚兴趣；喜欢采用多种分析方法解决问题；热爱并希望在科学与工程领域深造；拥有高尚的道德品质；善于沟通交流；兼具独立探究与团队合作的能力；在所选择的研究领域展现出良好的学术发展潜力。NGS 的博士生导师也都经过了严格的审核，其学术能力、交叉学科兴趣和指导学生的经历等都被列为审核要点。交叉学科的学生论文委员会则由来自不同学科的成员组成。与此同时，NGS 注重引进和建设创新性的跨学科课程，将技能工作坊、沉浸式课程和德育相结合，课程可根据每个学生的需要灵活配置。学生有机会通过项目早期的选修课和实验室轮换经验获得与其研究领域相关的新知识和新方法。NGS 规定每个学生都必须修读名为"界面科学与工程"的必修课，它包括一系列的讲座、讨论与演讲，为学生提供深入了解交叉学科知识的机会。该课程选定的主题多为交叉学科科学和工程面临的难题，例如"传染病和全球流行病""可再生能源""人机交互作用"和"环境问题/气候变化"等，每个主题由两名教师共同讲授。

（2）美国康奈尔大学（Cornell University）交叉学科研究生培养案例。[②]康奈尔大学拥有超过 100 个交叉学科组织（中心和机构），其使命在于汇集大学的教师和学生从事研究、教学，拓展与学术及社会相关的课题。这些组织通常由美国国家科学基金会和学校支持，鼓励学生努力拓展学科的深度和广度，并为交叉学科教师建立积极的学术关系创造机会。这些组织中值得一提的是康奈尔大学高能同步加速器源中心（CHESS）。CHESS 为物理、化学、生物、环境和材料科学等多个学科的研究提供了最先进的同步辐射设备。在该设备的支持下，康奈尔大学大约有 20% 的博士生从事加速器科学和先进 X 射线技术领域研究。康奈尔大学的另一个知名交叉学科组织是阿特金森未来可持续发展中心（ACSF），其使命是在能源、环境和经济发展方面推进交叉学科研究，并在康奈尔大学内外培养创新型合作人才。ACSF 集中在农业和食品系统、能源转换、健康、可持续社区、新材料和计算可持续性六个优先领域开展交叉学科学习和研究，其通过采用多种策略，如设立具有竞争力的学术风险基金、成立专题讨论小组及成立跨学科教师顾问委员会等，以吸引研究生、博士后和教师参与交叉学科合作。

（3）美国印第安纳大学（Indiana University）交叉学科研究生培养案例。[③]印第安纳大学较早认识到全球化与交叉学科是 21 世纪学术研究的重要方向，多年来致力于创建和扩大交叉学

①　MOHAN KANKANHALLI. Perspectives from Science, Technology, Engineering and Mathematics（STEM）in Interdisciplinary Learning in Graduate Education and Research, edited by CGS, 2014: 80–82.

②　BARBARA A. KNUTH. Academic and Graduate Program Structures for Fostering Interdisciplinary Research in Interdisciplinary Learning in Graduate Education and Research, edited by CGS, 2014: 90–91.

③　JAMES WIMBUSH. A Formal Approach to International Studies Focusing on Existing International Strengths at Indiana University in Interdisciplinary Learning in Graduate Education and Research, edited by CGS, 2014: 31–33.

科项目和机构。利用自身丰富的多学科专业知识与悠久的国际研究传统，其设立的全球和国际研究学院（SGIS）已成为交叉学科研究的榜样。印第安纳大学校长 Michael Mcrobbie 曾指出，全球和国际研究学院将培养学生应对 21 世纪种种挑战的能力，促使学生深入思考全球性问题。SGIS 汇集了包括艺术与科学学院、积可斯音乐学院、教育学院、凯莱商学院和印第安纳大学国际地区研究中心在内的 350 多名核心教师，以解决全球正面临的地理、政治、经济和社会问题。SGIS 的建立使印第安纳大学在巩固自身国际研究和学术成果的同时，也极大地拓展了其学术、教育和研究事业。

（4）澳大利亚格里菲斯大学（Griffith University）交叉学科研究生培养案例。[①] 格里菲斯大学是澳大利亚较早设立交叉学科项目的大学，致力于推动具有不同研究兴趣的科学家交流互动。早在 1988 年，格里菲斯大学就成立了 Eskitis 药物研究所，旨在组织早期药物发现、神经生物学和细胞生物学等领域的交叉学科研究及相关人才培养。Eskitis 药物研究所建有超过 200 000 个天然样本资源库，拥有 45 000 多个植物样本和海洋无脊椎动物样本。该研究所为交叉学科研究生研究提供了良好的研究环境，目前拥有 59 名研究生，其中约三分之一来自澳大利亚以外的国家或地区。2000 年，格里菲斯大学组建了糖组学研究所等跨学科研究和人才培养中心，涵盖了医学、计算化学、生物和物理等学科，主要开发用于控制癌症、糖尿病与免疫系统紊乱等药物和疫苗研究的综合学科研究方法。在这些交叉学科研究中心，不同学科的研究生可以使用设在同一地点的先进设备，使得交叉学科合作能够自然而然地开展。在共同研究目标的联结下，这些来自不同学科研究生的联合指导工作也能较为便利地安排落实。

（5）南非约翰内斯堡大学（University of Johannesburg）交叉学科研究生项目案例。[②] 为了在学术研究领域获得国际声誉，约翰内斯堡大学支持研究所通过交叉学科和多学科的方式寻求发展。其中，较为知名的交叉学科研究所有三个：一是地球科学研究所。该所致力于为南非资源工业从科学与工程方面提供可持续发展的方案。地球科学群包括地质学、地球物理学和地球化学三个分支领域，结合物理学、采矿工程学、地质学和地理学，努力解决南非与全球面临的紧迫性环境难题。二是纳米技术与水研究所（Institute for Nanotechnology and Water）。该研究所将纳米技术应用于新的研究领域，创造了以综合学科研究法为中心的研究环境，着力解决水净化技术长期存在的、根本性的问题。三是可持续性特大城市研究所。其目标是整合约翰内斯堡大学各个学院及其全球合作伙伴，协商并执行有利于非洲可持续发展的举措。该研究所主要开展广泛获得国际认可、有研究价值、以问题为导向的有关可持续发展的交叉学科研究，其课题涉及社会经济发展、建筑、工程和管理应用等领域，也提供环境、社会和经济方面的教育。约翰内斯堡大学在推进交叉学科研究的同时，也专注于交叉学科研究生的培养，相继设立了一系列交叉学科学位项目，如大都会可持续发展哲学硕士学位、神经认知科学硕士学位、供水卫生和管理硕士学位、采矿和金融工程硕士学位及非洲领导力硕士学位等。

---

① SUE BERNERS-PRICE. The Advantages of an Interdisciplinary Structure: Griffith University as a Case Study in Interdisciplinary Learning in Graduate Education and Research, edited by CGS, 2014: 78–79.

② SHIREEN MOTALA. Accessible Excellence and Stature: The Need for Interdisciplinary Studies at the University of Johannesburg in Interdisciplinary Learning in Graduate Education and Research, edited by CGS, 2014: 43–45.

2. 设立交叉学科项目以支撑交叉学科研究生培养

（1）美国普渡大学（Purdue University）交叉学科研究生培养案例。[①]普渡大学的交叉学科项目在管理运作模式上与其他大学有所不同，而是另辟蹊径在研究生院设立交叉学科研究生项目办公室（OIGP）。该项目办公室对项目进行集中监管，确保交叉学科学生能在整个学习过程获得所需指导和支持。普渡大学交叉学科研究生项目办公室设有十六个交叉学科学位，既包括多个以科技为导向的学科，如生物医学、计算生命科学和信息安全；也包括诸多人文社科领域的学科，如美国研究、比较文学和妇女研究。普渡大学的生命科学项目（PULSE）颇具特色。PULSE 将录取的学生分成十个培训组（TG），由来自 30 多个院系的 200 余名教师指导。每个 TG 都设有一个执行负责人和项目委员会，委员会对学生进行督导并一对一提出建议。PULSE 在为每个培训小组提供共同基础课程的同时，也保持了选择的灵活性，学生可根据自己的兴趣适当地定制课程。为保证学生在博士研究课题上做出合理选择，PULSE 要求学生在不同实验室轮转，指导学生在几个领域进行探索。当学生选择了研究课题后，将会与相应的指导教师和论文指导委员会进行匹配，指导教师所在系也就成为学生所属的正式系所。参与这些项目的学生在成绩单上除了所在院系的名称外，还清楚地标明了交叉学科项目归属。

（2）美国阿肯色州大学（University of Arkansas）交叉学科研究生培养案例。[②]阿肯色州大学是美国较早开设交叉学科研究生培养项目的高校。阿肯色州大学的第一个交叉学科研究生项目是环境动力学博士项目，至今已有 30 多名学生注册。该校随后设立了公共政策博士项目、微电子光子学硕博士项目、细胞分子生物学硕博士项目。这些项目的共同特点是激发研究生对新兴技术领域的兴趣，使他们在传统院系边界外将不同学科的知识融会贯通。项目的课程与研究涵盖面广阔，需诸多院系的全体教师通力合作。每个项目则由所属领域的全体教师管理。交叉学科项目具有不同于传统学术系别的特征，即学生必须修习一组能够定义该交叉学科项目的核心课程，而这些课程通常分布在许多系部。另一方面，各学科间学位项目也给予学生极大的选择自由，以进一步拓展其不同学科领域的知识面。

（3）加拿大曼尼托巴大学（University Of Manitoba）交叉学科研究生培养案例。[③]曼尼托巴大学是加拿大 U15 研究型大学联盟的成员之一。曼尼托巴大学招收了 3 800 名研究生，其中约 50 名学生被交叉学科项目"Interdisciplinary Initiative Project（IIP）"录取。该项目录取学生的成绩一般高于非交叉学科项目学生。被该项目录取的学生可以跨越所在学科，在交叉学科项目（硕士或博士）正式注册。IIP 制订的学习计划不能在任一相关学科全部完成，必须跨越至少两个学科。项目内学生同时由多名导师联合指导，其中一位导师可被指定为主要导师。为方便管理，学生通常被分配到主要导师所在的院系。IIP 在学生与联合导师之间架起一座"桥梁"，便于学生和导师分享各学科的观点和知识并从中受益。这种"相互促进"的理念有助于带来解决问题的新方法和新视角。

① MARK J T. SMITH. Mentoring of Graduate Students in Interdisciplinary Programs at Purdue University in Interdisciplinary Learning in Graduate Education and Research, edited by CGS, 2014: 71–73.

② KEN VICKERS. Interdisciplinary Graduate Programs: A New Path in Graduate Education at the University of Arkansas［J］. All Things Academic, 2004.

③ JOHN（JAY）DOERING. Benefits of Supporting Interdisciplinary Learning and Research: A University of Manitoba Perspective in Interdisciplinary Learning in Graduate Education and Research, edited by CGS, 2014: 35–36.

3. 以课外项目或培训推进交叉学科研究生培养

（1）加拿大拉瓦尔大学（Laval University）交叉学科研究生培养。[①]加拿大拉瓦尔大学提供的约 60 个硕士、博士学位项目均具有交叉学科属性。此外，拉瓦尔大学的研究所和一些研究中心也通过提供部分高附加值的课外学习机会，以培养具有高度交叉学科技能的年轻研究者。目前，该校已形成品牌效应的交叉学科培训类项目有五个：一是生物光子学交叉学科项目。该项目招收高素质的学生进行化学、生物学、神经科学和光学方面的学习。学生在不同学科教师的联合指导下从事研究活动，并接受多学科咨询委员会的持续评估。参与项目的教师在联邦培训拨款的支持下设计一系列课外活动，促进学生在交叉学科领域的学习。参加该项目的学生还有机会通过在国内外工业环境中实习的方式来拓宽视野。二是神经光子学前沿暑期学校。该暑期学校主要为美国生物光子学博士、硕士项目的研究生设立，但也向化学、物理、细胞、分子生物学和神经科学等其他学科领域的研究生和博士后开放。暑期学校为参与者提供与不同学科国际专家交流的平台，双方能够在研讨会上讨论最新理论进展，并获得不同的技术实践培训。三是功能食品和技术培训项目，由营养和功能食品研究所（INAF）与加拿大温尼泊大学（University of Winnipeg）合作创立。项目的学生和研究人员来自化学、化学工程、营养学、微生物学和医学等学科领域，他们共同研究一些实践性问题，例如：如何从牛奶中开发出功能性食品。在这种以解决问题为导向的活动中，学生可以与从事大规模工业生产的专家互动，学习有关食品生产的经验与制度。四是可持续发展的交叉学科对话会（IEDS）。IEDS 的成员来自地理、法律、经济、社会科学、生物、林业、工程及教育等多个学科。除了定期会议以外，秋季学期也举行会议，学生、专家和社区人士可在会上讨论与可持续发展有关的一系列问题。学生不仅有机会发展交叉学科技能，还可加强对社会现实问题的理解。五是国际研究交叉学科论坛（IQHEI）。IQHEI 提供涉及法律、政治和经济等领域的硕士（主要是基于课程和实习）和国际研究博士课程。此外，IQHEI 还将社交网络和社交媒体纳入其暑期学校，以建立牢固的跨学科社区，向社会传递知识。

（2）美国佛罗里达州立大学（Florida State University）促进交叉学科研究生培养的实践。[②]佛罗里达州立大学较早提供交叉学科研究生学位项目。项目的组织、管理和资金筹措有多种模式。有的项目仅涉及某个系，有的则跨越若干学院，跨学院项目主任由研究生院院长任命。这类项目没有固定的教职岗位，所有的教师均来自不同院系。研究生院非常注重在本系学位课程外，开设能够补充和提高学生学术经验的课程和活动。在促进交叉学科发展这一目标的指引下，佛罗里达州立大学还提供许多非正式活动。迄今为止，佛罗里达州立大学研究生院已经建立起三个项目来促进研究生的跨学科参与。一是研究生研究协会。协会将获得过竞争性奖学金的优秀研究生聚集在一起，开展交叉学科的学习。二是为研究生主持的座谈会、各类会议提供支持。为了鼓励研究生在交叉学科领域进行广泛的交流，这笔资金可用于支付主题演讲人的差旅费、食宿费、材料费等。项目每年都会征集活动计划书，参与计划的成员必须来自多个学术

① MARIE AUDETTE. Innovations in Interdisciplinary Learning: Informal and Extracurricular Opportunities in Interdisciplinary Learning in Graduate Education and Research, edited by CGS, 2014: 65–67.

② NANCY H, MARCUS. Innovations in Interdisciplinary Learning: Informal or Extracurricular Opportunities in Interdisciplinary Learning in Graduate Education and Research, edited by CGS, 2014: 63–64.

单位，以促进多学科之间的对话和各种观点的交融。三是跨学科课程资助计划，该计划为研究生提供了免费修读机会，资助学生修读一门校外课程。

二、国外高校交叉学科研究生培养面临的主要问题

如上所述，国外大学通过多种方式开展交叉学科研究生培养。在取得诸多进展的同时，国外交叉学科研究生培养也面临着各种困难与问题。主要可归纳为如下三点。

1. 基于传统单一学科的组织结构阻碍交叉学科研究生培养

学科仍然是知识组织中的一股强大力量，国外高校以单一学科为基础的院系组织机构制约着交叉学科发展。克拉克指出，"当我们把目光投向高等教育的'生产车间'时，我们所看到的是一群群研究一门门知识的专业学者。这种一门门的知识称作'学科'，而组织正是围绕这些学科确立起来的。"[①] 这种以学科为单元建立的院系组织管理体系，要求教师个人或学生归属于某一个部门，并由这一部门来负责其学术、财务和行政等诸多事务。个人在此结构下往往被视为该部门的一部分，所属学科也倾向于支持独立的研究者和那些被认为是本学科核心的研究。院系传统学科是研究生教育的主要场所，各院系几乎全权掌控研究生的入学资格、奖学金管理、课程设置、学位申请资格审查等事宜。各院系为延续学科传统与研究偏好，进而在本学科领域内获得社会声望和更多资源支持，都更倾向于培养本学科的研究生。这些单一学科犹如一个个"部落"，每个部落都有自己的传统和文化。Brew 就此指出，"部落变得自给自足，具有相对独特的学术、社会和文化身份。而学生们为了被部落所接受，必须融入当中。"[②] 当前这种研究生教育组织结构将学生与院系、学科和导师捆绑在一起，固化了学科的专业化，这一体系不利于交叉学科研究和研究生培养。

现实困境的形成植根于当代大学的结构之中，这种结构决定着各种资源分配，在财政紧缩的情况下，学科所在单位通常会优先于交叉学科项目支持与本学科直接相关的项目。美国研究生院委员会（CGS）指出，由单一学科组成的体制结构，既阻碍交叉学科资金结构的优化，也不利于整合交叉学科学位项目所需的资源或专业知识。[③] 当新的交叉学科研究生培养项目不属于现有的学科范畴时，难免出现资源竞争。当以学科整合为中心的交叉学科项目危及原来所在学科教师的利益时，势必将自己视为"学科的捍卫者"，反对发展交叉学科项目。[④] 尽管所有人都认为，交叉学科项目是整个机构应该拥有的珍贵财富，但鲜有人愿意在机构的特定部门内部支持或资助它们。[⑤] 交叉学科学术、学生和项目会陷入各部门都看不见的裂缝中，甚至成为

① 伯顿·克拉克.高等教育新论：多学科的研究［M］.王承绪，徐辉，译.杭州：浙江教育出版社，1988：19.

② BREW A. Disciplinary and Interdisciplinary Affiliations of Experienced Researchers［J］. Higher Education, 2008, 56(4): 423-438.

③ MCCARTHY M T. Federal Funding Sources for Interdisciplinary Graduate Training in the U. S. in Interdisciplinary Learning in Graduate Education and Research, edited by CGS, 2014: 93-94.

④ LISA Y. Overcoming Common Barriers in Interdisciplinary Learning in Graduate Education and Research, edited by CGS, 2014: 46-48.

⑤ LUCY J. Building Interdisciplinary Degree Programs: Administrative and Organizational Issues in Interdisciplinary Learning in Graduate Education and Research, edited by CGS, 2014: 50-52.

邻避效应的受害者。交叉学科研究生培养面临的另一个制度性挑战，是在支持交叉学科好处多多的各种说辞与事实上以服务单一学科为主的政府机构的管理结构、资金资助模式及文化氛围间存在较大落差。在英国、澳大利亚、新西兰、南非等国家的高等教育体系中，已设立的科研促进委员会、科研资助机构、学术机构和其他学术协会以及诸如研究质量评价之类的活动，其组织方式通常都是基于已有的学科，且大多数成员具有根深蒂固的单一学科观念，可能会影响到交叉学科研究生培养。[①]

2. 传统的学术评价体系惯性依然会影响交叉学科研究生培养

国外高校交叉学科研究生培养深受已有学术评价体系的制约。以英、澳等国为例，评估高校研究质量主要依据"研究绩效评价"（RAE）/"卓越研究框架"（REF）和卓越研究计划（ERA）。而在早期的 RAE/REF 和 ERA 评价体系中，并未就交叉学科发展提出明确方案，这客观上抑制了学科交叉发展。针对这一问题，英、澳等国近年来均提出了科研评价改进版。如英国在 2021 年 REF 体系中，构建了完善的跨学科研究成果评价机制，[②] 澳大利亚也改变了研究成果评估主要按传统单一学科进行的做法，交叉学科研究成果在评估时按比例分配到最多三个学科，并按照贡献率为子学科的重要程度排序。[③] 这些改革为交叉学科研究确立了安身立命的场所，也必然会促进交叉学科研究生培养。但这一改革的影响从科研传导到人才培养需要一定的配套机制，其效果的显现仍有待时日。

新的科研评价体系将对导师参与交叉学科培养产生积极影响。毋庸置疑，施行已久的学术评价体系对教师行为选择产生的影响并不会马上消失。如英国一些研究型大学尽管一直试图解决交叉学科的评估问题，但教师普遍认为在单一学科内进行评估更容易、更安全。[④] 尽管科研人员所做的工作足够重要，水平足以达到晋升标准，但单一学科学者主导的晋升委员会未必及时承认这些成果。在相关配套政策并不完善的情境下，教师担心交叉学科研究生培养和研究会带来一些不利结果，如难以获得终生教职、研究资金，以及难以被同行认同等。总体而言，通行的传统学术评价、招聘、任期和晋升等政策消解了导师参与交叉学科研究生培养的积极性。

3. 导师主导的指导模式和研究生面临的现实难题都制约着交叉学科研究生培养

导师高质量指导对研究生学业表现至关重要。国外众多高校在研究生培养中均已施行导师组指导模式，但不可否认，导师在高校和学科中仍在发挥着强大的主导作用。此种模式下，导师在学生科研议题选择、学术质量审议及学生资助等方面拥有较大权力，这并不利于交叉学科研究生培养。首先，在导师主导模式下，导师对学生的研究有较大影响，学生大多会跟随导师已经设定的方向开展研究，而这个方向通常是该学科的主流趋势而非交叉学科方向。其次，导师为规避指导和考核博士生的相关风险，更有可能鼓励学生专注于本学科，传授他们自己认可的学科教育规范，从而不断强化单一学科培养，这种选择倾向并不利于交叉学科人才培养。第

① WHITLEY R, GLASER J. The Changing Governance of the Sciences:The Advent of Research Evaluation Systems ［M］. Dordrecht: Springer, 2007: 127–151.

② 石雪怡，樊秀娣. 英国大学跨学科研究成果评价机制探析［J］. 上海教育评估研究，2020，9（5）：5.

③ Australian Research Council. ERA 2018 Evaluation Handbook ［R］. Australia: Australian Research Council, 2018: 24–25.

④ STEFANIE THORNE. Engaging Academic Staff in the Supervision of Interdisciplinary Doctoral Degree Programmes in the UK: Turning Round the Super Tanker of Monodisciplinarity in Interdisciplinary Learning in Graduate Education and Research, edited by CGS, 2014: 57–59.

三，约定俗成的资助方式是导师为研究生提供奖学金和研究经费，这种机制使得导师和学生之间存在较强的契约关系。导师决定经费使用与分配，很大程度上会影响学生的学科发展领域。

　　研究生参与交叉学科培养除面临导师主导模式带来的制约外，也需要面对难以找到合适导师或论文指导小组以及掌握多学科理论困难重重等现实问题。首先，受传统单一学科教育模式影响，具有丰富交叉学科教学和研究经验的导师并不充足，研究生不易找到满足交叉学科培养的合适导师。学生如果希望从事专业领域以外的研究，导师或指导小组都可能无力提供针对性指导，难以帮助学生在研究探索中少走弯路。其次，有交叉学科研究兴趣的研究生要通达多个学科，必须努力掌握各个领域的相关知识。由于每个领域的知识都在飞速膨胀，学生深入掌握这些不断增加的信息和不断专业化的技术并非易事。第三，交叉学科研究生对学术评价的不确定性存在畏惧感。研究生担心找不到对口的学术刊物发表研究成果，对自身工作能否得到承认存有疑虑。[①] 有博士生坦言进行交叉学科研究犹如"行走在蛋壳上，不知道如何让各学科专家满意。"[②]

三、国外推进交叉学科研究生培养的相关举措

　　为促进交叉学科研究生培养，国外高校采取了创新组织体系、为导师参与交叉学科培养提供多方政策支持以及以项目制形式推进交叉学科研究生培养等措施。

1. 推进高校既有学科体系结构变革

　　霍利认为，高等教育现有的制度结构只是基于单一学科知识领域，无法支持交叉学科工作。[③] 为解决这一难题，国外一些高校通过改进组织结构来推进交叉学科研究生培养。组建大型多学科学院或联合博士培训中心是众多举措之一。如芬兰赫尔辛基的艺术与设计大学、经济大学和科技大学等三所高校合并为阿尔托大学，加强了科学、艺术、技术与商业等关键领域集群，通过聚集互补性人才以取得卓越和突破，其主要领域已跻身世界顶尖大学之列。[④] 新加坡国立大学为发展工程教育博士项目，开设了工程教育中心以发挥交叉学科组织的作用，聚集工程和教育两个领域的专家。为克服学科组织定势，美国一些高校在以学科为基础的学院或部门结构中，重新组建交叉学科项目中心。如康奈尔大学有目的地设计和实施结构性变化，将多个部门重新合并成一个新的交叉学科部门，从而促进持续的交叉学科对话和协作。[⑤] 加州伯克利

————————

　　① HAFERNIK J J, MESSERSCHMITT D S. Research News and Comment: Collaborative Research: Why and How?［J］. Educational Researcher, 1997, 26(9): 31–35.

　　② LAURA POOLE-WARREN. Walking on Eggshells–Navigating Interdisciplinary Graduate Research in Australia in Interdisciplinary Learning in Graduate Education and Research, edited by CGS, 2014: 25–26.

　　③ HOLLEY K A. Special Issue: Understanding Interdisciplinary Challenges and Opportunities in Higher Education ［J］. Ashe Higher Education Report, 2009(35): 1–131.

　　④ AALTO UNIVERSITY. Aalto University strategy–We shape a sustainable future, 2021.

　　⑤ ZAIDATUN TASIR. Interdisciplinary Research and Collaboration in Education and Engineering in Interdisciplinary Learning in Graduate Education and Research, edited by CGS, 2014: 86–89.

大学创建社会科学矩阵（Matrix）跨学科研究机构，推动学校交叉学科研究与人才培养。[①] 普渡大学的交叉学科项目管理运作模式另辟蹊径，在研究生院设立交叉学科研究生项目办公室（OIGP），对项目进行集中监管，确保交叉学科学生在整个学习过程获得所需指导和支持。[②]

2. 设立交叉学科项目促进交叉学科研究生培养

设立相对独立的交叉学科研究生项目是国外高校行之有效的惯常做法。这些项目共同之处在于激发研究生对新兴领域的学术兴趣，使他们在传统院系边界外融会贯通不同的学科知识。为推进交叉学科研究生项目，一些大学借助资助机构力量，积极发展交叉学科研究生项目。德、法等国高校充分利用政府专项基金，如德国的"卓越计划（Excellence Initiative）"和法国的"点卓越计划（Idex Excellence Initiative）"来资助交叉学科项目。在英国，高等教育资助委员会（HEFCE）试图在卓越研究框架（REF）中解决交叉学科研究生培养问题。资助委员会设立了博士培训中心（DTCS）和博士培训伙伴关系（DTPS）项目。博士培训中心旨在提升交叉学科发展的活力，而博士培训伙伴关系项目则侧重鼓励学术界与其合作伙伴更多地合作指导博士生，并与其他大学合作开展交叉学科培养项目。[③]

3. 创建交叉学科研究生研究委员会

国外高校还通过设立交叉学科研究生研究委员会的方式推进交叉学科研究生项目。美国东伊利诺斯州立大学（Eastern Illinois University）提供了一个良好的个案。

2009年，美国东伊利诺斯州立大学的一部分教师共同开发了一个新的交叉学科硕士专业学位项目，即地理信息科学硕士学位项目。这个项目涉及的课程来自地质学/地理学、生物科学、数学、经济学、政治科学、技术和工商管理7个学科和院系。伊利诺斯州立大学现有的治理结构不足以支持交叉学科的学位项目。学校原有的治理结构倾向于在各个院系的学科中创设学位项目，无法提供标准的程序来解决新学位项目发展出现的各种问题。治理结构存在缺陷，延缓了项目发展进程，也给项目负责人带来了挫折感。为解决这个问题，研究生院成立了一个新的管理委员会——交叉学科研究生研究委员会（IGS）。

IGS的任务是建立一个支持架构，以开展现有的交叉学科研究生课程，并为开发新的交叉学科课程提供指导和激励。委员会成员包括每个交叉学科项目的至少一名代表，研究生项目协调员，与交叉学科相关的院系的系主任、院长以及研究生院主管相关事务的院长。交叉学科研究生研究委员会的主要任务，是受理项目负责人关于已批准的和正在论证的交叉学科研究生项目，了解最新进展并为发展新项目提供指导。项目设立的基本流程包括：每一个交叉学科项目首先必须明确一个依托单位，依托单位确保所有学位课程的标准由课程协调员和主办部门主任负责；每个交叉学科项目都设立一个咨询委员会，对院系批准的学位项目进行审批；批准文件提交给交叉学科研究生研究委员会审议，最后提交给州教育委员会，以获得最终批准。IGS每

① 温丽杰，郄海霞.加州伯克利大学跨学科研究平台组织运行机制探析：以社会科学矩阵为例［J］.中国高校科技，2021（10）：66–70.

② MARK J T, SMITH. Mentoring of Graduate Students in Interdisciplinary Programs at Purdue University in Interdisciplinary Learning in Graduate Education and Research, edited by CGS, 2014: 71–73.

③ STEFANIE THORNE. Engaging Academic Staff in the Supervision of Interdisciplinary Doctoral Degree Programmes in the UK: Turning Round the Super Tanker of Monodisciplinarity in Interdisciplinary Learning in Graduate Education and Research, edited by CGS, 2014: 57–59.

年举办两次会议，主要审查资源需求和批准更新的方案。[①]

4. 重视为研究生交流创设更多机会

为促进交叉学科研究生培养，一些大学还通过举行多学科的、全系的甚至是全大学的学术汇报会，为研究生提供学术交流机会。澳大利亚和新西兰实行的三分钟论文竞赛已成为促进学术交流的重要途径。根据澳大利亚昆士兰大学（The University of Queensland）的做法，三分钟论文竞赛要求研究生向与会人员展示一个关于其研究课题的演讲，且只允许提供一张静态幻灯片（或类似的工具）。除了为演讲者提供演讲技巧培训外，这些活动也为听众提供了丰富的信息，有利于学科间的交流与合作。[②]

5. 为导师开展交叉学科研究生培养提供多方支持

一些国外高校则从学校层面在交叉学科教师信息提供、项目申报、人事考评及激励机制方面采取了具体而有效的措施。如美国加州大学伯克利分校加大信息开放力度，提供了参与跨学科研究的所有教师资料，教师可了解感兴趣的项目和合作伙伴。康奈尔大学通过支持性项目，帮助教师申请交叉学科项目，以促进教师更好地理解交叉学科人才培养项目的需求和目的。新加坡国立大学则在教师聘期和晋升方面建立可持续发展机制，帮助教师确定并达成未来发展目标。同时充分利用学校内部资源，如各类种子基金等优先为愿意进行交叉学科工作的团体提供促进和激励措施。[③]美国普渡大学则通过表彰杰出导师和开展导师工作坊等活动，引导教师参与交叉学科研究生培养，每年专门向优秀教师颁发毕业生指导奖。[④]近年来，法国为促进科研卓越发展，实施"合同制博士"培养方式，大学与校外科研机构、企业联合培养博士。法国鼓励"合同博士"积极与校外导师合作，利用项目合作方式，开展跨学科、交叉性研究，进而为经济产业部门及社会棘手议题提供政策及智力贡献。

6. 其他创新举措

巴西圣保罗大学（Universidade de São Paulo）重视交叉学科研究生项目培育。学校领导层主张对这个话题进行深入讨论，鼓励学者充分参与，分析学科交叉的好处，并探讨所面临的困难。另一方面，学校努力改变内部规则，给予交叉项目更大灵活度，允许教师跨不同的研究小组或部门工作。同时，通过组建超越院系的学术平台，鼓励教师根据项目来组织团队。巴西大学的经费资助，有意识地向交叉学科团队和研究生项目倾斜，此类项目可以直接从大学获得资金。政府的主要研究资助机构也采取同样的策略，向交叉学科小组提供长期资源支持。[⑤]新加坡国立大学通过有意识地采取多种策略，鼓励和促进学科交叉。如将学科交叉因素纳入到校园

---

① ROBERT M, AUGUSTINE. Creating a Governance Model to Foster and Sustain Interdisciplinary Graduate Programs in Interdisciplinary Learning in Graduate Education and Research, edited by CGS, 2014: 53–55.

② ROGER HORN. Encouraging Research Students to Explore and Develop Cross–disciplinary Collaborations in Interdisciplinary Learning in Graduate Education and Research, edited by CGS, 2014: 68–70.

③ MOHAN KANKANHALLI. Perspectives from Science, Technology, Engineering and Mathematics (STEM) in Interdisciplinary Learning in Graduate Education and Research, edited by CGS, 2014: 80–82.

④ MARK J T. SMITH. Mentoring of Graduate Students in Interdisciplinary Programs at Purdue University in Interdisciplinary Learning in Graduate Education and Research, edited by CGS, 2014: 71–73.

⑤ VAHAN AGOPYAN. Interdisciplinarity and Graduate Studies in Brazil: Concepts and Structures of Interdisciplinarity in Interdisciplinary Learning in Graduate Education and Research, edited by CGS, 2014: 17–18.

基础设施规划，以便新建筑的设计能够有利于跨部门和学科之间的互动和协同；充分利用学校的内部资源，如种子基金、优先获得研究空间、博士奖学金等，优先为愿意进行交叉学科工作的团体提供促进和激励措施。[①]

四、对我国交叉学科研究生培养的几点启示

国外高校交叉学科研究生培养面临的问题及应对之策，为我国交叉学科研究生培养提供了有益借鉴与启示。我国高校未来顺利推进交叉学科研究生教育发展，需要着力建设新型院系组织管理体系、创新师资评聘与考核制度、健全交叉学科人才培养项目运行机制，以及完善培养关键环节。

1. 建立有利于交叉学科研究生培养的组织体系

20世纪90年代以来，为应对新时期的国际竞争，更好服务国家经济社会及科技发展需要，国内高校积极探索交叉学科人才培养。特别是近十年来，国内一些高水平大学通过设置交叉学科学位点等途径，推动了交叉学科研究生培养。但总体上我国高校交叉学科研究生培养的组织管理体系仍存在较多障碍，如各学科边界固化、管理相对封闭，交叉学科研究生培养的合作机制与条件缺失，交叉学科人才培养平台、管理体制及运行机制不成熟等，这些都制约着交叉学科研究生培养。为兼顾传统学科和交叉学科研究生培养两种模式，国内高校纷纷成立一些交叉学科研究中心作为变通方式。这些中心或机构有一些是松散联合体，在部分地解决交叉学科研究生培养问题的同时，也面临着财务资源缺乏、相邻学位点存在竞争以及不同学科文化交融困难等管理机制问题。

建立健全保障交叉学科发展的组织管理制度，是我国高校发展交叉学科应解决的首要问题。[②] 为此，可借鉴国外高校的做法，围绕交叉学科研究生培养项目，整合相关学科的力量，建立专门的实体性交叉学科教育组织机构。在维持现行学校学院组织管理模式不变的情况下，破除院系组织学科壁垒，赋予交叉学科研究生培养项目独立身份，使其既不必受制于原有院系和学科架构，也能够使他们基于自身研究偏好、特长及声誉，获得科研资金、师资、学生及设备等支持。同时，为防止新设培养单位过于分散，也可鼓励学院在保留原有管理架构下，利用自身强势学科积极与相关学科交叉融合形成学科群，围绕学科群改革院系组织结构。

创建独立的培养机构，为交叉学科研究生培养提供了平台，有助于确保师生在交叉学科项目框架内工作。同时还可有效统筹行政、经济及学术等资源，有利于机构的运转和交叉学科人才的培养。值得注意的是，创建交叉学科人才培养管理体制，有效的内部运行机制不可或缺。交叉学科研究生项目面临着诸多挑战，难以通过行政方案达致完全解决，还需加强相应的学术组织建设，并确保行政组织与学术组织有机配合。还需要关注的是，交叉学科融入传统的学科结构组织体系中形成一个新的学科组织，在为交叉学科研究生培养提供可持续性支持的同时，是否会阻碍新的交叉学科方案的出现值得探究。这意味着建立新的交叉学科研究和人才培养机

---

① MOHAN KANKANHALLI. Perspectives from science, technology, engineering and mathematics (STEM) in Interdisciplinary Learning in Graduate Education and Research, edited by CGS, 2014: 80-82.

② 蒋国俊，张磊，叶松 . 综合性大学交叉学科建设存在问题与对策［J］. 学位与研究生教育，2004（9）: 23-26.

构并非恒久不变，学科组织结构自身需要保持一定弹性和开放性，需要不断地修正、完善。

2. 创设有利于交叉学科研究生培养的教师评聘与考核制度

创新教师评聘与考核机制是交叉学科管理制度的必然选择，可为交叉学科科研与人才培养建立学术支撑体系，有助于激发教师参与交叉学科的积极性。爱德华指出，以学科为基础的教师管理制度不能支持从事交叉学术活动的新学者，交叉学科发展需要对传统教师聘用体制进行改革。[①] 我国高校现行的教师聘任晋升人事管理制度、学术评价制度立基于院系和学科，已严重阻碍了交叉学科组织的创设和交叉学科活动开展。在教学与科研人员机构单一归属及定岗定编制度约束下，师资聘用、薪酬发放、职称评定、成果与业绩评价都严格地限定在某一单位内，人员在校内不同院系间很难流动。[②] 这种人事管理制度极大地消解了教师们进行交叉学科人才培养的热情和勇气，阻碍了学科交叉研究生培养的顺利进行。而交叉学科研究和人才培养需要各学科之间的整合，从事的是风险较大的创新工作，恰恰又需要导师具有担当一定风险的创新精神和探索勇气。

改革传统的教师聘用制度和评价制度，培养单位需要通过"政策倾斜"等机制，引导教师置身于前沿交叉学科研究和人才培养，激励教师走出学术"舒适区"。吉冈徹（Tohru）与柴山创太郎发现，如果鼓励科学家在早期职业培训期间偏离传统的研究主题，他们以后往往会通过产生原创研究成果来获得更大的认知独立性。[③] "政策倾斜"需体现在研究生导师申请立项、绩效考核、学术评价、资源分配、职务晋升及人事评聘等诸多方面。具体而言，一是院校要制定合理的交叉学科教师考核规定和晋升制度，尊重和认可教师在交叉学科研究和人才培养上的价值。在教师遴选、聘任、职务晋升评定等方面为交叉学科领域的教师提供灵活和恰当的机制。[④] 在教师互聘方面可合理借鉴国外高校联合聘任制度的成功做法，引导跨部门组建交叉学科培养研究生导师团队，教师既在原学院任职，又能以联合聘任形式参与到其他学院交叉学科研究生教育中，增强优秀师资的共享性和流动性。[⑤] 二是完善交叉学科环境下教师工作业绩具体评价标准。院校应基于交叉学科培养项目在课堂教学、研究生指导、学术研究等方面更加复杂的事实，制订科学合理的分类分层评价标准。在资源配置和绩效评定方面，增加教师交叉学科业绩比重，充分保障交叉学科导师的相关利益，以确保交叉学科导师组的相对稳定和指导连贯性。

3. 健全交叉学科研究生项目运行机制，优化培养关键环节

国外高校以项目制形式推进交叉学科研究生培养为我们提供了重要参照。2011年以来，国内众多高校通过学位授权自主审核、自主设置二级学科等方式建设了一大批交叉学科学位点。在取得积极进展的同时，也存在交叉学科设置随意性大、人才培养成效未达预期等不足。借鉴国外成功经验，推进交叉学科研究生培养，既要解决高校的组织结构体系、人事考评等制度性问题，也应重视完善交叉学科研究生培养项目的运行机制，并切实改进培养中的一些关键

---

① EDWARDS R. The academic department: How does it fit into the university reform agenda? [J]. Change: The Magazine of Higher Learning, 1999, 31(5): 16–27.

② 杨海燕. 美国研究生阶段交叉学科的发展及其对我国的启示 [J]. 中国高教研究，2008（8）：40–44.

③ TOHRU YOSHIOKA-KOBAYASHI. Early career training and development of academic independence: a case of life sciences in Japan [J]. Studies in Higher Education, 2021(12): 2751–2773.

④ 吴伟，何秀. 多学科交叉培养研究生的困境与出路 [J]. 教育发展研究，2018（21）：15–16.

⑤ 赵文华，程莹，陈丽琼等. 美国促进交叉学科研究与人才培养的借鉴 [J]. 中国高等教育，2007（1）：61–63.

环节。

推进交叉学科研究生培养项目顺利有效地运行，需要优先构建好项目设立机制、不同学科导师交流机制及多学科导师共同指导机制。具体而言，构建交叉学科项目设立机制，需要明确交叉学科项目设置的条件、程序、评价机制等，减少项目设立的盲目性、随意性，保障交叉学科人才培养项目规范有序、科学有效地发展。构建不同学科导师交流机制，需要在学校层面建立学科资源共享机制和平台，建立不同学科导师沟通机制和交流形式，切实促进不同学科导师合作培养交叉学科研究生。构建多学科导师共同指导机制，则需要改革传统的导师负责制，组建有不同学科背景的导师参与的指导团队。当前国内一些高校已在推行导师组指导模式，但也面临着导师学科背景同一、配套机制不健全、导师参与积极性不高等问题。构建交叉学科导师指导团队并切实发挥实效，需要将导师团队指导模式制度化、规范化。通过出台相关管理制度，为完善团队指导机制提供持续稳定支持；通过建立导师团队绩效考评机制，调动不同学科导师参与指导交叉学科研究生的积极性。

交叉学科研究生培养取得成功，需要构建全链条培养体系，特别需要改进培养方案中的课程设置、课外学术交流及质量评价等关键环节。交叉学科研究生专业知识习得，身份角色形成，未来职业承诺均无法脱离教师参与及相应课程体系设计。[①] 但课程设置不是学科知识在数量上的简单叠加，而是呈现学科交叉机制生发而成的多元立体化课程设置结构。交叉学科课程设置要重视知识和理论的有效整合与互通互融，将交叉学科思维方式、研究方法训练作为课程学习重点。在正式课程之外，还应注重挖掘各类课外学习训练的潜在价值。以学生为主导、以学生为中心的课外学习，可有效支持学生的创新、学习动机及学习成就。[②] 旨在支持交叉学科培养的各类课外活动，为学生提供了在常态环境中练习和培养某些交叉学科技能的平台。[③] 国内高校可进一步完善业已开展的诸如研究生交叉学科论坛、导师讲座、学术报告与研讨班等各类课外创新项目或活动。通过顶层设计与流程再造，充分发掘这些项目在营造交叉学科学术氛围、提升研究生参与交叉学科学习兴趣、激发多学科方法与学术灵感乃至捕捉前沿性交叉课题方面的价值。当前研究生参与课外活动的积极性不高，效果也不甚理想，高校需要采取更多引导、激励措施，鼓励研究生自觉参与课外活动并从中获得交叉学科学习收益。此外，高校应重视构建交叉学科研究生培养质量评价机制。新的机制既要强化对交叉学科研究生培养过程的监督与评估，又要重视对交叉学科研究生学位论文评价标准的创新。在学位论文和创新成果评价方面，应综合考虑满足社会需要、成果应用水平等多维因素，避免照搬单一学科研究成果评价标准的惯性思维。

（执笔：李海生、于乐玮）

---

① HOLLEY K A. Doctoral education and the development of an interdisciplinary identity [J]. Innovations in Education and Teaching International, 2013, 52(6): 1–11.

② GERBER E M, OLSON J M, KOMAREK R. Extracurricular design-based learning: Preparing students for careers in Innovation [J]. International Journal of Engineering Education, 2012, 28(2): 317–324.

③ CHISIU C M. Extracurricular activities, an alternative for interdisciplinary learning [J]. Postmodern Openings, 2013(4): 67–79.

中国学位与研究生教育大事记（2020 年）

一　月

1 月 3 日

国务院学位委员会办公室发布《关于做好 2020 年同等学力人员申请硕士学位外国语水平和学科综合水平全国统一考试工作的通知》，对考生资格、外国语水平考试语种和学科综合水平考试科目、考试时间、命题考务及阅卷工作作出规定部署。

1 月 6 日

国家主席习近平给世界大学气候变化联盟研究生论坛的学生代表回信，对大家就关乎人类未来的问题给予的共同关切表示赞赏，期待同学们为呵护好全人类共同的地球家园积极作为。

1 月 8 日

教育部办公厅印发《教育部产学合作协同育人项目管理办法》(University–Industry Collaborative Education Program)。旨在通过政府搭台、企业支持、高校对接、共建共享，深化产教融合，促进教育链、人才链与产业链、创新链有机衔接，以产业和技术发展的最新需求推动高校人才培养改革。

1 月 13 日

教育部发布《关于在部分高校开展基础学科招生改革试点工作的意见》，决定自 2020 年起，在部分高校开展基础学科招生改革试点（也称强基计划），并对强基计划的试点定位、招生学校和规模、招生程序和管理模式及培养模式提出意见。

1 月 16 日

《新时代高等学校思想政治理论课教师队伍建设规定》经教育部部务会议审议通过后公布，于 2020 年 3 月 1 日起施行。规定重点从岗位职责和要求、配备选聘、培养培训、考核评价机制、保障与管理等五方面对高校思想政治理论课教师队伍建设作出要求。着力破解高校思政课教师队伍建设存在的重点难点问题。

1 月 17 日

教育部、国家发展改革委、国家能源局印发关于《储能技术专业学科发展行动计划

（2020—2024年）》的通知，提出四大重点举措：加快推进学科专业建设，完善储能技术学科专业宏观布局；深化多学科人才交叉培养，推动建设储能技术学院（研究院）；推动人才培养与产业发展有机结合，加强产教融合创新平台建设；加强储能技术专业条件建设，完善产教融合支撑体系。

1月21日

教育部、国家发展改革委、财政部印发《关于"双一流"建设高校促进学科融合 加快人工智能领域研究生培养的若干意见》的通知，提出要在壮大高层次人才队伍、打造高水平发展平台、创新高层次人才培养机制和模式、加大支持与组织力度等方面提高和突破现有人工智能领域研究生培养体系建设。具体任务包括：培育高水平创新型人才、有序推动人工智能高端人才队伍建设、完善人工智能领域学科布局、建立产教融合创新平台、密切校企合作、确立专项任务培养研究生机制、强化博士生交叉复合培养、加强课程体系建设、加强国际交流合作、健全学科设置机制、完善学科评价机制、扩大研究生培养规模、健全学位质量保障机制、加强资金投入引导以及加强组织实施。

二 月

2月5日

教育部应对新型冠状病毒感染肺炎疫情工作领导小组办公室发布《关于在疫情防控期间做好普通高等学校在线教学组织与管理工作的指导意见》，意见指出，要面向全国高校免费开放全部优质在线课程和虚拟仿真实验教学资源，立即制定在线教学组织与实施方案，保证在线学习与线下课堂教学质量实质等效，发挥"国家精品在线开放课程"示范引领作用，开放国家虚拟仿真实验教学项目共享平台服务，倡导社会力量举办的在线课程平台免费提供优质课程资源和技术支持服务，加强对高校选择在线课程平台教学解决方案的支持服务，发挥专家组织指导、整合、协调作用，加强疫情防控知识宣传。

2月13日

中国学位与研究生教育学会面向全体会员发起"疫情防控我行动，在线教学我支持"公益行动的倡议，积极联系相关高校或社会的在线课程平台免费提供资源和技术支持服务；联合学堂在线为全体会员提供在线教学支持服务。包括免费开放MOOC课程资源、推送"在线授课"教师培训课程等内容。

2月14日

教育部等五部门就促进非全日制研究生教育健康发展，进一步做好非全日制研究生就业工作作出相关通知。明确非全日制研究生教育是我国研究生教育的重要组成部分，要求用人单位强化就业权益保护，为不同教育形式的研究生提供平等就业机会和落户机会；要求高等学校及各地人力资源社会保障部门加强就业指导服务及政策宣传引导工作。

2月18日

教育部、科技部印发《关于规范高等学校 SCI 论文相关指标使用　树立正确评价导向的若干意见》的通知，提出要建立健全分类评价体系，完善学术同行评价，规范评价评审工作以科学评价学术水平。文件对 SCI 论文的使用提出了负面清单，具体包括五方面的意见：改进学科和学校评估、优化职称（职务）评聘办法、扭转考核奖励功利化倾向、科学设置学位授予质量标准、树立正确政策导向。

2月28日

中共教育部党组发布《关于统筹做好教育系统新冠肺炎疫情防控和教育改革发展工作的通知》，对进一步做好高校在线教学、开学准备工作及校园疫情防控指导工作做出指示。

三　月

3月3日

教育部发布《关于批准 2019 年下半年中外合作办学项目的通知》，决定批准上海交通大学与俄罗斯莫斯科航空学院合作举办航空航天工程硕士研究生教育项目等 44 个本科以上中外合作办学项目。

3月4日

教育部发布《关于应对新冠肺炎疫情，做好 2020 届全国普通高等学校毕业生就业创业工作的通知》，要求多措并举做好高校毕业生就业工作。

四　月

4月13日

教育部办公厅发布《关于做好 2020 年全国硕士研究生复试工作的通知》。要求各地各招生单位在确保安全性、公平性和科学性的基础上，统筹兼顾、精准施策、严格管理，稳妥做好 2020 年全国硕士研究生复试工作。

4月13日

国务院学位委员会、教育部下达《关于学位授权点合格评估结果及处理意见的通知》。

4月22日

教育部等八部门联合发布《关于加快构建高校思想政治工作体系的意见》（以下简称《意见》），强调要健全立德树人体制机制，《意见》还详细规划了包括理论武装体系、学科教学体系、日常教育体系、管理服务体系、安全稳定体系、队伍建设体系、评估督导体系在内的七个子体系。

五　　月

5 月 6 日

教育部办公厅发布《关于做好 2020 年招收攻读博士学位研究生工作的通知》。要求严格落实疫情防控工作要求，统筹考虑当地疫情防控要求和学校学科专业特点等情况，因地因校制宜，自主确定本地本单位博士研究生考试招生工作办法，科学设计考核内容，严格考试招生组织管理，加强政策宣传解读和考生咨询服务，强化省级教育行政部门、招生考试机构属地责任和招生单位主体责任。

5 月 8 日

国务院学位委员会办公室发布《关于调整 2020 年同等学力人员申请硕士学位外国语水平和学科综合水平全国统一考试时间的通知》，指出因受新冠肺炎疫情影响，调整 2020 年同等学力全国统考时间。

5 月 12 日

教育部办公厅印发《未来技术学院建设指南（试行）》，明确通过四年左右时间，在专业学科综合、整体实力强的部分高校建设一批未来技术学院，探索专业学科实质性复合交叉合作规律，探索未来科技创新领军人才培养新模式，并争取用十年左右时间打造能够引领未来科技发展和有效培养复合型、创新型人才的教学科研高地。

5 月 28 日

教育部发布《关于规范我高等学校接受国际学生有关工作的通知》，对高等学校接受国际学生申请进入我高等学校本专科阶段学习作出补充规定。同时废止了 2009 年 11 月发布的《教育部关于规范我高等学校接受外国留学生有关工作的通知》。

六　　月

6 月 5 日

共青团中央、教育部、民政部、农业农村部、国务院国资委联合印发《关于深入实施青年马克思主义者培养工程的意见》的通知。

6 月 5 日

教育部办公厅、工业和信息化部办公厅印发《特色化示范性软件学院建设指南（试行）》，旨在聚焦国家软件产业发展重点，培养满足产业发展需求的特色化软件人才，推动关键软件技术突破、软件产业生态构建、国民软件素养提升，形成一批具有示范性的高质量软件人才培养新模式。

七　月

7 月 14 日

中国学位与研究生教育学会发布《关于举办 2020 年"中国研究生创新实践系列大赛"的通知》，2020 年系列大赛将举办 8 项主题赛事：未来飞行器创新大赛、数学建模竞赛、电子设计竞赛、创"芯"大赛、人工智能创新大赛、机器人创新设计大赛、能源装备创新设计大赛、公共管理案例大赛。智慧城市技术与创意设计大赛、MPAcc 学生案例大赛暂停一年。

7 月 15 日

教育部发布《关于进一步加强高等学校法治工作的意见》。这是教育部第一次针对高校法治工作专门发文，第一次在文件中明确高等学校法治工作概念。

7 月 17 日

教育部办公厅公布《2020 年通过普通高等学校师范类专业认证的专业名单》，经审定，东北师范大学生物科学专业等 4 个专业通过第三级专业认证，北京师范大学历史学专业等 155 个专业通过第二级专业认证。

7 月 29 日

中共中央总书记、国家主席、中央军委主席习近平就研究生教育工作作出重要指示指出，中国特色社会主义进入新时代，即将在决胜全面建成小康社会、决战脱贫攻坚的基础上迈向建设社会主义现代化国家新征程，党和国家事业发展迫切需要培养造就大批德才兼备的高层次人才。

全国研究生教育会议在北京召开。中共中央政治局委员、国务院副总理孙春兰出席会议并讲话。会议以视频会议形式召开。北京大学、清华大学、华中科技大学、西安电子科技大学和江苏省负责同志在会上做了交流发言。

八　月

8 月 8 日

中国研究生院院长联席会 2020 年"贯彻落实全国研究生教育会议精神"交流会通过远程视频会议形式在线召开，主会场设在北京理工大学研究生院。

8 月 10 日

教育部主管，北京大学、教育部学位与研究生教育发展中心联合主办的教育类学术期刊《大学与学科》创刊号出版发行。

8 月 24 日

教育部印发《2021 年全国硕士研究生招生工作管理规定》（以下简称《规定》），用以指导

2021 年全国硕士研究生招生工作。《规定》较 2020 年有五点变化：首次申明保障考生和考试工作人员的生命安全和健康，要求做好疫情防控下的招考工作，明确省级招委会和招生单位相关职责；考生报名条件的要求更具体；初试方式更明确；进入复试的初试成绩基本要求更具体；调剂细则更具体，明确了调剂条件，明确可不通过调剂系统的仅限退役大学生士兵加分项目考生、享受少数民族政策考生。

九　　月

9 月 4 日

教育部、国家发展改革委、财政部联合出台《关于加快新时代研究生教育改革发展的意见》（以下简称《意见》）。《意见》提出到 2035 年要初步建成具有中国特色的研究生教育强国，明确"立德树人、服务需求、提高质量、追求卓越"的工作主线，从加强思想政治教育、推进学科专业调整、完善人才培养体系、提升导师队伍水平、严格质量管理、完善条件保障等方面提出研究生教育改革发展的关键举措。

9 月 4 日

教育部办公厅发布《关于公布新农科研究与改革实践项目的通知》，认定 407 个新农科研究与改革实践项目。旨在推动高等农林教育创新发展，为深化农林教育改革提供借鉴。

9 月 16 日

教育部公布 90 个中外合作办学以及内地与港澳台地区合作办学机构和项目名单，提出在保证教育公平的前提下，上述机构和项目考核招录部分符合特定条件的出国留学生，双向选择，择优录取，为学生提供国内求学机会。为解决新冠肺炎疫情期间部分出国留学人员赴境外就学困难，教育部允许部分高校采取临时措施，通过发挥合作办学优势、适当增加部分中外合作办学机构和项目及内地（祖国大陆）与港澳台地区合作办学机构和项目招生名额，为出国留学受阻的学生提供更多就学选择。

9 月 17 日

国务院办公厅发布《关于加快医学教育创新发展的指导意见》，在优化医学人才培养结构方面，提出了提升医学专业学历教育层次，着力加强医学学科建设，加大全科医学人才培养力度，加快高水平公共卫生人才培养体系建设，加快高层次复合型医学人才培养以促进医工、医理、医文学科交叉融合，开展高端基础医学和药学人才培养改革在内的五大举措。

9 月 17 日

教育部发布关于取消《留学回国人员证明》的公告。《留学回国人员证明》取消后，认定留学人员身份和经历，可通过留学人员提供的国外院校或科研机构录取材料、国外院校颁发的学位证书或毕业证书、国外院校或科研机构出具的学习进修证明材料或留学人员自愿在教育部留学服务中心开具的国外学历学位认证书等认定。

9 月 24 日

教育部发布《关于加强博士生导师岗位管理的若干意见》（以下简称《意见》）。《意见》针对加强博士生导师岗位管理提出了 10 条举措。主要包括五个方面：一是严格政治要求，明确导师权责。二是健全选聘制度，加强岗位培训。针对目前个别培养单位博士生导师选聘制度不够严格，或简单以科研经费等确定导师资格的做法，要求培养单位制定全面的博士生导师选聘标准，严格履行选聘程序。三是健全考核评价体系，建立激励机制。四是突出动态调整，完善变更退出程序。五是规范岗位设置，完善监督机制。

9 月 25 日

国务院学位委员会、教育部发布《关于进一步严格规范学位与研究生教育质量管理的若干意见》（以下简称《意见》）。《意见》通过严把招生考试第一关、强化质量标准、严格执行学位授予全方位全流程管理、强化阶段性考核、建立良好导学关系为目标、完善导师和研究生对处理决定的申辩申诉处理机制与规制等措施，进一步规范和管理研究生培养全过程的各个环节。

9 月 25 日

国务院学位委员会、教育部印发《专业学位研究生教育发展方案（2020—2025）》（以下简称《方案》）。《方案》共分为六个部分。第一部分"成就与挑战"，主要阐述了专业学位研究生教育发展取得的成就和面临的问题。第二部分"发展与目标"，主要分析专业学位发展的规律、趋势和重要意义，提出了专业学位发展的指导思想和发展目标。第三部分"着力优化硕士专业学位研究生教育结构"，明确了硕士专业学位的设置和授予标准、管理机制、规模结构，提出稳健发展硕士专业学位研究生教育。第四部分"加快发展博士专业学位研究生教育"，明确了博士专业学位的定位、设置标准和程序，提出扩大博士专业学位研究生教育规模。第五部分"大力提升专业学位研究生教育质量"，从导师队伍建设、培养模式和评价机制等方面入手提升专业学位研究生教育质量。第六部分"组织实施"，从编制专业学位目录等八个方面提出了发展举措。

9 月 28 日

国务院学位委员会发布《关于开展 2020 年博士硕士学位授权审核工作的通知》。具体工作包括新增博士硕士学位授予单位审核、学位授予单位新增博士硕士一级学科与专业学位类别审核、自主审核单位确定。要求审核工作要优先新增国家发展重点领域、空白领域和亟需领域的一级学科和专业学位类别。新增硕士学位授予单位原则上只开展专业学位研究生教育，新增博士学位授权点向专业学位倾斜。

十　月

10 月 10—11 日

第三届中国研究生创"芯"大赛决赛于上海临港新区成功举办。中国研究生创"芯"大赛是中国研究生创新实践系列大赛的主题赛事之一，旨在服务国家集成电路产业发展战略，促进集成电路领域高层次创新人才培养。本届大赛共有来自 86 所高校的 480 支队伍报名参赛，参赛学生人数达 1374 人，提交作品 453 件。

10 月 12 日

教育部办公厅发布《关于下达 2021 年少数民族高层次骨干人才研究生招生计划的通知》，确认 2021 年继续实施骨干计划，计划招收博士研究生 1000 人、硕士研究生 4500 人。并明确骨干计划的招生对象、计划分配、考试录取等方面的规定。

10 月 12 日

为落实中美元首共识和首轮中美社会和人文对话联合声明成果，经教育部国际合作与交流司综合评估，认定北京师范大学等 29 家机构为中美青年创客交流中心挂牌单位。创客中心为各单位开展创新教育的重要平台。

10 月 13 日

中共中央、国务院印发《深化新时代教育评价改革总体方案》（以下简称《总体方案》），这是新中国第一个关于教育评价系统性改革的纲领性文件。《总体方案》的基本定位为坚持以立德树人为主线，以破"五唯"为导向，以五类主体为抓手，着力做到政策系统集成、举措破立结合、改革协同推进。在改进高校教师科研评价和高等学校评价中分别进行了突出质量导向、实施分类评价、改进高校学科评估的政策设计。为促进人才称号回归学术性、荣誉性本质，《总体方案》提出了切实精简人才"帽子"、改进学科评估、不得把人才称号作为承担科研项目、职称评聘、评优评奖、学位点申报的限制性条件、依据实际贡献合理确定人才薪酬、鼓励中西部、东北地区高校国家级人才称号入选者与学校签订长期服务合同等五条举措。

10 月 14 日

2020 教育扶贫论坛在北京举行，论坛以"发展教育脱贫一批，阻断贫困代际传递"为主题，国务院扶贫办政策法规司、教育部发展规划司等有关司局、各省份教育行政部门、75 所直属高校、14 所部省合建高校、有关地方高校代表及专家学者参加了本次论坛。论坛发布了西北农林科技大学"研究生助力脱贫攻坚的探索与实践"等 12 个第五届教育部直属高校精准扶贫精准脱贫典型项目，以及贵州大学"以植物保护世界一流学科为引领，全面助推贵州省高质量脱贫攻坚"等 30 个第三届省属高校精准扶贫精准脱贫典型项目。

10 月 15 日

2020 年同等学力全国统考公布新规，新增了疫情防控相关要求。

10 月 22 日

教育部发布《关于批准 2020 年上半年中外合作办学项目的通知》。决定批准北京信息科技大学与美国奥克兰大学合作举办电子信息专业硕士研究生教育项目等 32 个本科以上中外合作办学项目。

10 月 30 日

教育部印发《研究生导师指导行为准则》(以下简称《准则》)。《准则》是研究生导师指导行为的基本规范,《准则》根据研究生教育特点,针对导师指导行为,从坚持正确思想引领、科学公正参与招生、精心尽力投入指导、正确履行指导职责、严格遵守学术规范、把关学位论文质量、严格经费使用管理、构建和谐师生关系八个方面,对导师指导行为提出具体要求,明确指导行为"十不得"。

十 一 月

11 月 11 日

国务院学位委员会、教育部修订印发《学位授权点合格评估办法》。此次修订强化了过程评价和过程管理,进一步完善了评估工作程序,特别是对培养制度及其执行的评价诊断。突出底线意识和质量意识,加强制度执行和规范管理,意在促进研究生教育质量提高。

11 月 20 日

教育部发布《关于做好 2021 届全国普通高校毕业生就业创业工作的通知》(以下简称《通知》)。《通知》强调,要贯彻落实党中央、国务院"稳就业""保就业"决策部署,实施"2021届全国普通高校毕业生就业创业促进行动"。倡导各地从积极拓展政策性岗位和市场化岗位、进一步提升就业指导服务水平、完善就业统计评价、加强领导和组织保障等方面深入开展就业创业促进行动。

11 月 23 日

国务院教育督导委员会办公室印发关于《全国专业学位水平评估实施方案》的通知,决定全面启动全国专业学位水平评估工作,重点对金融等 30 个专业学位类别开展评估。

11 月 30 日

教育部印发《关于正确认识和规范使用高校人才称号的若干意见》的通知,对正确认识和规范使用高校人才称号作出规定,扭转"唯帽子"倾向,推进人才称号回归学术性、荣誉性本质。

十 二 月

12 月 2 日

教育部发布《教育部关于废止部分规章的决定》,其中 1993 年 12 月 29 日国家教育委员会发布的《普通高等教育学历证书管理暂行规定》(教学〔1993〕12 号)被宣布废止。

12 月 7 日

教育部印发《关于破除高校哲学社会科学研究评价中"唯论文"不良导向的若干意见》的通知，要求各地各高校提高思想认识、树立正确导向、严格底线要求、优化评价方式、加强学风建设、健全长效机制、开展专项整治，以全面优化学术生态。

12 月 15 日

国务院学位委员会印发了《关于学位授权审核有关工作的通知》，就进一步加强学位授权审核与合格评估工作的衔接以及进一步落实高校办学自主权事项作出要求。规定自 2020 年起，学位授权自主审核单位可根据《专业学位研究生教育发展方案（2020—2025）》在审慎论证、确保质量的前提下，通过自主审核工作申请新增现行学科目录之外的硕士专业学位类别授权点，每年新增数量不超过 3 个。自 2021 年起，学位授权自主审核单位每年新增博士学位授权点数量调整为不超过本单位已有博士学位授权点数量的 10%。

12 月 17 日

中国研究生院院长联席会 2020 年会议以线上线下相结合的形式召开，会议由中国研究生院院长联席会主办，北京理工大学研究生院承办。教育部学位与研究生教育发展中心主任黄宝印、中国研究生院院长联席会秘书长、北京大学常务副校长兼研究生院院长、中国科学院院士龚旗煌等十余所北京地区联席会成员单位的研究生院负责人及 57 个成员单位和部分特邀参会高校参与，总参会达 600 余人。部分参会高校结合各自学校实际情况，介绍了落实全国研究生教育会议精神、推动研究生教育改革思路举措与特色做法。

12 月 18 日

中共中央宣传部、教育部发布《关于印发〈新时代学校思想政治理论课改革创新实施方案〉的通知》。

12 月 23 日

教育部发布《关于印发〈中国教育监测与评价统计指标体系（2020 年版）〉的通知》，相比于 2015 年版本，修订后的指标体系分为综合教育程度、国民接受学校教育状况、学校办学条件、教育经费、科学研究等 5 类共 120 项，其中有 18 项为国际组织的常用教育指标，有 18 项借鉴了联合国 2030 年可持续发展议程教育监测评价指标。

12 月 24 日

教育部、中共中央组织部、中共中央宣传部、财政部、人力资源和社会保障部及住房和城乡建设部六部门发布《关于加强新时代高校教师队伍建设改革的指导意见》。针对加强高校教师队伍建设提出 8 项重点举措，分别是：明确新时代高校教师队伍建设的指导思想和目标任务，提升教师思想政治素质和师德素养，着力提升教师专业素质能力，完善现代高校教师管理制度，切实保障高校教师待遇，优化完善人才管理服务体系，全力支持青年教师成长，加强高校教师队伍建设保障。

12 月 30 日

国务院学位委员会、教育部发布《关于设置"交叉学科"门类、"集成电路科学与工程"和"国家安全学"一级学科的通知》，决定新增"交叉学科"作为我国第十四个学科门类，"集成电路科学与工程"和"国家安全学"作为下设一级学科。

12 月 30 日

教育部、财政部、国家发展改革委印发《"双一流"建设成效评价办法（试行）》。成效评价由大学整体建设评价和学科建设评价两部分组成，均按"前置维度 + 核心维度 + 评价视角"方式布局考核内容。通过开展多元多维多主体评价、突出质量、服务和贡献、优化评价手段和方法、积极探索新的评价方式。将"破五唯"要求贯穿全方位、全过程和全方面。

12 月 31 日

教育部办公厅发布《关于做好 2021 届教育部直属师范大学公费师范毕业生就业工作的通知》。通知在加强就业教育、优化就业服务、全部落实岗位、规范跨省任教、严格履约管理、实行督查通报、落实政策保障七个方面对 2021 届部属师范大学公费师范生毕业任教工作做出部署。

后　　记

　　《中国研究生教育年度报告（2020）》（以下简称《年度报告（2020）》）由中国研究生院院长联席会组织编制，由华东师范大学研究生院、华东师范大学高等教育研究所承担具体撰写工作。《年度报告2020》主要执笔人为李海生、阎光才、曹妍、张东海、朱华伟、黄玲、谢宇琪、杨兰、于乐玮、吴凯霖等。谢宇琪完成了2019年中国研究生教育基本数据和2020年研究生教育大事记的资料收集与整理工作。郭娇、高垚莉和谢宇琪翻译了《年度报告（2020）》的英文版，郭娇、李扬、李艳婷与高垚莉参与了英文稿译校。北京大学研究生院杨立华、廖晓玲等参与了审校工作。

　　《年度报告（2020）》撰写过程中，中国研究生院院长联席会各成员单位给予了积极的支持和配合，按期组织完成了问卷调查工作，联席会秘书处廖晓玲主任为报告撰写做了大量协调工作。在此，《年度报告》撰写组向参与调研的各成员单位研究生院院长和同仁们、导师和研究生同学们致以诚挚谢意！向廖晓玲主任表示衷心感谢！向高等教育出版社负责本册《年度报告》的责任编辑徐可先生表示衷心感谢！

　　《年度报告（2020）》的撰写始终得到国务院学位办领导的关心，联席会秘书处为报告的撰写和出版付出了大量的心血，在此一并致谢。

　　囿于能力和水平，编写组深知《年度报告（2020）》中还存在诸多不足，恳请读者批评指正！

《中国研究生教育年度报告》编写组

2021.10.31

读者意见反馈

为收集对教材的意见建议，进一步完善教材编写并做好服务工作，读者可将对本教材的意见建议通过如下渠道反馈至我社。

咨询电话 400-810-0598

反馈邮箱 hepsci @pub.hep.cn

通信地址 北京市朝阳区惠新东街 4 号富盛大厦 1 座
　　　　　高等教育出版社理科事业部

邮政编码 100029

Annual Report

on China Graduate Education

(2020)

Association of Chinese Graduate Schools

中国教育出版传媒集团

高等教育出版社·北京

ABSTRACT

Annual Report on China Graduate Education (2020) (hereinafter abbreviated as the Annual Report) reviewed and analyzed the significant developments concerning graduates' education reform in China in 2020. Based on the survey data, the Annual Report conducts a thorough analysis on hot issues of current graduate education practice, including establishment and development of interdisciplinary in universities, cross-disciplinary research on advisors and research on student competence, academic development of cross-disciplinary doctoral students, conditions on defense of doctoral degree thesis, and graduate advisors' guidance methods.

This Annual Report can be regarded as a reference book for graduate education administrators as well as relevant theoretical researchers.

图书在版编目（CIP）数据

中国研究生教育年度报告．2020 = Annual Report on China Graduate Education（2020）：英文 / 中国研究生院院长联席会编著． -- 北京：高等教育出版社，2022.11

ISBN 978-7-04-058699-2

Ⅰ．①中… Ⅱ．①中… Ⅲ．①研究生教育 – 研究报告 – 中国 – 2020 – 英文 Ⅳ．① G643

中国版本图书馆 CIP 数据核字（2022）第 094716 号

Zhongguo Yanjiusheng Jiaoyu Niandu Baogao(2020)

策划编辑	徐 可	责任编辑	徐 可	封面设计	张 楠	版式设计　王艳红
责任校对	陈 杨	责任印制	耿 轩			

出版发行	高等教育出版社	网　址	http://www.hep.edu.cn
社　址	北京市西城区德外大街 4 号		http://www.hep.com.cn
邮政编码	100120	网上订购	http://www.hepmall.com.cn
印　刷	三河市吉祥印务有限公司		http://www.hepmall.com
开　本	787mm×1092mm　1/16		http://www.hepmall.cn
本册印张	6.5		
本册字数	150 千字	版　次	2022 年 11 月第 1 版
购书热线	010-58581118	印　次	2022 年 11 月第 1 次印刷
咨询电话	400-810-0598	总 定 价	50.00 元

EDITORIAL COMMITTEE

Consultants:
- Han Qide, Former Vice Chairman of the CPPCC, Former Secretary-general of the ACGS
- Xu Zhihong, Former President of Peking University, Former Secretary-general of the ACGS
- Zhou Qifeng, Former President of Peking University, Former Secretary-general of the ACGS

Directors:
- Zhou Aoying, Vice President and Dean of Graduate School, East China Normal University
- Gong Qihuang, Executive vice President and Dean of Graduate School, Peking University, Secretary-general of the ACGS

Vice Directors:
- Xu Weilin, Vice President and Dean of Graduate School, Sichuan University
- Wang Junzheng, Executive Dean of Graduate School, Beijing Institute of Technology
- Zheng Gang, Executive Dean of Graduate School, Tianjin University
- Zhao Hongduo, Executive Dean of Graduate School, Tongji University
- Yang Lihua, Vice Dean of Graduate School, Peking University

Secretary-generals:
- Liao Xiaoling, Director, Secretariat of the AGGS
- Li Haisheng, Director of the Academic Degrees Office, East China Normal University

Members：
- Ye Kangtao, Executive Dean of Graduate School, Renmin University of

Preface

The year 2020 had been an extraordinary year. From the domestic COVID-19 outbreak at the beginning of the year, to the intensification of overseas outbreaks in the second half of the year, the import risk of COVID-19 increased significantly, which had brought great difficulties to our graduate education. In the face of difficulties, the CPC Central Committee and the State Council responded decisively, therefore the epidemic was quickly brought under control, and graduate education restored to normal. In this difficult year, China had made great historical achievements in building a well-off society in an all-round way, and had achieved decisive victory in the fight against poverty. This year, the 13th Five-Year-Plan (2016—2020) was successfully completed. The CPC Central Committee and the State Council comprehensively drew the 14th Five-Year-Plan (2021—2025) and even longer period of economic and social development action blueprints. This not only points out the direction for the development of graduate education in the new era, but also provides a great opportunity as well as new tasks and requirements to graduate education.

The year 2020 was a significant landmark for China's graduate education. In July, General Secretary Xi Jinping made the requirement in an instruction on the country's graduate education, and Premier Li Keqiang also gave important comments. General Secretary Xi Jinping pointed out that high-level talent are urgently needed, as socialism with Chinese characteristics has entered a new era, and a new course of building a modern socialist country is unfolding on the basis of securing a decisive victory in building a moderately prosperous society in all respects and winning the battle against poverty. Xi's important instructions deeply identified the general direction, trend and pattern of the development of graduate education in China, providing a basic follow-up action guideline for successfully implementing it. The member units of the Association of Chinese Graduate Schools (ACGS) should deeply understand the significance and essence of Xi's important instructions. Thus, the members should fully implement the Party's education policy and carry out the fundamental tasks of moral education, taking quality improvement of graduate education as the core task, deepening reform and innovation and promoting the essential development.

The year 2020 was a milestone in the development of graduate education in China. More than 3 million graduate students were enrolled, achieving a historical leap in the number of graduate student enrollment. China has become the world's leading graduate education country in term of enrollment. On July 29, China held its first national graduate education conference since the founding of the People's Republic of China. Vice Premier Sun Chunlan attended the meeting and delivered an important speech. The meeting further clarified the mission and task of China's graduate education in the new era and pointed out the future reform and development perspectives. After the meeting, the Ministry of Education and other management departments issued a series of policy documents, such as "Opinions on Accelerating the Reform and Development of Graduate Education in the New Era" . Besides, "Ten Special Actions to Accelerate the Training of High-Level Talents" was launched. China's graduate education has entered a new era and embarked on a new journey.

In 2020, in the face of the sudden COVID-19 and the complex situation interwoven with a century's changes, the graduate education front can deeply feel the urgency and necessity of high-level personnel training demands. It is time to sound the horn of deepening the reform of graduate education in the new era. As the main driving force of economic and social development, graduate education plays a more prominent role in implementing innovation-driven development strategies and building an innovative country. The high-quality and essential development have become the basic consensus and concerted action of China's graduate education front. As the main force of China's graduate education, the member units of ACGS are the "leaders" in the development of China's graduate education, shouldering the important historical mission of building graduate education with Chinese characteristics and international influence. It is hoped that all the members of ACGS should continue to play a leading role in colleges and universities, concentrating their efforts and staying true to their initial intentions. All the members should strive to improve the quality of China's graduate education to make it more powerful and achieve new accomplishments.

In 2020, with the joint efforts of all member units, ACGS coordinated the prevention and control of the epidemic as well as reform and development, successfully completing various tasks and presenting a satisfactory result. While continuing to lead the innovation of graduate education practice, we attach great importance to the theoretical exploration of graduate education. Our Annual Report on Graduate Education in China has published 11 volumes in a row. Focusing on practical issues, discussing with data and combining ideas with the practice of graduate education have become a distinctive feature of the annual report. Although the COVID–19 outbreak has had a certain impact on the compilation of the Annual Report on Graduate Education in China 2020, the report is still published as scheduled with the full support of the member units and ACGS. This report summarizes and analyzes the major historical events and important development achievements of China's graduate education in 2020, and discusses the major topics in the field of graduate education practice in China, such as interdisciplinary issues. We hope that this annual report will become an important reference for graduate deans, graduate education managers and theoretical researchers. We hope that the relevant research topics will inspire further reflection and more practical exploration.

CONTENTS

Comprehensively deepen reform and innovation, develop high-quality graduate education in a new era

In 2020, the fight against the epidemic became the most profound collective memory of all Chinese people. In the face of the sudden COVID-19 epidemic, the graduate education units actively responded to the call of the CCCPC and the State Council, made full use of the professional advantages of universities and research institutes, and actively carried out research and development of vaccines and drugs. The practical actions such as medical assistance in which the majority of advisors and graduate students actively participated highlighted the responsibility and mission of the graduate education front. During the COVID-19 epidemic, various graduate education units widely used a variety of IT-based means, including online teaching, remote guidance, online defense, to ensure the orderly progress of graduate education during the epidemic prevention and control period. In this extraordinary year, in the face of the complex situation highlighting the COVID-19 epidemic and the interweaving of the 100-year big trend, the graduate education system adheres to Xi Jinping's new era of socialism with Chinese characteristics as a guide, under the strong leadership of the CCCPC and the State Council, coordinates the epidemic prevention and control as well as education reform and development, completes a series of important reforms in graduate education, and promotes China's graduate students to take a new starting point and embark on a new journey.

I. Major progress of China's graduate education in 2020

In 2020, China's degree and graduate education have made great progress in the development scale, discipline structure, internationalization, management system and the capacity to support and serve the social and economic development. Graduate education has been further strengthened. First, the capacity to train high–level talents on their own has been further enhanced. In 2020, the number of China's master students expanded about 189,000 people more than that in the year of 2019. China's annual graduate student recruitment for the first time exceeded 1 million people. With the number of admissions reached 1.1 million and the enrollment of graduate students in school reached 3 million, China became the world's largest graduate education country[1]. Second, graduate degree programs are more comprehensive. In December 2020, the Degree Committee of the State Council and the Ministry of Education jointly issued an announcement and decided to set up the 14th discipline category, namely, "cross–disciplinary" category, and under this category to set up two first–level disciplines, "integrated circuit science and engineering" and "national security science" . The current graduate program system has a total of 14 discipline categories, 113 first–level disciplines, and 47 professional degree categories, which basically cover the main areas of scientific progress and economic and social development. Third, China has become Asia's largest study destination country and the Asia–Pacific regional graduate education center. In 2019, 91,000 graduate students from 203 countries and regions around the world studied for master's and doctoral degrees in China, an increase of 68.5% over 2015. The global impact of China's graduate education has increased significantly[2]. Fourth, the capacity to support and lead the country's scientific and technological innovation has been significantly enhanced. The three national science and technology awards won by Chinese universities have stabilized at more than 2/3, and graduate advisors have become an important backbone force for science and technology innovation in universities. The role and contribution of

---

[1]   Zhao Ena. China's independent training of graduate students exceeded 10 million [EB/OL]. (2020–07–29)[2021–08–10].

[2]   Zhao Ena, Zhang Shuo, Wu Yue. Provide a smart engine for high–quality development [EB/OL]. (2020–07–29)[2021–08–10].

graduate students are becoming increasingly prominent. More than 50% R&D staff in the key projects and general projects are graduate students. Fifth, the graduate education management system has been further improved. The three-level system led by the state, coordinated at the provincial level, and self-sponsored by the graduate education units is becoming more sophisticated. The "Five-In-One" graduate education quality assurance system, in which degree authorization units, educational administrative agencies, academic organizations, industry departments and social institutions participate, has been further formed and improved.

In 2020, a series of achievements in the reform and practice of graduate education in China can be specifically summarized from six aspects: first, the first National Graduate Education Conference was held since the founding of the People's Republic of China, and a series of important documents were issued to further clarify the new direction of graduate education reform and development; the second is to implement the spirit of the National Graduate Education Conference and implement the ten special actions for high-level talent training; the third is to improve the management system for degree authorization review and start a new round of degree authorization review and related work; the fourth is to improve the degree evaluation system and carry out a new round of qualification evaluation for degree authorization units and professional degree evaluation; the fifth is to innovate discipline evaluation methods and implement the fifth round of discipline evaluation; the sixth is to adopt new measures to further strengthen the construction of graduate academic standards and academic ethics.

1. Convene meetings, issue a series of documents, and plan a new blueprint for the reform and development of graduate education

(1) Held the first National Graduate Education Conference in New China

On July 29, the National Graduate Education Conference was held in Beijing. This was the first National Graduate Education Conference since the founding of New China. Sun Chunlan, member of the Political Bureau peen reform and innovation, develop high-quality graduate education in a new era

of the CCCPC and Vice Premier of the State Council, attended the meeting. Sun Chunlan conveyed the important instructions of General Secretary Xi Jinping on graduate education and the important comments of Premier Li Keqiang.

Xi Jinping pointed out that socialism with Chinese characteristics has entered a new era. It is about to embark on a new journey of building a modern socialist country on the basis of a decisive victory in building a moderately prosperous society in all respects and a decisive battle against poverty. The development of the Party and the national cause urgently need to cultivate a large number of high–level talents with morality. Xi Jinping emphasized that graduate education plays an important role in cultivating innovative talents, improving innovation capabilities, serving economic and social development, and promoting the modernization of the national governance system and governance capabilities. Party committees and governments at all levels should attach great importance to graduate education, promote graduate education to meet the needs of the development of the party and the country, adhere to the "four–for" policy, target the frontiers of science and technology and key areas, deepen the adjustment of disciplines, improve the standard of advisors, and improve talent training system, accelerate the training of high–level talents urgently needed by the country, and contribute to the persistence and development of socialism with Chinese characteristics and the realization of the Chinese dream of the great rejuvenation of the Chinese people.

Li Keqiang pointed out that graduate education shoulders the important mission of high–level talent training and innovation and creation, and is an important cornerstone of national development and social progress. Since the reform and opening up, graduate education in China has achieved a historic leap, cultivated batch after batch of outstanding talents, and made outstanding contributions to the development of the party and the country. China must adhere to the guidance of Xi Jinping thought on socialism with Chinese characteristics for the new era, earnestly implement the decisions and deployments of the CCCPC and the State Council, face the main battlefield of national economic and social development, the needs of people, and the forefront of world scientific and technological development, and cultivate talents that meet the needs of multiple fields. Deepen the reform of the graduate training model, further optimize the entrance examination system and disciplinary curriculum settings, promote the integration of science and education and the integration of industry and education, strengthen international cooperation, focus on enhancing the practical and innovative capabilities of graduate students, and provide more solid talent support for building a modern and strong socialist country.

Sun Chunlan said that it is necessary to thoroughly study and implement General Secretary Xi Jinping's important instructions on graduate education, fully implement the party's education policy, implement the fundamental task of cultivating people, and focus on improving the quality of graduate education, deepen reform and innovation, and promote essential development. Regard research as a basic indicator to measure the quality of graduate students, optimize the distribution of disciplines, focus on training categories, open cooperation, and cultivate high-level talents with research and innovation capabilities. Strengthen the construction of the advisory team, improve the education evaluation system for different degree programs, strict quality management, school ethos and learning morality, and guide the high-quality development of graduate education. The leaders of Peking University, Tsinghua University, Huazhong University of Science and Technology, Xidian University, and Jiangsu Province also spoke on this topic. Subsequently, various provinces, autonomous regions and municipalities directly under the Central Government and graduate education units held graduate education conferences. The new round of graduate education reform and development was officially launched.

The National Graduate Education Conference is a major event in the field of education and an important milestone in the history of graduate education in China. General Secretary Xi Jinping and other central leading comrades' important instructions and comments highly affirmed the important position of graduate education in the new journey of building a modern socialist country, and emphasized the urgent need to cultivate a large number of high-level talents with both capacity and morality. It reveals the general direction and trend of the development of graduate education in China, gives new missions to the majority of graduate education units, and also puts forward new and higher requirements to implement the fundamental tasks of cultivating people, and do the best to improve graduate education.

(2) The Ministry of Education and other departments issued a series of important documents on the reform and development of graduate education in the new era

In September, the Ministry of Education, the National Development and Reform Commission, and the Ministry of Finance jointly issued the "Opinions on Accelerating the Reform and Development of Graduate Education in the New Era" (hereinafter referred to as the Opinions). The Opinions put forward the initial establishment of a strong graduate education country with Chinese characteristics by 2035, and clarified the main line of work of cultivating people, serving demand, improving quality, and pursuing excellence, from strengthening ideological and political education, promoting discipline adjustment, and optimizing talent training system, raising the standard of advisors, strengthening quality management, and improving support to identify the following key measures for the reform and development of graduate education. The first is to strengthen ideological and political education. The Opinions emphasizes the role of advisors by precepts and deeds, as a guide for the growth of graduate students, as both academic advisors and life coaches, constantly improving the ideological and political education system, improving the "three-quality education" mechanism, and taking the evaluation results of ideological and political education as an important dimension of the evaluation of the effectiveness of the Double World Class construction and the qualification evaluation of degree authorization units, and implement political standards and requirements in all aspects of graduate education. The second is to further promote the adjustment of disciplines and majors. The Opinions proposed the establishment of a new mechanism for the development and dynamic adjustment of basic disciplines, applied disciplines, and cross-disciplines, to set up cross–disciplinary categories and focus on promoting the development of emerging cross–disciplinary categories. In accordance with the ideas of university–led adjustment, state–guided adjustment, and market–driven adjustment, the structure of disciplines and majors shall be continuously optimized. The third is to improve the personnel training system. The Opinions pointed out that more attention should be paid to training categories, further deepening the integration of science and education, strengthening the cultivation of knowledge innovation capacity of academic degree graduate students; strengthening the integration of industry and education, and strengthening the cultivation of practical innovation capacity of professional degree graduate students. Aiming at the frontiers and key areas of science and technology, enhancing the accuracy of resource allocation such as graduate enrollment management, and implementing national special programs for the cultivation of high–level talents in key areas that are urgently needed by the country. The fourth is to raise the bar of the advisory team. The Opinions proposes to strengthen the position management of advisors, clarify the boundaries of responsibilities, and incorporate political belief, teacher ethos and morality, academic performance, energy input, and education effectiveness into the advisor evaluation and assessment system. The fifth is to strengthen quality management. Graduate education cultivates high–level innovative talents, and it requires high standards and strict requirements in management, taking quality improvement as the core, and returning the focus of work to the fundamental task of talent training. The Opinions proposes to strictly control the entrance, deepen the reform of the examination and admission system, accurately select talents, and select strong candidates who are passionate to study, loyal and reliable, and have both capacity and morality, to strictly control the process, grasp the key links such as course study, internship practice, thesis proposal, mid–term assessment, thesis review and defense, and degree authorization, and implement the management responsibility of the whole process, and to strictly control exits, reasonably require research results related to degree authorization increase diversion, and strengthen the construction of academic morality.

The sixth is to strengthen the guarantee of supports and resources. The Opinions put forward the need to comprehensively strengthen the party's leadership to ensure the correct direction of running universities. Improve the differentiated investment mechanism, increase investment in doctoral education, increase support for basic research and key core technology areas, and encourage graduate education units to use research funds to support talent training, reform and improve the funding system to stimulate the learning enthusiasm of graduate students.

In addition to the Opinions on Accelerating the Reform and Development of Graduate Education in the New Era, the Ministry of Education and the Academic Degrees Committee of the State Council have successively issued four supporting documents focusing on key issues and key links in graduate education, Several Opinions on Education Quality Management, Professional Degree Graduate Education Development Plan (2020—2025), Several Opinions on Strengthening the Position Management of Doctoral Advisors, and Guiding Code of Conduct for Graduate Advisors. These documents respectively focus on the issues of standardizing degree and graduate education quality management, professional degree graduate education development, doctoral advisor position management and behavioral norms, to provide guidance for graduate education units to innovate graduate education systems and mechanisms and improve the effectiveness of graduate education governance. The issuance of a series of policy documents such as the Opinions has made major strategic deployments for goals, paths, and tasks of the reform and development of graduate education in the new era, opened a new chapter in the development of graduate education in the new era, and marked stepping a new stage or entering the fast lane in the development of graduate education in China.

2. Implement the spirit of the National Graduate Education Conference and launch ten special actions for talent training

In order to implement the spirit of the National Graduate Education Conference and the Opinions on Accelerating the Reform and Development of Graduate Education in the New Era, the Ministry of Education has launched the Ten Special Actions to Accelerate the Training of High-level Talents. The Ten Special Actions include discipline construction and reform actions, high-quality cross-disciplinary actions, first-class discipline training actions, basic disciplines deepening construction actions, etc.

The first is to focus on serving the needs of economic and social development and implement actions to optimize the setting of disciplines, including four items. First, the reform of discipline and professional construction, to establish a new, standardized and dynamically adjusted management mechanism for the catalog of disciplines and majors, to carry out the revision of the catalog; improve the capacity and scale of professional degree programs, to establish a list of key disciplines and majors supported by the country, to improve the guiding mechanism for the country's urgently needed disciplines, and to upgrade the match between the disciplinary system and the building of a modern and strong country. Second, high-quality cross-disciplinary development actions to improve the cross-disciplinary development mechanism, study and to formulate the Cross-disciplinary Setting and Management Measures, to explore the establishment of cross-disciplinary development special zones, to establish a number of cross-disciplinary centers, to build a national platform for cross-disciplinary development, and to build a decentralized, regulated, and interconnected cross-disciplinary development system and to create a better environment for cross-disciplinary development. Third, deepen the construction of basic disciplines. Support a number of basic disciplines in the fields of natural sciences, philosophy and social sciences that are related to the pillars of original innovation, as well as extinct and unpopular disciplines with high value for protection and inheritance, improve the development ecology of related disciplines, increase the construction of talent teams, deepen the reform of research organizations and evaluation system, improve the investment and incentive mechanism, and lay a long-term foundation for technological innovation and social progress. Fourth, the first-class discipline training program. Further support and promote the construction of Double World Class universities, make breakthroughs as soon as possible in internationally comparable disciplines and directions that already have a certain global impact and play an important role in serving the country's major strategic needs, enter and remain in the forefront of world–class disciplines to play a leading and demonstrating role, make innovative and characteristic achievements in inheriting and promoting the disciplines of Chinese excellent culture, as well as in the new direction of serving the country and government, contribute to theory and practice, and create a world–class academic benchmark with Chinese characteristics.

The second is to focus on strengthening the foundation and deepening the construction of the graduate training system and personnel training related actions, including four items. First, the advisor guides the capacity improvement action. Strengthen the education orientation, play the full role of advisors and deeds, and be a guide for the growth of graduate students; establish a three–level advisor training system with national role–model demonstrations, provincial guarantees, and full coverage of graduate education units; standardize advisor guidance and clarify guidance behavior as the Ten Don't; strengthen the position management of doctoral advisors; promote the selection of outstanding advisors and advisor teams, stimulate the enthusiasm, initiative, and creativity of graduate advisors, and raise the bar of advisors. Second, actions to improve the construction quality of curriculum and teaching materials. Publish the Graduate Core Curriculum Guide to build a graduate curriculum knowledge system; promote graduate curriculum ideological and political education, and promote the construction of the Four Batches, i.e., to build a batch of model universities, launch a batch of model curriculum, select a batch of model advisors or advisory teams, establish a batch of model teaching research centers for ideological and political education; standardize the construction of textbooks, select excellent graduate textbooks, and improve the quality of graduate textbooks; pilot the creation of high–quality demonstration courses for graduate education to promote the sharing of high–quality teaching resources. Third, the construction of integration of industry and education. Cooperate with the National Development and Reform Commission to create a national joint training base for graduate students who integrate industry and education, and promote the construction of national, local, and university three–level bases; promote the reform of professional degree graduate training models, encourage local and various graduate education units to establish industry (trade) advisors, and promote industry and trade to participate in all aspects of talent training; improve the quality evaluation mechanism of the integration of industry and education, strengthen the connection between talent training and the hiring needs of industry, and enhance the practical innovation capacity of graduate students. Fourth, the training of high–level talents with core technologies in key areas. Focus on core technologies in key areas, organize Double World Class construction of universities and first–class industry (institutes), coordinate resources such as first–class disciplines, first–class teachers, first–class platforms, and speed up the training of a group of talents in short supply in an unconventional way, so as to break through the bottleneck for the country and contribute to the advancement of scientific and technological innovation.

The third is related actions focusing on laying a solid foundation and cultivating core competitiveness, including two. One is to improve the quality of doctoral education. Advance the layout of doctoral education and expand the scale of doctoral students in a differentiated manner; explore the establishment of a blacklist system for admission plan management and impose necessary restrictions on graduate education units with obvious problems; optimize the layout structure to serve the national and regional development strategy; improve the doctoral selection mechanism and expand enrollment ratio of doctoral students directly from college graduates; increase investment, reform and improve the funding system, optimize the resource allocation mechanism, and create a better supporting environment for the sustainable development of doctoral education. The other is quality improvement and management actions. Issue relevant documents to strengthen the quality management of the whole process; carry out special inspections on the quality of graduate education, and the inspection results will be linked with resource input; improve the random inspection system of dissertation, and strengthen the feedback use of the inspection results; carry out follow–up surveys on employment to evaluate the degree authorization units. Provide reference for the evaluation of the effectiveness of the Double World Class construction; improve the monitoring and punishment mechanism, and improve the bottom–line thinking and consciousness of quality assurance of degree authorization units.

3. Improve the degree authorization review system, carry out degree authorization review, and discipline review team renewal

(1) Start the 2020 degree authorization review

In 2020, the Academic Degrees Committee of the State Council launched a new batch of review in accordance with the Measures for the Authorization of Doctoral and Master Degrees (hereinafter referred to as the Measures). This review reiterated that it is guided by Xi Jinping's new era of socialism with Chinese characteristics, with basic application requirements as the threshold, and serving the needs of economic and social development as the orientation, ensuring the quality of newly–added doctoral and master's degree authorizations, and vigorously improving the capacity of graduate education to serve economic and social development, lay a solid foundation for building a strong country in graduate education. Reiterate the principles of authorizing to adhere to serving needs, adhere to quality standards, adhere to characteristic guidance, and adhere to classified development.

The review in 2020 and the review in 2017 are basically the same in terms of review scope, review content, review procedures, basic application requirements, etc., only a few fine–tuning were made. For example, the basic requirements of newly–added doctoral and master's degree authorization units are exactly the same as in 2017. Western regions and universities for ethnic minorities still implement the preferential policy of reducing basic application requirements by 20%. For new types of regular institutions of higher learning that are of special significance to serve the country's major needs, implement major central decisions, and ensure national security, or that are filling the gaps in the country's disciplines, the basic requirements for application should be appropriately relaxed. The basic requirements for applying for the newly–added doctoral and master's degree authorization units are basically the same as in 2017, and only adjustments have been made to the requirements for talents with special titles and SCI in the original document. At the same time, in order to highlight the rules and characteristics of the development of professional degrees, the application requirements related to the academic degree authorization were adjusted. The scope of addition is basically the same as in 2017. In principle, the newly–added doctoral and master's degree authorization units are only conducted within the scope of regular 4–year universities. The newly added doctoral and master degree authorization are only conducted in degree authorization units with corresponding degree authorizations, and in principle, it does not include degree authorization units that have been transformed into industry.

The obvious changes in this review are as follows: first, the emphasis is on increasing the training of applied talents. It is stipulated that the newly–added master's degree authorization units only carry out professional degree graduate education in principle, and the newly–added master's degree authorization units are in principle the professional degree authorization units; the newly–added doctoral degree authorization degree authorization units are inclined to the professional degree authorization units, and the newly added doctoral programs are inclined to doctoral degrees in clinical medicine, engineering, or education. Support is given to disciplines and professional degree categories that are urgently needed by the country. The second is to strengthen the discipline construction of Marxist theory. Fill in the regional gaps and support the four provinces and regions where there are no first–level discipline doctoral degrees in Marxist theory, such as Inner Mongolia, Ningxia, Qinghai, and Tibet. The affiliated doctoral and master's degree authorization universities can apply for the addition of Marxist theory as first–level discipline doctoral degrees by joint application. The third is a limited number of degree granting that are required to be declared for the approval. In order to promote the application of newly–added doctoral and master's degree authorization units to concentrate their efforts to strengthen the essential construction and to achieve a special level, it is required that the newly–added doctoral or master's degree authorization unit shall not apply for more than 3 degree authorizations of the corresponding level. In addition, in order to highlight categorized guidance and characteristic development, this review clearly proposes preferential policies and restrictive policies. The preferential policy refers to new units and new degree authorization with outstanding, irreplaceable characteristics of universities, new units recommended by deeply impoverished areas such as the Three Regions and Three States and the former Central Soviet Area, art universities applying for new doctors Degree authorization units, and application–oriented universities applying for master's degree units and professional degree authorization units will be given priority under the same conditions. The restrictive policy stipulates that the list of universities with more unqualified conditions in the special evaluation and qualification evaluation of degree authorization units, the list of universities that have been unqualified and the overall problem rate is high in the random inspection of doctoral dissertations for three consecutive years, and the list of university with major issues of academic ethos, the student–teacher ratio of the applicant unit, and the financial support of each province for graduate education should be submitted to review experts for reference.

There is always a certain tension between the planning of government departments and the needs of universities for degree authorization. From the perspective of the needs and training conditions of all parties, the number of newly–added doctoral degree–authorized universities in 2020 should not grow too fast, and the newly–added master's degree units can moderately grow to meet the country's social and economic development and individual need to pursue a higher educational attainment.

(2) Accelerate the adjustment of disciplines and majors

Set up cross–disciplinary categories. In order to further improve the discipline and professional system of higher education and enhance the capacity of cross–discipline to support major scientific and technological innovations and major theoretical innovations, in December 2020, the Academic Degrees Committee of the State Council and the Ministry of Education jointly issued a document and decided to set up the 14th discipline category, namely cross–disciplinary category, at the same time two first–level disciplines, Integrated Circuit Science and Engineering and National Security are set up under this category. The establishment of cross–disciplinary category and corresponding first–level disciplines can effectively solve the problem of the aging of the current disciplines and majors, and provide important growth zone of degree granting for cultivating new disciplines. Cross–disciplinary development is an important way to cultivate innovative talents, and its establishment can better serve the current major needs of China's economic and social development. It is directly reflected in the discipline and major catalog, which has strengthened the recognition of cross–disciplinary categories by the academia, industry, and the public, and provided a better channel and platform for cross–disciplinary development. At the same time, it should be noted that management departments and graduate education units need to refine the relevant implementation rules and further improve the cross–disciplinary establishment, development and withdrawal mechanism to promote the orderly and healthy development of cross–disciplinary science. The establishment of cross–disciplinary categories and the growth of disciplines or talent training projects in response to the situation indicate that the flexibility of the discipline and professional adjustment mechanism for degree granting and graduate training in China has increased, and the capacity to serve the country's economic and social development has become more mature.

In 2020, the national degree authorization authority improved the professional system of emergency management disciplines based on the needs of epidemic prevention and control, and support some universities to independently set up the second–level discipline of emergency management under the first–level discipline of public management; implement high–level applied public health talent training programs, intensify the construction of disciplines for the training of severe illness, infection, public health and other talents that are in short supply. In order to solve the problem of bottleneck, the education department, in conjunction with relevant departments, implemented the pilot project of Specialized Training for Doctoral Talents in Key Fields with Shortage of Core Technologies.

(3) Complete the formation of the 8th Disciplinary Appraisal Group of the Academic Degrees Committee of the State Council

On July 17, 2019, the Academic Degrees Committee of the State Council issued the Notice on Recommending the Members of the Eighth Disciplinary Appraisal Group of the Academic Degrees Committee of the State Council (ADCSC [2019] No. 15), notifying the universities and other units directly under the Ministry of Education to recommend candidates for members of the 8th disciplinary appraisal group. In July 2020, the 36th meeting of the Academic Degrees Committee of the State Council reviewed and approved the List of Members of the Eighth Disciplinary Appraisal Group of the Academic Degrees Committee of the State Council. The 8th disciplinary appraisal group consists of 97 groups with 1,097 members.

Compared with the past, the selection criteria for the members of the 8th disciplinary appraisal group have the following changes: first, more emphasis is placed on the political quality and academic standard of candidates, requiring ideological and political support for the leadership of the Communist Party of China and the socialist system with Chinese characteristics; in terms of teacher ethics and morality, noble moral character, decent working spirit, fairness; in terms of academic performance, with expertise, academic standard, and high impact; in terms of teaching, rich experience in talent training, familiar with degree, graduate education and discipline construction. The second is that this election has clear requirements for age and re-election. In principle, candidates are under 60 years old. Members who have been employed for two consecutive terms are generally no longer recommended. Third, members of the disciplinary appraisal group and members of the professional degree steering committee generally do not serve concurrently, and those who have been hired as members of the professional degree steering committee are not recommended as members of the disciplinary appraisal group. Fourth, the selection of candidates is inclined to front-line teachers in teaching and research, and the selection of current school-level party and government leaders is strictly controlled.

As an expert organization, the disciplinary appraisal group of the Academic Degrees Committee of the State Council is mainly engaged in degree authorization evaluation, graduate training guidance quality supervision, discipline construction consulting, graduate education development and research on major issues of reform, etc., and plays an important role to support strategic thinking and to guide development direction. The further improvement of the recommendation criteria for candidates for disciplinary appraisal group will help optimize the structure of the disciplinary appraisal group, enhance academic and work vigor, and better perform duties.

4. Improve the degree evaluation system and launch a new round of qualification evaluation of degree authorization units and standard evaluation of professional degrees

(1) Launch a new round of qualification evaluation for degree authorization units

In 2014, the Academic Degrees Committee of the State Council and the Ministry of Education launched the first round of qualification evaluation for degree authorization units. In 2020, the national and provincial degree authorities will conduct random evaluations of 2,392 degree authorization units based on the self-evaluation of degree authorization units. Among them, eight degree authorization units were assessed as unqualified, and 39 degree authorization units were required to rectify within a time limit. The first-round qualification evaluation of degree authorization units conducted a comprehensive physical examination for the existing degree authorization units, which promoted the establishment of a self-evaluation system for degree authorization units and ensured the basic quality of degree and graduate education. In 2020, the Academic Degrees Committee of the State Council and the Ministry of Education launched the second round of qualification evaluation for degree authorization units, and this evaluation will end in 2025. At the same time, the Measures for Qualification Evaluation of Degree Authorization Units (hereinafter referred to as the Measures) issued in 2014 have been significantly revised. Compared with the previous round, this round of evaluation has the following new changes. The first is to strengthen the main responsibility of the quality assurance of the degree authorization unit, requiring the degree authorization unit to refine the requirements of the self-evaluation procedure, enhance the operation capacity, and make detailed rules for formulate the self-evaluation implementation plan, report writing, information monitoring, expert review, result confirmation, material upload, and information upload. The second is to clarify that the basic requirements for application for degree authorization units that are being implemented during the current round of qualification evaluation are used as the basic conditions for this current qualification evaluation. The self-evaluation of degree authorization units and the standards and requirements of expert evaluation in the random evaluation stage shall not be lower than the requirements of qualification evaluation for degree authorization units. The third is to increase the sampling rate, and increase the minimum sampling rate for each first-level discipline and professional degree category from the original 20% to 30%; at the same time, it is clear to increase the sampling probability of degree authorization units that have experienced serious academic misconduct or units with other issues such as the quality of talent training or degree granting; it is inevitable to evaluate the degree authorization sites with more problems in the random sampling of dissertations in the current evaluation round. The fourth is to highlight the role of the expert group, as well as the rights and responsibilities of the professional degree teaching committee, and the provincial degree committee, in the review and discussion of degree authorization, and specify in detail the composition of experts, the development of the review plan, the feedback of the review comments, and the handling of controversial issues. Fifth, specify the method for determining the evaluation results of the degree authorization units such as the detailed rules for the number of experts and the voting ratio. Sixth, add the handling procedures for controversial issues during the random evaluation stage of the education department. It is required to take the method of on-site inspection to evaluate the degree authorization units that have raised objections. The seventh is to strengthen the use of evaluation results in discipline construction and resource allocation that are closely related to the quality of degree authorization units. It is required that the educational department shall use the qualification evaluation results of each degree authorization unit as an important content of the educational department's monitoring of the construction of Double World–Class universities and local high–level universities or disciplines, as well as the important basis for graduate enrollment plan and addition of degree authorization units. The eighth is to make provisions on the circumstances in which the degree authorization units cannot be revoked during the qualification assessment.

The new round of degree qualification evaluation has solved some procedural and operational problems in the previous round of evaluation, improved the evaluation procedure, further straightened out the rights and responsibilities of different stakeholders, strengthened the use of evaluation results, and strengthened the constraints and guides of qualified evaluation.

(2) Fully launch the national professional degree evaluation

Professional degree graduate education started in China in 1991. After 30 years of development, there are currently 47 professional degree categories, 5,996 master degree authorization units, and 278 doctoral degree authorization units. Professional degree graduate education has become an important part of China's graduate education system. Professional degrees are playing an increasingly important role in improving the talent training system, adapting to the needs of economic and social development, and serving the strategy of building a strong country through education.

The national education authority has always paid close attention to the quality of professional degree education. In 2016, the Office of the Education Supervision Committee of the State Council entrusted the Ministry of Education's Degree and Graduate Education Development Center (known as the Degree Center) to conduct the third–party evaluations on a pilot round of eight professional degree categories, i.e., law, education, clinical medicine (excluding traditional Chinese medicine), dentistry, business administration, public management, accounting, and arts (including music). 650 professional degree programs from 293 eligible units across the country participated in the evaluation. In November 2020, the Office of the Education Supervision Committee of the State Council issued the National Professional Degree Standard Evaluation Implementation Plan, deciding to fully launch the national professional degree level evaluation. This evaluation is carried out as an important work under the background that the country clearly proposes to vigorously develop professional degree graduate education, and that professional degree graduate education enters a period of great development of higher quality, larger scale, higher standard, more categories, and better structure.

On December 1, the Academic Degree and Graduate Education Development Center of the Ministry of Education issued the Notice on Organizing and Implementing National Professional Degree Standard Evaluation, officially launching the national professional degree standard evaluation. The scope of this evaluation covers 30 professional degree authorization categories that meet the requirements of the professional degree categories, such as finance. The evaluation procedure includes eight stages including participation confirmation, information collection, information verification, expert evaluation, questionnaire survey, weight determination, result formation and release, and continuous improvement. This evaluation strengthened the information disclosure of evaluation, at the same time emphasized intensifying the investigation and punishment of violations. The evaluation has shown obvious characteristics in terms of guiding ideas, evaluation content and evaluation index setting.

In terms of the guiding ideas of the evaluation, this evaluation clearly emphasizes that under the guidance of Xi Jinping thought on socialism with Chinese characteristics for a new era, a close focus on the fundamental task of establishing morality and fostering people, adhere to the Four–For policy, and resolutely eliminate the Five–Only chronicle disease, guided by quality, effectiveness, characteristics, and contribution, with the quality of talent training as the core, and the goal as physical examination and diagnosis. This evaluation has obvious characteristics in terms of content. First of all, the evaluation plan focuses on evaluating the measures and effectiveness of universities in implementing the fundamental tasks of establishing morality and fostering people. Focus on the comprehensive reform of the Three All–round Education, the construction of the moral and political curriculum; examine the implementation of the advisor's responsibilities as the first responsible person for establishing morality and fostering people, focus on the construction of teacher ethics and morality, strengthen the cultivation of professional degrees that required professional ethics and professional ethics education, focus on the main methods and effects of universities to cultivate students' personal morality, professional values, professional ethics, and industry standards. Secondly, in terms of evaluation content, it emphasizes the construction of collaborative education mechanism, the supporting capacity of practical teaching, and the application orientation of training effectiveness. Pay attention to the three aspects of training mechanism, training capacity, and training orientation to investigate the practical capacity training of professional degree talents. In addition, in terms of promoting the participation of multiple disciplines in the training of professional degree talents, the national professional degree standard evaluation conducted a large–scale questionnaire survey of students, graduates, employers, industry experts and other stakeholders to evaluate the performance of talent training from four dimensions.

This evaluation index system is more comprehensive and scientific, with more obvious characteristics. The evaluation system takes the quality of talent training as the core, focuses on the three levels of teaching, learning, and doing, and is constructed from the three dimensions of teaching quality, learning quality, and career development quality. The focus will be on the characteristics and effectiveness of moral and political education in each degree category, the teaching quality of lectures and practices, student satisfaction, training plans and characteristics, learning achievements, student sense of achievement, graduate quality, employer satisfaction, social service and social reputation. The index system includes 3 first–level indicators, 9 second–level indicators, and 15 or 16 third–level indicators. Under the framework of a unified index system, according to the training characteristics of each professional degree category or field, the index system is classified and set up, and 36 sets of index systems are adopted respectively. For example, the art professional degree category is divided into 7 sets of index systems according to the fields such as dance and film. In this evaluation form, through the use of representative results, typical cases, and the blank, universities choose and describe themselves, fully reflect their own characteristics and contributions, and demonstrate their advantages and highlights to the greatest extent. Another improvement of this evaluation is the full–process paperless submission. All materials are submitted electronically through the evaluation system, and paper materials are no longer submitted.

From the guiding ideas, program design, index construction to specific implementation operations, this evaluation has well implemented General Secretary Xi Jinping's important instruction on education and the spirit of the National Graduate Education Conference. It is a response to the General Plan for Deepening Educational Evaluation Reform in the New Era, the Opinions on Deepening the Reform of Educational Supervision System in the New Era, the Implementation Plan for Accelerating Education Modernization (2018—2022), the Professional Degree Graduate Education Development Plan (2020—2025) and other document requirements. This evaluation is a comprehensive and overall inspection and diagnosis of professional degree graduate education in China. It will have an important impact on promoting the reform of professional degree graduate training, improving the professional degree evaluation system, and improving the standard and quality of professional degree graduate education.

5. Innovating the discipline evaluation system and launching a new round of discipline evaluation

In 2002, in accordance with the Catalogue of Academic Degrees and Talent Training Disciplines promulgated by the Academic Degrees Committee of the State Council and the Ministry of Education, the Academic Degrees Center conducted an overall assessment of the first–level disciplines that have the right to confer doctoral or master degrees in the country for the first time. Four rounds of the discipline evaluation has now completed , which has produced important ripple effects in the higher education sector and has been highly valued by universities. In November

2020, the Degree Center announced the Work Plan for the Fifth Round of Discipline Evaluation approved by the Party Group of the Ministry of Education, officially launching the fifth round of discipline evaluation. This round of discipline evaluation is guided by Xi Jinping's thoughts on socialism with Chinese characteristics in the new era, based on the reality of China's higher education, and strives to reflect the overall standard and current progress of the discipline construction of China's universities.

In terms of the evaluation concept and the design of specific indicators, there have been significant changes from the past. In terms of the evaluation concept, it adheres to the basic standard of the effectiveness of teaching morality and fostering students, the value orientation of quality, effectiveness, characteristics, and contribution, and the basic method of combination of quantitative and qualitative evaluation to eliminate the Five–Only persistent disease as a breakthrough. On the basis of maintaining the basic positioning of the overall standard of the first–level discipline evaluation and the basic capacity of the evaluation system framework, it will further strengthen the center position of talent training, resolutely eliminate the Five–Only disease, reform the tenure evaluation, and highlight quality, contribution and characteristic. In terms of specific indicator design, the fifth round of discipline evaluation takes focusing on teaching morality and fostering people as the primary principle, and the index system takes teaching morality and fostering people through effectiveness as the fundamental standard. For example, strengthen the evaluation orientation of faculty with teaching and educating people as their primary responsibility, take professors to teach undergraduates and guide graduate students as important observation points and guide faculty to concentrate on teaching and educating people. The evaluation of faculty is not only for academic qualifications and professional titles, no longer set title indicators, and no statistics on the number of titles will help reverse the undesirable tendency of over–valuing titles. Faculty achievements are strictly identified in accordance with the property right units and not accompanied by others, which is conducive to restraining the disorder flow of talents. Evaluating the standard of research is not only about publications and awards. It sets indicators such as representative academic works, patent transformation, and new drug research and development to evaluate the effectiveness of research in multiple dimensions; the evaluation of academic papers focuses on representative academic achievements and adopts the combination measurement evaluation and expert evaluation and the combination of Chinese journals and foreign journals, does not evaluate articles by the journals, dilutes the number and citation rate of papers, and does not use SCI and ESI related indicators as the direct basis for evaluation, highlighting the innovative quality and academic contribution of academic achievements to reversing the SCI–first situation. In terms of evaluation methods, it adheres to representative results as the combination of expert evaluation and quantitative evaluation of high–standard results, and make full use of the hybrid evaluation method based on quantitative data and evidence.

In addition, this round of evaluation has adopted new measures for the disciplines of philosophy and social sciences, focusing on examining the characteristics and contributions of the disciplines of philosophy and social sciences in terms of basing themselves on China's reality, solving Chinese problems, telling Chinese stories, and disseminating Chinese voices, such as taking the Three Newspapers and One Magazine as important research outcomes, require that representative papers must contain a certain proportion of Chinese journal papers, dilute the resource indicators such as laboratories and bases, strengthen the evaluation of representative academic works, highlight social service, increase the weight of cases in social services, emphasize peer review, strengthen international evaluation, for the first time set the global impact indicator in education, psychology, archaeology, business administration, music and dance, design and other philosophy and social science disciplines.

The fifth round of discipline evaluation is an important measure for the in–depth implementation of the Overall Plan for Deepening Educational Evaluation Reform in the New Era by the Central Committee of the Communist Party of China and the State Council. In accordance with the requirements of reform outcome evaluation, strengthened process evaluation, explore value–added evaluation, and improve comprehensive evaluation, this evaluation has implemented the fundamental task of teaching morality and educating people, eliminated the Five–Only diseases, and strengthened the unity of teacher ethics and competence. Major breakthroughs and improvements have been made in highlighting contributions and characteristics, strengthening classification evaluation, improving the evaluation system of philosophy and social science disciplines with Chinese characteristics, improving the reliability of evaluation information, and improving the science of evaluation.

6. Take new measures to strengthen academic norms and learning ethics

In August 2020, the Education Supervision Bureau of the Ministry of Education issued the Notice on the Investigation and Punishment of Several Fraud Dissertations in Universities, reporting the investigation and punishment of three cases of fraud dissertations. It pointed out that the current academic morality of graduate students in China is generally good, but academic misconducts such as plagiarism, buying and selling, and ghost writing occur from time to time. Relevant universities have limited prevention and control measures in investigating fraud dissertations, problems are not discovered in time, and the main responsibility is not fulfilled. It is required to comprehensively investigate fraud dissertations, and all universities are required to take immediate action. The graduate education management department takes the lead in the school, together with the degree evaluation committees and graduate advisors at all levels, to review and investigate master and doctoral theses during the five–year period from August 2015 to July 2020. It is required to review the standardization of the process of dissertation proposal, mid–term assessment, review, defense and degree evaluation, and focus on dissertations that are not supported by research projects, and make full use of information technology methods such as academic misconduct detection to conduct a comprehensive investigation to form the conclusion of the review and investigation of each dissertation, which were filed and checked after being signed by the degree evaluation committee, graduate advisors and university leaders in charge of graduate education. The dissertation found to have plagiarism, trading, writing and other fraud acts shall be promptly investigated and dealt with seriously in accordance with relevant regulations. The Education Supervision Bureau of the Ministry of Education also requires universities to earnestly carry out warning education. Universities are required to collect and analyze cases of dissertation plagiarism, buying and selling, and ghost writing of the dissertation exposed by the news media, carry out repeated warning education for all graduate students, warn students to consciously abide by academic ethics and academic norms, and warn students of plagiarism, buying and selling of dissertations, and ghost writing, will be held accountable for life in accordance with the law. The Education Supervision Bureau of the Ministry of Education requires universities to remind graduate advisors to perform their duties and adhere to the academic bottom line, and inform advisors that if they have plagiarized, traded, and ghost written their students' dissertations, they will be restricted, suspended, and disqualified as advisors.

On September 25, the State Council Academic Degrees Committee and the Ministry of Education issued Several Opinions on Further Strictly Regulating the Quality Management of Degrees and Graduate Education, which also emphasized the strengthening of the management of dissertations and degree granting. The degree authorization unit is required to further subdivide the responsibilities of the advisor, the dissertation defense committee, and the degree evaluation sub-committee. It is clear that the advisor is the first person responsible for graduate training, and must strictly control the research work, writing and publication, academic performance and academic standardization of the dissertation. The dissertation defense committee shall objectively and fairly evaluate the academic standard of the dissertation, earnestly assume the responsibility of academic evaluation and supervision of academic ethics, and prevent human interference. The degree evaluation sub-committee shall carefully review the implementation of the candidate's training plan, the review of the thesis, the organization of the defense and its results, etc., and assume the responsibility of academic supervision and degree evaluation. The paper repetition rate test is only used as an auxiliary means to check academic misconduct. The repetition rate test result shall not be used as a substitute for the advisor, the dissertation defense committee, and the degree evaluation sub-committees to check the academic performance and academic standardization. The opinion also proposes that the Office of the Education Supervision Committee of the State Council and the provincial education administrative department will further increase the intensity of random inspections of dissertations and appropriately expand the proportion of random inspections. For degree authorization units that have successively or repeatedly appeared problematic dissertations, increase the intensity of discussion and strictly control the scale of enrollment. The Academic Degrees Committee of the State Council and the Ministry of Education conducted a selective evaluation of the degree authorization units with more problematic dissertations in the qualification evaluation of degree authorization units, and ordered the degree authorization units with serious problems in the quality of graduate training to be rectified within a specified time according to the evaluation results. If it still fails to meet the requirements, the relevant degree authorization shall be revoked in accordance with laws and regulations. The relevant actions and measures of the education authorities have further clarified the responsibilities of each discipline, the key aspects of handling, and the consequences of violations.

Generally speaking, there are still deficiencies in China's graduate academic standard education, academic moral construction, and strict investigation and punishment of academic misconduct. The normalization and long-term mechanism of strict management has not yet been formed. To strengthen the construction of academic ethics and learning ethics for graduate students, it is necessary to adhere to education and prevention as the focus, strengthen the scientific spirit and scientific integrity education of graduate students, and further consolidate the advisor guidance and quality control responsibilities. It is also necessary to establish a strict academic misconduct punishment mechanism with zero tolerance for misconduct.

II. Analysis of annual major hot issues

Focusing on major hot issues in 2020, this annual report focuses on the theme of cross-disciplinary development, and conducts in-depth analysis on the cross-disciplinary establishment status of the member units of the ACGS, the cross-disciplinary research of advisors, student competence, and the academic development of cross-disciplinary doctoral students. At the same time, the research team conducted investigation and analysis on the status of the defense of doctoral dissertations and the guidance of master's advisors. The main findings of related investigations are as follows.

1. Survey and analysis of the establishment and development of cross-disciplinary disciplines in universities

At present, cross-disciplinary disciplines are in the ascendant stage in both the scale and the number of universities. This topic is based on a macro perspective and presents a comprehensive picture of the cross-disciplinary construction of China's Double World-Class universities. Therefore, from the perspective of university faculty, this survey investigates the results of cross-disciplinary construction in universities, obstacles and bottlenecks in the process of cross-disciplinary development, and corresponding suggestions on deepening the essential development of cross-disciplinary disciplines.

(1) Current status of establishment and development of cross-disciplinary disciplines in universities

① Driven by the supply effect of policy, the cross-disciplinary construction, concentrating on the first and second level, has gained its remarkable benefit in large-scale effect. Whether in the construction of "World-Class Disciplines" or the promotion of the "cross-disciplinary" construction, the positive effect of policy for discipline construction has helped the universities to adjust the discipline development from top to bottom. The survey results show that 88.5% of universities have set up cross–disciplinary disciplines, and cross–disciplinary leaders accounted for 74.1%. This shows that cross–disciplinary disciplines have taken root in universities, and more institutions will set up cross–disciplinary disciplines in the future. In terms of the cross–discipline level, first–level disciplines accounted for 34.84%, second–level disciplines accounted for 34.91%, first–level and second–level disciplines accounted for 11.61%, and non–cross–disciplinary disciplines accounted for 18.63%.

② According to the characteristics of academic organizations in universities and the essential development trend of higher education, universities have set up a multi–form cross–disciplinary organization system to meet the needs of diversified functions. In order to meet the cultivation needs of training high–quality applied, comprehensive and innovative talents, universities have set up various forms of cross–disciplinary organizations in order to track cutting–edge research and adapt to economic and social development. Among them, there are 728 cross–disciplinary schools (departments), accounting for 25.2%; 407 cross–disciplinary research centers, accounting for 14.1%; 165 cross–disciplinary laboratories for 5.7%; 106 cross–disciplinary engineering research centers for 3.7%; 121 Science Park (Industrial Parks) for 4.2%; 378 cross–disciplinary research project teams for 13.1%; 988 non–cross–disciplinary organizations, accounting for 34.2%.

③ Universities have a high degree of recognition of cross–disciplinary categories. The trend of cross–disciplinary development is in line with the transformation of the current knowledge industry model. Regarding the prospects of cross–disciplinary development, more than 60% of the interviewees are optimistic about the prospects of cross–disciplinary development, which reflects the high degree of recognition of cross–disciplinary development by university faculty. Cross–discipline breaks the barriers of traditional disciplines. Integrating the well–differentiating majors meets the requirement of globalization, socialization, localization and marketization.

④ The main purpose of setting up interdisciplinary subjects is to serve the society and train innovative talents. As a wing of the innovation system, the university takes the morality and responsibility to the society through the intellectual achievements of research and the guidance of public value. Cross–disciplinary centers, as an element of the basic academic organization in universities, relies on the integration of industry and education and on the innovative development to promote the country's governance capabilities and the modernization of the governance system. In order to build a world–class university, the training of cross–disciplinary talents must be remarkably innovative in terms of thinking, capacity, value, skill and knowledge.

⑤ Cross–disciplinary research projects in universities are mainly funded by government agencies, and international cooperation in cross–disciplinary research needs to be strengthened. The country has absolute dominance and power of discourse in the strategic development of higher education, adjustment of discipline structure, and research funding, which reflects the characteristics of a centralized management model. In the context of globalization, research and academic cooperation should be universally internationalized. According to John Ziman's post–academic scientific paradigms, the university scientific research must break the geographical limitations in the political realm, and take the advantage of international cooperation in scientific research, including knowledge sharing, talent flow and cross–domain collaboration. Among the cross–disciplinary projects in China's universities, government funding accounted for 63.8%, international cooperation projects accounted for 3.9%, and self–funded projects accounted for 6.8%.

⑥ Cross–disciplinary research tends to adopt team cooperation, and the main body of cooperation covers many fields. Price believes that in the era of Big Science, research investment is strong and sustainable, requiring expensive and complex experimental equipment, that research objectives are multi–dimensional, and that the research process needs to be carried out across disciplines. Cross–disciplinary research is inseparable from the collaboration of multi–disciplinary scientific communities, whether it is at a micro or macro level. In cross–disciplinary cooperation, academics completed 16.5% alone, 28.3% with peers, 41% with teams, 5.4% with institutions, 2.5% with cluster disciplines, 5.1% with industry, and government departmental cooperation accounted for 1.2%.

⑦ Most of the core participants in the cross-disciplinary research process and most of the research personnel come from domestic high-level universities and researchers within the same university. The survey shows that in the role of faculty in cross-disciplinary projects, chief experts accounted for 16.3%, core participants accounted for 55.9%, general participants accounted for 24.5%, and consultation assistance participants accounted for 3.2%. In terms of the source of cross-disciplinary cooperation personnel, researchers from high-level foreign universities accounted for 4.2%, foreign researchers at the same level accounted for 3.5%, domestic researchers at high-level universities accounted for 24.5%, and domestic researchers at the same level accounted for 16.9. %, the same university's research personnel accounted for 51.1%.

⑧ The interdisciplinarity mainly reflects in the research methodologies and topics. The major output is academic papers, while there is room for improvement in proprietary technologies that generate economic benefits. The survey indicated that in terms of the type of cross-disciplinary research, the methodologies accounted for 36.1%, the topics 29.5%. Besides, the proportion of methodologies and topics combined is much higher than that of literature review, theory, literature application and research findings. In terms of cross-disciplinary research output, high-level research papers accounted for 80.7%, patented technology accounted for 7%, high-level research funding accounted for 4.7%, high-level honor awards accounted for 3.4%, and high-impact academic monographs accounted for 4.2%. The output of cross-disciplinary research results is diverse, but the proportion of patented technologies that can be transformed into economic benefits is low.

(2) Problems facing the cross-disciplinary disciplines in universities

① The names of cross-disciplinary disciplines are not standardized, the essential development is fuzzy, the target positioning is general, and there is a phenomenon of following the trend. The survey results show that more than 50% of the interviewees believe that the cross–disciplinary construction has the problem of irregular names, lack of essential development, and vague discipline positioning. The irregular naming convention indicates that universities have not yet reached a consensus on the construction of cross–disciplinary disciplines. This will not only affect the establishment of cross–disciplinary talent training programs and the arrangement of the curriculum system, but also affect the future job adaption of cross–disciplinary talents. The form is given much more focus than the content in the process of cross–disciplinary construction so that there is no specific direction. Even worse than that, the construction of cross–discipline is somewhat irrational. Driven by policies, universities are swarming to set up cross–disciplinary disciplines, which leads to pell-mell development. In that way, the construction of cross–discipline lacks comparative advantages and features. Finally, this trend not only disrupts the ecology of original disciplines, but also causes repetitive setting of cross–disciplines and waste of resources.

② The cross–disciplinary organization system is imperfect, the development policy is not flexible enough, the resource for discipline construction is lacking, and the importance of disciplines should be enhanced. The survey results show that 60% of the interviewees believe that the cross–disciplinary organization system is not perfect, and the cross–disciplinary development platform mechanism is not solid. More than 50% interviewees believe that cross–disciplinary development policies are too rigid and lack flexibility, and to a certain extent cannot meet the needs of cross–disciplinary development. Facing the problem of insufficient resource, the cross–disciplinary construction is in a marginal position in institutions.

③ The all–round integration of interdisciplinary disciplines is so superficial that it disconnects from talent training and cannot meet the expectation. And the results of discipline construction have not met expectations. The survey results show that more than 60% of the respondents believe that the current cross–disciplinary integration needs to be deepened. Cross–disciplines involve knowledge, discourse and theories in multiple domains. Influenced by the boundaries between disciplines, the culture and value preferences of the disciplines have not been fully integrated to form a new disciplinary paradigm. There is a gap between cross–disciplinary development and talent training. More than 50% of the interviewees believe that the effectiveness of cross–disciplinary construction is not satisfying, and the cross–disciplinary talents training did not meet the expectation.

④ Universities lack an incentive mechanism for cross–disciplinary research. Faculty have the same discipline background, insufficient pre-employment cross–disciplinary research training, and lack of motivation to participate in cross–disciplinary research. The survey results show that more than 50% of the respondents believe that institutions have insufficient rewards for cross–disciplinary research performance. Universities lack an incentive system for cross–disciplinary research, leading to the free-riding risk in the identification and performance distribution of cross-disciplinary research results. Faculties' discipline background is single and homogeneous, and their original majors are fixed, and the enthusiasm for participating in cross–disciplinary research is not high.

⑤ In the primary stage, the cross–disciplinary development faces uncertainty. The survey results show that more than 60% of university faculty believe that the cross–disciplinary development cycle is long, the development process is uncertain, and the process faces greater risks many doubts, and challenges In terms of research types, the cycle, risks, and doubts faced by applied research are significantly higher than those of basic research and development research. In terms of disciplines, the cycle of agriculture in cross–disciplinary research is significantly longer than that of engineering and economics. However, the risks faced by economics in cross–disciplinary research are significantly greater than those of management and history.

(3) Suggestions for promoting the development of cross–disciplinary research in universities

① Consolidate the development direction of cross–disciplinary research, pay attention to the essential development, focus on the frontier academic development dynamics, serve the needs of the society, and cultivate innovative talents. Cross-disciplinary development must respond to various problems encountered in social development, connect the country's overall strategic layout and regional coordinated development, serve the needs of knowledge-based economic transformation and the dual circulation, explore the growth law of cross-disciplinary innovative high-quality talents, and make use of the mechanism of enlisting and leading to promote original and disruptive research and innovation.

② Develop strategic plans for the long-term development of cross-disciplines, establish a mechanism for access, withdrawal and adjustment of cross-disciplinary disciplines, implement a system of concurrent employment and mutual employment of cross-disciplinary faculty, improve the sharing mechanism of research results, and enhance faculties' enthusiasm for participating in cross-disciplinary research. The formulation of a comprehensive cross-disciplinary development plan can effectively prevent the risks and uncertainties in its development process, and effectively protect the long-term development of cross-disciplinary research. The cross-disciplinary monitoring and evaluation system can correct the deviations in the development process of the discipline in time, and adjust the cross-disciplinary strategic layout and resource allocation in a timely manner. Part-time and mutual employment system allow teachers to flow freely in basic departments, which not only expands the career development channels of university faculty, but also promotes cross-disciplinary research and cross-departmental and cross-industry cooperation.

③ Improve the construction of the cross-disciplinary organization platform, promote the in-depth cross-disciplinary integration, strengthen the continuous investment of guarantee resources for the cross-disciplinary development, and establish a multiple incentive system to support the cross-disciplinary development. The construction of a sound organizational platform provides a platform for the development of cross-disciplinary disciplines, and the flattened faculty structure will help break the barriers of disciplines and promote the deep integration of disciplines. The introduction of talents and teams from diversified disciplines, stable investment of funds, sharing of information resources, providing consulting services for faculty applying for cross–disciplines, continuing to carry out cross–disciplinary research academic forums, lectures and academic conferences, attracting industries and enterprises to participate in cross–disciplinary development, all of which can provide multi–dimensional support for cross–disciplinary growth.

2. Research on the academic development and performance of cross–disciplinary doctoral students

In order to gain an in–depth understanding of the academic development and performance of cross–disciplinary doctoral students in China, this study is based on the survey of the cross–disciplinary doctoral students' past academic experience, cross–disciplinary learning motivation, academic performance, research capacity, academic interest, and core competence of cross–disciplinary research. This study hopes to find out the current effectiveness of cross–disciplinary doctoral training in China and the problems and shortcomings in the training process, and then find a better path for cross–disciplinary doctoral training, which is the optimal way for Chinese doctoral students and the useful suggestion for the examination, admission and training of doctoral students. The specific research findings are as follows:

(1) The proportions of cross–disciplinary doctoral students and non–cross–disciplinary doctoral students are similar, but there are differences in the way of admission and the distribution of disciplines

Doctoral students with cross–disciplinary learning experience are mainly males aged 25–29. They are mainly admitted through application and most of them have entered the key disciplines or laboratories of the original "985 Project" universities, mainly engaged in basic research, and concentrating in science and engineering. Comparing with the distribution of non–cross–disciplinary doctoral students, it is found that most of the cross–disciplinary doctoral students are enrolled by application, while non-cross-disciplinary doctoral students are mainly directly enrolled into doctoral programs as undergraduates. In terms of the distribution of disciplines, the number of cross-disciplinary doctoral students in philosophy, economics, law, education, science, and management is relatively large, and the number of non-cross-disciplinary doctoral students in literature, history, engineering, agriculture, and medicine is relatively large. According to the level of cross-disciplinary categories, cross-disciplinary doctoral students are dominated by cross-disciplinary categories (46.6%). The proportion of doctoral students who cross first-level disciplines under the same discipline category is equivalent to that of students who cross second-level disciplines under the same discipline. Divided by the cross-disciplinary time period, after completing the undergraduate study, more cross-disciplinary doctoral students choose cross-disciplinary categories at the master level (24.05%).

(2) Cross-disciplinary advisors are mainly professors and researchers, and the proportion of cross-disciplinary advisors who have won honors at all levels is higher

The proportion of advisors with cross-disciplinary background and non-cross-disciplinary background is equivalent, accounting for 44.1% and 42.4% of the total sample respectively. Among doctoral advisors with cross-disciplinary backgrounds, professors/researchers are the main title (96.3%); among those advisors, the main titles are provincial and above (including national) important talents (59.5%). The number of fellows from China Academy of Science and China Academy of Social Science with cross-disciplinary backgrounds is slightly more than that of doctoral advisors with non-cross-disciplinary backgrounds.

(3) There are few cross-disciplinary training of doctoral students in universities, and the quality of cross-disciplinary training is not high

At present, the proportion of cross-disciplinary training of doctoral students in the Double World-class Construction universities in China is relatively small (21.1%), and more than half of the students are not clear about the training methods of their disciplines. From the evaluation of doctoral students, the cross-disciplinary training of doctoral students in universities is acceptable in terms of training goals, cross-disciplinary research projects, cross-disciplinary exchange opportunities, and resources and equipment allocation for cross-disciplinary research. Most universities have quite clear training goals and provide students with opportunities for cross-disciplinary exchanges in the form of research projects. At the same time, they are equipped with resources and equipment required for cross-disciplinary research. However, there are still problems such as inadequate interdisciplinary curriculum, lack of cross-disciplinary professional practice and cross-disciplinary advisor guidance. The degree of standardization of the cross-disciplinary management system and the evaluation system in universities still needs to be improved.

(4) The academic performance of cross-disciplinary doctoral students is poorer than the academic performance of non-cross-disciplinary doctoral students

In terms of academic performance, compared with non-cross-disciplinary doctoral students, cross-disciplinary doctoral students have relatively low average scores in all dimensions of academic performance. There are significant differences between cross-disciplinary doctoral students and non-cross-disciplinary doctoral students in public academic presentation, publishing papers as the first author, times of exchanges abroad and participation in academic conferences. There is no significant difference in research output. And the performance of cross-disciplinary doctoral students in the dimensions of public academic presentation and publishing papers as the first author is slightly poorer than that of non-cross-disciplinary doctoral students. This result may be caused by the grade deviation of the sample distribution in this survey. In this survey, there are more first-year doctoral students in the interdisciplinary group and fewer senior doctoral students in the survey. The output of doctoral research results is a gradual accumulation process. Generally speaking, the higher grade level the students at, the higher the number of research output and the more often they receive national scholarships.

(5) The overall performance of cross-disciplinary doctoral students is slightly poorer than that of non-cross-disciplinary doctoral students

The cultivation of doctoral students' research capacity is the core of doctoral education. The independent sample t-test of the data obtained through the survey shows that cross-disciplinary doctoral students and non-cross-disciplinary doctoral students have significant difference in discipline knowledge and method skills, scientific thinking and research capacity, cooperation and management capacity, academic interest and academic ethics. The average score of cross-disciplinary doctoral students in all dimensions of research capacity are significantly lower than non-cross-disciplinary doctoral students. Comparing the average scores of the research capacity of cross-disciplinary doctoral students with non-cross-disciplinary doctoral students, it can be seen that they have the same distribution pattern for each question. Among them, the average scores of the two groups on Academic English Capacity and Building Academic Relationships are low (M<3.3), while the average scores of two groups are higher on Research Originality (M>3.4) and Academic Norms (M>3.5). The motivation of pursuing a PhD degree may be one of the reasons why the research capacity of cross-disciplinary doctoral students is lower than that of non-cross-disciplinary doctoral students. Non-cross-disciplinary doctoral students have higher average scores for doctoral motivations (such as satisfying research interest, compensating for their own learning deficiencies, realizing research ideals, using their previous advantages, obtaining more employment opportunities, and entering High-level universities) are highly or moderately positively correlated with doctoral students' research capacity. The main motivations of cross-disciplinary doctoral students are following the trend and coincidence, which are moderately negatively or not related to the research capability of a doctoral student. Non-cross-disciplinary doctoral students have higher average scores in doctoral motivations that are highly or moderately positively correlated with research capabilities than cross-disciplinary doctoral students.

(6) The cross-disciplinary research capacity of cross-disciplinary doctoral students is significantly different from that of non-cross-disciplinary doctoral students

Compared with non-cross-disciplinary doctoral students, the cross-disciplinary research capacity of doctoral students with cross-disciplinary learning experience is relatively weak. In terms of basic theoretical disciplinary knowledge, introducing research results to researchers in other disciplines, introducing research results to the general public, cooperating with cross-disciplinary team members and using multidisciplinary methods to solve problems, the average scores of cross-disciplinary research capacity of non-cross-disciplinary doctoral students are higher than those of cross-disciplinary doctoral students. The reason behind that may be that there is a certain degree of internal consistency between cross-disciplinary research capacity and research capacity. Under the premise of relatively high research capacity of non-cross-disciplinary doctoral students, the cross-disciplinary research capacity of cross-disciplinary doctoral students will also be relatively weak. Cross-disciplinary doctoral students in this study refer to students with two or more professional learning experiences. The research results also confirm that doctoral students with cross-disciplinary learning experience do not necessarily have the capacity to integrate multidisciplinary knowledge and conduct cross-disciplinary research. The cultivation of cross-disciplinary research capabilities of doctoral students also requires the establishment of cross-disciplinary training systems and mechanisms in universities.

(7) Related countermeasures and suggestions

First, universities and advisors should be cautious in enrolling cross-disciplinary doctoral students. The survey shows that cross-disciplinary learning has no obvious positive impact on the improvement of the academic performance and research capacity of Chinese doctoral students. Therefore, when recruiting doctoral students, doctoral admission units and advisors must be cautious about doctoral candidates for cross-disciplinary studies, otherwise it will affect the improvement of the doctoral students' research capacity, and will also waste the limited public education resource for doctoral students in China.

Second, the goal of doctoral training is to cultivate professionals with advanced knowledge in a specific discipline or even a certain direction. The training of cross–disciplinary talents should be established on the basis of professional talents in a certain discipline. First, rely on a certain discipline to cultivate and enhance the professional capacity of doctoral students to engage in research, and then rely on cross–disciplinary research projects to train students disciplinary perspective to study complex issues. It is worth noting that the mastery of knowledge of other disciplines need not be too profound, but the method and perspective to look at the problem should be profound, because the individual learning time and energy is limited, and the differences in the knowledge systems of various disciplines may produce burden for student. Overemphasizing multidisciplinary knowledge may even affect the original professional learning effect, which may affect the training of professional research personnel.

Third, the universities should set up clear training goals, and focus on building a cross–disciplinary talent training model based on research projects to cultivate cross–disciplinary doctoral students. There is a significant positive correlation between cross–disciplinary doctoral research capacity and cross–disciplinary training goals, research projects and advisor guidance, cross–disciplinary academic exchange opportunities and professional practice. Therefore, the suggestion is that the cultivation of cross–disciplinary doctoral students' research capacity in universities can start with the establishment of clear training goals, rely on research projects, and then strengthen the guidance of cross–disciplinary advisors. Universities should provide doctoral students with the academic exchange opportunities and platforms needed for the cultivation of cross–disciplinary capacity as much as possible. At the same time, they can also arrange the social practice of cross–disciplinary professions for doctoral students who need multidisciplinary knowledge and methods to solve problems, and further improve interdisciplinary research capability through practice.

3. Cross–disciplinary research on advisors and research on student competence

Under the combined effect of the internal drive of scientific development and the external drive of solving complex and comprehensive practical problems, research has broken through the single–disciplinary research model and turned to a cross–disciplinary research model. As the main battlefield for knowledge industry, universities are also the main organizations for conducting cross–disciplinary research. This study investigates the discipline research orientation and cross–disciplinary characteristics of advisors, and better helps universities and scholars understand the situation of advisors carrying out cross–disciplinary research.

(1) Significant differences in interdisciplinary research in natural science, social science and humanities

98% of advisors in natural science conduct close cross–disciplinary research within natural science; while advisors in the humanities and social science mostly conduct distant cross–disciplinary research (87% in social science and 83% in humanities). Among them, the humanities have the most intersection with natural science (61%), and the least with humanities (22%); social science also has the most intersection with natural science (85%), and the least intersection with humanities (2%). In terms of the number of cross–disciplinary research results, advisors in natural science have published more results abroad (an average of 6.04 papers), while advisors in the humanities and social science have published more cross–disciplinary research results in China (humanities of 4.35 papers and social science of 4.06 papers)

The cross–disciplinary characteristics of scholars in the research process may be reflected in different aspects, such as cross–disciplinary background, cross–disciplinary theory or model, cross–disciplinary literature review, cross–disciplinary method, cross–disciplinary data collection, and cross–disciplinary conclusions and application. In research across natural science and social science, the proportion of cross–disciplinary conclusions and applications is relatively high (36.2% and

29.9%), followed by cross–disciplinary method (30.2% and 28.7%), and then cross–disciplinary theory or model (13.8% and 16.1%); in the field of humanities, the proportion of cross–disciplinary methods is higher (30.8%), the proportion of cross–disciplinary conclusions and applications is the second (26.9%), and the proportion of the cross–disciplinary literature review is 17.3% (higher than other disciplines); in terms of the form of cross–disciplinary research, More than half of the cross–disciplinary research in nature science have been completed in the form of sharing ideas, and more international publications have been completed by shared collaboration(5.29 articles). Cross–humanities and social science research is done most through independent research, and the proportion is more than 30%, corresponding to the highest number of domestic publications (3.62 articles).

（2）Autonomy–oriented factors (cross–disciplinary background, continuous research accumulation, academic community exchanges) help to stimulate the creativity and willingness of cross–disciplinary research

A large proportion of advisors have been in cross–disciplinary research (65%), and the ratio of participating advisors to non–participating advisors is about 8:5. A high proportion of advisors from Double World–Class universities have participated in cross–disciplinary research, indicating that cross–disciplinary research is a relatively common mode for university faculty. Some of the advisors have a cross–disciplinary background. Among them, more than half (54%) are engaged in social science research and have a cross–disciplinary background, followed by humanities (37%), and the proportion of nature science is smaller (24%). Logistic regression analysis found that the advisor's willingness to participate in or undertake cross–disciplinary research is affected by the advisor's cross–disciplinary background. The more important the role of the research project, the stronger the willingness to participate in cross–disciplinary research; in various academic activities, continuous research accumulation such as literature reading and personal preliminary research is of significance to the cross–disciplinary research creativity of advisors;

the role of cross–disciplinary creativity in the exchanges between academic communities can be ranked according to the following: exchanges between academic communities outside the university, with colleagues from other departments from the same university. The exchanges from inter–university or inter–department academic communities are the main source of cross–disciplinary innovation activities. However, due to the competitive relationship among faculty in the same department, communication with each other has a negative impact on research output.

(3) Cross–department and cross–university cooperation helps to promote the development of cross–disciplinary research, but the establishment of cross–disciplinary organizations and the establishment of cross–disciplinary projects have no significant effect.

The cooperation network will significantly increase the willingness to participate in or undertake cross–disciplinary research. Ranked by the extent of the impact on the research willingness, the order is as follows: the cooperation with foreign researchers, the cooperation with domestic researchers outside of the university, and the cooperation with other departments of the same university. In the cross–disciplinary research cooperation the main collaborators in interdisciplinary research collaboration come from researchers outside of the university, both at home and abroad, and the proportion of inter–university cooperation is greater than that of intra–university cooperation. Specifically, the collaborators of cross–humanities and cross–natural science disciplines are more from domestic and foreign universities, and they have contributed a relatively high number of research results. The proportion of collaborators from abroad is not high, but they have contributed a relatively high number of international publications. More than half of the collaborators involved in cross–social science cross–research are from colleagues in the same department or other universities, and the number of cross–disciplinary domestic publications contributed by them is relatively high.

The main forms for universities to support cross–disciplinary research are the establishment of cross–disciplinary organizations and the establishment of cross–disciplinary projects. From the perspective of international publications, the average number of research publications supported by cross–disciplinary organizations is higher than that of projects supported by projects. Related support methods have not been found to have a significant effect on the publication of domestic cross–disciplinary results. After controlling advisor's titles and cross–disciplinary background, the regression results show that the establishment of cross–disciplinary organizations and the establishment of cross–disciplinary projects not only fail to promote the cross–disciplinary research, but has negative effects.

(4) There is a contradiction between learning while teaching and cross–disciplinary research

In general, 80% of advisors spend 21%–60% of their working time on teaching. More advisors spend 41%–60% of time on teaching, while few advisors spend more than 81% of their time on teaching. From the perspective of cross–disciplinary research willingness, the more time advisors spend in teaching, the lower their willingness to participate in or undertake cross–disciplinary research; from the perspective of cross–disciplinary creativity, the teaching process has a low rating for the role played by cross–disciplinary research creation (M=3.32). According to regression, the teaching process hinders the stimulation of cross–disciplinary research and reduces the willingness to cross–disciplinary research. From the perspective of research output, the more teaching activities advisors have, the lower their willingness to participate in or undertake cross–disciplinary research and the corresponding international research output. In addition, from the perspective of the relationship between advisors and students, teaching time also has an obvious negative effect. The longer the teaching time, the less frequent the communication between advisors and students, the lower the willingness of students to participate in the project, and the more distant relationship between advisors and graduate students.

(5) Students are lacking in the research competence of cross-disciplinary knowledge and methods, and the supplement of cross-disciplinary knowledge through elective courses or reading has a significant effect

In the process of completing cross-disciplinary research project, the competence of graduate students in all aspects is lower than the competence required. The gap between their competence performance and the competence requirements of the discipline are in the same order: research capacity, research initiative, cross-disciplinary knowledge and methods, and basic knowledge in Chinese, mathematics and English. Although cross-disciplinary knowledge and methods are not the most important competence, they are the only competence that promote international publications.

In terms of the supplement of graduate cross-disciplinary knowledge, most graduate students choose to complete the reading of cross-disciplinary books under advisor's' guidance or independent reading. Nearly half of them have taken or audited cross-disciplinary courses in their university or outside the university. They cooperated in cross-disciplinary research. The advisor's frequency of communication or guidance is still lacking. The percentage of advisors who communicated with students less than four times a month on cross-disciplinary research topics is as high as 77%. The learning and supplementation of graduate cross-disciplinary knowledge is positively correlated with the frequency of exchanges of advisors. Graduates who take cross-disciplinary courses or read more cross-disciplinary books generally have a higher frequency of communicating with the advisor; in addition, graduates select courses on-campus or off-campus or do cross-disciplinary reading independently or under the guidance of an advisor can significantly promote the students' competence in cross-disciplinary expertise and knowledge. Compared a single advisor group and a double advisor group, the advisor group system has little significant and effect on the improvement of cross-disciplinary research competence.

(6) Related suggestions

① Since there are big differences in the cross-disciplinary research of natural science, social science and humanities, different standards should be adopted for classified management. Research has shown that there are significant differences in cross-disciplinary characteristics, cross-disciplinary creativity sources, collaborative networks, and publication of research results across natural science, social science, and humanities. Based on the characteristics of the research object, the research object of natural science is nature, which is the observation and exploration of objective things, and the knowledge formed by it is universal, simplified, and value-free. The research object of humanities and social science is the relationship between man and nature, society and culture. It involves human subjective value judgments, and is committed to understanding the particularity of human beings in the process of interconnection with nature, society, and culture. Therefore, the publication quality of research in the humanities and social science is usually divided into different opinions, so that it is difficult to adopt a unified and universal standard for evaluation. Therefore, in the face of different forms of cross-disciplinary research, classified management should be adopted in the management of universities.

② Stimulate the driving force of faculty's self-direction and encourage faculties to dig out the research field persistently. Cross-disciplinary innovation requires individuals to break the original thinking through knowledge association, migration and integration, divergence and convergence of thinking, and to raw on or to combine relevant knowledge or theories from other disciplines to form original, novel and valuable solutions[①]. The study found that the cross-disciplinary background and the accumulation of personal long-term continuous research such as previous research and literature review can help stimulate the creativity in cross-

---

① Ma Jun, Van Dijk Dina. The nonlinear effect of performance salary and its structural optimization: based on the perspective of prospect theory[J]. Financial Research, 2013, 39(4), 111-122.

disciplinary research. The driving force of faculty's autonomous orientation is the fundamental motivation for stimulating innovative activities in cross-disciplinary research. From the perspective of organization and management, exploring incentives to stimulate the internal driving force and encouraging faculty to deepen their research in the field will provide possibilities for cross-disciplinary innovation.

③ On the basis of the established forms of cross-disciplinary research support, back-up should be provided to reduce the uncertainty of cross-disciplinary research risks. Compared with general research activities, cross-disciplinary research is more experimental and challenging, and faculty engaged in cross-disciplinary research will also face greater risks and uncertainties. The research fully demonstrates the positive effects of the exchange and cooperation of the academic community. Interestingly, the cross-disciplinary support currently offered by universities, such as the formation of cross-disciplinary organizations and the establishment of research projects, has not effectively promoted the increase in research output, and even has negative effects. The possible reason is that the cross-disciplinary support in the management of universities is more result-oriented, and the completion of faculty research results is taken as a precondition for support. This control-oriented management approach affects the stimulation of academic achievement motivation and autonomy, also causes scholars to reject and fear the uncertainty of research risks, and tend to adopt conservative strategies instead of cross-disciplinary attempts to research, thereby forming a squeeze out of cross-disciplinary research results. In fact, from the perspective of university management, more underpinning safeguards should be explored in encouraging cross-disciplinary development to reduce the uncertainty of cross-disciplinary risks.

④ Correctly handling the relationship between teaching and research will help to stimulate the creativity of scholars in cross-disciplinary research and increase their willingness to participate in cross-disciplinary research. The research found that within cross-disciplinary researches, learning while teaching is impossible. The teaching process hinders the creative stimulation of cross–disciplinary research. The longer time faculty spend in teaching, the lower their willingness to complete the cross–disciplinary research. Talent cultivation is the primary task of universities. With the great importance attached to talent cultivation, faculty teaching, especially undergraduate teaching, will lead to the squeeze of research time. Since there is a mutual substitution between teachers' teaching value and research value, how to properly handle the teaching and research becomes an important factor to promote the development of cross–disciplinary research activities.

⑤ Increasing the frequency of exchanges between advisors and graduate students, setting up inter–disciplinary elective courses and even inter–university elective courses will help improve graduate students' competence in cross–disciplinary knowledge and methods. The research found that advisors and graduate students have insufficient competence in cross–disciplinary knowledge and methods, but participating in elective courses inside and outside the university, reading cross–disciplinary books under advisors'guidance, and frequent communication between advisors and students will help students to be competent in this area. It also indirectly promotes the development of advisors' cross–disciplinary projects and the publications. From the perspective of graduate management, the graduate school should pay more attention to the guidance of the advisors to the students' learning process, and at the same time set up related mechanisms for interdisciplinary elective courses or intercollegiate elective courses to provide opportunities for cross–disciplinary learning.

4. Investigation on the Defense of Doctoral Degree Thesis

As a key procedure to ensure the quality of doctoral students, the dissertation defense is not only the final test of thesis quality, but also the touchstone of academic capacity, academic ethics, and the quality of advisor guidance for doctoral candidates. Based on a questionnaire survey of 2,932 doctoral advisors in 45 Chinese universities, this study attempts to understand the implementation status of the current doctoral defense from the perspective of doctoral advisors, and evaluate the difference in the quality of dissertation defense and the influencing factors. The analysis provides a reference for optimizing the defense activities of the doctoral degree thesis. The research findings are as follows:

(1) There are disciplinary differences in validity of defense content

Different ecological requirements of the discipline will affect the tendency of the content of defense. Specifically, from the perspective of disciplines, the humanities and social science doctoral advisors agree more on the role of defense in evaluating the candidate's professional knowledge, oral expression, advisor's capacity and performance, and the thesis innovation, than that of the doctoral advisors of science, engineering, agriculture and medicine. In the defense, the doctoral advisors of science and engineering pay more attention to the overall examination of the thesis than the humanities doctoral advisors.

(2) The differentiation of defense evaluation criteria needs to be strengthened

Statistics show that the scientific and reasonable setting of the defense process, the clarity and consistency of the defense evaluation standards, and the openness of defense activities have a significant positive impact on the quality evaluation of doctoral dissertation defense activities($p < 0.01$). It shows that the specialization and accuracy of defense evaluation standard is an important indicator that affects the overall quality of defense activities. In terms of defense scoring standards, the defense committee mainly sets standards for the quality level of the thesis. The up to or above standard is considered as passing the defense, but such scoring standard is not easy to deal with; for there is a low degree of differentiation. Among the relevant systems for the doctoral dissertation defense activities, completeness and fairness of the defense committee selection system, the selection system of external review experts, the supervision system, and the evaluation system play a significant role in promoting the overall quality of the defense activities.

(3) The development of each stage of the defense needs to be further

In essence, the defense is a debate activity, but due to its uneven distribution of time in each stage, importance attached to each stage is not equal. In terms of defense time control, universities have the strongest control over the candidate's presentation session (M=4.19, SD=0.703) and the lowest control over the defense committee member's questioning session (M=4.01, SD=0.607). In terms of the duration of each stage of the defense, the satisfaction rate of the sufficient time for the members to raise questions was the highest (M=4.38, SD=0.676), while the satisfaction rate of the duration of the candidate's response to questions and the candidate's presentation duration was slightly lower. On the whole, the candidate has less control over the questioning time, and there is enough time for the committee members to ask questions, while there is a strict time limit on the presentation and answering questions, and these two stages vary greatly compared to the sufficient time for the members to raise questions, and there are even cases where the candidate's academic achievements are not fully displayed and the candidate can not completely answer the questions with limited time.

(4) The recommendation channel and process of the defense committee members need to be standardized and transparent

On the whole, the channels for obtaining the qualifications of the defense committee members present diversified characteristics. In the survey, 63.7% of the doctoral defense committee qualifications were obtained through the recommendation of the doctoral candidate's advisor, and 7.3% of the committee qualifications were obtained by the recommendation from the administrative leaders of the candidate's department. Generally speaking, the defense process is a fair collective discussion. but the objectivity and fairness of the process still needs to be clarified.

(5) The quality of defense is affected by the background of doctoral advisor and the factors of candidate participation

① Doctoral advisors with overseas visiting or evaluation experience have higher requirements on the quality of defense than other advisors

To a certain extent, whether the defense committee members have voted against/abstained in the doctoral defense can reflect whether they can perform their duties well and express their independent opinions in the defense. The investigation shows that the experience of overseas study visit has a significant impact on the resolution of defense objection. The committee members with oversea visiting experience are more likely to make dissenting resolutions than those without overseas study experience. It is easier for the advisors who graduated from overseas universities to cast an objection, while the members graduated from the non-Double World-Class Construction university is less likely to cast an objection. The members who have served as external review experts or international review experts are more likely to make objection resolutions in the defense than that of members with no review experience. It is worth noting that members who have no relevant overseas study experience are more likely to make an objection resolution than those who have overseas study experience.

② Doctoral advisors whose research direction is highly related to the candidate's research field have higher requirements on the quality of defense

The expert composition of the defense committee is one of the indispensable dimensions of doctoral dissertation defense. According to the research, doctoral advisors with high professional field relevance are more likely to make low-quality defense evaluations. From thesis writing to defense, the academic level of the advisor is greatly related to the quality of the completion of the applicant's activities. Some advisors are subject to certain professional restrictions, or are unfamiliar with the topics of other fields, or lag behind related research in their own fields, which will affect the quality of the thesis and defense. This requires the advisor to have rich professional practice experience and strong ability to guide graduate students. Among them, the degree of interest in the candidate's thesis, the familiarity with the defense agenda, and the targeted questioning in combination with the pre-defense situation are important influencing factors.

③ The adequacy of defense preparation, targeted guidance of the advisor and the quality of candidate's thesis have positive influence on the improvement of defense quality

The degree candidate is the subject to complete the defense activities. Thesis defense is to examine the ability of doctoral students to understand, master and integrate the thesis–related work, as well as to reflect their on–site presentation ability. The investigation shows that sufficient preparation time, high quality thesis and targeted advisor guidance can affect the performance of the candidate, and thus affect the quality of the defense. Therefore, for doctoral students, adequate preliminary personal preparation and advisor guidance are conducive to their effective performance of their academic level and capability in the defense.

(6) The function of defense is to be emphasized, and the validity of thesis evaluation is to be improved

The defense of a doctoral thesis is the ultimate test of the thesis quality and academic capacity of the doctoral candidate. However, more and more scholars recently believe that it has become a going–through process and it is difficult to exert the function of quality assurance. Both the procedural problems existing in the defense activity and the lack of standardization of relevant pre–post mechanism affect the effectiveness of the whole defense activity to a certain extent. In the survey, nearly 49% of the defense committee members were neutral and inclined to agree with one–fifth of the defense committee members have participating in multiple defenses in a short period of time. Only 11.7% of the doctoral advisors think that the quality of the doctoral thesis is high.

(7) Suggestions

First, clear defense is the key stage to guarantee the quality of doctoral training. Consensus on the quality control attribute of the defense serves as a precondition for the defense to play its role, while the real implementation of the defense function depends on the content and mode of defense decided by the defense committee. To make the entire defense process play its due positive efficiency, it is necessary to verify the content of the candidate's thesis and examine the degree of interaction of the students' oral presentation, thinking ability and the thesis during the defense. By doing so, whether the candidate can explain the core content of the thesis clearly and respond to the questions of the defense committee flexibly can be tested, and the candidate's performance will show the depth and breadth of his or her professional knowledge.

It is advisable to advocate different parties participating in discussions and debates of defense. By forming the academic freedom and democracy, the candidate will be encouraged to settle academic disputes in an objective and rational way. As academic leaders, the defense committee members should be rigorous and serious in raising questions, and at the same time maintain a communicative and cooperative manner during discussions with the candidate. Similarly, the candidate should correctly exercise the right of personal statement in a way that he or she can express themselves freely, without blindly obeying the authority of professors. In addition, to increase the flexibility and difficulty of the defense, third–party auditors like other teachers and students should be encouraged to participate and raise questions to the candidate in the defense.

Secondly, establish and improve rules and regulations related to the defense.

① Improve the selection mechanism of defense committee members and specify the specific responsibilities of them. According to the results of the survey in the defense, new defense committee members were mostly recommended by the original members of their discipline committees or the related administrative personnel, while colleges and universities only made a brief requirement of the professions, titles and academic performance of committee members. To provide accurate and effective help for the selection of experts, it is recommended to establish an expert database composed of defense committee members based on their disciplines or research fields, and file the experts' professional information and their performance during defense meeting so as to provide accurate and effective basis for the selection of experts.

② Formulate scientific and effective defense evaluation standards according to the needs of various disciplines. The results of the survey show that the committee members from different disciplines held different understandings of the evaluation indexes of the defense. Thus, in the process of formulating the evaluation criteria of the defense, it is necessary to give full consideration to the characteristics of the discipline and decide the proportion of the indexes such as the innovation and standardization of dissertation writing in each discipline's defense. In terms of evaluation methods, the combination of quantitative and qualitative evaluation should be adopted to enhance the feasibility and differentiation of criteria.

③ Make flexible and decentralized arrangements of defense activities. In view of the relatively concentrated defense time in Chinese colleges and universities at present, added by the separated attention of committee members and shortage of defense space and time, universities can improve the defense process by setting new arrangement, decentralizing doctoral defense activities. Several more rounds of doctoral defense can be arranged yearly, and this can effectively improve the quality control during the previous overconcentrated "defense season".

Thirdly, ensure the scientific effectiveness of all stages of defense activities.

① Standardize the formulation and implementation of defense rules. The training units of colleges and universities need to formulate detailed rules for doctoral defense based on the characteristics of their disciplines. In particular, it is necessary to set clear requirements on each stage of the defense in a written form, such as the key points of the respondent's self-statement, the standardization of the answers, personal attitude, PowerPoints and even the dress code, so as to ensure the normative and ceremonial characteristics of the defense.

② Improve the pre-defense system. The thesis pre-defense system has been implemented by some of the domestic training units. The pre-defense can adopt the same evaluation standard of the formal one, and involve experts and scholars in related fields to make a comprehensive evaluation of the thesis quality and academic ability of the candidate. The questions and improvement suggestions put forward by the experts in the pre-defense can not only serve as an important reference for the candidate to modify the thesis, but also as a useful clue for the defense committee to ask questions and examine the quality of the thesis in the formal defense.

Fourthly, establish a sound system of supervision and appeal.

① Graduate schools and department training units should earnestly implement the disclosure system of thesis defense by strengthening the construction of defense information platform, publicizing the arrangement of doctoral defense before the defense day. The platform should publicize the schedule and participants of the defense activities of each school and department timely, and be under external auditing and supervision.

② Establish self-supervision and external supervision mechanisms for defense committee members. The Academic Degree Assessment Committee of the university and other units should establish a defense activity inspection system. The inspection does not judge the specific content of the thesis defense, but score each stage of the entire defense process based on a unified supervision and evaluation system, so as to make the defense evaluation convincible and objective.

③ Improve the defense appeal mechanism and the construction of relevant school regulations. The survey results showed that the perfection of the appeal mechanism had a significant impact on the overall quality evaluation of the defense activities. Therefore, every student or teacher who has an objection to the defense result should be guaranteed to get a reasonable response and solution to his or her request. In the articles of association and regulations of the university, the responsible personnel and the appeal process should be clearly defined, and the third-party organizations should also be an option for appealers to look for help. In this way, protect the basic rights of degree candidates will be protected and the quality of degree awarding will be guaranteed.

5. Survey on the Effect of Graduate Advisor Assignment and Guidance Methods

(1) The basic situation of the questionnaire survey

The questionnaire was conducted through a combination of paper survey and online survey. Paper survey was mainly used. 4,559 paper questionnaires and 2,284 online questionnaires were collected. After excluding some invalid questionnaires that did not meet the requirements, 6,839 valid questionnaires were finally obtained.

(2) Main research conclusions

① Single guidance method is absolutely dominant among various guidance methods. About 80% of graduate students accept this guidance method, and about 10% adopt the guidance method of double advisory system, mainly majoring in science, engineering, agriculture and medical disciplines. The advisors who have senior professional titles, hold administrative positions or are elder often adopted the dual–advisor system. More than 90% of humanities and social sciences students are guided by a single advisor. Dual–advisor guidance inside and outside the university mainly exists in professional degree graduate students. 13% of professional degree graduate students adopt this guidance method. Although it is much higher than that of academic degree graduate students, there is still a huge gap with the relevant regulations of the Ministry of Education.

② Two–way selection on the basis of mutual understanding is the most usual way of assigning advisors, accounting for nearly 80%. Advisor allocation according to students' decision accounts for 15%, and random allocation accounts for 5%. Most graduate students were assigned advisors before or within one month of enrollment, and only about 10% of them were assigned advisors more than one month after enrollment.

③ Graduate students are highly satisfied with their advisor's guidance and broadness of guidance. The frequency of advisor's guidance is more consistent with graduate students' expectations, reaching an average level of once a week. Most graduate students receive guidance from half an hour to two hours each time. Graduate students are generally satisfied with the breadth of guidance. About 60% of the advisors pay attention to both academic development and the psychological development of students, and more than 30% of the advisors focus on their studies.

④ In the advisor's guidance behavior, graduate students are less satisfied with the freedom and enthusiasm of advisors, indicating that most advisors did not pay enough attention to the learning needs and learning status of graduate students during the guidance process. The process is mainly based on the ideas, thoughts and planning of advisors, with less consideration of the special needs and free exploration of graduate students.

⑤ Among the three main ways of guidance, single–advisor guidance has obvious advantages in terms of guidance behavior, guidance satisfaction, and guidance effect. The evaluation of single–advisor guidance such as advisor guidance, guidance breadth, and guidance freedom, are significantly better than the guidance method of dual–advisor system, and their guidance satisfaction and guidance effect are also significantly better than the guidance method of dual–advisor system. In practice, the on–campus advisor is mainly responsible for the training of graduate students. Which is similar to the guidance of a single advisor system. Therefore, its guidance behavior, guidance satisfaction and guidance effect are similar to that of a single advisor, and it is also significantly better than that of dual–advisor system.

⑥ There are certain shortcomings in the guidance methods of dual–advisor system. After fully considering the control variables, advisor guidance methods and advisor allocation methods, the evaluation of the guidance behavior and guidance satisfaction of the advisors is significantly lower than other guidance methods, but its guidance effect is not significantly different from the other two main guidance methods. The possible reason is that the junior advisor plays a substitute role. The survey found that the junior advisor plays a major role in the graduate training process. The junior advisors play a major role in selecting the research direction, the thesis topic, and the training of research method and other coordination and communication matters in the research process. The intimacy between graduate students and junior advisors is also significantly stronger than that of senior advisors, which can compensate for absence of responsibility in the training of graduates by senior advisors to a certain extent.

⑦ Compared with the random allocation method, allocation according to students' decision and two–way selection have obvious advantages.

Under these two allocation methods, graduate students' guidance behavior, guidance satisfaction, and guidance effect are significantly better for advisors in the random assignment.

⑧ The advisor's guidance method and assignment method have a weak influence on the guidance satisfaction. The main factor affecting the guidance satisfaction is the advisor's guidance behavior, including appropriate guidance frequency, high guidance enthusiasm, guidance freedom and broad guidance.

⑨ The advisor–student relationship, the quality of guidance, the frequency of guidance and the breadth of guidance are important factors that determine the effectiveness of guidance. Indicators such as the way of guidance, the way of advisor allocation, and the breadth of guidance are ultimately closely related to the advisor–student relationship. Under the guidance of a single advisor, an intimate relationship similar to the advisor system is established between the advisor and the graduate student. Under the guidance of dual–advisor system, graduate students are actually integrated into the advisor's research team and become team members. In many cases the senior advisor uses the team management method to manage the graduate students, which makes the advisor–student relationship alienated to some extent. The survey also found that 21.6% of the graduate students described the advisor as the boss under the system of dual–advisor. compared with 12.7% and 9.9% in the case of single advisors and on–campus and off–campus supervisors respectively. As for the allocation way, the determination of advisors on student choice and two–way selection also has obvious advantages. Their common feature is that these two assignment methods fully consider and respect the wishes and right of choice of graduate students, which allows graduate students to choose their favorite advisors, and helps to foster advisor–student relationship in the future. The breadth of guidance is also closely related to a good advisor–student relationship. The correlation coefficient between the two is 0.75 ($p<0.001$). The breadth of guidance involves the content of the advisor's guidance. Compared with the single–focused guidance, the comprehensive concern guidance, which focuses on both academic development and students' psychological state brings better relationship. Therefore, a good advisor–student relationship is the ultimate code for high guidance satisfaction and guidance effectiveness.

(3) Countermeasures

In response to the findings above, this research proposes the following suggestions:

First, no matter which kind of guidance, the needs of graduate students should be fully considered in the process of allocation, the wishes of graduate students should be respected, and the options for graduate students should be given. The method of random assignment should be cautiously adopted, which does harm to the building of harmonious advisor–student relationship, and has a certain negative impact on the experience of graduate students and the final guidance effectiveness.

Second, if dual–advisor system is adopted, more attention should be paid to the communication between senior advisors and graduate. The enterprise–like relationship model should be avoided in graduate training, but should fully learn from the traditional advisor–apprentice system with a close advisor–student relationship as well as a strong emotional connection. The senior advisor needs to pay more attention to the students' changes in the learning, life, and mentality of graduate students. It should be clear that the junior advisor is positioned as a technical and auxiliary role, rather than replacing the senior advisor in the whole process.

Third, good guidance behavior has a very important impact on the satisfaction and guidance effectiveness of graduate students. The proper guidance behavior refers to the appropriate guidance frequency and full enthusiasm for guidance being able to actively understand the learning needs and learning dynamics of students, have a certain plan for the study, research and future development of graduate students, and be able to make targeted arrangements and guidance; have a high degree of freedom in guidance, in the process of guidance fully respect graduate students, give graduate students free exploration space, avoid authoritarian guidance, compulsive research tasks and non–academic affairs interference; have a high breadth of guidance, not only care about the academic development of graduate students, but also pay attention to graduate students' psychology, personal life, career planning, etc. Through frequent interaction, active understanding, targeted resolution of worries, a relaxing atmosphere, a democratic style, and comprehensive attention to form a harmonious advisor–student relationship, it is important to improve the guidance effectiveness of graduate student and improve the quality of graduate training.

III. Annual summary

In 2020, the two most important events in the field of graduate education are the adjustment of the discipline evaluation plan and the establishment of cross–disciplinary categories. Discipline evaluation is an old issue that people have been paying attention to for many years. Therefore, the introduction of the new program is not only a response to the demands of all parties, but also a response to the current situation of comprehensive reform of education evaluation.

There is a lot of literature about the interpretation, analysis and evaluation of the new plan. As for its implementation in universities, and its effect on the practice of graduate education requires more time to observe, it will not be elaborated now. Here, another important event that worth attention is the establishment of cross–disciplinary subjects, which is also the key topic of this annual report survey.

The survey found that people generally have a rather vague understanding of how to define cross–disciplinary develpment. In fact, not only in the field of practice, but also in the theoretical community, there is no clear and specific definition of the essential and extension of cross–disciplinary development. As discipline itself is a social organization, it is a division of labor formed by human beings based on the needs of exploring the external world and society, and it is also an organizational structure for professionals to gain recognition and win tangible resource. The communication between different disciplines is not a new trend in the development of contemporary science. It has emerged from the beginning of the differentiation of disciplines. Even today, many disciplines themselves are the result of the intersection of different fields in history. It's just that the relationship between science and social needs is getting closer today, and the research around many social, engineering and technical issues has put forward a stronger demand for cooperation and integration between different disciplines. Therefore, strictly speaking, there has never been a pure and completely independent discipline theory, knowledge, and method in reality. This is the case for basic science, engineering and technology, humanities, and social science.

In other words, people today attach great importance to cross-disciplinary development and disciplinary integration, reflecting its urgency in real life and the degree of social organization required, not meaning it has not existed in reality. This is also the reason why a large proportion of the respondents in this survey affirmed when asked whether their supervisor's research project was interdisciplinary. The cross-border between disciplines is really a topic that cannot be clarified. For example, according to China's existing disciplines, it can be a field, a category, a first-level discipline, or a cross between second-level disciplines; in terms of content, it can be thoughts, theories, methods, and even tools; on the subject, it can be independent individuals, small-scale or even large-scale collective cooperation. Due to this complexity, the catalog design of relevant disciplines in some countries rarely strictly follows the rigid internal logic of knowledge, rather it is a rough framework based on empirical observations. This is the case with the CIP catalog of the National Center of Education Statistics in the United States. The framework it constructs is actually to facilitate the summary and classification of statistical experience. Universities and their departments can claim labels based on self-understanding. Many disciplines such as the intersection between information technology and sociology known as computing sociology, which can be incorporated into computer science or classified as sociology without any strict and clear standards. As for the cross-disciplinary categories and multidisciplinary category, it only provides an open space for those categories that can't find their own place.

As a result, another topic is involved: does the independent setting of a cross–disciplinary discipline make it possible to promote interdisciplinary crossover more effectively in an organized manner? This current survey shows that inter–academic and inter–faculty cooperation has a positive effect on cross–disciplinary development, while the cross–disciplinary organization and platform set up within universities have no significant effect. There are two possible reasons behind the phenomenon: first, many studies have shown that most people who work in academics expect to have a sense of disciplinary belonging, regardless of the degree of cross–disciplinary research in scholars. This is true both at home and abroad. This is not only because of a discipline–based academic recognition mechanism in academia, but also because of the discipline culture and people's habits; second, daily cross–disciplinary behaviors come more from scholars' conscious and natural interactions even if it has the characteristics of organization and institutionalization, its successful operation mainly stems from individual willingness, and it is not necessarily the result of institutional coercion.

Based on the analysis and inference, we believe that to truly promote the intersection and integration between disciplines, the more reasonable paths are: first, under the current discipline framework, a new "cross–disciplinary" or "interdisciplinary" category can be set up to meet the needs of different subjects. According to the needs of different disciplines, which not only opens up space for the development of various disciplines, but also takes into account the intentions and habits of scholars;

Second, cross–disciplinary research proposed to deal with major national issues need either in the form of projects (recent needs) or permanent establishments or platforms (long–term needs), according to different task requirements to form an cross–disciplinary team composed of personnel from different universities, research institutions and different departments within the university, and establish flexible personnel and task division mechanism to promote the cross–disciplinary development and integration of issues, projects, and engineering.

Of course, if we consider making interdisciplinary crossover a kind of awareness and norm, this will be a more complicated issue. It needs to focus on the cultivation of people's comprehensive quality, the cultivation of cross–disciplinary consciousness, and cultural construction during the exchanges and socials of teachers within universities in the entire education system, etc., which needs to be comprehensively considered from multiple perspectives.

Appendix: Statistics on China's Graduate Education

Table 1 Graduates, Entrants and Enrolment by Degree Level, 2019

Unit: person

Degree Level	Entrants	Graduates	Enrolment
Total	916 503	639 666	2 863 712
Doctor's Degrees	105 169	62 578	424 182
Master's Degrees	811 334	577 088	2 439 530

Data source: *2019 education statistics from the Ministry of Education.*

Table 2 Graduates, Entrants, Enrolment and Number of Institutions (HEIs: Universities, Colleges and Research Institutes) by Providers, 2019

Unit: person

	Institutes	Graduates			Entrants			Enrolment		
		Total	Doctor's Degrees	Master's Degrees	Total	Doctor's Degrees	Master's Degrees	Total	Doctor's Degrees	Master's Degrees
Total	828	639 666	62 578	577 088	916 503	105 169	811 334	2 863 712	424 182	243 950
HEIs under Central Ministries & Agencies	303	311 873	49 540	262 333	439 664	79 031	360 633	1 481 763	327 299	1 154 464
1. HEIs under MOE	76	250 892	36 779	214 113	351 903	59 484	292 419	1 204 308	249 434	954 874
2. HEIs under Other Central Agencies	227	60 981	12 761	48 220	87 761	19 547	68 214	277 455	77 865	199 590
HEIs under Local Auth.	525	327 793	13 038	314 755	476 839	26 138	450 701	1 381 949	96 883	1 285 066
1. Run by Edu. Dept.	454	321 039	12 897	308 142	466 353	25 875	440 478	1 354 358	95 865	1 258 493

Continued Table

Institutes		Graduates			Entrants			Enrolment		
		Total	Doctor's Degrees	Master's Degrees	Total	Doctor's Degrees	Master's Degrees	Total	Doctor's Degrees	Master's Degrees
2. Run by Non–ed. Dept.	64	6 165	141	6 024	9 469	263	9 206	25 367	1 018	24 349
3. Local Enterprises	1	3	0	3	0	0	0	7	0	7
4. Non–government	5	483	0	483	876	0	876	1 865	0	1 865
5. Sino–foreign Cooperation Institution with Independent Legal Personality	1	103	0	103	141	0	141	352	0	352

Data source: *2019 education statistics from the Ministry of Education.*

Table 3 Graduates, Entrants, Enrolment and Number of Institutions (Regular HEIs: Universities and Colleges) by Providers, 2019

Unit: person

	Institutes	Graduates			Entrants			Enrolment		
		Total	Doctor's Degrees	Master's Degrees	Total	Doctor's Degrees	Master's Degrees	Total	Doctor's Degrees	Master's Degrees
Total	593	632 399	61 317	571 082	907 270	103 448	803 822	2 834 792	416 856	2 417 936
HEIs under Central Ministries & Agencies	111	305 948	48 336	257 612	432 241	77 380	354 861	1 457 846	320 275	1 137 571
1. HEIs under MOE	76	250 892	36 779	214 113	351 903	59 484	292 419	1 204 308	249 434	954 874
2. HEIs under Other Central Agencies	35	55 056	11 557	43 499	80 338	17 896	62 442	253 538	70 841	182 697
HEIs under Local Auth.	482	326 451	12 981	313 470	475 029	26 068	448 961	1 376 946	96 581	1 280 365
1. Run by Edu. Dept.	454	321 039	12 897	308 142	466 353	25 875	440 478	1 354 358	95 865	1 258 493

Continued Table

	Institutes	Graduates			Entrants			Enrolment		
		Total	Doctor's Degrees	Master's Degrees	Total	Doctor's Degrees	Master's Degrees	Total	Doctor's Degrees	Master's Degrees
2. Run by Non–ed. Dept.	23	4 929	84	4 845	7 800	193	7 607	20 723	716	20 007
3. Local Enterprises	0	0	0	0	0	0	0	0	0	0
4. Non–government	5	483	0	483	876	0	876	1 865	0	1 865
5. Sino–foreign Cooperation Institution with Independent Legal Personality	0	0	0	0	0	0	0	0	0	0

Data source: *2019 education statistics from the Ministry of Education.*

Table 4   Graduates, Entrants, Enrolment and Number of Institutions (Research Institutes) by Providers, 2019

Unit: person

	Institutes	Graduates			Entrants			Enrolment		
		Total	Doctor's Degrees	Master's Degrees	Total	Doctor's Degrees	Master's Degrees	Total	Doctor's Degrees	Master's Degrees
Total	235	7 267	1 261	6 006	9 233	1 721	7 512	28 920	7 326	21 594
HEIs under Central Ministries & Agencies	192	5 925	1 204	4 721	7 423	1 651	5 772	23 917	7 024	16 893
1. HEIs under MOE	0	0	0	0	0	0	0	0	0	0
2. HEIs under Other Central Agencies	192	5 925	1 204	4 721	7 423	1 651	5 772	23 917	7 024	16 893
HEIs under Local Auth.	43	1 342	57	1 285	1 810	70	1 740	5 003	302	4 701
1. Run by Edu. Dept.	0	0	0	0	0	0	0	0	0	0

Continued Table

	Institutes	Graduates			Entrants			Enrolment		
		Total	Doctor's Degrees	Master's Degrees	Total	Doctor's Degrees	Master's Degrees	Total	Doctor's Degrees	Master's Degrees
2. Run by Non–ed. Dept.	41	1 236	57	1 179	1 669	70	1 599	4 644	302	4 342
3. Local Enterprises	1	3	0	3	0	0	0	7	0	7
4. Non–government	0	0	0	0	0	0	0	0	0	0
5. Sino–foreign Cooperation Institution with Independent Legal Personality	1	103	0	103	141	0	141	352	0	352

Data source: *2019 education statistics from the Ministry of Education.*

Table 5　Number of Postgraduate Students by Academic Field (Total), 2019

Unit: person

	Graduates			Entrants			Enrolment		
	Total	Doctor's Degrees	Master's Degrees	Total	Doctor's Degrees	Master's Degrees	Total	Doctor's Degrees	Master's Degrees
Total	639 666	62 578	57 7088	916 503	105 169	811 334	2 863 712	424 182	2 439 530
of Which: Female	344 063	25 037	319 026	492 362	45 719	446 643	1 447 939	175 259	1 272 680
Academic Degree	346 922	60 436	286 486	431 844	94 783	337 061	1 366 951	401 425	965 526
Professional Degree	292 744	2 142	290 602	484 659	10 386	474 273	1 496 761	22 757	1 474 004
Philosophy	3 912	652	3 260	4 264	971	3 293	14 845	4 622	10 223
Economics	31 625	2 060	29 565	41 766	3 288	38 478	103 054	15 445	87 609
Law	42 524	2 731	39 793	57 356	5 048	52 308	168 334	22 066	146 268
Education	40 189	1 040	39 149	63 924	2 362	61 562	199 404	8 946	190 458
Literature	33 405	1 986	31 419	39 184	2 985	36 199	109 020	13 551	95 469
History	5 496	781	4 715	6 502	1 154	5 348	21 035	5 600	15 435
Science	57 273	13 562	43 711	77 385	20 090	57 295	237 570	78 174	159 396
Engineering	217 590	23 384	194 206	323 173	42 674	280 499	1 086 378	176 828	909 550
Agriculture	26 238	2 884	23 354	42 452	4 595	37 857	131 897	18 076	113 821

Continued Table

	Graduates			Entrants			Enrolment		
	Total	Doctor's Degrees	Master's Degrees	Total	Doctor's Degrees	Master's Degrees	Total	Doctor's Degrees	Master's Degrees
Medicine	74 371	9 668	64 703	101 347	15 775	85 572	290 132	49 751	240 381
Military Science	93	24	69	34	8	26	223	76	147
Management	85 999	3 197	82 802	130 058	5 084	124 974	417 845	27 094	390 751
Art	20 951	609	20342	29 058	1 135	27 923	83 975	3 953	80 022

Data source: *2019 education statistics from the Ministry of Education.*

Table 6 Number of Postgraduate Students by Academic Field (Regular HEIs), 2019

Unit: person

	Graduates			Entrants			Enrolment		
	Total	Doctor's Degrees	Master's Degrees	Total	Doctor's Degrees	Master's Degrees	Total	Doctor's Degrees	Master's Degrees
Total	632 399	61 317	571 082	907 270	103 448	803 822	2 834 792	416 856	2 417 936
of Which: Female	340 774	24 572	316 202	487 920	44 984	442 936	1 435 116	172 665	1 262 451
Academic Degree	341 247	59 180	282 067	425 228	93 132	332 096	1 345 077	394 201	950 876
Professional Degree	291 152	2 137	289 015	482 042	10 316	471 726	1 489 715	22 655	1 467 060
Philosophy	3 800	628	3 172	4 168	951	3 217	14 506	4 520	9 986
Economics	31 152	1 994	29 158	41 045	3 201	37 844	101 183	14 906	86 277
Law	41 895	2 631	39 264	56 688	4 950	51 738	166 100	21 629	144 471
Education	40 189	1 040	39 149	63 924	2 362	61 562	199 404	8 946	190 458
Literature	33 374	1 986	31 388	39 111	2 985	36 126	108 869	13 551	95 318
History	5 447	781	4 666	6 449	1 154	5 295	20 881	5 600	15 281
Science	56 652	13 377	43 275	76 620	19 861	56 759	234 976	77 120	157 856

Continued Table

	Graduates			Entrants			Enrolment		
	Total	Doctor's Degrees	Master's Degrees	Total	Doctor's Degrees	Master's Degrees	Total	Doctor's Degrees	Master's Degrees
Engineering	214 964	22 946	192 018	320 038	42 075	277 963	1 076 273	173 927	902 346
Agriculture	25 421	2 676	22 745	41 095	4 312	36 783	127 487	17 080	110 407
Medicine	73 676	9 530	64 146	100 312	15 526	84 786	287 389	49 116	238 273
Military Science	92	24	68	30	8	22	217	76	141
Management	84 979	3 146	81 833	129 021	5 017	124 004	414 429	26 699	387 730
Art	20 758	558	20 200	28 769	1 046	27 723	83 078	3 686	79 392

Data source: *2019 education statistics from the Ministry of Education.*

Unit: person

Table 7　Number of Postgraduate Students by Academic Field (Research Institutes), 2019

	Graduates			Entrants			Enrolment		
	Total	Doctor's Degrees	Master's Degrees	Total	Doctor's Degrees	Master's Degrees	Total	Doctor's Degrees	Master's Degrees
Total	7 267	1 261	6 006	9 233	1 721	7 512	28 920	7 326	21 594
of Which: Female	3 289	465	2 824	4 442	735	3 707	12 823	2 594	10 229
Academic Degree	5 675	1 256	4 419	6 616	1 651	4 965	21 874	7 224	14 650
Professional Degree	1 592	5	1 587	2 617	70	2 547	7 046	102	6 944
Philosophy	112	24	88	96	20	76	339	102	237
Economics	473	66	407	721	87	634	1 871	539	1 332
Law	629	100	529	668	98	570	2 234	437	1 797
Education	0	0	0	0	0	0	0	0	0
Literature	31	0	31	73	0	73	151	0	151
History	49	0	49	53	0	53	154	0	154
Science	621	185	436	765	229	536	2 594	1 054	1 540

Continued Table

	Graduates			Entrants			Enrolment		
	Total	Doctor's Degrees	Master's Degrees	Total	Doctor's Degrees	Master's Degrees	Total	Doctor's Degrees	Master's Degrees
Engineering	2 626	438	2 188	3 135	599	2 536	10 105	2 901	7 204
Agriculture	817	208	609	1 357	283	1 074	4 410	996	3 414
Medicine	695	138	557	1 035	249	786	2 743	635	2 108
Military Science	1	0	1	4	0	4	6	0	6
Management	1 020	51	969	1 037	67	970	3 416	395	3 021
Art	193	51	142	289	89	200	897	267	630

Data source: *2019 education statistics from the Ministry of Education.*

Table8　Number of Supervisors of Postgraduate Programs, 2010—2019

Unit: person

Supervisors \ Year	2010	2011	2012	2013	2014	2015	2016	2017	2018	2019
Supervisors of Doctoral Programs	16 204	17 548	16 598	18 280	16 028	14 844	18 677	20 040	19 238	19 341
Of Which: Female	2 072	2 496	2 419	2 675	2 365	2 360	3 093	3 299	3 152	3 076
Supervisors of Master's Degree Programs	201 174	210 197	229 453	241 200	256 790	276 629	289 127	307 271	324 357	346 686
Of Which: Female	60 250	65 787	73 067	78 448	84 468	93 658	100 200	108 542	116 083	126 156
Supervisors of Doc. & Mas. Degree Programs	43 087	44 742	52 387	56 335	64 321	71 745	71 143	75 824	86 638	96 072
Of Which: Female	6 343	6 722	8 455	9 479	11 234	12 790	13 088	146 29	17 328	19 432
Total	260 465	272 487	298 438	315 815	337 139	363 218	378 947	403 135	430 233	462 099
Of Which: Female	68 665	75 005	83 941	90 872	98 067	108 808	116 381	126 470	136 563	148 664

Data source: *2010—2019 education statistics from the Ministry of Education.*

Table 9 Number of Supervisors of Postgraduate Programs, 2019

Unit: person

Supervisors		Age	Total	29 and Under	30~34	35~39	40~44	45~49	50~54	55~59	60~64	65 and Over
by Rank	Senior		216 545	218	2 137	12 386	28 090	42 882	54 895	54 926	15 126	5 885
	Sub-senior		204 797	618	14 299	51 231	58 643	41 555	23 133	13 409	1 508	401
	Middle		40 757	1 411	15 366	14 030	6 081	2 447	842	454	92	34
by Level of Programs Supervised	Supervisors Of Doctoral Programs		19 341	90	429	1 424	2 242	2 844	3 933	4 491	2 088	1 800
	Supervisors of Master's Degree Programs		346 686	2 045	28 458	65 003	74 930	67 069	55 774	43 932	7 542	1 933
	Supervisors of Doc. & Mas. Degree Programs		96 072	112	2 915	11 220	15 642	16 971	19 163	20 366	7 096	2 587

Data source: *2019 education statistics from the Ministry of Education.*

Table 10　Number of Postgraduate Students in HEIs by Region, 2019

Unit: person

Region	Graduates				Degrees Awarded	Entrants				Enrolment			
	Total	of Which: Female	Doctor's Degrees	Master's Degrees		Total	of Which: Female	Doctor's Degrees	Master's Degrees	Total	of Which: Female	Doctor's Degrees	Master's Degrees
Total	639 666	344 063	62 578	577 088	715 537	916 503	492 362	105 169	811 334	2 863 712	1 447 939	424 182	2 439 530
Beijing	97 895	50 590	18 653	79 242	108 932	132 582	68 386	27 439	105 143	410 822	197 676	113 302	297 520
Tianjin	18 520	10 891	1 734	16 786	19 584	25 494	14 546	3 126	22 368	79 414	42 119	11 646	67 768
Hebei	13 874	8 041	461	13 413	15 442	20 131	11 506	985	19 146	58 420	32 105	3 760	54 660
Shanxi	9 978	6 219	461	9 517	11 858	14 128	8 370	743	13 385	40 811	23 486	3 112	37 699
Inner Mongolia	6 443	4 170	218	6 225	7 559	9 494	5 931	443	9 051	28 581	17 059	1 915	26 666
Liaoning	33 111	17 887	2 240	30 871	36 405	44 359	24 474	3 491	40 868	133 493	71 043	16 831	116 662
Jilin	19 250	11 832	1 938	17 312	21 656	25 613	15 932	2 900	22 713	77 113	45 868	11 688	65 425
Heilongjiang	20 749	10 559	1 923	18 826	23 425	28 272	14 245	3 793	24 479	84 849	41 103	15 708	69 141
Shanghai	46 040	24 640	5 752	40 288	52 365	67 488	35 786	10 026	57 462	213 515	105 950	38 055	175 460
Jiangsu	50 109	25 578	4 975	45 134	56 798	73 536	36 647	8 221	65 315	241 599	112 496	34 151	207 448
Zhejiang	20 875	10 881	2 022	18 853	22 603	31 771	16 051	4 032	27 739	100 719	48 099	14 869	85 850
Anhui	18 065	8 070	1 609	16 456	17 592	25 699	11 716	2 962	22 737	74 295	32 535	9 969	64 326

Continued Table

Region	Graduates				Degrees Awarded	Entrants				Enrolment			
	Total	of Which: Female	Doctor's Degrees	Master's Degrees		Total	of Which: Female	Doctor's Degrees	Master's Degrees	Total	of Which: Female	Doctor's Degrees	Master's Degrees
Fujian	13 301	7 325	1 019	12 282	15 016	20 050	11 014	1 818	18 232	62 443	32 300	7 536	54 907
Jiangxi	10 621	5 668	239	10 382	12 439	16 029	8 716	720	15 309	45 860	24 165	2 282	43 578
Shandong	27 640	15 771	1 712	25 928	31 125	40 675	23 112	3 022	37 653	128 601	68 361	11 895	116 706
Henan	16 107	9 532	335	15 772	17 592	20 962	12 640	937	20 025	58 403	33 867	3 271	55 132
Hubei	39 073	19 740	3 965	35 108	46 483	54 466	28 216	6 480	47 986	191 618	89 874	27 491	164 127
Hunan	21 418	11 607	1 790	19 628	24 991	29 841	16 388	3 127	26 714	106 840	53 474	14 827	92 013
Guangdong	30 178	16 089	3 085	27 093	33 476	46 576	24 595	5 697	40 879	136 154	68 995	19 430	116 724
Guangxi	9 867	5 543	199	9 668	10 461	14 329	8 111	619	13 710	40 381	21 750	1 999	38 382
Hainan	1 644	1 002	47	1 597	1 948	3 169	1 837	217	2 952	9 693	5 413	562	9 131
Chongqing	16 677	9 490	1 110	15 567	19 552	25 267	14 771	1 864	23 403	84 008	47 001	7 368	76 640
Sichuan	28 504	14 642	2 531	25 973	31 041	41 371	21 552	3 932	37 439	134 753	64 284	17 511	117 242
Guizhou	5 559	3 289	112	5 447	6 054	8 483	5 180	365	8 118	25 398	14 722	1 146	24 252
Yunnan	10 795	6 242	405	10 390	12 114	16 653	9 785	899	15 754	49 982	28 239	3 537	46 445
Tibet	577	342	14	563	569	940	563	54	886	2 445	1 306	164	2 281

Continued Table

Region	Graduates				Degrees Awarded	Entrants				Enrolment			
	Total	of Which: Female	Doctor's Degrees	Master's Degrees		Total	of Which: Female	Doctor's Degrees	Master's Degrees	Total	of Which: Female	Doctor's Degrees	Master's Degrees
Shaanxi	32 470	16 603	3 043	29 427	36 188	48 195	24 541	5 140	43 055	156 544	75 674	22 818	133 726
Gansu	10 398	5 605	690	9 708	11 177	15 098	8 247	1 320	13 778	44 855	23 453	4 841	40 014
Qinghai	1 288	724	15	1 273	1 411	2 444	1 501	107	2 337	6 033	3 724	298	5 735
Ningxia	1 997	1 286	61	1 936	2 323	3 257	2 034	168	3 089	7 777	4 960	400	7 377
Xinjiang	6 643	4 205	220	6 423	7 358	10 131	5 969	522	9 609	28 293	16 838	1 800	26 493

Data source: *2019 education statistics from the Ministry of Education.*

Table 11　Number of Postgraduates in Regular HEIs by Regions, 2019

Unit: person

Region	Graduates				Degrees Awarded	Entrants				Enrolment			
	Total	of Which: Female	Doctor's Degrees	Master's Degrees	Total	Total	of Which: Female	Doctor's Degrees	Master's Degrees	Total	of Which: Female	Doctor's Degrees	Master's Degrees
Total	632 399	340 774	61 317	571 082	708 038	907 270	487 920	103 448	803 822	2 834 792	1 435 116	416 856	2 417 936
Beijing	93 250	48 444	17 547	75 703	104 111	126 644	65 376	25 940	100 704	391 356	188 737	107 029	284 327
Tianjin	18 510	10 886	1 734	16 776	19 574	25 483	14 542	3 126	22 357	79 381	42 111	11 646	67 735
Hebei	13 846	8 035	461	13 385	15 414	20 091	11 500	985	19 106	58 311	32 082	3 760	54 551
Shanxi	9 908	6 186	461	9 447	11 788	14 049	8 337	743	13 306	40 582	23 389	3 112	37 470
Inner Mongolia	6 439	4 170	218	6 221	7 555	9 487	5 930	443	9 044	28 570	17 056	1 915	26 655
Liaoning	33 069	17 871	2 237	30 832	36 361	44 307	24 460	3 488	40 819	133 339	70 999	16 811	116 528
Jilin	19 177	11 780	1 938	17 239	21 586	25 556	15 899	2 900	22 656	76 935	45 748	11 688	65 247
Heilongjiang	20 513	10 442	1 914	18 599	23 190	27 959	14 087	3 769	24 190	83 931	40 694	15 579	68 352
Shanghai	45 467	24 360	5 702	39 765	51 788	66 751	35 405	9 962	56 789	211 488	104 957	37 780	173 708
Jiangsu	49 925	25 514	4 952	44 973	56 615	73 294	36 581	8 165	65 129	240 815	112 263	33 899	206 916
Zhejiang	20 766	10 837	2 020	18 746	22 497	31 635	15 989	4 031	27 604	100 347	47 949	14 863	85 484
Anhui	18 057	8 069	1 609	16 448	17 584	25 694	11 716	2 962	22 732	74 279	32 534	9 969	64 310

Continued Table

Region	Graduates				Degrees Awarded	Entrants				Enrolment			
	Total	of Which: Female	Doctor's Degrees	Master's Degrees		Total	of Which: Female	Doctor's Degrees	Master's Degrees	Total	of Which: Female	Doctor's Degrees	Master's Degrees
Fujian	13 155	7 226	1 019	12 136	14 833	19 930	10 934	1 818	18 112	62 152	32 127	7 536	54 616
Jiangxi	10 615	5 666	239	10 376	12 433	16 024	8 714	720	15 304	45 843	24 161	2 282	43 561
Shandong	27 593	15 748	1 712	25 881	31 078	40 580	23 066	3 022	37 558	128 339	68 234	11 895	116 444
Henan	16 054	9 519	332	15 722	17 540	20 889	12 624	934	19 955	58 212	33 822	3 260	54 952
Hubei	38 790	19 643	3 958	34 832	46 200	54 139	28 113	6 473	47 666	190 651	89 559	27 450	163 201
Hunan	21 357	11 583	1 790	19 567	24 930	29 729	16 334	3 127	26 602	106 543	53 343	14 824	91 719
Guangdong	30 074	16 045	3 075	26 999	33 351	46 440	24 528	5 689	40 751	135 730	68 812	19 404	116 326
Guangxi	9 867	5 543	199	9 668	10 461	14 329	8 111	619	13 710	40 381	21 750	1 999	38 382
Hainan	1 644	1 002	47	1 597	1 948	3 169	1 837	217	2 952	9 693	5 413	562	9 131
Chongqing	16 640	9 472	1 110	15 530	19 515	25 208	14 737	1 864	23 344	83 849	46 916	7 368	76 481
Sichuan	28 209	14 511	2 502	25 707	30 746	40 987	21 344	3 905	37 082	133 683	63 773	17 385	116 298
Guizhou	5 553	3 287	112	5 441	6 048	8 475	5 177	365	8 110	25 374	14 716	1 146	24 228
Yunnan	10 771	6 235	402	10 369	12 089	16 625	9 780	898	15 727	49 887	28 222	3 522	46 365
Tibet	577	342	14	563	569	940	563	54	886	2 445	1 306	164	2 281

Continued Table

| Region | Graduates | | | | Degrees Awarded | | Entrants | | | | Enrolment | | | |
	Total	of Which: Female	Doctor's Degrees	Master's Degrees	Doctor's Degrees	Master's Degrees	Total	of Which: Female	Doctor's Degrees	Master's Degrees	Total	of Which: Female	Doctor's Degrees	Master's Degrees
Shaanxi	32 295	16 550	3 032	29 263	36 013	47 977	24 498	5 119	42 858	155 873	75 508	22 699	133 174
Gansu	10 350	5 593	685	9 665	11 129	15 047	8 234	1 313	13 734	44 700	23 413	4 811	39 889
Qinghai	1 288	724	15	1 273	1 411	2 444	1 501	107	2 337	6 033	3 724	298	5 735
Ningxia	1 997	1 286	61	1 936	2 323	3 257	2 034	168	3 089	7 777	4 960	400	7 377
Xinjiang	6 643	4 205	220	6 423	7 358	10 131	5 969	522	9 609	28 293	16 838	1 800	26 493

Data source: *2019 education statistics from the Ministry of Education.*

Table 12　Number of Postgraduates in Research Institutes by Regions, 2019

Unit: person

Region	Graduates				Degrees Awarded	Entrants				Enrolment			
	Total	of Which: Female	Doctor's Degrees	Master's Degrees		Total	of Which: Female	Doctor's Degrees	Master's Degrees	Total	of Which: Female	Doctor's Degrees	Master's Degrees
Total	7 267	3 289	1 261	6 006	7 499	9 233	4 442	1 721	7 512	28 920	12 823	7 326	21 594
Beijing	4 645	2 146	1 106	3 539	4 821	5 938	3 010	1 499	4 439	19 466	8 939	6 273	13 193
Tianjin	10	5	0	10	10	11	4	0	11	33	8	0	33
Hebei	28	6	0	28	28	40	6	0	40	109	23	0	109
Shanxi	70	33	0	70	70	79	33	0	79	229	97	0	229
Inner Mongolia	4	0	0	4	4	7	1	0	7	11	3	0	11
Liaoning	42	16	3	39	44	52	14	3	49	154	44	20	134
Jilin	73	52	0	73	70	57	33	0	57	178	120	0	178
Heilongjiang	236	117	9	227	235	313	158	24	289	918	409	129	789
Shanghai	573	280	50	523	577	737	381	64	673	2 027	993	275	1 752
Jiangsu	184	64	23	161	183	242	66	56	186	784	233	252	532
Zhejiang	109	44	2	107	106	136	62	1	135	372	150	6	366

Continued Table

Region	Graduates				Degrees Awarded	Entrants				Enrolment			
	Total	of Which: Female	Doctor's Degrees	Master's Degrees		Total	of Which: Female	Doctor's Degrees	Master's Degrees	Total	of Which: Female	Doctor's Degrees	Master's Degrees
Anhui	8	1	0	8	8	5	0	0	5	16	1	0	16
Fujian	146	99	0	146	183	120	80	0	120	291	173	0	291
Jiangxi	6	2	0	6	6	5	2	0	5	17	4	0	17
Shandong	47	23	0	47	47	95	46	0	95	262	127	0	262
Henan	53	13	3	50	52	73	16	3	70	191	45	11	180
Hubei	283	97	7	276	283	327	103	7	320	967	315	41	926
Hunan	61	24	0	61	61	112	54	0	112	297	131	3	294
Guangdong	104	44	10	94	125	136	67	8	128	424	183	26	398
Guangxi	0	0	0	0	0	0	0	0	0	0	0	0	0
Hainan	0	0	0	0	0	0	0	0	0	0	0	0	0
Chongqing	37	18	0	37	37	59	34	0	59	159	85	0	159
Sichuan	295	131	29	266	295	384	208	27	357	1070	511	126	944
Guizhou	6	2	0	6	6	8	3	0	8	24	6	0	24
Yunnan	24	7	3	21	25	28	5	1	27	95	17	15	80

Continued Table

Region	Graduates				Degrees Awarded	Entrants				Enrolment			
	Total	of Which: Female	Doctor's Degrees	Master's Degrees		Total	of Which: Female	Doctor's Degrees	Master's Degrees	Total	of Which: Female	Doctor's Degrees	Master's Degrees
Tibet	0	0	0	0	0	0	0	0	0	0	0	0	0
Shaanxi	175	53	11	164	175	218	43	21	197	671	166	119	552
Gansu	48	12	5	43	48	51	13	7	44	155	40	30	125
Qinghai	0	0	0	0	0	0	0	0	0	0	0	0	0
Ningxia	0	0	0	0	0	0	0	0	0	0	0	0	0
Xinjiang	0	0	0	0	0	0	0	0	0	0	0	0	0

Data source: *2019 education statistics from the Ministry of Education.*

About ACGS

The Association of Chinese Graduate Schools (ACGS) was founded in November 1999 and approved by the Ministry of Education of Chinese government. The membership of ACGS is limited to the deans or the executive deans of the 57 graduate schools registered at the Ministry of Education of the People's Republic of China.

The mission of ACGS shall be to promote the construction and administration of graduate schools,especially for the purpose of enhancing the quality of graduate students,to foster the common interests of graduate school deans,to advise the policy and strategy of graduate education for our government and to strengthen the international exchange and collaboration with foreign associations of graduate education.

The council of ACGS includes four chair members:Graduate School at Peking University,Graduate School at Nankai University,Graduate School at Zhejiang University, Graduate School at Chongqing University. The Secretary-general is Professor Gong Qihuang,dean of Graduate School at Peking University. The Secretariat of ACGS is located at Graduate School at Peking University.

For more information, please find us at http://www.acgs.pku.edu.cn or contact us through the information below:

Secretariat of ACGS
Graduate School, Peking University
Beijing 100871, P. R. China
Tel / Fax: 86-10-62751360
E-mail: grswxy@pku.edu.cn
        grsqyz@pku.edu.cn

郑重声明

高等教育出版社依法对本书享有专有出版权。任何未经许可的复制、销售行为均违反《中华人民共和国著作权法》，其行为人将承担相应的民事责任和行政责任；构成犯罪的，将被依法追究刑事责任。为了维护市场秩序，保护读者的合法权益，避免读者误用盗版书造成不良后果，我社将配合行政执法部门和司法机关对违法犯罪的单位和个人进行严厉打击。社会各界人士如发现上述侵权行为，希望及时举报，我社将奖励举报有功人员。

反盗版举报电话　（010）58581999　58582371

反盗版举报邮箱　dd@hep.com.cn

通信地址　北京市西城区德外大街 4 号
　　　　　高等教育出版社法律事务部

邮政编码　100120

读者意见反馈

为收集对教材的意见建议，进一步完善教材编写并做好服务工作，读者可将对本教材的意见建议通过如下渠道反馈至我社。

咨询电话　400-810-0598

反馈邮箱　hepsci@pub.hep.cn

通信地址　北京市朝阳区惠新东街 4 号富盛大厦 1 座
　　　　　高等教育出版社理科事业部

邮政编码　100029